Manual de
DIREITO DA PROTEÇÃO DE DADOS PESSOAIS

Maurício Tamer

Manual de
DIREITO DA PROTEÇÃO
DE DADOS PESSOAIS

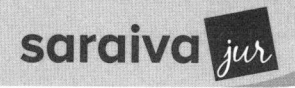

saraiva *jur*

- O Autor deste livro e a editora empenharam seus melhores esforços para assegurar que as informações e os procedimentos apresentados no texto estejam em acordo com os padrões aceitos à época da publicação, *e todos os dados foram atualizados pelo autor até a data da entrega dos originais à editora.* Entretanto, tendo em conta a evolução das ciências, as atualizações legislativas, as mudanças regulamentares governamentais e o constante fluxo de novas informações sobre os temas que constam do livro, recomendamos enfaticamente que os leitores consultem sempre outras fontes fidedignas, de modo a se certificarem de que as informações contidas no texto estão corretas e de que não houve alterações nas recomendações ou na legislação regulamentadora.

- Data do fechamento do livro: 03/09/2024

- O Autor e a editora se empenharam para citar adequadamente e dar o devido crédito a todos os detentores de direitos autorais de qualquer material utilizado neste livro, dispondo-se a possíveis acertos posteriores caso, inadvertida e involuntariamente, a identificação de algum deles tenha sido omitida.

- Direitos exclusivos para a língua portuguesa
  Copyright ©2025 by
  Saraiva Jur, um selo da SRV Editora Ltda.
  Uma editora integrante do GEN | Grupo Editorial Nacional
  Travessa do Ouvidor, 11
  Rio de Janeiro – RJ – 20040-040

- **Atendimento ao cliente: https://www.editoradodireito.com.br/contato**

- Reservados todos os direitos. É proibida a duplicação ou reprodução deste volume, no todo ou em parte, em quaisquer formas ou por quaisquer meios (eletrônico, mecânico, gravação, fotocópia, distribuição pela Internet ou outros), sem permissão, por escrito, da **SRV Editora Ltda.**

- Capa: Tiago Fabiano Dela Rosa
  Diagramação: Fernanda Matajs

DADOS INTERNACIONAIS DE CATALOGAÇÃO NA PUBLICAÇÃO (CIP)
ODILIO HILARIO MOREIRA JUNIOR – CRB-8/9949

T157m Tamer, Maurício
Manual de Direito da Proteção de Dados Pessoais / Maurício Tamer. – São Paulo: Saraiva Jur, 2025.

400 p.
ISBN 978-65-5362-994-3 (Impresso)

1. Direito. 2. Direito digital. 3. Proteção de dados. I. Título.

2023-2944	CDD 340.0285
	CDU 34:004

Índices para catálogo sistemático:
1. Direito digital   340.0285
2. Direito digital   34:004

Dedicatória

À minha esposa, Nathália, pela inspiração, pelo apoio e pela compreensão.

Aos meus pais, Marileide e Wilson.

Aos clientes, alunos e colegas de trabalho, que são fundamentais no processo criativo e na construção de um texto que precisa ser vivo, como a prática e sua utilidade recomendam.

À Editora e a todos os seus profissionais pelo convite e pela contribuição essencial para o resultado final.

Apresentação

Construída a partir da vivência prática e de muitos anos de advocacia e docência do autor, a obra propõe mapear todos os principais pontos que formam o Direito da Proteção de Dados Pessoais com nível de detalhe necessário e sem perder o viés prático. Apresenta uma conceituação da Proteção de Dados Pessoais abordando os modelos históricos da matéria e seu posicionamento enquanto direito fundamental e em perspectiva autônoma e transversal.

De certa forma inédita, analisa a disciplina dos dados abertos e a visão da Proteção de Dados Pessoais no Marco Civil da Internet (Lei Federal n. 13.709/2018). A obra se dedica à imersão de todos os demais pontos da Proteção de Dados Pessoais no Brasil, incluindo a análise a partir do cotejo detalhado da Lei Geral de Proteção de Dados Pessoais – LGPD. Estuda, então, os objetivos e fundamentos da matéria no Brasil, bem como sua eficácia territorial e material. Em capítulos próprios, a obra trabalha todas as definições pertinentes ao Direito da Proteção de Dados Pessoais e seus princípios. Também analisa todas as bases ou motivos legais que respaldam o uso de dados pessoais. Os Direitos dos Titulares de Dados Pessoais e a função do Encarregado pelo Tratamento de Dados Pessoais são tratados em capítulos independentes e próprios, propondo a apresentação de detalhes que auxiliam no entendimento de tais questões e na tomada de decisão executiva em como atendê-las.

Outro diferencial da obra é a apresentação de um capítulo único sobre como um Programa de Governança em Privacidade e Proteção de Dados Pessoais pode ser construído, com a lista das medidas a serem realizadas. O livro trata de forma longa sobre os Incidentes de Segurança, falando de medidas de preparo e de resposta a tais eventos. Explicadas as definições e obrigações, a obra passa a analisar a responsabilidade civil e o ressarcimento de danos com todas as principais questões pertinentes. Por fim, analisa a Autoridade Nacional de Proteção de Dados Pessoais – ANPD, suas sanções e o Procedimento de Responsabilização Administrativa dos agentes de tratamento de dados.

Siglas

ADI   Ação Direta de Inconstitucionalidade
ADPF   Ação por Descumprimento de Preceito Federal
Anatel   Agência Nacional de Telecomunicações
Aneel   Agência Nacional de Energia Elétrica
ANPD   Autoridade Nacional de Proteção de Dados
BCB   Banco Central do Brasil
CC   Código Civil
CDC   Código de Defesa do Consumidor
CF   Constituição Federal de 1988
CLT   Consolidação das Leis do Trabalho
CMN   Conselho Monetário Nacional
CNPD   Conselho Nacional de Proteção de Dados Pessoais
CP   Código Penal
CPC   Código de Processo Civil
CVM   Comissão de Valores Mobiliários
EC   Emenda Constitucional
EDPB   *European Data Protection Board*
EDPS   *European Data Protection Supervisor*
GDPR   *European General Data Protection Regulation*
ICO   *Information Commissioner's Office*
LDA   Lei de Direitos Autorais
LGPD   Lei Geral de Proteção de Dados Pessoais ou Lei Federal n. 13.709/2018
MP   Medida Provisória
NDA   *Non-Disclosure Agreement*
OCDE   Organização para Cooperação e Desenvolvimento Econômico
ONU   Organização das Nações Unidas
PL   Projeto de Lei
STF   Supremo Tribunal Federal
STJ   Superior Tribunal de Justiça
Susep   Superintendência de Seguros Privados

Sumário

Apresentação VII
Siglas IX

Capítulo 1
DIREITO DA PROTEÇÃO DE DADOS PESSOAIS

1.1 Nota introdutória.. 1
1.2 O Direito à privacidade... 1
    1.2.1 Teoria das esferas da personalidade ou teoria dos círculos concêntricos ... 5
    1.2.2 Privacidade como direito de pessoa natural: direito de privacidade *versus* direito à confidencialidade e propriedade de informações empresariais 6
1.3 O Direito da Proteção de Dados Pessoais 7
    1.3.1 Dado *versus* informação: a construção do conceito de dado pessoal........ 7
    1.3.2 O que parece ser, então, a Proteção de Dados Pessoais?...................... 11
    1.3.3 Histórico.. 12
        1.3.3.1 Modelo europeu.. 12
        1.3.3.2 Modelo norte-americano 16
    1.3.4 A Proteção de Dados Pessoais como direito fundamental 17
    1.3.5 Autonomia científica e transversalidade 21

Capítulo 2
DADOS ABERTOS

2.1 Considerações iniciais.. 23
2.2 Origens, concepção, princípios e algumas experiências estrangeiras 24
    2.2.1 Organização das Nações Unidas – ONU 31
    2.2.2 Organização para a Cooperação e Desenvolvimento Econômico – OCDE ... 33
    2.2.3 União Europeia 35
        2.2.3.1 Diretiva 2003/98/CE do Parlamento Europeu e do Conselho da União Europeia... 36
        2.2.3.2 Diretiva 2019/1024 do Parlamento Europeu e do Conselho da União Europeia... 39
        2.2.3.3 A Estratégia Europeia para os Dados, o *Data Governance Act* e o *Data Act* 45
    2.2.4 Estados Unidos da América 49
        2.2.4.1 *Open Government Directive* 50
        2.2.4.2 *Executive Order* de 2013 52
        2.2.4.3 Política de Dados Abertos (*Open Data Policy*) de 2013 52
        2.2.4.4 *Open Government Data* de 2019 54

2.2.5 Canadá	56
2.2.6 México	57
2.2.7 Argentina	57
2.2.8 Chile	58
2.2.9 Uruguai	58
2.2.10 África	59
2.2.11 Austrália	59
2.2.12 Japão	59
2.3 Dados abertos no Brasil	59
2.3.1 Considerações iniciais	59
2.3.2 Lei de Acesso à Informação – LAI	60
2.3.2.1 Aspectos introdutórios, aplicabilidade e diretrizes principais	60
2.3.2.2 Definições	61
2.3.2.3 Direito de acesso às informações e procedimentos	63
2.3.2.4 A regra de gratuidade e a possibilidade excepcional de cobrança para acesso aos dados abertos	65
2.3.2.5 Restrições à abertura dos dados e a aparente função do artigo 31 da LAI	67
2.3.3 Decreto Regulamentador da LAI	71
2.3.3.1 A disciplina referente às informações pessoais	72
2.3.3.2 O monitoramento de aplicação da LAI e o papel fundamental da Controladoria-Geral da União	73
2.3.3.2.1 O Acordo de Cooperação Técnica entre a ANPD e a CGU	74
2.3.4 Política de Dados Abertos do Poder Executivo Federal	75
2.3.5 Lei do Governo Digital	79
2.3.6 Poder Judiciário	80
2.3.6.1 Base Nacional de Dados do Poder Judiciário – Datajud	83
2.3.6.2 Princípio da publicidade dos atos processuais: um novo conteúdo?	83

Capítulo 3
MARCO CIVIL DA INTERNET

3.1 Considerações iniciais	85
3.2 A regulação da internet no Brasil	86
3.2.1 A internet como objeto de regulação e seu funcionamento	86
3.2.2 Fundamentos do uso da internet no Brasil	87
3.2.3 Princípios	90
3.2.4 Objetivos	92
3.2.5 Definições	93
3.2.6 Direitos e garantias dos usuários de internet	94
3.2.7 Outros pontos	96

3.3 A privacidade e a proteção de dados pessoais no Marco Civil da Internet 98
    3.3.1 Considerações iniciais 98
    3.3.2 Reconhecimento da escala mundial da rede (art. 2º, I) 98
    3.3.3 Desenvolvimento da personalidade (art. 2º, II) 99
    3.3.4 Exercício da cidadania (art. 2º, II) 100
    3.3.5 Abertura e colaboração (art. 2º, IV).. 101
    3.3.6 Livre-iniciativa (art. 2º, V) 101
    3.3.7 Livre concorrência (art. 2º, V). 104
    3.3.8 Defesa do consumidor (art. 2º, V) 104
    3.3.9 Princípios da privacidade e proteção de dados pessoais na forma da lei (art. 3º, II e III)... 105
    3.3.10 Princípio da neutralidade da rede (art. 3º, IV)............................... 106
    3.3.11 Definições (art. 5º) 106
    3.3.12 Direitos dos usuários (art. 7º) 108
    3.3.13 Proteção dos registros, dados pessoais e comunicações privadas (arts. 10 a 17).. 112
    3.3.14 Aplicação territorial (art. 11)... 115

Capítulo 4
OBJETIVOS E FUNDAMENTOS DO DIREITO DA PROTEÇÃO DE DADOS PESSOAIS NO BRASIL

4.1 Nota introdutória.. 117
4.2 Os objetivos do Direito da Proteção de Dados Pessoais no Brasil 118
    4.2.1 A relação entre objetivos e riscos: a delimitação do risco como baliza e premissa de regulação 119
4.3 Os fundamentos do Direito da Proteção de Dados Pessoais no Brasil 120
    4.3.1 O que parecem ser os fundamentos de um conjunto normativo? 120
    4.3.2 Privacidade 120
    4.3.3 Autodeterminação informativa 121
    4.3.4 Liberdades de expressão, de informação, de comunicação e de opinião 123
    4.3.5 Intimidade, honra e imagem 123
    4.3.6 Desenvolvimento econômico e tecnológico e inovação.................. 124
    4.3.7 Livre-iniciativa, livre concorrência e defesa do consumidor 125

Capítulo 5
EFICÁCIA TERRITORIAL E MATERIAL

5.1 Nota introdutória.. 127
5.2 Noção de eficácia normativa 127
5.3 Eficácia territorial 128

5.3.1 Tratamento de dados pessoais realizado em território nacional 128
    5.3.1.1 Exceção: dados pessoais em mero armazenamento ou trânsito 128
5.3.2 Oferta ou fornecimento de bens e serviços a indivíduos localizados no território nacional 129
    5.3.2.1 Como identificar se as atividades se destinam à oferta ou fornecimento de serviços a indivíduos localizados no território nacional? O critério de direcionamento 130
5.3.3 A situação dos dados pessoais inicialmente coletados no território nacional e a aparente redundância do artigo 3º, III, da LGPD 132
5.3.4 Quando, então, o Direito da Proteção de Dados Pessoais não é territorialmente eficaz? 133
5.4 Eficácia material 133
  5.4.1 A adoção do critério de exclusão 133
  5.4.2 Tratamento de dados pessoais realizado por pessoa natural para fins exclusivamente particulares e não econômicos 134
  5.4.3 Tratamento de dados pessoais realizado para fins exclusivamente religiosos 134
  5.4.4 Tratamento de dados pessoais realizado para fins exclusivamente jornalísticos 135
  5.4.5 Tratamento de dados pessoais realizado para fins exclusivamente artísticos 136
  5.4.6 Tratamento de dados pessoais realizado para atividades exclusivamente acadêmicas e para estudos e pesquisas: eficácia material limitada 136
  5.4.7 Tratamento de dados pessoais realizado para fins exclusivos de segurança pública, defesa nacional, segurança do Estado e atividades de investigação e repressão de infrações penais 139

Capítulo 6
DEFINIÇÕES PERTINENTES AO DIREITO DA PROTEÇÃO DE DADOS PESSOAIS
6.1 Nota introdutória 141
6.2 Dados pessoais 141
  6.2.1 O conceito de dado pessoal 141
  6.2.2 *Cookies* 143
  6.2.3 Dado financeiro 145
  6.2.4 Dado de autenticação em sistemas 145
  6.2.5 Dado protegido por sigilo legal ou judicial 145
  6.2.6 Dado protegido por sigilo profissional 145
  6.2.7 Dado relacional 146
  6.2.8 Dado alternativo 146
  6.2.9 Nome de animal 146
  6.2.10 Geolocalização 147

Sumário

6.2.11 Comentários, opiniões e mensagens	147
6.2.12 Neurotecnologias	147
6.3 Dados pessoais sensíveis	148
6.3.1 Considerações sobre a opção pela classificação *ope legis* e objetiva na identificação de dados pessoais sensíveis	148
6.3.2 Conceito de dado pessoal sensível e rol taxativo	151
6.3.3 Dado sobre origem racial	152
6.3.4 Dado sobre convicção religiosa	152
6.3.5 Dado sobre opinião política	152
6.3.6 Dado sobre filiação a sindicato ou a organização de caráter religioso, filosófico ou político	153
6.3.7 Dado referente à saúde	153
6.3.8 Dado referente à vida sexual	154
6.3.9 Dado genético	154
6.3.10 Dado biométrico	155
6.3.10.1 A questão do reconhecimento facial	155
6.4 Anonimização e dado anonimizado	157
6.4.1 Dados anônimos *versus* dados anonimizados	157
6.4.2 Dados sintéticos	158
6.4.3 Pseudoanonimização	158
6.4.4 Transmissão de dados pseudoanonimizados	160
6.5 Banco de dados	160
6.6 Titular de dados pessoais	161
6.6.1 Pessoa falecida	161
6.7 Agentes de tratamento	163
6.7.1 Agentes de tratamento de pequeno porte	164
6.7.2 Controlador de dados	165
6.7.2.1 Controladoria conjunta ou cocontroladoria	168
6.7.3 Operador de dados	168
6.7.3.1 Suboperador de dados	169
6.7.3.2 Colaboradores ou servidores contratados por pessoas jurídicas	169
6.8 Tratamento de dados pessoais	170

Capítulo 7
PRINCÍPIOS

7.1 Conceito e função dos princípios no Direito da Proteção de Dados Pessoais	171
7.2 Princípio do melhor interesse do titular	173
7.3 Princípio da proporcionalidade	173
7.4 Princípio da abordagem por risco	177
7.5 Princípio da boa-fé	178

7.6 Princípio da finalidade	179
7.7 Princípio da adequação	180
7.8 Princípio da necessidade ou da minimização dos dados	181
7.9 Princípio do livre acesso	181
7.10 Princípio da qualidade dos dados	182
7.11 Princípio da transparência	183
7.11.1 Aviso de privacidade	184
7.11.1.1 Requisitos do aviso de privacidade	185
7.11.1.2 Norma ISO/IEC 29184:2021	187
7.11.1.3 *Cookies*	189
7.12 Princípio da segurança	190
7.13 Princípio da prevenção	190
7.14 Princípio da não discriminação abusiva ou ilícita	191
7.15 Princípio da responsabilização e prestação de contas	192

Capítulo 8
BASES LEGAIS DE TRATAMENTO – PARTE I: CONSENTIMENTO

8.1 Nota introdutória: a dinâmica das bases legais de tratamento de dados pessoais	193
8.2 Consentimento	194
8.2.1 Requisitos do consentimento	195
8.2.1.1 Manifestação livre	195
8.2.1.1.1 Situações de desequilíbrio de poder ou de desvantagem fático-jurídica entre o titular e o controlador	196
8.2.1.1.2 Não condicionamento	197
8.2.1.1.3 Ausência de prejuízo	198
8.2.1.1.4 Granularidade	198
8.2.1.2 Manifestação informada	199
8.2.1.3 Manifestação inequívoca	199
8.2.1.4 Finalidade determinada	200
8.2.1.5 Atualização	200
8.2.2 Forma de obtenção do consentimento	200
8.2.2.1 Consentimento escrito ou por outro meio que demonstre a manifestação de vontade do titular	200
8.2.2.2 Consentimento dado pelo próprio titular ou por seu representante legal	201
8.2.2.3 Norma ISO/IEC 29184:2021	201
8.2.3 Ônus da prova	203
8.2.4 *Cookies*	203

Capítulo 9
BASES LEGAIS DE TRATAMENTO – PARTE II: LEGÍTIMO INTERESSE

9.1 Nota introdutória e primeiras considerações sobre o legítimo interesse 205
9.2 O legítimo interesse na União Europeia 206
9.3 Dados pessoais não sensíveis 208
9.4 Requisitos do legítimo interesse 208
    9.4.1 O que parece ser "interesse"? 208
        9.4.1.1 Interesse do controlador ou de terceiro 209
    9.4.2 Propósito legítimo 209
    9.4.3 Propósito específico, explícito e informado ao titular 210
    9.4.4 Dados pessoais estritamente necessários para a finalidade 210
    9.4.5 Situações concretas 210
    9.4.6 Expectativas legítimas do titular de dados pessoais e critérios para sua identificação 211
    9.4.7 Prevalência dos direitos e liberdades fundamentais do titular 212
9.5 Teste de Balanceamento de Legítimo Interesse 213

Capítulo 10
BASES LEGAIS DE TRATAMENTO – PARTE III: DEMAIS BASES

10.1 Nota introdutória 215
10.2 Cumprimento de obrigação legal ou regulatória 215
    10.2.1 Cumprimento de instrumentos normativos estrangeiros 215
10.3 Execução de políticas públicas 216
10.4 Realização de estudos por órgão de pesquisa 216
10.5 Execução de contrato 218
    10.5.1 Incapacidade civil do titular de dados pessoais 219
10.6 Exercício regular de direitos 219
10.7 Proteção da vida ou da incolumidade física do titular ou de terceiro 220
10.8 Tutela da saúde 220
    10.8.1 Vedação do tratamento de dados para seleção de riscos 221
    10.8.2 Vedação da comunicação ou compartilhamento de dados sensíveis relativos à saúde 221
10.9 Proteção do crédito 221
10.10 Prevenção à fraude e proteção da segurança do titular de dados 222
10.11 Utilização de dados pessoais já publicamente acessíveis...................... 222
    10.11.1 Análise diligente de fontes consultadas 223

Capítulo 11
BASES LEGAIS DE TRATAMENTO – PARTE IV: TRANSFERÊNCIA INTERNACIONAL DE DADOS

11.1 Nota introdutória e o conceito de transferência internacional de dados...... 225
11.2 Ecossistema de bases legais para a transferência internacional de dados pessoais 226
    11.2.1 Países ou organismos internacionais que proporcionem grau de proteção de dados pessoais adequado ao previsto no Direito da Proteção de Dados Pessoais 227
    11.2.2 Garantias apresentadas pelo controlador 227
    11.2.3 Transferência necessária para a cooperação jurídica internacional 228
    11.2.4 Proteção da vida e da incolumidade física do titular ou de terceiro 228
    11.2.5 Autorização específica da ANPD 229
    11.2.6 Acordo de cooperação internacional 229
    11.2.7 Transferência necessária para a execução de política pública ou atribuição legal 229
    11.2.8 Consentimento 229
11.3 Resolução CD/ANPD n. 19/2024 229

Capítulo 12
TRATAMENTO DE DADOS PESSOAIS DE CRIANÇAS E ADOLESCENTES

12.1 Crianças e adolescentes 235
12.2 Melhor interesse da criança e do adolescente 235
12.3 Bases legais de tratamento de dados de crianças e o Enunciado CD/ANPD n. 1/2023 237
12.4 Controle etário 238
12.5 Princípio da necessidade e jogos e aplicações 238
12.6 Comprovação da condição de pai ou responsável legal 239

Capítulo 13
TRATAMENTO DE DADOS PESSOAIS PELO PODER PÚBLICO

13.1 Nota introdutória 241
13.2 O tratamento de dados pessoais para o desempenho das finalidades públicas 241
13.3 Empresas públicas e sociedades de economia mista 243
13.4 Interoperabilidade 243

Capítulo 14
TÉRMINO DO TRATAMENTO DE DADOS

14.1 Nota introdutória 245
14.2 Situações que caracterizam o término do tratamento (art. 15, LGPD) 245
    14.2.1 Cumprimento da finalidade 245
    14.2.2 Fim do período de tratamento 246

14.2.3 Comunicação do titular de dados pessoais 246
14.2.4 Determinação da ANPD 246
14.2.5 Determinação judicial 246
14.3 Situações que caracterizam o término do tratamento (art. 16, LGPD)....... 247
14.3.1 Cumprimento de obrigação legal ou regulatória pelo controlador...... 247
14.3.2 Manutenção para estudo por órgão de pesquisa 247
14.3.3 Manutenção dos dados pela necessidade de transferi-los a terceiros.... 247
14.3.4 Uso exclusivo e anonimizado pelo controlador............................ 248

Capítulo 15
DIREITOS DOS TITULARES DE DADOS PESSOAIS
15.1 Nota introdutória 249
15.2 Direitos dos titulares de dados pessoais 250
15.2.1 Confirmação da existência de tratamento (art. 18, I, LGPD)............ 250
15.2.2 Acesso aos dados pessoais (art. 18, II, LGPD) 250
15.2.2.1 Como fornecer o acesso aos dados para o titular e o conceito de "cópia"... 251
15.2.3 Correção de dados incompletos, inexatos ou desatualizados (art. 18, III, LGPD)... 255
15.2.4 Anonimização, bloqueio ou eliminação de dados (art. 18, IV, LGPD) .. 255
15.2.5 Portabilidade (art. 18, V, LGPD) 256
15.2.6 Eliminação dos dados pessoais (art. 18, VI, LGPD) 257
15.2.7 Informação das entidades públicas e privadas envolvidas no tratamento (art. 18, VII, LGPD)... 257
15.2.8 Informação sobre a possibilidade de não fornecer o consentimento (art. 18, VIII, LGPD)... 257
15.2.9 Revogação do consentimento (art. 18, IX, LGPD) 257
15.2.10 Oposição (art. 18, § 2º, LGPD) 258
15.2.11 Revisão de decisões automatizadas (art. 20, LGPD) 258
15.2.12 Informações claras e adequadas a respeito dos critérios e procedimentos utilizados para a decisão automatizada (art. 20, § 1º, LGPD).......... 259
15.3 Forma e protocolo de atendimento dos direitos dos titulares 259
15.3.1 Prazos... 260
15.3.2 Forma de atendimento... 261
15.3.3 Confirmação de identidade 261
15.4 Meios pelos quais os titulares de dados podem exercer seus direitos 262
15.4.1 Interesses jurídico e processual do titular de dados pessoais 264
15.4.2 Legitimidades ativa e passiva em relação aos direitos dos titulares 265
15.4.3 Associações civis 267
15.4.4 Possível ilegitimidade passiva dos agentes de tratamento 267
15.4.5 Procedimentos judiciais individuais e competência 267

15.4.6 Procedimentos judiciais coletivos 268
15.4.7 Procedimentos no Ministério Público 268

Capítulo 16
ENCARREGADO PELO TRATAMENTO DE DADOS PESSOAIS
16.1 Conceito de encarregado pelo tratamento de dados pessoais e regulação 271
16.2 Dever de indicação do encarregado 272
16.3 A quem é permitida a atribuição da função de encarregado 273
16.4 Encarregado substituto: situações de ausência, impedimento ou vacância do encarregado 274
16.5 Deveres do agente de tratamento: seus deveres não se encerram com a nomeação 275
16.6 Conflitos de interesse 275
16.7 Formalização da função 279
16.8 Responsabilidade civil, trabalhista ou administrativa do encarregado 280
16.9 Responsabilidade penal do encarregado 280
16.10 Identificação e informações de contato do encarregado 281
16.11 Atividades do encarregado 282

Capítulo 17
PROGRAMA DE GOVERNANÇA EM PRIVACIDADE E PROTEÇÃO DE DADOS PESSOAIS
17.1 Nota introdutória e o que pode ser compreendido como um programa de governança ou sistema de gestão em privacidade e proteção de dados pessoais.. 285
17.2 Compromisso institucional 289
17.3 Entendimento do contexto da organização e definição do escopo do programa .. 289
17.4 Responsáveis pela privacidade e proteção de dados pessoais 290
17.5 *Privacy by Design* 292
17.6 Inventário de dados e registro das operações de tratamento de dados pessoais (*Record of Processing Activities – RoPA*) 293
17.7 Política de privacidade 295
17.8 Avisos de privacidade 295
17.9 Avaliações de risco 297
   17.9.1 Teste de Balanceamento de Legítimo Interesse 297
   17.9.2 Relatório de Impacto à Proteção de Dados – RIPD 298
   17.9.3 Avaliação de melhor interesse de crianças e adolescentes 302
   17.9.4 Governança e avaliações de sistemas de inteligência artificial 302
17.10 *Privacy-Enhance Technologies – PETs* 303
17.11 *Nudge Techniques e Dark Patterns* 303
17.12 Atendimento aos titulares de dados pessoais e plano de resposta 304
17.13 Gestão de outros agentes de tratamento (avaliação, monitoramento e contratação) 304

17.13.1	Fase 1 – Homologação	305
17.13.2	Fase 2 – Contratação	306
17.13.3	Fase 3 – Monitoramento	306
17.13.4	Fase 4 – Encerramento da relação	307
17.14	Avaliação e monitoramento das fontes	307
17.15	Segurança da informação	307
17.16	Treinamento e conscientização	309
17.17	Incidentes de segurança e plano de resposta e remediação a incidentes	310

Capítulo 18
INCIDENTES DE SEGURANÇA

18.1	Nota introdutória	313
18.2	Conceito de incidente de segurança	313
18.3	Medidas preventivas	316
18.4	Medidas pós-incidente	317
18.4.1	Plano de resposta e remediação a incidentes e formação do comitê de crise	317
18.4.2	Medidas corretivas	317
18.4.3	Comunicação do sinistro à seguradora	318
18.4.4	Entendimento completo do incidente e preservação/documentação das evidências	318
18.4.5	Notificação de cocontroladores, operadores e suboperadores	318
18.4.6	Relatório de impacto à proteção de dados pessoais e estudo de gravidade do incidente	318
18.4.7	Comunicações de titulares de dados pessoais, à ANPD e demais autoridades setoriais	319
18.4.7.1	Em que situações as comunicações aos titulares e à ANPD devem ocorrer: existência de risco e dano relevante	319
18.4.7.2	Prazos	320
18.4.7.3	Forma e conteúdo da comunicação à ANPD	321
18.4.7.4	Forma e conteúdo da comunicação aos titulares de dados	322
18.4.7.5	Comunicação às demais autoridades	323
18.4.8	Registro do incidente de segurança: prestação de contas e lições apreendidas	325
18.4.9	Relatório de tratamento de incidente	325
18.5	Seguro de risco cibernético	326

Capítulo 19
RESPONSABILIDADE CIVIL E RESSARCIMENTO DE DANOS

19.1	Nota introdutória, responsabilidade civil extracontratual dos agentes de tratamento e diálogo necessário das fontes	327
19.2	Responsabilidade solidária	328

19.2.1 Responsabilidade solidária do controlador e operador 329
    19.2.1.1 Pode o controlador não ser responsabilizado pelo descumprimento da lei e danos provocados por parte do operador?................. 329
19.2.2 Responsabilidade solidária do suboperador 330
19.2.3 Responsabilidade solidária no caso de cocontroladoria ou controladoria conjunta 331
19.3 Causas excludentes de responsabilidade... 331
    19.3.1 Considerações iniciais sobre as causas excludentes........................ 331
    19.3.2 Primeira causa excludente: não realização do tratamento de dados pessoais 331
    19.3.3 Segunda causa excludente: ausência de violação à legislação de proteção de dados 332
    19.3.4 Terceira causa excludente: ausência de violação à legislação de proteção de dados 332
19.4 Danos 333
    19.4.1 Dano patrimonial 333
    19.4.2 Dano moral 335
        19.4.2.1 Dano moral *in re ipsa* 336
        19.4.2.2 Dano moral *in re ipsa* em caso de incidente de privacidade no perfil de "vazamento de dados" na jurisprudência do STJ 339
        19.4.2.3 Dano moral coletivo 341
19.5 Direito de regresso 342

Capítulo 20
ANPD E RESPONSABILIDADE ADMINISTRATIVA

20.1 Nota introdutória e responsabilidade Administrativa 345
20.2 Autoridade Nacional de Proteção de Dados – ANPD 345
    20.2.1 Composição da ANPD 346
    20.2.2 Competências administrativas da ANPD................................... 348
20.3 Sanções administrativas (art. 52, LGPD)... 349
    20.3.1 Advertência (inc. I) 350
    20.3.2 Multa simples (inc. II).. 350
    20.3.3 Multa diária (inc. III) 351
    20.3.4 Publicização (inc. IV)... 351
    20.3.5 Bloqueio dos dados pessoais até regularização da infração (inc. V) 351
    20.3.6 Eliminação dos dados pessoais a que se refere a infração (inc. VI) 351
    20.3.7 Suspensão parcial do funcionamento do banco de dados (inc. X) 351
    20.3.8 Suspensão parcial do funcionamento do banco de dados (inc. XI)....... 352
    20.3.9 Proibição parcial ou total do exercício de atividades (inc. XII) 352
    20.3.10 Aplicação isolada ou cumulativa... 352
    20.3.11 Responsabilização de pessoas jurídicas de Direito Público 352

20.3.12 Destinação dos valores 353
20.3.13 Incidentes de segurança individuais 353
20.4 Procedimentos administrativos e critérios para responsabilização administrativa dos agentes de tratamento e aplicação de sanções 353
    20.4.1 Regulamento do Processo de Fiscalização e do Processo Administrativo: as atividades de monitoramento, orientação e fiscalização da ANPD 354
    20.4.2 Regulamento de Dosimetria e Aplicação de Sanções Administrativas... 359
        20.4.2.1 Infração leve (art. 8º, § 1º) 360
        20.4.2.2 Infração média (art. 8º, § 2º) 360
        20.4.2.3 Infração grave (art. 8º, § 3º) 361
        20.4.2.4 Aplicação de advertência 361
        20.4.2.5 Aplicação de multa simples 362
        20.4.2.6 Aplicação de multa diária 362
        20.4.2.7 Publicização da infração 362
        20.4.2.8 Bloqueio e eliminação de dados 363
        20.4.2.9 Suspensão parcial do funcionamento do banco de dados........... 363
        20.4.2.10 Suspensão do exercício de atividade de tratamento de dados pessoais 363
        20.4.2.11 Proibição parcial ou total do exercício de atividades relacionadas a tratamento de dados 364
        20.4.2.12 Aplicação do princípio da proporcionalidade 364

Referências 365

Capítulo 1
DIREITO DA PROTEÇÃO DE DADOS PESSOAIS

1.1 NOTA INTRODUTÓRIA

Inicio o texto com a proposta de posicionar a matéria de Proteção de Dados Pessoais em si por duas razões que me parecem principais.

A primeira é trazer lógica e informações necessárias ao desenvolvimento da obra. Um Manual que se proponha, minimamente e sem esgotamento, como o presente, a mapear o tema da Proteção de Dados Pessoais precisa tentar posicionar a matéria mãe de seu tema de forma precisa. Propõe-se, então, a responder despretensiosamente à seguinte pergunta: o que é a Proteção de Dados Pessoais? A ausência de resposta para essa pergunta ou uma resposta que não seja minimamente satisfatória tende a esvaziar uma obra com essa proposta e deixar sem sentido as demais partes do livro, em especial a que trata dos dados abertos, as considerações a respeito do Marco Civil da Internet e o detalhamento da proteção de dados pessoais por meio de seu principal marco normativo, a Lei Geral de Proteção de Dados Pessoais (LGPD).

A segunda razão tem origem na constatação de que a matéria de proteção de dados pessoais parece gozar de autonomia científica em relação às demais, o que, inclusive, parece justificar, do ponto de vista epistemológico, a existência temática deste Manual.

O objetivo é, portanto, trazer considerações sobre a matéria de Proteção de Dados Pessoais em si mesma, seja para seu entendimento, seja para informação a todos os demais pontos estudados na obra. Ficarei satisfeito se, ao seu final, for possível estabelecer um entendimento do que é a Proteção de Dados Pessoais e como o tema se posiciona cientificamente no sistema normativo de Direito brasileiro.

1.2 O DIREITO À PRIVACIDADE

O entendimento da Proteção de Dados Pessoais, enquanto matéria, passa, a meu ver, pelo entendimento do Direito à Privacidade, especialmente para identificar as suas diferenças e complementaridades ao longo do texto. Cumpre mencionar, desde já, que a Privacidade e a Proteção de Dados Pessoais não se confundem, embora esta tenha relação direta de concepção e instrumentalização com aquela, como se verá[1].

---

[1] Inclusive, o uso da terminologia nos vários sistemas normativos em torno do mundo não é unânime, como se verá diante das diferenças entre os modelos europeu e norte-americano. Em alguns momentos, Privacidade e Proteção de Dados Pessoais são utilizados como sinônimos ou sem uma distinção relevante para fins de aplicação normativa. No sistema norte-americano, por exemplo, não há essa distinção de forma categórica, estando tudo

O Direito à Privacidade é direito fundamental assegurado na Constituição Federal, estando posicionado especialmente no que está previsto no artigo 5º, X, com base na ideia de "inviolabilidade à vida privada". "Vida privada" que se inseriu no rol de direitos humanos de espectro de proteção individual, especialmente na Declaração Universal de Direitos Humanos de 1948. Documento de reconhecida importância para a consolidação dos direitos fundamentais nos nossos tempos, a Declaração propõe uma limitação clara na atuação desleal, cruel e indigna do Estado (sobretudo considerando as atrocidades cometidas no período anterior à Segunda Grande Guerra). Inspira todos os regimes de proteção de dados pessoais, principalmente pela eleição da privacidade individual e familiar à condição de direito universal, justamente pela importância de tal proteção para o desenvolvimento do ser humano enquanto indivíduo ou em comunidade.

A inviolabilidade à vida privada, portanto, traz semanticamente a proteção da esfera privada do indivíduo como direito fundamental. Nas palavras de Robert Alexy[2], assume em certa perspectiva a ideia de direito à proteção, pois vocaciona assegurar ao indivíduo a proteção ou guarida por parte do Estado, seja em razão de atos de terceiros, seja por conta de atos do próprio Poder Público.

Em outras palavras, o Direito à Privacidade, a meu ver, assegura um espaço mínimo essencial de não intrusão na vida do indivíduo. A garantia de que este terá a preservação de um espaço necessário para que se sinta independente da sociedade enquanto sujeito e tenha uma esfera própria de sua existência sob seu exclusivo controle, incluindo pensamentos, opiniões, gostos, hábitos, necessidades etc. Espaço este que é, por tudo isso, naturalmente necessário ao desenvolvimento da personalidade do indivíduo e de seu entendimento sobre si mesmo.

Assim, historicamente, sua ideia sempre esteve ligada à identificação dos limites entre espaços privados e públicos, com a proteção das atividades realizadas em âmbito privativo. Tem relação com a sensação de segurança do indivíduo, tanto física quanto ao próprio desenvolvimento da personalidade. Protege-se o espaço privativo do indivíduo de ingerências indevidas, para que este possa (i) determinar qual é seu espaço privativo e (ii) desenvolver-se enquanto ser humano, com a formação de sua personalidade. Protege-se o espaço de segurança, de desenvolvimento e de reflexão do indivíduo. Grande parte das liberdades individuais são possíveis em um ecossistema de privacidade. Essa é uma das principais razões históricas, por exemplo, da existência da ideia de domicílio enquanto instituto jurídico de proteção.

---

interrelacionado no *right of privacy*. Na Europa, a distinção entre Privacidade e Proteção de Dados (*Data Protection*) é mais marcante. O principal, a meu ver, é compreender o alcance, objeto e espectro de proteção de cada direito, sob pena de se perderem aspectos conceituais importantes que somem no ato de equiparação terminológica.

[2] ALEXY, R. *Teoria dos direitos fundamentais*. Tradução Virgílio Afonso da Silva. São Paulo: Malheiros, 2008, p. 450, 472-474 e 499.

Como bem disse Danilo Doneda:

> É própria do nosso tempo a preocupação com a privacidade e como garanti-la. E a forma pela qual o direito a abordou durante muito tempo foi pela sua associação à busca de alguma forma de isolamento, refúgio ou segredo. A formação do conceito de privacidade, no entanto, aponta para elementos referentes a necessidades diversas, como a busca da igualdade, da liberdade de escolha, do anseio em não ser discriminado, entre outros. E, ainda, a privacidade está fortemente ligada à personalidade e ao seu desenvolvimento, para o qual é elemento essencial, em uma complexa teia de relações ainda a ser completamente vislumbrada pelo direito[3].

Também, como definiu o STF:

> [...] a privacidade consubstancia-se na prerrogativa de exigir do Estado e dos demais sujeitos particulares uma abstenção da intervenção em sua intimidade e em sua vida privada, compreendendo o caráter negativo do direito, que impõe a proteção contra ações que interfiram na intimidade e vida privada e a proibição de o Estado afetar o seu núcleo essencial; além da faculdade de renúncia e não exercício do direito por seu titular. O direito à privacidade, na dimensão de uma prestação positiva por parte do Estado, também impõe o debate sobre medidas de segurança a respeito de dados que incidam diretamente na esfera privada dos indivíduos, assumindo caráter preventivo, a fim de se evitar acessos não autorizados a essas informações[4].

Essas ideias de separação de esferas privada e pública e do reconhecimento fundamental de limites e bordas do espectro privativo do indivíduo também têm relação com a ideia de privacidade como um *direito de ser deixado só ou em paz* ou *the right to be let alone*[5], assegurando ao indivíduo o direito de salvaguardar, com limites e autocontrole, aspectos de sua vida do conhecimento ou domínio público e ter controle sobre esses espaços. Ideia esta que tem origem naquilo que pode ser tido, pela literatura específica, como o início da concepção moderna de privacidade[6]. Falo aqui do reconhecido texto de Samuel Warren e Louis Brandeis, *The right to privacy*, de 1890[7], estabelecendo que as alterações sociais demandam também a mudança de compreensão dos limites de proteção da propriedade e personalidade dos indivíduos[8], incluindo o direito à privacidade detalhado ao longo do texto.

---

[3] DONEDA, D. *Da privacidade à proteção de dados pessoais*, 2. ed., rev. e atual., São Paulo: Thomson Reuters. 2020, versão eletrônica, RB-1.1.

[4] STF, T. Pleno, ADI 5.545, Rel. Min. Luiz Fux, j. 13.04.2023, *DJe* 16.06.2023.

[5] Noção encontrada, por exemplo, na obra de Thomas Cooley, em que propõe uma classificação de direitos dos indivíduos e reconhece o *right to be let alone* (*A Treatise on the Law of Torts or the Wrongs Which Arise Independent of Contract*, Chicago: Callaghan and Company, 1879, p. 29).

[6] DONEDA, D. Idem.

[7] WARREN, S.; BRANDEIS, L. The right to privacy. *Harward Law Review*, v. IV, dec. 1890, p. 193-220. Disponível em: https://www.jstor.org/stable/1321160. Acesso em: 3 mar. 2024.

[8] "O fato do indivíduo deve ter uma proteção completa de sua pessoa e propriedade é um princípio tão antigo quanto à própria *common law*, mas tem sido necessário, de tempos em tempos, redefinir a exata natureza e exten-

Como um quebra-cabeças de muitas peças, esse espectro de proteção fundamental do espaço essencial de privacidade do indivíduo tem várias facetas e, justamente por isso, pode ser interpretado como um espectro. Para cada situação específica, a privacidade individual se apresenta com uma face específica, que é identificada justamente a partir do limite de proteção à esfera individual. Qual é o conteúdo do direito fundamental à privacidade no caso concreto? O limite identificado concretamente cujo rompimento, como conclusão, caracteriza o avanço indevido, ilegítimo e inconstitucional no espaço essencial de proteção do indivíduo. Todas essas *faces específicas* ou *limites* in abstrato *ou concretos* formam o conceito Direito Fundamental à Privacidade.

Entre esses limites ou faces estão as diversas formas de manifestação de tal direito, incluindo a proteção à intimidade, a proteção do segredo, a proteção ao domicílio, a proteção ao sigilo de correspondência e comunicações, a proteção ao fluxo de uso de internet (conforme detalha o Marco Civil da Internet, por exemplo), a proteção ao sigilo fiscal, a proteção ao sigilo bancário[9], o controle ativo das informações do indivíduo[10] e, logicamente, a Proteção de Dados Pessoais.

Assim, as *proteções pertinentes ao direito fundamental à privacidade* parecem ter, na minha compreensão, o conteúdo de reconhecimento de limite. Proteger juridicamente significa reconhecer os limites legais negativos de cada situação, ou seja, o delineamento preciso da borda circular que protege o espectro essencial individual. Por exemplo, protege-se a intimidade reconhecendo o limite até o qual não se pode avançar. Igualmente, protege-se o domicílio até os limites em que não se pode adentrar aquilo que deve ser blindado ao indivíduo.

O direito à privacidade, assim, é um direito à proteção por meio do qual a Constituição Federal determina a localização precisa dos limites que não podem ser rompidos, sob pena de violar a vida privada individual. Vida privada, nessa perspectiva, pode ser compreendida ou traduzida como círculo essencial de privacidade e proteção individual que não pode ser ilegitimamente invadido. Nesse sentido, ou o indivíduo permite conscientemente e sem qualquer vício de vontade a entrada do Estado ou terceiros em tal esfera (consentimento, por exemplo), ou há outros direitos igualmente constitucionais que permitem, em juízo de ponderação, o ingresso do Estado ou ter-

---

são desta proteção. Alterações políticas, sociais e econômicas envolvem o reconhecimento de novos direitos, e a *common law*, em sua eterna juventude, cresce para atender às demandas da sociedade. Assim, em tempos muito antigos, a lei dava remédio apenas para interferências físicas com a vida e a propriedade, por meio de invasões violentas. Então, o 'direito à vida' servia apenas para proteger o sujeito de baterias em suas diversas formas; a liberdade significava liberdade de restrições reais; e o direito à propriedade garantia ao indivíduo suas terras e seus animais. Mais tarde, veio o reconhecimento da natureza espiritual do homem, de suas emoções e seu intelecto. Gradualmente, o âmbito desses direitos legais se expandiu; e agora o direito à vida tem vindo a significar o direito to de gozar a vida, o direito de ser deixado em paz; o direito à liberdade garante o exercício de extensos privilégios civis; e o termo 'propriedade' tem crescido para incluir todas as formas de posse – intangíveis, assim como tangíveis" (Idem, tradução livre, p. 193).

[9] STF, 2ª Turma, RE 219780, Rel. Carlos Velloso, j. 13.04.1999, *DJe* 10.09.1999.
[10] STF, 2ª Turma, RE 219780, Rel. Carlos Velloso, j. 13.04.1999, *DJe* 10.09.1999.

ceiros na esfera individual, ainda que contrário à vontade do sujeito, como, por exemplo, a possibilidade de quebra de sigilo telefônico ou telemático para fins de investigação criminal, a quebra de sigilo de registros eletrônicos estabelecida no Marco Civil da Internet ou, ainda, as ordens judiciais lícitas de busca e apreensão em domicílio.

Dito isto, inclusive, parece ser possível dar início a uma das acepções pelas quais pode ser explicada a Proteção de Dados Pessoais, ou seja, parece ser possível explicar a Proteção de Dados Pessoais por meio do conteúdo do direito fundamental à privacidade. Se proteger é encontrar os limites, proteger os dados pessoais, nesse contexto, parece ser *identificar os limites de acesso e uso (tratamento) dos dados pessoais*. Em outras palavras, proteger os dados pessoais é delimitar o que é acesso e uso legítimo, correto e lícito dos dados pessoais. Quer dizer, os dados pessoais protegidos juridicamente são aqueles cujos limites de acesso e uso lícitos foram respeitados. A *desproteção de dados pessoais*, ao seu turno, seria a não localização desses limites ou o desrespeito deles. Onde estão os limites hoje? Especialmente na LGPD, conforme determina o artigo 5º, LXXIX, da CF: "é assegurado, nos termos da lei, o direito à proteção dos dados pessoais, inclusive nos meios digitais". Estudar e aplicar a Proteção de Dados Pessoais, portanto, parece ser estudar e aplicar os limites legais de acesso e uso dos dados pessoais.

1.2.1 Teoria das esferas da personalidade ou teoria dos círculos concêntricos

Uma das propostas teóricas que mais auxiliam, visualmente, a compreensão do conteúdo do direito fundamental de privacidade é a teoria das esferas da personalidade ou teoria dos círculos concêntricos da esfera da vida privada, desenvolvida na década de 1950 por Heinrich Hubmann[11], revisitada em 1957 por Heinrich Henkel e difundida no Brasil pela obra de Paulo José da Costa Junior[12].

A teoria propõe, visualmente, a representação do direito à privacidade baseada em três círculos concêntricos, a saber: (i) círculo da privacidade; (ii) círculo da intimidade ou da confidência; e (iii) círculo do segredo. Visualmente, o círculo da privacidade é o mais amplo e dentro dele estão os círculos de intimidade e segredo. A privacidade engloba a intimidade e o segredo, mas deles se diferencia. Dentro do círculo de intimidade, está o círculo de segredo. A intimidade engloba o segredo, mas dele se diferencia. Assim, em texto, poderia ser: {privacidade [intimidade (segredo)]}.

Nessa ideia, o segredo é representado por aquilo que apenas o indivíduo sabe a seu respeito e sobre o que reflete em seu íntimo, isolado de qualquer compartilhamento de tal informação com terceiros. A esfera de intimidade representa as situações vividas e as informações compartilhadas pelo indivíduo apenas com pessoas muito próximas e de sua intimidade, normalmente com familiares próximos, pessoas de relacionamento

---
[11] HUBMANN, H. *Das persönlichkeitsrecht*. Münster: Böhlau-Verlag, 1953.
[12] COSTA JR., P. J. *O direito de estar só*: tutela penal da intimidade. São Paulo: Revista dos Tribunais, 1995, p. 30.

amoroso e melhores amigos. A esfera de privacidade, mais ampla, representa situações e informações em ambiente ainda controlado pelo indivíduo, mas mais superficiais e corriqueiras. São privadas, mas não tem nada mais de especial para o indivíduo que a relevância de situações íntimas ou mesmo secretas. São situações e limites, como visto, que devem ser identificados de forma concreta e contextual, na análise casuística.

Além disso, propõe que todo espaço externo, fora da linha de camada externa da esfera de privacidade, é identificado como espaço público, competindo ao indivíduo determinar os limites entre esses dois espaços. Tem-se, nesse ponto, mais uma manifestação da relação entre privacidade e liberdade. O indivíduo deve ter o controle e a legítima expectativa – inclusive em razão do tratamento de seus dados pessoais – do ponto em que o espaço público começa para si. Os exemplos dessas ideias estão no cotidiano, com o uso da tecnologia, ou não[13].

1.2.2 Privacidade como direito de pessoa natural: direito de privacidade *versus* direito à confidencialidade e propriedade de informações empresariais

O direito à privacidade, por tudo dito, está associado e pertence às pessoas naturais. O objeto e fim da proteção à privacidade é resguardar o desenvolvimento da personalidade da pessoa natural.

Isso não significa que as informações das pessoas jurídicas não sejam protegidas pelo ordenamento jurídico. Lembrando, inclusive, que as pessoas jurídicas gozam de personalidade fictícia por uma construção conjunta de textos normativos e para fins de desenvolvimento econômico, aliás, com aplicação dos direitos de personalidade possíveis, conforme determina o artigo 52 do CC, a exemplo direitos à imagem e à proteção à honra objetiva, esta última, inclusive, com reflexos de ordem criminal, como no caso da possibilidade normativa da pessoa jurídica ser vítima de crime de difamação (artigo 139 do CP).

São protegidos os segredos de negócio, os planos estratégicos, os documentos, as propriedades intelectuais etc. Mas esta proteção não deriva da proteção à privacidade

---

[13] Se um professor dá uma aula para uma sala de 50 pessoas, sem gravação, a situação é privativa, tendo ele mais controle sobre as consequências do que falar em sala, justamente porque está em um ambiente mais controlado e, em tese, privativo. Se esse mesmo professor propõe dar a mesma aula para um número indeterminado de espectadores e que será divulgada de forma aberta no YouTube, está ele em um espaço público. Possivelmente, existirão situações e opiniões que não farão referência diante da publicidade do espaço que está. Ainda, esse mesmo professor tem situações que não levaria para uma palestra no YouTube (situações privadas) e que também não dividiria em sua sala de aula, mas apenas com seu pai e irmão, por exemplo (situação privada e íntima). Há, ainda, situações que o professor sequer dividiria com qualquer pessoa (situação privada, íntima e secreta). Outro exemplo simples do dia a dia é a possibilidade de as pessoas escolherem se o perfil da mídia social Instagram será público ou privado (acessível só por pessoas autorizadas a "seguir" suas postagens. Essa opção é o controle do indivíduo sobre seu espaço de privacidade. Optando por um perfil público, sabe que as informações divulgadas são acessíveis por qualquer pessoa que o encontre na internet. Optando pelo perfil privado, tem a expectativa de que suas publicações estão em ambiente controlado. Mesmo assim, há situações que não leva para sua mídia social, apenas as dividindo com pessoas de sua intimidade. Há, ainda, situações que sequer estas últimas têm conhecimento.

da pessoa jurídica, porque esta não a tem, mas do direito amplo de propriedade que a pessoa jurídica possui sobre aquilo que possui. Fala-se, então, de direito de propriedade da pessoa jurídica, e não de direito de privacidade. Desse modo, a proteção da pessoa jurídica deriva de outras previsões do ordenamento jurídico, mas não especificamente da Proteção de Dados Pessoais.

Por essa razão, por exemplo, o acordo de confidencialidade ou o NDA, embora possa englobar disposições de Proteção de Dados Pessoais e privacidade, não é o documento mais vocacionado para tanto. No NDA, os dados e as informações da pessoa jurídica têm sua confidencialidade protegida, de modo que, como regra, apenas as partes que precisam ter acesso a tais dados e informações de fato o acessam. Essa confidencialidade é um dos aspectos do direito de propriedade da pessoa jurídica sobre as informações em sua elasticidade. Isso significa que entre os dados e as informações que a empresa tem em seu controle não há dados pessoais? Não. Mas o que se protege não é a privacidade das pessoas por ele identificadas, mas o direito de confidencialidade que a pessoa jurídica tem como gestora circunstancial desses dados. O NDA, nesse aspecto, endereça o direito da pessoa jurídica de controlar os limites de exposição dos dados pessoais que estão, em razão de algum motivo legítimo, sobre sua gestão.

1.3 O DIREITO DA PROTEÇÃO DE DADOS PESSOAIS

1.3.1 Dado *versus* informação: a construção do conceito de dado pessoal

Dado e informação são, a meu ver, conceitos diferentes. A informação é o resultado racional extraído do dado, conforme o contexto em que o dado e seu uso estão.

Os dados são, assim, matéria-prima, insumo. Informação é aquilo que se extrai dessa matéria-prima de acordo com a qualidade dos dados, quantidade dos dados, forma como os dados estão dispostos e organizados, uso que lhes é dado e capacidades técnicas e intelectuais de quem usa o dado. Percebe-se, assim e em razão dessas *circunstâncias de geração da informação*, que a extração da informação e a própria informação em si são contextuais dependendo diretamente do que é feito e como é feito.

Como bem indica Danilo Doneda, os termos "dado" e "informação" são utilizados como sinônimos muitas vezes: "Em relação à utilização dos termos 'dado' e 'informação', é necessário notar preliminarmente que o conteúdo de ambos se sobrepõe em várias circunstâncias, o que justifica uma certa promiscuidade na sua utilização"[14].

Segue o professor explicando a característica do dado como uma espécie de "pré-informação":

> Não obstante, cada um deles possui suas peculiaridades a serem levadas em conta. Assim, o 'dado' apresenta conotação um pouco mais primitiva e fragmentada, como se observa em um autor que o entende como uma informação em estado potencial, antes

---
[14] DONEDA, D. Op. cit., RB-2.1.

de ser transmitida. O dado, assim, estaria associado a uma espécie de "pré-informação", anterior à interpretação e a um processo de elaboração. A informação, por sua vez, alude a algo além da representação contida no dado, chegando ao limiar da cognição. Mesmo sem aludir ao seu significado, na informação, já se pressupõe a depuração de seu conteúdo – daí que a informação carrega em si também um sentido instrumental, no sentido da redução de um estado de incerteza[15].

O dado será considerado um *dado pessoal* assim se, no contexto de seu uso, for possível a extração de uma informação pessoal, ou seja, a extração de algo que identifique o indivíduo de forma direta ou imediata ou de forma indireta ou mediata. O que vai revelar se o dado é ou não pessoal é o agregar da possibilidade de extração concreta e contextual de uma informação pessoal.

Significa dizer que, sempre que houver a extração ou compreensão de uma informação pessoal, haverá dado pessoal, mas nem sempre um dado será dado pessoal. A possibilidade de construção da informação pessoal é o fator definitivo nessa conceituação. Além disso, ela é fundamental na decisão pela incidência ou não das normas de Proteção de Dados Pessoais. Observada a utilização, seja qual for, de dado na condição de dado pessoal, o Direito da Proteção de Dados Pessoais se aplica em razão dos riscos à privacidade associados. O contrário não é verdadeiro.

Essas são as acepções da visão mais protetiva associada ao *conceito expansionista* de dado pessoal. Segundo este, serão dados pessoais, como visto, os dados que deles for possível, contextualmente, extrair uma informação capaz de identificar diretamente uma pessoa natural (pessoa identificada) ou capaz de identificar indiretamente uma pessoa natural (pessoa identificável). Em oposição, há também o *conceito reducionista* de dado pessoal, limitando muito a identificação dos dados que seriam pessoais, como a própria denominação indica. Para esse segundo conceito, não utilizado pela legislação brasileira, vale repisar que dado pessoal é apenas aquele do qual é possível extrair uma informação precisa, determinada e exata sobre alguém (pessoa identificada).

A adoção do *conceito expansionista* também se dá na LGPD em seu artigo 5º, I: "Art. 5º Para os fins desta Lei, considera-se: I – dado pessoal: informação relacionada a pessoa natural identificada ou identificável". Isso era esperado e é condizente com os objetivos das normas de Direito da Proteção de Dados Pessoais. Se a regulação tem por objetivo a promoção da privacidade e do desenvolvimento da personalidade como valores de patamar constitucional, é natural que se ampliem as situações em que um dado possa ser caracterizado como dado pessoal, de modo a também ampliar o espectro de proteção da norma.

É interessante notar, aliás, que esse conceito expansionista não me parece estar direcionado diretamente ao dado, ao que poderia sugerir uma leitura rápida da ideia. Antes, ele está direcionado à informação. Amplia o que pode ou não ser considerado

---

[15] Ibidem.

como *informação pessoal* e, por isso, interfere na concepção de dado pessoal, pois, quanto mais forem as possíveis informações pessoais, mais serão, logicamente, os possíveis dados classificados como dados pessoais.

Há, ainda, outra importante constatação aferível do texto do artigo 5º, I, da LGPD e que confirma e reflete essas considerações. O texto diz que é dado pessoal a "informação relacionada a pessoa natural" e não o dado relacionado a uma pessoa natural. Resta claro também, pelo texto normativo, que a qualificação do dado como dado pessoal depende da presença de uma informação associada à pessoa natural.

Ou seja, a caracterização do dado pessoal depende necessariamente de um exercício cognitivo, humano ou não, de extração da informação relacionada à pessoa natural. Consequência: de fato, apenas o contexto e a análise individualizada de cada situação serão capazes de revelar o que é dado pessoal ou não, os riscos associados ao uso destes e a incidência ou não das normas de Proteção de Dados Pessoais. Premissas ou presunções genéricas, objetivas, estanques e até mesmo teimosas tendem a não funcionar e gerar mais problemas que resultados satisfatórios, especialmente por ultrapassar detalhes relevantes para aplicação da norma.

Cumpre dizer, inclusive, que na experiência europeia, grande berço do Direito da Proteção de Dados Pessoais brasileiro, o conceito expansionista também é adotado. Tem como principal exemplo o artigo 4º da GDPR, segundo o qual:

> Para efeitos do presente regulamento, entende-se por: "Dados pessoais", informação relativa a uma pessoa singular identificada ou identificável ("titular dos dados"); é considerada identificável uma pessoa singular que possa ser identificada, direta ou indiretamente, em especial por referência a um identificador, como por exemplo um nome, um número de identificação, dados de localização, identificadores por via eletrônica ou a um ou mais elementos específicos da identidade física, fisiológica, genética, mental, econômica, cultural ou social dessa pessoa singular.

Percebe-se que também na União Europeia a "informação" é elemento protagonista no conceito de dado pessoal e que o conceito expansionista é estabelecido. Segue o definido no fundamental Parecer 4/2007 sobre o conceito de dados pessoais do Grupo de Trabalhos de Proteção de Dados do artigo 29[16], grupo instituído pelo artigo 29 da Diretiva Europeia 95/46/CE na condição de órgão consultivo europeu independente em matéria de proteção de dados pessoais e que teve participação decisiva até a instituição da GDPR. Nesse sentido, o estudo do Parecer é fundamental para a definição de dado pessoal.

Segundo o documento que teve por objetivo tentar unificar o conceito de dados pessoais:

---

[16] GRUPO DE TRABALHOS DE PROTEÇÃO DE DADOS DO ARTIGO 29. *Parecer 4/2007 sobre o conceito de dados pessoais*. Disponível em: https://ec.europa.eu/justice/article-29/documentation/opinion-recommendation/files/2007/wp136_pt.pdf. Acesso em: 10 mar. 2024.

A definição de dados pessoais constante da Directiva 95/46/CE refere o seguinte: Entende-se por "Dados pessoais, qualquer informação relativa a uma pessoa singular identificada ou identificável; é considerado identificável todo aquele que possa ser identificado, directa ou indirectamente, nomeadamente por referência a um número de identificação ou a um ou mais elementos específicos da sua identidade física, fisiológica, psíquica, econômica, cultural ou social". Convém notar que esta definição reflete a intenção do legislador comunitário de uma noção ampla de "dados pessoais"[17].

De forma detalhada, o Parecer lembra que o conceito de dados pessoais se sustenta em quatro pilares normativos que podem ser decompostos do texto normativo citado: (i) "qualquer informação"; (ii) "relativa a"; (iii) "identificada ou identificável"; e (iv) "pessoa singular"[18]. Em relação à ideia de informação, afirma o Parecer que a expressão de "qualquer informação", "indica claramente a intenção do legislador de prever um conceito de dados pessoais alargardo"[19], suscitando uma interpretação ampla.

Assim, o Parecer estabelece que, na perspectiva da *natureza* da "informação pessoal", o conceito de dados pessoais inclui qualquer tipo de declarações sobre uma pessoa, alcançando informações objetivas, como "a presença de determinada substância no sangue dessa pessoa" e informações subjetivas, como opiniões, comentários e avaliações[20]. Segundo o documento, as informações não precisam ser verdadeiras ou comprovadas, incluindo também informações incorretas sobre o indivíduo[21]. Seguindo, na perspectiva do *conteúdo* da informação, o Parecer estabelece que o conceito de dados pessoais inclui dados que fornecem qualquer tipo de informação. Inclui:

> [...] informação que toca a esfera da vida privada e familiar da pessoa *stricto sensu*, mas inclui também informação sobre qualquer tipo de atividade realizada pela pessoa, tal como a que diz respeito às relações de trabalho ou ao seu comportamento econômico e social[22].

O Parecer, ainda, trata da concepção de dados pessoais sob a perspectiva do *formato*, reconhecendo que:

> [...] o conceito de dados pessoais inclui informação disponível em qualquer formato, alfabético, numérico, gráfico, fotográfico ou acústico, por exemplo. Inclui informação em suporte papel, bem como informação armazenada, por exemplo, na memória de um computador através do código binário ou num videocassete[23].

---

[17] Idem, p. 4.
[18] Idem, p. 6.
[19] Ibidem.
[20] Ibidem.
[21] Ibidem.
[22] Idem, p. 7.
[23] Idem, p. 8.

Nesse sentido, repisando o dito e concluindo a linha histórica que passa pela Diretiva Europeia 95/46/CE, pelo Parecer 4/2007 do Grupo de Trabalhos de Proteção de Dados do artigo 29, GDPR e LGPD, dado pessoal pode ser conceituado como o dado cujo uso contextual e concreto revela a existência de uma informação associada direta ou indiretamente a uma pessoa natural, informação esta que revela elementos objetivos sobre o indivíduo ou percepções subjetivas a seu respeito (*natureza da informação*), sejam verdadeiras, falsas ou incorretas, que contêm qualquer elemento associado ao indivíduo e em qualquer formato.

Dessa forma, são dados pessoais, por exemplo: nome, prenome, números identificadores (RG, CPF, CNH, OAB, título de eleitor etc.), endereço, nacionalidade, naturalidade, estado civil, profissão, gênero, números de telefone, históricos, endereços IP, *e-mails*, *cookies*, elementos e substâncias presentes no organismo dos indivíduos, suas relações com terceiros, comentários e opiniões dos indivíduos, hábitos etc. Trata-se, conceitualmente, de lista não exaustiva e impossível de ser fechada, demandando uma análise específica e caso a caso de cada dado.

1.3.2   O que parece ser, então, a Proteção de Dados Pessoais?

A partir da concepção de dados pessoais, parece ser possível dizer que o Direito da Proteção de Dados Pessoais se apresenta como um direito ou proteção específico que forma, ao lado dos demais, o espectro do Direito à Privacidade. Significa, a meu ver, que proteger os dados que identificam o indivíduo ou possam implicar a identificação de informações a seu respeito é direito em si mesmo, mas também parte necessária da proteção de algo maior, que é justamente a privacidade e o livre desenvolvimento de sua personalidade. Isso está na essência semântico-normativa do artigo 1º da LGPD: "Esta Lei dispõe sobre o tratamento de dados pessoais, inclusive nos meios digitais, por pessoa natural ou por pessoa jurídica de direito público ou privado, com o objetivo de proteger os direitos fundamentais de liberdade e de privacidade e o livre desenvolvimento da personalidade da pessoa natural".

Assim, Privacidade e Proteção de Dados Pessoais não são conceitos que se equivalem, sendo esta última uma das manifestações de proteção daquela. A Privacidade é, de certa forma e como visto, um instituto jurídico multifacetário. Em uma de suas faces, está a Proteção de Dados Pessoais. Esta me parece ser uma manifestação da proteção à privacidade, justamente porque o uso inadequado dos dados pessoais, como detalhado adiante, pode resultar na ingerência indevida ou o imiscuir ou acesso não autorizado e não transparente da esfera de privacidade individual, muitas vezes à revelia da própria pessoa.

As extrações de informações dos dados que identificam o indivíduo ou que permitem conhecimento sobre sua vida, hábitos, preferências, condições de vida etc. tornam viável que o terceiro com acesso a tais informações *navegue* dentro da esfera de privacidade do indivíduo, até mesmo podendo acessar esferas ainda mais profundas e centrais de sua personalidade, como sua intimidade e seus segredos.

Assim, me sinto confortável em estabelecer uma noção do que pode ser interpretado como Direito da Proteção de Dados Pessoais: o direito subjetivo que a pessoa identificada ou identificável pelos dados tem de que esses mesmos dados sejam utilizados de acordo com os parâmetros constitucionais (especial de privacidade) e infralegais, pois o desacordo dessas normas significa a intrusão indevida na esfera de privacidade do indivíduo, em razão da possibilidade concreta da extração de informações e inferências de tais dados conforme o uso dado a estes. Em outras palavras, a Proteção de Dados Pessoais pode ser entendida como o direito ao limite à não intrusão indevida da esfera de privacidade *por meio do uso feito aos dados pessoais*, já que estes são insumo significativo sobre o indivíduo. Limite este que será estabelecido pelo conjunto normativo (Direito) constitucional e infraconstitucional vocacionado a estabelecer as situações legítimas que os dados pessoais podem ser utilizados e como isso deve ser feito (Proteção de Dados Pessoais).

1.3.3 Histórico

Somada ao reconhecimento histórico do Direito à Privacidade, de forma específica, a matéria de Proteção de Dados Pessoais se constrói sobre dois modelos: (i) o modelo europeu de proteção de dados pessoais – em que a LGPD brasileira tem inspiração notória; e (ii) o modelo norte-americano de proteção de dados pessoais. Embora seja possível reconhecer a possibilidade de convergência entre as ideias, não para um modelo único e puro, mas com direcionamentos similares[24], cada modelo adota uma abordagem diferente sobre o mesmo tema: os limites ao uso dos dados pessoais dos indivíduos.

1.3.3.1 Modelo europeu

O modelo europeu de Direito da Proteção de Dados Pessoais é o que mais apresenta influência clara à legislação desse tema no Brasil. Prova disso é a comparação rápida que pode ser feita entre o texto da GDPR e o texto da LGPD, com enormes similaridades.

De forma específica, é possível fazer referência à Lei de Proteção de Dados do *Land* alemão de Hesse de 1970 de texto normativo muito objetivo com menos de 20 artigos. Novamente, em 1973 e 1974, respectivamente, o Conselho da Europa editou as Resoluções n. 22 e 29, que versavam sobre a Proteção de Dados Pessoais presentes em bancos de dados pessoais automatizados. Em 1979, alguns membros importantes da Comunidade Europeia passaram a implementar leis que tratavam da matéria em âmbito interno, alguns deles, inclusive, em sede constitucional: Alemanha, Áustria, Dinamarca, Espanha, França, Luxemburgo, Noruega e Suécia.

---

[24] Neste sentido, BENNET, C. Convergence revisited: toward a global policy for the protection of personal data? In: BENNET, C. (Org.), *Visions of privacy*: policy choices for the digital age, Toronto: University of Toronto Press, 1999, p. 99-124.

Em 1981, o Conselho da Europa editou a Convenção n. 108 para Proteção das Pessoas relativa ao tratamento automatizado de dados de caráter pessoal, ou seja, sobre uso automatizado dos dados pessoais, entendendo isso como um tema de direitos humanos. Em seu artigo 1º, deixou clara sua proposta: "A presente Convenção tem por finalidade proteger todas as pessoas, independentemente da sua nacionalidade ou residência, no que diz respeito ao tratamento dos seus dados pessoais, contribuindo assim para o respeito dos seus direitos humanos e liberdades fundamentais e, em especial, do direito à vida privada".

Após tal documento e o desenvolvimento de outras iniciativas individualizadas, a exemplo do *Data Protection Act* do Reino Unido, de 1984, apenas em 1995 foi estabelecido o documento vocacionado a padronizar o tema no âmbito da União Europeia, justamente a Diretiva 95/46/CE, já mencionada quando da referência do Grupo de Trabalhos de Proteção de Dados do artigo 29. De forma ampla e em grande nível de detalhe, a Diretiva regulou a Proteção de Dados Pessoais de forma uniformizada no bloco e determinou que os estados-membros adotassem regras internas no nível daquilo estabelecido pela Diretriz.

Foi então, em 2018, que foi promulgada a *General Data Protection Regulation*, ou GDPR, uniformizando a Proteção de Dados Pessoais no âmbito da União Europeia. Com amplitude material de destaque, seu texto é automaticamente aplicável aos países da União Europeia, prescindindo do desenvolvimento de textos legais nacionais para sua eficácia. É o principal documento estrangeiro de inspiração à LGPD, destacando-se as suas completas e belas 173 diretrizes. São fundamentais os estudos da GDPR e das decisões tomadas com base no seu texto normativo, seja pelas autoridades locais, seja pela Corte de Justiça da União Europeia.

De forma muito equilibrada entre a Proteção dos Dados Pessoais e a promoção do desenvolvimento equânime das economias do mercado interno europeu, seu texto regulamenta o "tratamento de dados pessoais por meios total ou parcialmente automatizados" ou "tratamento por meios não automatizados de dados contidos em arquivos ou que visem à formação de arquivo" (artigo 2º).

Quanto à sua aplicabilidade territorial, adota inicialmente o critério da localização daquele que utiliza os dados pessoais (no documento, identificados como controladores ou processadores), sendo a GDPR aplicada ao tratamento de dados pessoais se o agente tiver estabelecimento em território da União, independentemente se o tratamento é realizado no território do bloco ou não (artigo 3º). É regra interessante de reflexo para países de fora do bloco, mas que recebam empresas da União Europeia. As regras da GDPR lhes serão aplicáveis justamente porque o estabelecimento de sua companhia está no bloco. Igualmente, ainda que o agente de tratamento não tenha estabelecimento no território da União, se: (i) oferecer bens ou serviços a pessoas localizadas fisicamente nesse mesmo território, ainda que gratuitos; ou (ii) se fizer o monitoramento do comportamento de pessoas que estejam nesse mesmo território (artigo 3º). Seu texto será ainda aplicável se o controlador estiver localizado fora do bloco, mas o respectivo estado aplique seu texto internamente por força do Direito Internacional Público (artigo 3º). Em suma, uma organização situada no Brasil poderá ser sujeita ao GDPR se: (i) integrar grupo com algum estabelecimento, ainda sucursal ou filial, em território da União Europeia; (ii) oferecer bens ou serviços a pessoas localizadas no território do bloco; (iii) fizer monitoramento de controle de comportamento de pessoas localizadas no território do bloco; (iv) aplicar-se no Brasil internamente o GDPR, o que não é o caso, preferindo o País adotar seu próprio marco regulatório, inspirado, mas juridicamente independente.

Em seu artigo 4º, traz as definições da matéria, muitas delas replicadas na LGPD, sendo pertinentes algumas referências. Também define, como já mencionado, o dado pessoal como "a informação relativa a uma pessoa natural identificada ou identificável", entendendo como "identificável" a pessoa que possa ser identificada direta ou indiretamente com base na referência de um dado pessoal. Diferentemente do que faz a LGPD, porém, não há a definição de dados sensíveis, embora traga regras específicas para o tratamento de determinadas categorias de dados pessoais (artigo 11).

Define precisamente algumas categorias de dados: (i) dados genéticos, como os dados relativos às características genéticas, hereditárias ou adquiridas, de uma pessoa natural que deem informações únicas sobre a fisiologia ou a saúde dessa pessoa natural e que resulta designadamente de uma análise de uma amostra biológica proveniente da pessoa natural em causa; (ii) dados biométricos, como os dados pessoais resultantes de um tratamento técnico específico relativo às características físicas, fisiológicas ou comportamentais de uma pessoa natural que permitam ou confirmem a identificação única dessa pessoa, nomeadamente imagens faciais ou dados dactiloscópicos; e (iii) dados relativos à saúde, como os dados pessoais relacionados com a saúde física ou mental de uma pessoa natural, incluindo a prestação de serviços de saúde que revele informações sobre o seu estado de saúde.

Como tratamento de dados pessoais, entende-se qualquer operação ou conjunto de operações 'sobre dados pessoais ou sobre conjuntos de dados pessoais, por meios automatizados ou não automatizados, tais como a coleta, o registro, a organização, a estruturação, a conservação, a adaptação ou alteração, a recuperação, a consulta, a utilização, a divulgação por transmissão, difusão ou qualquer outra forma de disponibilização, a comparação ou interconexão, a limitação, o apagamento ou a destruição".

Mais especificamente, apresenta o conceito de "definição de perfis" ou a ideia de *profiling* como qualquer tratamento automatizado de dados pessoais que consiste em utilizar esses dados pessoais para avaliar certos aspectos pessoais de uma pessoa singular, nomeadamente para analisar ou prever aspectos relacionados com o seu desempenho profissional, a sua situação econômica, saúde, preferências pessoais, interesses, fiabilidade, comportamento, localização ou deslocações.

Em relação aos agentes de tratamento, traz texto similar ao presente na LGPD, definindo como "controlador" a pessoa natural ou jurídica, a autoridade pública, a agência ou outro organismo que, individualmente ou em conjunto com outras, determina as finalidades e os meios de tratamento de dados pessoais; e o "processador" como a pessoa natural ou jurídica, a autoridade pública, agência ou outro organismo que trate os dados pessoais por conta do responsável pelo tratamento destes.

No seu artigo 5º, traz os princípios jurídicos que devem orientar os tratamentos de dados pessoais em relação aos quais o GDPR é aplicável. A inspiração à LGPD, mais uma vez, fica notória. Em síntese, são eles, a saber: (i) licitude do tratamento, segundo o qual os dados pessoais serão tratados de forma lícita se atendidas quaisquer das situações disciplinadas no art. 6º do GPDR, em clara correspondência ao que vemos na LGPD como "bases legais de tratamento" (consentimento do titular para finalidade específica; se o tratamento é necessário para a execução do contrato de que o titular é parte e para providências pré-contratuais; se o tratamento é necessário para cumprimento de obrigação legal pelo controlador; se o tratamento for necessário para a defesa de interesses vitais do titular de dados ou outra pessoa natural; se o tratamento é necessário para o exercício de funções públicas; se o tratamento for necessário para atender a legítimo interesse do controlador ou de terceiro, salvo se, nesse caso, deverem prevalecer interesses e liberdades fundamentais que exijam a proteção de dados pessoais); (ii) lealdade, segundo a qual o tratamento deve se pautar pela lealdade e boa-fé; (iii) transparência, segundo a qual o controlador deve atuar a fim de conferir transparência sobre o tratamento de dados pessoais, de modo a permitir que o titular do dado pessoal assimile e esteja consciente dos porquês e circunstâncias das operações feitas com seus dados; (iv) limitação de finalidades, segundo a qual o tratamento de dados pessoais deve se dar para finalidades específicas (não genéricas ou pautadas em justificativas aleatórias), explícitas (claramente reveladas aos titulares de dados pessoais) e legítimas (que sejam justificáveis com base na leitura sobre o contexto do tratamento de dados pessoais e como este deve ser compreendido no ordenamento jurídico aplicável); (v) adequação, minimização dos dados ou *data minimization*, segundo a qual apenas devem ser tratados os dados estritamente necessários para cumprimento das finalidades determinadas, devendo o agente de tratamento, em regra, eliminar os dados necessários; (vi) exatidão, segundo a qual os dados tratados devem ser exatos ou precisos, refletindo exatamente a realidade quanto ao dado e ao seu titular, o que passa por eventuais medidas de retificação ou atualização; (vii) limitação da conservação, segundo a qual, em regra, os dados devem ser mantidos ou conservados pelo agente de tratamento apenas pelo período necessário para realização da finalidade do tratamento; (viii) integridade e confidencialidade, segundo a qual os dados pessoais devem ser protegidos de qualquer acesso ilícito ou não autorizado e de atos contra sua perda, destruição ou danificação acidental; e (ix) responsabilidade, segundo a qual o agente de tratamento é responsável por comprovar o atendimento ao disposto nos demais princípios.

No mais, dentro do que compete a referência neste trabalho, cumpre dizer que a GDPR é ampla e completa, trazendo previsões para além das definições e princípios. Nos artigos 7º e 8º, traz disposições sobre o consentimento, enquanto estrutura jurídica autorizativa do tratamento de dados pessoais. Nos artigos 9º, 10 e 11, prevê, respectivamente, disposições sobre o tratamento de dados de categorias especiais, relacionadas a condenações penais e infrações e sobre o tratamento que não exige identificação. Nos artigos 12 a 23, de forma extensa e equilibrada, trata dos direitos dos titulares de dados pessoais. Nos artigos 24 a 43, apresenta disposições sobre os agentes de tratamento (controladores e processadores), com destaque para a dinâmica do tratamento por esses agentes, para os padrões de segurança a serem adotados no tratamento, para o *Data Protection Impact Assessment – DPIA* (conhecido na LGPD como o Relatório de Impacto à Proteção de Dados Pessoais – RIPD) e para a função de *Data Protection Officer – DPO* (no Brasil, o Encarregado pelo Tratamento de Dados Pessoais). Nos artigos 44 a 50, dispõe sobre a transferência internacional de dados pessoais. Nos artigos 51 a 59, versa sobre as autoridades de controle e fiscalização administrativa. Nos artigos 60 a 76, traz disposições dedicadas aos mecanismos necessários à manutenção da coerência e da uniformidade de entendimentos sobre as disposições da GDPR. Nos demais artigos (77 a 99), traz disposições sobre o exercício prático de direitos pelos titulares, algumas situações específicas adicionais e disposições finais, dentre essas, a de revogação da já mencionada Diretiva 95/46/CE.

1.3.3.2 Modelo norte-americano

O modelo norte-americano para Proteção de Dados Pessoais deriva diretamente do chamado *Right to Privacy* com contornos iniciais bem estabelecidos pelo já referido trabalho de Samuel Warren e Louis Brandeis, de 1890[25], estabelecendo que as alterações sociais demandam também a mudança de compreensão dos limites de proteção da propriedade e personalidade dos indivíduos, incluindo o direito à privacidade detalhado ao longo do texto.

O *Right to Privacy* é reconhecido constitucionalmente a partir da interpretação conferida pela Suprema Corte Norte-Americana de presença implícita do direito nas 1ª, 4ª e 14ª Emendas e está presente na composição federativa em várias legislações estaduais sem o reconhecimento de uma unidade clara. Inclusive, é tratado pela lógica dos *privacy torts*[26], os quais, guardada certa medida normativa, equivalem à compreensão dos atos ilícitos na legislação brasileira (em especial nos artigos 186 e 187 do CC).

No âmbito da legislação estadual, o *Right to Privacy* remonta a sua primeira previsão expressa em 1903, quando uma lei do estado de Nova Iorque estabeleceu a reversão de decisão anterior da Corte de Apelos daquele estado que, no caso *Robertson*, negou expressamente a existência de tal direito[27]. Na sequência, os estados de Virgínia e Utah, em 1904 e 1909, editaram leis de objetos similares, reconhecendo o aspecto

---

[25] WARREN, S.; BRANDEIS, L. Op. cit. Disponível em: https://www.jstor.org/stable/1321160. Acesso em: 3 mar. 2024.

[26] DONEDA, D. Op. cit., RB-3.6.

[27] *Roberson v. Rochester Folding Co.*, 171 N.Y. 538, 64 N. E. 442 (1902) em DONEDA, D. Op. cit., RB-3.6.

a ser conhecido como *misappropriation*, quer dizer, a ilicitude do uso de nome ou imagem de alguém para fins comerciais sem consentimento[28-29].

A partir da década de 1970, o tema ganhou contorno em âmbito federal, podendo ser citados, por exemplo: (i) o *Fair Credit Reporting Act – FCRA* (1970), estabelecendo obrigações de sigilo e correção para dados financeiros de consumidores associados aos cadastros de crédito; (ii) o *Privacy Act* (1974), como primeira lei norte-americana que trouxe a ideia ampla e geral de *Right to Privacy*, porém associada apenas ao tratamento de dados por órgãos federais; (iii) o *Right to Financial Privacy Act – FPA* (1978), que previu regras para a divulgação pelos bancos de dados financeiros de seus clientes a entidades públicas; (iv) o *Freedom of Information Reform Act – FOIA* (1986), dedicado a regras para utilização da informação para finalidades de segurança pública; (v) o *Cable Communications Policy Act – CCPA* (1984), com direitos aos assinantes de televisão em relação aos seus dados pessoais; (vi) o *Electronic Communications Privacy Act – ECPA* (1986), com sanções penais e civis para a interceptação de comunicações eletrônicas; (x) o *Health Insurance Portability and Accountability Act – HIPPA*, com regras fundamentais sobre o tratamento de dados pessoais em serviços sanitários; (viii) o *Children's Privacy Protection and Parental Empowerment Act – COPPA* (1998), com regras de proteção de dados fornecidos por crianças até 13 anos na internet; e (ix) o *Gramm – Leach – Bliley Act – GLB* (1999), que veda instituições financeiras de transferirem dados de seus clientes para empresas de fora do grupo sem assegurar que os clientes se oponham ao envio[30]. Os trabalhos da *Federal Trade Commission – FTC* também ganham destaque diante da postura atuante da autoridade, sendo recompensador o estudo de seus *cases*, regulações e práticas.

Nesse sentido, o tema da Proteção de Dados Pessoais é de certa forma disperso, dependendo de uma perspectiva de identificação setorial, já que o dado pessoal não é objeto de proteção ampla e geral, mas é protegido conforme necessidade específica de cada frente econômica e relações jurídicas específicas.

Por fim, vale dizer que o tema tem ganhado contornos relevantes em âmbito dos estados com uma ampliação reiterada dos textos normativos estaduais que regulam a matéria. Podem ser citados, por exemplo, (i) o *California Consumer Privacy Act* – CCPA; (ii) o *California Privacy Rights Act – CPRA*; (iii) o *Delaware Personal Data Privacy Act*; (iv) o *Utah Consumer Privacy Act*; sem contar outras tantas iniciativas em curso.

1.3.4 A Proteção de Dados Pessoais como direito fundamental

Os direitos fundamentais podem ser entendidos como os direitos estabelecidos de forma expressa nos textos constitucionais dos Estados ou que ganham essa condição com base no entendimento de sua presença implícita nas constituições, assim for-

---

[28] DONEDA, D. Op. cit., RB-3.6.
[29] No Brasil, ideia de conteúdo semelhante consta da previsão do Artigo 18 do CC como um direito da personalidade: "Art. 18. Sem autorização, não se pode usar o nome alheio em propaganda comercial".
[30] DONEDA, D. Op. cit., RB-3.6.

matado pelo órgão responsável por interpretá-las. Os direitos humanos, na paralela, podem ser compreendidos como aqueles positivados no âmbito dos respectivos tratados internacionais[31].

Além disso, a condição de direito fundamental se extrai com base na identificação dessa posição jurídica em sentido material e em sentido formal. No sentido material, a condição de direito fundamental exsurge da relevância jurídica dada à matéria que, em grande parte das vezes, se revela a partir de sua posição de direito humano, assim identificada com base em sua evolução internacional. No sentido formal, a condição de fundamentalidade exsurge da previsão expressa da matéria no texto constitucional ou, como dito, do reconhecimento de sua presença implícita no documento[32].

O Direito à Privacidade, indubitavelmente e como já mencionado, tem ambas as condições, sobretudo considerando os tratados internacionais internalizados pelo ordenamento brasileiro que revelam a condição de direito humano do tema (*sentido material*) e por sua previsão expressa de fundamentalidade no texto do artigo 5º, X, da CF (*sentido formal*). Quanto ao Direito da Proteção de Dados Pessoais, parece que este também assume tal condição.

Em *sentido formal*, foi promulgada a EC n. 115/2022, que incluiu o inciso LXXIX no artigo 5º, da CF e estabeleceu ser "assegurado, nos termos da lei, o direito à proteção dos dados pessoais, inclusive nos meios digitais". Tal direito passou a constar como fundamental por previsão expressa dessa condição no Texto Constitucional. Seu conteúdo, por comando constitucional expresso da norma, é preenchido pela legislação de Proteção de Dados Pessoais no País, em especial, mas não só, pela própria LGPD. O novo inciso representa marcante e importante conquista histórica e social da privacidade no País.

A discussão legislativa, porém, veio a confirmar entendimento do Supremo Tribunal Federal, que reconheceu anteriormente a materialidade fundamental da Proteção de Dados Pessoais no País. O STF, Corte vocacionada à interpretação da Constituição Federal, assim reconheceu em seu Pleno, por ampla maioria de 10 votos a 1, as Ações Diretas de Inconstitucionalidade – ADIs n. 6.387, 6.388. 6.390 e 6.393, nos dias 6 e 7 de maio de 2020[33]. O texto do acórdão do Supremo, ao debater o compartilhamento de dados pessoais estabelecido pela MP n. 954/2020, é particularmente precioso e merece citações específicas que desenham a fundamentalidade da Proteção de Dados Pessoais.

Na oportunidade, o Plenário da Corte referendou a Medida Cautelar concedida pela Ministra Rosa Weber, suspendendo a eficácia da Medida Provisória n. 954/2020,

---

[31] SARLET, I. W. Fundamentos constitucionais: o direito fundamental à proteção de dados. In: MENDES, L. S. *et al.* (Coord.). *Tratado de proteção de dados pessoais*. Rio de Janeiro: Forense, 2021. p. 28.
[32] Ibidem.
[33] MENDES, L. S.; RODRIGUES JR., O. L.; FONSECA, G. C. S. O Supremo Tribunal Federal e a proteção constitucional dos dados pessoais: rumo a um direito fundamental autônomo. In: MENDES, L. S. *et al.* (Coord.). *Tratado de proteção de dados pessoais*. Rio de Janeiro: Forense, 2021.

ceifando sua eficácia pelo reconhecimento da inconstitucionalidade dos seus dispositivos. A Medida Provisória dispunha sobre:

> [...] o compartilhamento de dados por empresas de telecomunicações prestadoras de Serviço Telefônico Fixo Comutado e de Serviço Móvel Pessoal com a Fundação Instituto Brasileiro de Geografia e Estatística, para fins de suporte à produção estatística oficial durante a emergência de saúde pública de importância internacional decorrente do coronavírus (Covid-19), de que trata a Lei n. 13.979, de 6 de fevereiro de 2020.

Reconheceu:

> As condições em que se dá a manipulação de dados pessoais digitalizados, por agentes públicos ou privados, consiste em um dos maiores desafios contemporâneos do direito à privacidade. A Constituição da República confere especial proteção à intimidade, à vida privada, à honra e à imagem das pessoas ao qualificá-las como invioláveis, enquanto direitos fundamentais da personalidade, assegurando indenização pelo dano material ou moral decorrente de sua violação (art. 5º, X). O assim chamado direito à privacidade (*Right to Privacy*) e os seus consectários direitos à intimidade, à honra e à imagem emanam do reconhecimento de que a personalidade individual merece ser protegida em todas as suas manifestações.

Continua:

> O art. 2º da MP n. 954/2020 impõe às empresas prestadoras do Serviço Telefônico Fixo Comutado – STFC e do Serviço Móvel Pessoal – SMP o compartilhamento, com a Fundação Instituto Brasileiro de Geografia e Estatística – IBGE, da relação de nomes, números de telefone e endereços de seus consumidores, pessoas físicas ou jurídicas. Tais informações, relacionadas à identificação – efetiva ou potencial – de pessoa natural, configuram dados pessoais e integram, nessa medida, o âmbito de proteção das cláusulas constitucionais assecuratórias da liberdade individual (art. 5º, *caput*), da privacidade e do livre desenvolvimento da personalidade (art. 5º, X e XII). Sua manipulação e tratamento, desse modo, hão de observar, sob pena de lesão a esses direitos, os limites delineados pela proteção constitucional. Decorrências dos direitos da personalidade, o respeito à privacidade e à autodeterminação informativa foram positivados, no artigo 2º, I e II, da Lei n.13.709/2018 (Lei Geral de Proteção de Dados Pessoais), como fundamentos específicos da disciplina da proteção de dados pessoais. No clássico artigo *The Right to Privacy*, escrito a quatro mãos pelos juízes da Suprema Corte dos Estados Unidos Samuel D. Warren e Louis D. Brandeis, já se reconhecia que as mudanças políticas, sociais e econômicas demandam incessantemente o reconhecimento de novos direitos, razão pela qual necessário, de tempos em tempos, redefinir a exata natureza e extensão da proteção à privacidade do indivíduo. Independentemente do seu conteúdo, mutável com a evolução tecnológica e social, no entanto, permanece como denominador comum da privacidade e da autodeterminação o entendimento de que a privacidade somente pode ceder diante de justificativa consistente e legítima. Em seus dizeres, "a invasão injustificada da privacidade individual deve ser repreendida e, tanto quanto possível, prevenida".

Segue:

> Cumpre, pois, equacionar se a MP n. 954/2020 exorbitou dos limites traçados pela Constituição ao dispor sobre a disponibilização dos dados pessoais de todos os consumidores dos serviços STFC e SMP, pelos respectivos operadores, a entidade integrante da Administração indireta. Observo que o único dispositivo da MP n. 954/2020 a dispor sobre a finalidade e o modo de utilização dos dados objeto da norma é o § 1º do seu artigo 2º. E esse limita-se a enunciar que os dados em questão serão utilizados exclusivamente pela Fundação IBGE para a produção estatística oficial, com o objetivo de realizar entrevistas em caráter não presencial no âmbito de pesquisas domiciliares. Não delimita o objeto da estatística a ser produzida, nem a finalidade específica, tampouco a amplitude. Igualmente não esclarece a necessidade de disponibilização dos dados nem como serão efetivamente utilizados. Já o art. 1º, parágrafo único, da MP n. 954/2020, apenas dispõe que o ato normativo terá aplicação durante a situação de emergência de saúde pública de importância internacional decorrente da Covid-19. Ainda que se possa associar, por inferência, que a estatística a ser produzida tenha relação com a pandemia invocada como justificativa da edição da MP, tal ilação não se extrai de seu texto. Nessa ordem de ideias, não emerge da Medida Provisória n. 954/2020, nos moldes em que posta, interesse público legítimo no compartilhamento dos dados pessoais dos usuários dos serviços de telefonia, consideradas a necessidade, a adequação e a proporcionalidade da medida. E tal dever competia ao Poder Executivo ao editá-la. Nessa linha, ao não definir apropriadamente como e para que serão utilizados os dados coletados, a MP n. 954/2020 não oferece condições para avaliação da sua adequação e necessidade, assim entendidas como a compatibilidade do tratamento com as finalidades informadas e sua limitação ao mínimo necessário para alcançar suas finalidades. Desatende, assim, a garantia do devido processo legal (Art. 5º, LIV, da Lei Maior), em sua dimensão substantiva.

A fundamentalidade, então, exsurge. Considerando o atual cenário e ecossistema orientado por uma economia de dados, a eficácia dos direitos humanos e fundamentais da liberdade, da privacidade e do desenvolvimento da personalidade claramente depende diretamente do tratamento adequado e respeitoso dos dados pessoais, elevando a proteção de tais elementos, na perspectiva material, à condição de direito fundamental. Entender o contrário seria de todo incongruente e significaria o fechar de olhos a uma realidade que se impõe dia após dia. Seria ignorar que parcela cada vez mais crescente do exercício dos direitos de liberdade, privacidade e de desenvolvimento da personalidade se manifesta nessa perspectiva.

Por fim, graças à sua condição de direito fundamental, a Proteção de Dados Pessoais também assume uma *dimensão subjetiva* e uma *dimensão objetiva*. Pela perspectiva de sua *dimensão subjetiva*, apresenta-se como direito subjetivo de defesa, tendo o indivíduo um espaço de liberdade e privacidade livre de intervenções estatais e tendo direito de manter tal espaço como tal, assim como o controle dos seus dados pessoais. Pela perspectiva da *dimensão objetiva*, ainda que o indivíduo não exerça seu direito de defesa, retira-se do estado, de forma objetiva, a possibilidade de intervenção e gera o dever constitucional de concretizar a proteção de dados, provocando condições e procedimentos para que ela seja exercida. A própria LGPD é, por assim dizer, uma manifestação da dimensão objetiva da Proteção de Dados Pessoais como direito fundamental. As ideias, portanto, de regulação da matéria e mesmo do reconhecimento de sua eficácia horizontal também decorrem dessa perspectiva.

1.3.5 Autonomia científica e transversalidade

Como já defendi em outras oportunidades, entendo que o Direito da Proteção de Dados Pessoais se descola enquanto objeto científico de compreensão, estudo e aplicação. Isso acontece, inclusive, em relação ao próprio Direito Digital. Embora ambos sejam transversais e naveguem por todo o sistema de Direito, a transversalidade parece ocorrer por origens diferentes. No caso da Proteção de Dados Pessoais, esta tem um objeto específico de conhecimento, o dado pessoal, e a matéria passa a ser transversal por alcançar outros sistemas normativos que, de alguma forma, interajam com seu objeto de estudo – o dado pessoal em si. No caso do Direito Digital, diferentemente, este não conta, a meu ver, com um objeto de estudo e aplicação normativa específico, sendo uma expressão transversal desde sua origem justamente pela influência e incidência das tecnologias da informação nos textos normativos dos mais variados perfis.

Capítulo 2
DADOS ABERTOS

2.1 CONSIDERAÇÕES INICIAIS

Trazidas algumas considerações sobre a sociedade contemporânea e sobre a proteção de dados, passa-se a tratar de outro tema importante que também tem, de certa forma, aspecto introdutório.

Fala-se, então, da concepção proposta de dados abertos e sua organização jurídica no País. Antes mesmo da regulação ampla e especializada dedicada à proteção de dados pessoais no Brasil[1], o tema já era tratado principalmente pela Lei de Acesso à Informação (2011), seu Decreto Regulamentador (2012) e pela Política de Dados Abertos do Governo Federal (2016).

Muito da ideia de inserção do tema neste *Manual* tem origem em uma percepção deste autor (que pode, claro, ser parcial ou totalmente falha) de um aparente esquecimento ou de menor atenção da matéria em relação aos estudos da proteção de dados pessoais no Brasil. Não se conhece de obra ampla sobre o tema. Muito se foca no estudo da Lei Geral de Proteção de Dados Pessoais que, pela importância que lhe é inata, atrai a atenção da ampla maioria dos debates, pesquisas e discussões jurídicas. E menos se dedica ao conhecimento ou debate sobre a disciplina dos dados abertos, com exceção mais clara dos profissionais cujos trabalhos estão mais diretamente relacionados à consolidação de abertura dos dados, por assim dizer, ou no desenvolvimento constante de produtos e serviços associados aos dados abertos disponíveis.

Porém, em paralelo a esse aparente menor foco à questão, há uma quantidade imensa de soluções e negócios que dependem diretamente dos chamados dados abertos, demandando, a meu ver, importante atenção sobre a origem desta concepção, suas características, princípios e potencialidade de uso.

Além de argumento comercial e legítimo por si só, há momentos mais sensíveis de fricção jurídica e técnica entre os temas, como no caso de atualização do Termo de Uso e Política de Privacidade da Receita Federal do Brasil, em que, objetivando a proteção à privacidade, propôs a restrição de utilização de mecanismos automatizados de

---

[1] Como será tratado em outros capítulos deste Manual, diferentemente de experiências estrangeiras, a proteção de dados pessoais como matéria dotada de mais autonomia e regulação jurídica ganha maiores contornos com o Marco Civil da Internet em 2014, interpretações específicas extraídas do texto do Código de Defesa do Consumidor, especialmente a partir dos anos de 2016 em diante, e, claro, da Lei Geral de Proteção de Dados Pessoais em 2018.

coleta, mesmo para dados pessoais abertos ou que possam ser assim interpretados[2], em possível contraposição com a desejada possibilidade de tratamento de dados abertos por sistemas automatizados, como se verá no item subsequente.

Fricções de natureza similar se dão também no conflito aparentemente de normas entre a esperada transparência e publicidade dos atos da Administração Pública e a proteção de dados pessoais de servidores públicos ou de quem com a Administração interaja, contexto esse associado à interpretação ponderada da Lei de Acesso à Informação e suas hipóteses de exceção. Basta lembrar, aqui, dos debates públicos em períodos agudos da pandemia da Covid-19 sobre se servidores públicos deveriam ou não publicizar se receberam as vacinas contra a doença.

Nessa perspectiva, parece que o estudo do tema está justificado neste *Manual*, o que se propõe que seja feito antes mesmo do estudo do Marco Civil da Internet e da legislação específica de proteção de dados pessoais por duas razões, seja porque a disciplina jurídica dos dados abertos antecede tais marcos legislativos, seja porque o entendimento da concepção de dados abertos auxilia e prepara, a meu ver, uma interpretação mais contextual e ponderada do próprio regime de proteção de dados pessoais.

2.2 ORIGENS, CONCEPÇÃO, PRINCÍPIOS E ALGUMAS EXPERIÊNCIAS ESTRANGEIRAS

O movimento em prol do *Open Data* ou Dados Abertos ganhou consistência nos últimos trinta anos e se encontra em franca e elogiável expansão. Diferentemente de outros temas que contam com marco científico ou legislativo bem definido, o movimento não tem, por assim dizer, uma data de nascimento precisa. Seu desenvolvimento é difuso e amplo, o que, nesse caso, tem se mostrado algo muito proveitoso.

Porém, é possível identificar algumas referências ou iniciativas de maior destaque (entre elas a iniciativa de *Open Government Data*, tratada na sequência). Em 1995, por exemplo, a expressão *Open Data* (Dados Abertos) teria sido utilizada pela primeira vez com autonomia e significado próprio em relatório de agência científica norte-americana em defesa da abertura dos dados entre os países como fator importante para a compreensão holística de fenômenos globais[3]. Mesmo antes do próprio desenvolvimento da internet, já foi defendida a ideia de compartilhamento de conhecimento e informações em benefício da ciência, a exemplo dos reconhecidos trabalhos de Robert K. Merton em texto de 1942[4].

---

[2] Termo de uso e política de privacidade. Disponível em: https://www.gov.br/receitafederal/pt-br/acesso-a-informacao/lgpd/termo-de-uso. Acesso em: 18 jul. 2024.

[3] CHIGNARD, S. A brief history of Open Data *In Paris Tech Review*, mar.2013. Disponível em: http://www.paristechreview.com/2013/03/29/brief-history-open-data/ Acesso em: 25.06.2023.

[4] "The institutional goal of science is the extension of certified knowledge. The technical methods employed toward this end provide the relevant definition of knowledge: empirically confirmed and logically consistent statements of regularities (which are, in effect, predictions). The institutional imperatives (mores) derive from the goal and the methods. The entire structure of technical and moral norms implements the final objective. The

Em 2007, um grupo se dedicou ao tema de forma mais clara em reunião em Sebastopol, ao norte de São Francisco, Estado Unidos da América. Um dos objetivos, por exemplo, seria definir um conceito de dados públicos abertos a ser adotado pelos candidatos à eleição presidencial daquele país. Um grupo formado por 30 pensadores e ativistas do tema, incluindo Tim O`Reilly e Lawrence Lessig, ambos amplamente conhecidos. O primeiro, especialmente por sua contribuição notável em temas técnicos, tendo cunhado expressões como *open source* e Web 2.0. Lawrence Lessig, por sua vez, especialmente pela contribuição da organização Creative Commons[5] e pelas preciosidades literárias *The Future of Ideas* (2001), *Code and Other Laws of Cyberspace* (2000) e *Code: Version 2.0* (2006). Plataformas abertas e colaborativas como *Wikipedia*, por exemplo, também têm raízes históricas nesse movimento.

Na oportunidade, o grupo organizou oito princípios que estabeleceram a lógica básica da ideia de *Open Data*[6], trazendo ainda mais base teórico-prática para a ideia de dados abertos. Embora não sejam definições exclusivas e restritivas, pode se dizer que são as mais aceitas contemporaneamente. São oito princípios de funcionamento e aproveitamento dos dados que devem ser constantemente buscados para que a proposta se desenvolva e consolide. A ideia do *Open Government Data*, de forma interligada, é de que dados públicos são de propriedade comum da sociedade, de forma muito si-

---

technical norm of empirical evidence, adequate and reliable, is a prerequisite for sustained true prediction; the technical norm of logical consistency, a prerequisite for systematic and valid prediction. The mores of science possess a methodologic rationale but they are binding, not only because they are procedurally efficient, but because they are believed right and good. They are moral as well as technical- prescriptions. Four sets of institutional imperatives-universalism, communism, disinterestedness, organized skepticism-are taken to comprise the ethos of modern science. [...] The substantive findings of science are a product of social collaboration and are assigned to the community. They constitute a common heritage in which the equity of the individual producer is severely limited. An eponymous law or theory does not enter into the exclusive possession of the discoverer and his heirs, nor do the mores bestow upon them special rights of use and disposition. Property rights in science are whittled down to a bare minimum by the rationale of the scientific ethic. The scientist's claim to "his" intellectual "property" is limited to that of recognition and esteem which, if the institution functions with a modicum of efficiency, is roughly commensurate with the significance of the increments brought to the common fund of knowledge. The institutional conception of science as part of the public domain is linked with the imperative for communication of findings. Secrecy is the antithesis of this norm; full and open communication its enactment.13 The pressure for diffusion of results is reinforced by the institutional goal of advancing the boundaries of knowledge and by the incentive of recognition which is, of course, contingent upon publication. A scientist who does not communicate his important discoveries to the scientific fraternity-thus, a Henry Cavendish- becomes the target for ambivalent responses. He is esteemed for his talent and, perhaps, for his modesty. But, institutionally considered, his modesty is seriously misplaced, in view of the moral com- pulsive for sharing the wealth of science." (MERTON, Robert K. The normative structure of science, 1942, *In The sociology of science: theorical and empirical investigations*, editado por Norman Storer, Chicago e Londres: The University of Chicago Press, 1973, p. 273-274).

[5] Creative Commons é uma organização internacional sem fins lucrativos baseada nas concepções do *Copyleft* e voltada à divisão de conhecimento e à expansão de obras criativas e intelectuais, inclusive com a criação de licenças que permitem aos autores e desenvolvedores dos conteúdos reutilizá-los com menores restrições. Mais informações disponíveis em: https://creativecommons.org. Acesso em: 25 jul. 2023.

[6] A Organização para a Cooperação e Desenvolvimento Econômico também se dedica especialmente ao tema, como será detalhado em item próprio neste capítulo.

milar ao que se preconiza para as descobertas científicas[7-8], está sustentada na premissa de compartilhamento e uso dos dados públicos com bem comum. Na mesma linha, para a *Open Definition*, definida e promovida pela *Open Knowledge Foundation*, *open data* ou dados abertos são os dados que podem ser livremente utilizados, reutilizados e distribuídos para qualquer pessoa[9].

A ideia também é diretamente inspirada na proposta e prática do *open source*, movimento dedicado ao compartilhamento das tecnologias e no aproveitamento destas pela sociedade com os pilares de abertura (*openness*), participação (*participação*) e colaboração (*collaboration*). Os *softwares open source* são um grande exemplo em que os códigos são projetados para serem acessados abertamente pelo público, de modo que todos podem acessá-los, modificá-los e distribuí-los conforme suas necessidades e sem ônus.

Após os oito princípios iniciais, foram incorporados mais sete pela organização resultante de tal grupo e que devem ser igualmente observados. Assim, os quinze princípios que devem ser observados na proposta do *Open Government Data* são: completude, primariedade, atualidade, acessibilidade, possibilidade de processamento por sistema, não discriminação, ausência de propriedade sobre os formatos, liberdade de licenças, disponibilidade *online* e gratuita, permanência, confiabilidade, presunção de abertura, registrabilidade, ausência de mecanismos executáveis e a disponibilidade, contando com a participação dos entes públicos[10].

O princípio da completude (*complete data*) propõe que todos os dados públicos estejam publicamente disponíveis. Dados públicos seriam aqueles que não possuem restrições legais válidas, como de privacidade, segurança e sigilos (comerciais, industriais, profissionais etc.). Inclusive, quando do estudo da Lei de Acesso à Informação, a prática desse conceito poderá ficar mais clara. Embora o desenvolvimento da proposta tenha base em dados utilizados de forma eletrônica, a abertura de fontes de dados físicos ou analógicos deve ser igualmente incentivada[11]. No Brasil, esse incentivo pode ser identificado, por exemplo, como um dos motivadores do Decreto Federal n. 10.728/2020 que estabelece a técnica e os requisitos para a digitalização de documentos.

O princípio da primariedade (*primary data*) propõe que os dados sejam coletados diretamente de sua fonte, com o maior nível de granularidade possível, e não de forma agregada ou modificada. A ideia é que os dados públicos estejam disponíveis no maior nível de detalhe possível para que, assim, possam ser aproveitados e utilizados por

---

[7] MERTON, R. K. Op. cit.
[8] CHIGNARD, S. Op. cit.
[9] OPEN KNOWLEDGE FOUNDATION. *Open definition*. Disponível em: https://opendefinition.org/od/2.1/en/. Acesso em: 25 jun. 2023.
[10] Disponível em: https://opengovdata.org. Acesso em: 8 jul. 2023.
[11] Ibidem.

quem acessá-los do modo que este vir utilidade[12-13]. O nível de granularidade é extremamente fundamental e vai definir quais análises podem ser feitas sobre os dados, qual nível de precisão será atingido e o quanto os resultados dessas análises poderão ser considerados proveitosos.

Quanto mais subdivididos ou segmentados estiverem os dados, em tese, melhor eles poderão ser analisados. Em um exemplo simples, um endereço pode estar disposto em um único campo de acesso ou pode estar, de forma granular, separado em vários campos, como rua/avenida, número, complemento, bairro, cidade, Estado e CEP. Outro exemplo de granularidade está na compreensão dos parâmetros de medição. O número de empregos criados no País pode estar separado por décadas e anos, mas também pode assumir maior nível de granularidade com os números por décadas, anos, trimestres, meses e dias. Claramente, o maior número de opções da segunda situação revela um maior potencial de uso. Pode ser citada, ainda, a disponibilização sobre veículos novos emplacados. É mais granular e útil a disponibilização de dados em nível de detalhe que forneça marca, modelo, ano, estado e CEP do proprietário do que uma disponibilização de dados de marca, modelo e ano apenas.

Também nessa ideia devem ser evitadas camadas de agregação (agregar ou juntar dados prejudicando o real nível de granularidade e segmentação que ordinariamente possuem), de eliminação (restringir a disponibilização de dados sem fundamento válido) e de organização sob critérios adicionais e desnecessários devem ser evitadas, sob pena de esconder os dados ou a forma verdadeira de como eles estão segmentados ou granularizados. A proposta é que as análises, conexões, inferências, classificações, organizações visuais etc. sejam feitas por quem acessa e usa os dados disponíveis, conforme os seus próprios critérios.

O princípio da atualidade (*timely data*) estabelece que os dados devem ficar disponíveis da forma mais rápida necessária para conservar sua utilidade e atualidade[14]. A ideia é que, uma vez existentes ou gerados os dados públicos, estes devem ser disponibilizados o mais rapidamente possível, evitando que os efeitos naturais traídos pelo tempo (tornando-os desatualizados ou obsoletos) possam prejudicar a utilidade da informação a ser extraída. Pelo mesmo motivo, qualquer mudança ou atualização dos dados deve ser rapidamente refletida nos dados disponíveis. O princípio da qualidade dos dados pessoais, previsto no artigo 6º, V, da Lei Geral de Proteção de Dados Pessoais, guarda certa correspondência com essa ideia.

Esse objetivo nem sempre é atingido originalmente pelo Poder Público, o que pode ser explicado especialmente pelas etapas de evolução estruturantes ainda necessárias. O que se observa, muitas vezes e de forma bem proveitosa, são serviços priva-

---

[12] Ibidem.
[13] PONNIAH, P. *Data warehousing fundamentals*: a comprehensive guide for IT professionals, Hoboken: Wilwy-interscience, 2001, p. 23.
[14] Disponível em: https://opengovdata.org. Acesso em: 8 jul. 2023.

dos e úteis que pela coleta e união legítima de várias fontes de dados abertos conseguem promover a atualidade praticamente instantânea. A coleta automatizada de dados, nesse contexto, deve ser vista como um mecanismo prioritário, vez que trabalhos puramente humanos não são capazes de atingir os níveis de atualidade necessários.

O princípio da acessibilidade propõe que os dados públicos, pela sua natureza de bem comum, devem ficar disponíveis para o maior número de usuários possível e para o mais amplo espectro de finalidades[15]. Isso é impactante em decisões, por exemplo, sobre qual formato os dados serão preparados e disponibilizados, o que deve incluir a escolha por padrões e protocolos atualizados e utilizados pela indústria e, dentro do possível, na maior diversidade de idiomas e graus de compreensão possível.

A depender da forma escolhida, esta pode restringir o alcance do uso dos dados ou sua finalidade, e até mesmo limitar a percepção da granularidade com a qual os dados tenham sido expostos (a depender do formato, por exemplo, podem não ser perceptíveis os meses e dias relacionados ao mencionado exemplo do número de empregos criados). Isso inclui não só a forma de disponibilização, mas também as permissões para a coleta. Restrições indevidas à coleta automatizada, vale reiterar, podem significar a restrição de alcance a usuários e finalidades, justamente porque grande parte delas depende diretamente da automação de captura dos dados disponíveis.

De forma lógica, assim, o princípio da possibilidade de processamento por sistemas (*machine processable data*) determina, como o conceito propõe, que os dados sejam dispostos para tratamento automatizado. Isso inclui o formato e a estrutura por meio dos quais os dados são disponibilizados e a ausência de restrições inválidas ou injustificáveis ao tratamento automatizado[16]. Os dados têm de estar codificados da forma adequada e os detalhes são fundamentais, de modo que, por exemplo, texto corrido disposto de forma livre tem uso diferente em comparação a textos com apresentação em tabelas, ou, então, imagens de textos, que não têm os mesmos resultados e potencial de processamento que os textos em si.

Nesse sentido, é a recomendação da *Association of Computing Machinery* de 2009[17], segundo a qual os dados disponibilizados devem estar em formatos e propostas que promovam a análise e a reutilização dos dados. Ainda, reafirma que o valor mais crítico do *Open Government Data* vem justamente da capacidade da sociedade de realizar sua própria análise sobre os dados, em vez de poder se valer apenas e tão-somente das análises conduzidas pelo Poder Público.

Seguindo o princípio da não discriminação (*non-discriminatory data*), propõe que os dados públicos estejam disponíveis a qualquer pessoa sem necessidade de identificação ou registros. Tem acepção diferente, por exemplo, do que determina o princípio de não

---

[15] Ibidem.

[16] Ibidem.

[17] ASSOCIATION OF COMPUTING MACHINERY. *ACM Recommendation on Open Government*, 2009. Disponível em: https://www.acm.org/binaries/content/assets/about/annual-reports/usacm-fy09.pdf. Acesso em: 9 jul. 2023.

discriminação abusiva ou ilícita, trazido pela Lei Geral de Proteção de Dados Pessoais (art. 6º, IX), cujo foco é não utilizar os dados pessoais de forma discriminatória negativa. Aqui, o princípio estabelece uma igualdade de acesso e oportunidades no aproveitamento de dados públicos, o que inclui, aliás, que o acesso anônimo aos dados seja garantido (inclusive via mecanismos de anonimização como *proxies*), salvo se critérios justificáveis de segurança estiverem presentes. Os dados não devem, sem motivação legítima, estar atrás de *walled gardens*[18-19]. Em outra perspectiva, seria defensável a ausência de restrições técnicas, de taxas de acesso e utilização infundadas, e de limitações de uso[20].

O princípio da ausência de propriedade (*non-proprietary data*) sobre os formatos determina que os dados públicos sejam disponibilizados em formatos que ninguém tenha controle, propriedade ou uso exclusivos. Formatos proprietários (como propriedade sobre) podem significar restrições desnecessárias em relação a quem pode ter acesso, como os dados podem ser usados e se os dados serão úteis no futuro.

De semântica próxima, o princípio da liberdade de licenças (*license-free data*) estabelece que os dados públicos não estejam sujeitos a nenhum direito autoral, direito de propriedade industrial (patente, marcas etc.) ou proteções de segredos comerciais ou industriais desarrazoáveis. Proteções de privacidade, segurança e de sigilo profissional devidamente fundamentadas e excepcionais são aceitáveis, como já mencionado anteriormente.

Pela legislação autoral brasileira, a forma pela qual dados são dispostos pode ser protegida como obra (base de dados conforme art. 7º, XIII, da Lei de Direitos Autorais – Lei Federal n. 9.610/1998). Além disso, é importante ter em mente que dados governamentais podem significar uma união de registros públicos, dados pessoais, trabalhos com direitos autorais e dados não abertos. Assim, é muito relevante que fique claro o que são dados abertos de acesso irrestrito e o que não, bem como quais licenças, termos de serviço/uso e restrições legais são aplicáveis. É importante que dados com restrições dessa natureza estejam claramente indicados[21].

Na paralela, é recomendável que quem colete e faça uso de dados públicos realize avaliações dedicadas, precisas e devidamente documentadas sobre eventuais restrições jurídicas existentes e mantenha controles rígidos sobre a legalidade dos dados utilizados. Isso é fundamental, por exemplo, na prestação de contas sobre a legitimidade dos dados para autoridades e *stakeholders*, bem como na garantia do aproveitamento comercial dos produtos e serviços decorrentes (comercialização dos produtos e serviços, investimentos, envolvimento em operações de M&A etc.).

---

[18] Expressão utilizada para, figurativamente, mencionar situações ou serviços que são apenas acessíveis para um grupo determinado de pessoas ou em que há restrição de acesso de alguma forma.

[19] Disponível em: https://opengovdata.org. Acesso em: 9 jul. 2023.

[20] SUNLIGHT FOUNDATION. *Open Data Policy Guidelines*, 2012. Disponível em: https://sunlightfoundation.com/opendataguidelines/. Acesso em: 9 jul. 2023.

[21] Disponível em: https://opengovdata.org. Acesso em: 9 jul. 2023.

Seguindo, o princípio da disponibilidade *online* e gratuita (*online and free data*) traz a premissa de que os dados não podem ser considerados significativamente públicos e acessíveis se não estiverem disponíveis *online* na internet e sem custos para coleta dos dados, salvo aqueles minimamente necessários para disponibilização dos dados[22-23]. Nesse contexto, têm crescido as discussões sobre os custos de disponibilização dos dados pelo Estado, especialmente associados à infraestrutura necessária e ao custo de consumo da quantidade de dados necessária para a transferência dos dados (consumo de banda da internet). Inclusive, há iniciativas e discussões pelo compartilhamento dos custos entre Estado e setor privado, a exemplo do que traz a Recomendação n. 74/2020, estudada em maior detalhe adiante.

O princípio da permanência (*permanent data*) sugere que os dados estejam disponíveis de forma estável e mais previsível possível, ou seja, sejam permanentes. Isso considera a necessidade de priorizar a manutenção dos dados em local *online* pré-definido pelo máximo de tempo e com manutenção do formato de disponibilização[24-25].

O princípio da confiabilidade (*trusted data*) preza, por assim dizer, pela qualidade dos dados disponibilizados e no quanto eles podem ser tecnicamente confiáveis. Determina, assim, que os dados e sua forma de disponibilização devem garantir, na maior medida possível, a autenticidade e a integridade dos dados desde sua origem até sua disponibilização[26]. Nesse sentido, a recomendação da *Association of Computing Machinery* de 2009 sugere que os dados disponibilizados devem ser assinados digitalmente ou atestar a data de disponibilização, autenticidade e integridade[27].

O princípio da presunção abertura (*presumption of openness*) trabalha com a premissa de que dados públicos são, por legislações específicas, presumidamente abertos e acessíveis como regra. No Brasil, tal ideia deriva diretamente da própria Lei de Acesso à Informação. A proposta é a de que os dados públicos sejam disponibilizados de forma proativa e como padrão (*openness by default*) e não apenas mediante a provocação de interessados[28-29].

O princípio da registrabilidade (*document data*) propõe que os dados disponibilizados estejam acompanhados de informações e metadados que permitam aos usuários avaliar se os dados são precisos e atuais[30-31].

---

[22] Disponível em: https://opengovdata.org. Acesso em: 9 jul. 2023.
[23] SUNLIGHT FOUNDATION. Op. cit.
[24] Disponível em: https://opengovdata.org. Acesso em: 9 jul. 2023.
[25] SUNLIGHT FOUNDATION. Op. cit.
[26] Disponível em: https://opengovdata.org. Acesso em: 9 jul. 2023.
[27] ASSOCIATION OF COMPUTING MACHINERY. Op. cit.
[28] Disponível em: https://opengovdata.org. Acesso em: 9 jul. 2023.
[29] SUNLIGHT FOUNDATION. Op. cit.
[30] Disponível em: https://opengovdata.org. Acesso em: 9 jul. 2023.
[31] SUNLIGHT FOUNDATION. Op. cit.

O princípio da ausência de mecanismos executáveis (*safe to open data*) traz uma perspectiva adicional para a mesa. Neste, a preocupação não é a qualidade dos dados ou sua extensão de acessibilidade, mas a segurança da informação. A ideia é que os dados estejam disponibilizados sem a companhia ou a necessidade do uso de mecanismos ou aplicativos executáveis. Muitas vezes, mecanismos desse perfil são utilizados para vulnerabilizar ou prejudicar sistemas e usuários, como vírus, *worms*, entre outros. Ausentes arquivos dessa natureza, diminuem-se as chances de engano humano (sobretudo em razão de ataques e fraudes pautados em engenharia social) ou de fragilidade dos sistemas[32-33].

Por fim, o princípio da disponibilidade dos dados contando com a participação do Poder Público (*designed with Public input*) reconhece a posição técnica e de conhecimento privilegiada do Poder Público para avaliar a qualidade dos dados públicos e a melhor forma de sua disponibilização. Nesse sentido, é esperado que o Poder Público participe diretamente das providências necessárias para o *Open Government Data*[34-35].

2.2.1 Organização das Nações Unidas – ONU

Muitas são as entidades ou organizações que reconhecem a importância do desenvolvimento do *Open Government Data* em cenário global, mas certamente algumas merecem especial atenção, como é o caso da Organização das Nações Unidas – ONU e das iniciativas de sua *Division for Public Institutions and Digital Government* – DPIDG.

A DPIDG é um departamento específico do Departamento de Assuntos Econômicos e Sociais da ONU e tem desenvolvido pesquisas dedicadas ao *Open Government Data* desde 2010. Entende-se que a iniciativa é crucial para melhoria nos processos de prestação de contas e transparência do Estado, bem como potencializa a participação dos cidadãos no processo decisório, especialmente para políticas públicas[36].

Segundo a ONU, a abertura de dados públicos é especialmente importante para aumentar a eficiência do uso de recursos públicos e aprimorar os serviços prestados às pessoas. A iniciativa traz impactos positivos para a inovação, a transparência, a prestação de contas e o crescimento econômico[37].

Nesse contexto, merece especial destaque o documento da ONU sobre o tema *Guidelines on Open Government Data for Citizen Engagement* de 2013[38], que traz definições

---

[32] Disponível em: https://opengovdata.org. Acesso em: 9 jul. 2023.
[33] ASSOCIATION OF COMPUTING MACHINERY. Op. cit.
[34] Disponível em: https://opengovdata.org. Acesso em: 9 jul. 2023.
[35] ASSOCIATION OF COMPUTING MACHINERY. Op. cit.
[36] ORGANIZAÇÃO DAS NAÇÕES UNIDAS. Disponível em: https://publicadministration.un.org/en/ogd. Acesso em: 9 jul. 2023.
[37] Ibidem.
[38] ORGANIZAÇÃO DAS NAÇÕES UNIDAS. *Guidelines on Open Government Data for Citizen Engagement*. Disponível em: https://publicadministration.un.org/Portals/1/Guidenlines%20on%20OGDCE%20May17%202013.pdf. Acesso em: 9 jul. 2023.

e pontos muito relevantes de estudo. Por exemplo, define *Open Data* ou dados abertos como o "material que qualquer pessoa pode utilizar para qualquer finalidade e sem qualquer restrição"[39]. Dados governamentais, por sua vez, são considerados quaisquer dados e informações produzidos por órgãos públicos[40]. Nem todos os dados governamentais são considerados dados abertos.

O *Open Government Data* se caracteriza na intersecção entre os conjuntos dos dados governamentais e os dados abertos. *Open Government Data*, portanto, se caracteriza pelos dados abertos de origem governamental, ou seja, aqueles que são produzidos pelos órgãos públicos, mas podem ser utilizados de forma livre[41]. As exceções estão associadas normalmente às situações cuja restrição se justifica na necessária proteção de dados pessoais ou em suporte de questões de segurança nacional. Essa separação conceitual passa a ser especialmente importante em discussões jurídicas limítrofes, a exemplo dos limites de exceção postos na própria Lei de Acesso à Informação tratada adiante.

O documento de forma interessante também pondera que, como regra, órgãos públicos tratam dados diretamente relacionados às finalidades públicas de suas atividades, porém, excepcionalmente, podem tratar ou processar dados fora dessas tarefas, o que pode ser questionado. Isso acontece, por exemplo, em situações em que os governos passam a participar como agentes de mercado, concorrendo diretamente com o setor privado. De todo modo, entende a ONU que esses dados – processados fora das finalidades públicas primárias – não estariam compreendidos no conceito de dados governamentais abertos ou *Open Government Data*, e que, por isso, teriam os direitos de acesso e uso dos dados limitados[42].

Também reforça a importância de que os dados estejam estruturados em formatos que viabilizem processos automatizados e a leitura por máquinas e sistemas como uma pré-condição para a eficiência da iniciativa, já que apenas os formatos que permitem a leitura por máquinas viabilizam a combinação e análise de grande quantidade de dados. A simples disponibilização dos dados em si ou em documentos em extensão em formato "pdf" não seria suficiente, já que podem ser entendidos por seres humanos, mas não sistemas. Dados nesse formato são reafirmados no documento como dados estruturados ou dados processáveis por sistemas automatizados (*structured data* e *machine-readable data*)[43].

Também reafirma o conceito de dados brutos ou primários (*raw data* ou *primary data*) como aqueles que estão, por assim dizer, em seu estado mais puro, primário ou inicial, sem qualquer processamento computadorizado ou por sistema ou manipulação. Propõe, na linha do princípio da primariedade, que os órgãos públicos disponibi-

---

[39] Idem, p. 14, tradução livre.
[40] Ibidem.
[41] Ibidem.
[42] Idem, p. 25.
[43] Idem, p. 27.

lizem os dados da forma mais pura possível, de modo a permitir que as pessoas tenham acesso aos mesmos dados que o Poder Público possui[44]. A ONU também recomenda a utilização de *links* ou inter-relações entre os dados disponíveis nos mais diversos órgãos públicos (*linked data*) de modo a auxiliar as tarefas de processamento, combinação e análise dos dados[45].

Em relação aos direitos decorrentes da proposta, o documento da ONU reforça a ideia de direito aos dados (*right to data*) de modo que todos os dados não protegidos por padrões de privacidade e por outras restrições legais devem ser disponibilizados. O documento também traz ponderações sobre a eventual cobrança de valores pelo Estado para uso dos dados[46].

Na sequência, a ONU enfatiza uma lista de muitos porquês legítimos pelos quais o *Open Government Data* deve ser priorizado e buscado. Reforçando a expectativa de que muitos dados são únicos em muito aspectos, o documento enfatiza os seguintes benefícios da iniciativa: potencialização da transparência e prestação de contas do Estado, maior participação e empoderamento dos cidadãos nos assuntos públicos, aprimoramento dos serviços públicos, melhoria na capacidade de medição dos resultados de políticas públicas e a promoção da inovação e do desenvolvimento econômico[47].

Naturalmente, o documento também reconhece princípios a serem observados, os quais refletem, a certa medida, os princípios aqui estudados anteriormente. Para a ONU, os dados abertos, minimamente, devem ser acessíveis *online* e em formato processável por sistemas e máquinas, livres de licenças proprietárias, de modo a permitir a reutilização (inclusive comercial), e livres de cobranças ou de outras restrições não razoáveis[48].

No mais, o documento traz outros pontos extremamente relevantes. Propõe estratégias para desenvolvimento e implementação do *Open Government Data* pelos Estados, bem como traz elementos interessantes para auxiliar os governos a monitorar e avaliar suas iniciativas nessa frente.

2.2.2 Organização para a Cooperação e Desenvolvimento Econômico – OCDE

Também de forma especialmente relevante devem ser citadas as iniciativas da Organização para a Cooperação e Desenvolvimento Econômico – OCDE no tema, que trazem um mapeamento bem atualizado dos avanços em nível global[49]. Há, por

---

[44] Idem, p. 28.
[45] Ibidem.
[46] Idem, p. 33.
[47] Idem, p. 35.
[48] Idem, p. 37.
[49] ORGANIZAÇÃO PARA A COOPERAÇÃO E DESENVOLVIMENTO ECONÔMICO. *Open Government*. Disponível em: https://www.oecd.org/gov/open-government/. Acesso em: 9 jul. 2023.

exemplo, uma lista extensa de documentos produzidos sobre várias localidades do mundo e que permitem uma visão holística do tema[50].

Dentre eles, cumpre primeiro destacar o Relatório *Open Government: The Global Context and the Way Forward*, de 2016[51], que, como diz o próprio documento, propôs apresentar uma análise ampla e holística sobre como os países implementavam as diretrizes do *Open Government*[52]. Define *Open Government* como uma cultura de governança baseada em políticas e práticas públicas inovativas e sustentáveis sustentadas nas premissas de transparência, *accountability* e participação que estimulam a democracia e o crescimento econômico[53]. Embora o relatório não seja focado apenas nos dados abertos, reconhece em muitos momentos a importância fundamental do *open data* para a consolidação e evolução do *Open Government*.

Também com destaque pode ser citada a Recomendação sobre o *Open Government* de 2017[54], que, logo no início, reconhece que os países têm cada vez mais entendido a função do *Open Government* como um catalizador para a boa governança, democracia, confiabilidade e o crescimento inclusivo[55]. Reconhece também a disseminação da informação – o que inclui a disponibilidade de dados – como um pilar fundamental[56].

Entre as recomendações emitidas para os países, algumas são muito aderentes e importantes ao presente tema e, inclusive, precisam ser seguidas por países que almejam assumir a condição de membro da OCDE.

Assim, recomenda a Organização que os países adotem medidas em todos os níveis de governo para desenvolver e implementar estratégias e iniciativas de colaboração com os demais setores para assegurar o desenvolvimento do *Open Government* e prevenir ou superar eventuais obstáculos na progressão do tema[57]. A disponibilização dos dados públicos de forma aberta, permitindo que, especialmente, o setor privado possa dele se valer, é um exemplo prático dessa ideia.

De forma ainda mais específica, o documento recomenda que os países proativamente disponibilizem dados processados pelo setor público de forma clara, completa, atualizada, confiável e livre de qualquer custo. Além disso, os dados devem ser disponibilizados de forma não proprietária e em formato processável por sistemas ou má-

---

[50] ORGANIZAÇÃO PARA A COOPERAÇÃO E DESENVOLVIMENTO ECONÔMICO. *Open Government Publications*. Disponível em: https://www.oecd.org/gov/open-government/open-government-publications.htm. Acesso em: 9 jul. 2023.

[51] ORGANIZAÇÃO PARA A COOPERAÇÃO E DESENVOLVIMENTO ECONÔMICO. *Open Government: The Global Context and the Way Forward*. Disponível em: https://www.oecd-ilibrary.org/governance/open-government_9789264268104-en. Acesso em: 9 jul. 2023.

[52] Idem, p. 3.

[53] Idem, p. 17.

[54] ORGANIZAÇÃO PARA A COOPERAÇÃO E DESENVOLVIMENTO ECONÔMICO. *Recommendation of the Council on Open Government*. Disponível em: https://legalinstruments.oecd.org/en/instruments/OECD-LEGAL-0438#_ga=2.37822115.1251313301.1554450220-751648841.1537891795. Acesso em: 9 jul. 2023.

[55] Idem, p. 3.

[56] Idem, p. 7.

[57] Ibidem.

quinas, bem como fácil de serem encontrados, utilizados e reutilizados. A disseminação por vários canais e *websites* diferentes (*multi-channel approach*) também deve ser priorizada de modo a facilitar o acesso pelos usuários[58].

2.2.3 União Europeia

Com a maturidade esperada, a União Europeia e os países que a integram ou já a integraram (a exemplo do Reino Unido) são aderentes ao tema do *Open Data* e aos princípios e ideais sinalizados nos itens anteriores, inclusive como se verá com mais detalhes em relação à Diretiva n. 2003/98/CE, à Diretiva n. 2019/1014/CE e ao *Data Governance Act*.

As iniciativas concentradas no bloco são elogiáveis. Além dos documentos jurídicos mencionados, a Comissão Europeia, por exemplo, tem portal específico (data.europa.eu) dedicado ao tema[59]. O portal é responsável por coletar todos os metadados dos dados públicos disponíveis nos mais diversos portais dos países do bloco e adota os princípios já expostos aqui e reforçados pela *Open Knowledge Foundation*[60]. Este autor recomenda fortemente que você acesse ao portal https://data.europa.eu/data/datasets?locale=en&minScoring=0 e navegue pelos mais variados bancos de dados (*datasets*) disponíveis dos países europeus. É fascinante.

Ilustrando bem a disponibilidade prática dos dados, podem ser também indicados os portais de cada país[61]:

> Alemanha (https://www.govdata.de/)
> Áustria (https://www.data.gv.at)
> Bélgica (http://data.gov.be/)
> Bulgária (http://opendata.government.bg/)
> Croácia (http://data.gov.hr/)
> Chipre (http://www.data.gov.cy/)
> República Checa (http://data.gov.cz)
> Dinamarca (https://data.digitaliser.dk/)
> Eslováquia (http://data.gov.sk/)
> Eslovênia (http://data.gov.si/nio/)
> Espanha (http://datos.gob.es/)
> Estônia (https://opendata.riik.ee/)
> Finlândia (https://www.avoindata.fi/en)
> França (https://www.data.gouv.fr/)
> Grécia (http://data.gov.gr/)
> Holanda (https://data.overheid.nl/)
> Hungria (http://kozadat.hu/)
> Irlanda (http://data.gov.ie/)
> Itália (http://www.dati.gov.it/)
> Letônia (https://data.gov.lv/lv)
> Lituânia (https://data.gov.lt/?lang=en)
> Luxemburgo (https://data.public.lu/)
> Malta (http://data.gov.mt/)
> Polônia (https://danepubliczne.gov.pl/)
> Portugal (http://www.dados.gov.pt/)
> Reino Unido (http://data.gov.uk/)
> Romênia (http://data.gov.ro/)
> Eslováquia (http://data.gov.sk/)
> Suécia (http://oppnadata.se/)

---

[58] Idem, p. 8.
[59] COMISSÃO EUROPEIA. *Data.europa.eu*. Disponível em: https://data.europa.eu/en/dataeuropa-academy/what-open-data. Acesso em: 9 jul. 2023.
[60] Ibidem.
[61] Atualizados em 09.07.2023, após pesquisa dedicada do tema presente em JUANA-ESPINOSA, S.; LUJÁN-MORA, S. Open government data portals in the European Union: a dataset from 2015 to 2017. In: *Data in Brief*, v. 29, 2020.

De forma alinhada com a ONU e a OCDE, além dos documentos próprios, a Comissão Europeia reforça que os dados abertos contribuem com o aprimoramento da eficiência dos serviços públicos, especialmente pelo compartilhamento de dados que pode acontecer em diversos setores, ampliando o espectro de análise sobre as questões e a redução de custos desnecessários. Afirma também que a economia é diretamente beneficiada a partir do acesso facilitado à informação, conteúdos e conhecimentos, contribuindo diretamente com o desenvolvimento da inovação e a criação de novos modelos de negócio. Igualmente, o bem-estar social pode ser melhorado a partir dos benefícios que são possíveis em decorrência de dados mais transparentes e acessíveis. Colaboração, participação e inovação social são potencializadas[62].

A seguir serão estudados os principais documentos sobre o tema no bloco.

2.2.3.1 Diretiva 2003/98/CE do Parlamento Europeu e do Conselho da União Europeia

Em 2003, o Parlamento Europeu e o Conselho da União Europeia adotaram a Diretiva 2003/98/CE[63] focada na reutilização de documentos utilizados pelo Poder Público. A leitura dos seus Considerandos é fundamental para identificar a importância do tema, inclusive para a promoção do mercado interno europeu.

Diz o Considerando (1) que "A harmonização das regras e práticas dos Estados-Membros em matéria de exploração da informação do sector público contribui para a realização destes objectivos". A abertura dos dados é tida, nessa perspectiva, como um ponto fundamental para exploração das informações tratadas pelo Poder Público.

Nos Considerandos (2) e (3), o documento ressalta que "a evolução para uma sociedade da informação e do conhecimento influencia a vida de todos os cidadãos da Comunidade, permitindo-lhes, designadamente, obter novos meios de acesso e aquisição de conhecimento", de modo que "os conteúdos digitais desempenham um importante papel nessa evolução. A produção de conteúdos tem dado e continuará a dar origem à rápida criação de emprego. Na maioria dos casos, esse emprego é criado em pequenas empresas emergentes".

Reconhece que o "sector público recolhe, produz, reproduz e divulga um largo espectro de informações em muitas áreas de actividade, como informações sociais, económicas, geográficas, meteorológicas, turísticas, empresariais e sobre patentes e educação" (Considerando (4)). Assim, tais dados representam "uma importante matéria-prima para os produtos e serviços de conteúdo digital e tornar-se-á um recurso de conteúdos ainda mais importantes com o desenvolvimento dos serviços de conteúdo sem fios" (Considerando (5)).

---

[62] Ibidem.
[63] UNIÃO EUROPEIA. *Diretiva 2003/98/CE do Parlamento Europeu e do Conselho da União Europeia*. Disponível em: https://eur-lex.europa.eu/LexUriServ/LexUriServ.do?uri=OJ:L:2003:345:0090:0096:pt:PDF. Acesso em: 9 jul. 2023.

De forma muito interessante, estabelece o que seria o "reúso" ou a "reutilização" dos documentos do Poder Público como a utilização de documentos utilizados pelo Poder Público para outras finalidades (Considerando (8)).

À época, a Diretiva não explorou o conceito de "dado", mas sim o de "informações" e "documentos", ponderando aqui, e como se verá adiante no estudo da Lei Geral de Proteção de Dados Pessoais, que são conceitos diferentes. Assim, diz a Diretiva preferir "uma definição genérica do termo 'documento', na linha da evolução da sociedade da informação" a qual "brange qualquer representação de actos, factos ou informações – e qualquer compilação destes – na posse dos organismos públicos, seja qual for o seu meio (papel, suporte eletrônico, registo sonoro, visual ou audiovisual)" (Considerando (11)). Aliás, no mesmo Considerando, condiciona a definição de documento à condição de legitimidade em sua livre reutilização: "Por documento na posse de um organismo do sector público entende-se um documento cuja reutilização possa ser autorizada legalmente por esse organismo". Veja, portanto, que eventuais restrições de privacidade, propriedade intelectual, entre outras, poderiam, nessa concepção, afastar a conceituação de "documento na posse de um organismo do setor público". Conceito de "organismo público", aliás, que segue o definido na Diretiva 98/4/CE, não sendo aplicado para empresas públicas (Considerando (10)), conforme também definição citada adiante do artigo 2º da Diretiva.

Quanto à forma de disponibilização, a Diretiva segue a lógica do princípio da possibilidade de processamento por sistemas, sem que isso, claro, implique esforços desarrazoável pelo Poder Público. Assim, diz o Considerando (13) que:

> [...] os organismos do sector público deverão disponibilizar os documentos nos formatos ou linguagens em que já existam, sempre que possível e adequado através de meios eletrônicos. Os organismos do sector público deverão considerar positivamente os pedidos de um extracto de documento existente quando a satisfação desses pedidos apenas implicar uma simples manipulação. No entanto, os organismos do sector público não estão obrigados a fornecer um extracto de documento quando tal implicar um esforço desproporcionado.

O mesmo Considerando (13) também acolhe, de certa forma, o princípio de ausência de propriedade, indicando que o Poder Público deve "providenciar para que os seus próprios documentos fiquem disponíveis num formato que, tanto quanto possível e adequado, não esteja dependente da utilização de um suporte lógico (*software*) específico".

Traz sinalização específica à cobrança pela reutilização dos documentos, indicando que a cobrança pode ser feita, mas não pode superar o custo total da produção, reprodução e divulgação dos documentos (Considerando (14)), o que se alinha com o princípio da disponibilidade *online* e gratuita que preconiza a cobrança estrita em relação aos custos de disponibilização dos dados.

A Diretiva também está alinhada com o princípio de liberdade de licenças, tendo em vista a preocupação do Considerando (15) ao estabelecer que o Poder Público deve garantir a clareza e a disponibilização das condições de reutilização, deixando muito claro o que são documentos de reúso livres e os que são de reutilização justificadamente restrita. A proteção da propriedade intelectual é igualmente mantida (Considerando (22)).

Quer-se, também, evitar o uso discriminatório da disponibilização dos documentos (princípio da não discriminação). Nesse sentido, propõe o Considerando (19) que:

> As condições de reutilização não deverão ser discriminatórias para categorias de reutilização equivalentes. Não deverá, por exemplo, impedir-se o intercâmbio de informações sem encargos entre organismos do sector público no exercício das suas atribuições públicas, embora a outras partes seja cobrada a reutilização dos mesmos documentos. Tampouco se deverá impedir a adopção de uma política de preços diferenciada consoante a reutilização seja comercial ou não comercial.

Ainda em relação aos Considerandos, vale mencionar a relevância que a Diretiva dá para a disponibilização de documentos atrelados a procedimentos judiciais e administrativos:

> A divulgação de todos os documentos geralmente disponíveis que se encontram na posse dos organismos públicos – não só relativa aos atos políticos, mas também aos processos judiciais e administrativos – constitui um instrumento fundamental para alargar o direito ao conhecimento, que constitui um princípio fundamental da democracia. Esse objetivo deve aplicar-se a instituições a todos os níveis: local, nacional e internacional (Considerando (16)).

Superados os Considerandos, é interessante verificar o objeto e âmbito de aplicação da Diretiva, os quais também refletem as lógicas desenvolvidas para os dados abertos. No artigo 1º, o objeto da Diretiva é definido como o estabelecimento de "um conjunto mínimo de regrar aplicáveis à reutilização e aos meios práticos de facilitar a reutilização de documentos na posse de organismos do sector público". A regra é a aplicação da Diretiva para todos os documentos nessa condição, com exceções específicas, razoáveis e alinhadas com o princípio da completude. Entre as exceções podem ser citados os documentos cujo fornecimento esteja fora das atividades do Poder Público e estejam sob proteção de regras de propriedade intelectual de terceiros, relacionados à proteção da segurança nacional e que contenham dados pessoais. Em relação a estes últimos, conservou-se o regime da Diretiva 95/46/CE, que trata do tema à época e que fora sucedido pela *General Data Protection Regulation* de 2016.

No artigo 2º, a Diretiva traz suas definições que, de certa forma, já foram tratadas em seus considerandos. Organismo de setor público, a primeira delas, é fundamental, já que o conceito de "documento" e, logo, o que poderá ser reutilizado, é diretamente atrelado ao que é utilizado por organismos dessa natureza. Assim, o n. 1 define "organismo de setor público" como o "Estado, as autoridades regionais ou locais, os organismos de direito público e as associações formadas por uma ou mais autoridades ou por um ou mais organismos de direito público". Documento, por sua vez, é definido no n. 3 de forma ampla como "Qualquer conteúdo, seja qual for o seu suporte (documento escrito em suporte papel ou eletrônico, registo sonoro, visual ou audiovisual)" ou "qualquer parte desse conteúdo". Por fim, define "reutilização" no n. 4 como a utilização por pessoas naturais ou jurídicas dos documentos processados pelo Poder Público para qualquer finalidade, comercial ou não, diferente daquela original para a qual os documentos estão na posse dos órgãos públicos. É interessante notar que tal conceito está diretamente relacionado ao reúso pelo setor privado, segundo o próprio n. 4, "o intercâmbio de documentos entre organismos do sector público exclusivamente no desempenho das suas funções não constitui reutilização".

Na sequência, o artigo 3º define o princípio geral de que os órgãos públicos garantirão a reutilização dos documentos para fins comerciais ou não comerciais, devendo observar a disponibilização dos formatos que já existam e sempre que possível de forma eletrônica (artigo 5º).

O artigo 6º reforça a regra de proporcionalidade para a cobrança de valores pela disponibilização dos documentos, de modo que a receita total proveniente dessa tarefa não pode exceder o custo da coleta, da produção e da divulgação dos documentos.

Por fim, vale mencionar duas regras específicas que podem ser lembradas em discussões concorrenciais e de mercado.

Diz o artigo 10º que as condições aplicáveis ao aproveitamento dos documentos não devem ser discriminatórias para usos equivalentes (n. 1). Na paralela, estabelece que, caso algum ente público utilize os documentos como estímulo para suas atividades comerciais, fora de suas atribuições públicas – o que no Brasil poderia significar situações em que o Estado atua como agente de mercado –, o uso dos documentos deve ser feito em igualdade de condições aplicáveis aos demais reutilizadores (n. 2).

No artigo 11º, por sua vez, é vedada a celebração de acordos entre o Poder Público e interessados que defina direitos exclusivos, salvo se estritamente necessário para prestação de determinado serviço público. Diz o texto:

> 1. A reutilização de documentos está aberta a todos os potenciais intervenientes no mercado, ainda que um ou mais explorem já produtos de valor acrescentado baseados nesses documentos. Os contratos ou outros acordos celebrados entre organismos do sector público que possuam esses documentos e terceiros não criam direitos exclusivos.
> 2. No entanto, nos casos em que seja necessário um direito exclusivo para a prestação de um serviço de interesse público, a validade dos motivos que tenham conduzido à criação do direito exclusivo deve ser objeto de exame periódico, devendo, em qualquer caso, ser revista de três em três anos. Os acordos exclusivos estabelecidos após a entrada em vigor da presente directiva devem ser transparentes e publicitados.

2.2.3.2 Diretiva 2019/1024 do Parlamento Europeu e do Conselho da União Europeia

Após alterações na Diretiva 2003/98/CE, surge a Diretiva 2019/1024 do Parlamento Europeu e do Conselho da União Europeia, em 2019[64], relativa aos dados aber-

---

[64] UNIÃO EUROPEIA. *Diretiva 2019/1024 do Parlamento Europeu e do Conselho da União Europeia*. Disponível em: https://eur-lex.europa.eu/legal-content/PT/TXT/PDF/?uri=CELEX:32019L1024. Acesso em: 9 jul. 2023.

tos e à reutilização de informações pelo setor público. Os Considerandos são igualmente preciosos.

O cenário mudou significativamente desde o documento de 2003. Assim, embora a Diretiva 2003/98/CE tenha estabelecido um conjunto mínimo de regras aplicáveis a reúso dos dados públicos no âmbito da União Europeia, reconhece a Diretiva 2019/1024 que:

> [...] era necessária uma ação a nível da União a fim de eliminar os entraves restantes e emergentes a uma ampla reutilização das informações detidas pelo setor público e das informações obtidas com a ajuda de fundos públicos em toda a União, a fim de adaptar o quadro legislativo aos progressos das tecnologias digitais e de estimular mais a inovação digital, especialmente no que respeita à inteligência artificial (Considerando (3)).

Além disso, identificou que:

> [...] a quantidade de dados a nível mundial, incluindo dados públicos, aumentou exponencialmente e estão a ser produzidos e recolhidos novos tipos de dados. Paralelamente, existe uma evolução contínua nas tecnologias de análise, exploração e tratamento de dados, como a aprendizagem automática, a inteligência artificial e a Internet das Coisas. Essa rápida evolução tecnológica torna possível a criação de novos serviços e aplicações, assentes na utilização, agregação ou combinação de dados. As regras inicialmente adotadas em 2003 e alteradas em 2013 já não acompanham o ritmo dessa evolução acelerada, havendo, por conseguinte, o risco de se perderem as oportunidades econômicas e sociais proporcionadas pela reutilização dos dados públicos (Considerando (10)).

A Diretiva 2019/1024 tem o objetivo claro de "promover a utilização de dados abertos e estimular a inovação em produtos e serviços" (artigo 1º), destacando a sábia percepção de que a iniciativa de dados abertos é essencial para promoção da inovação e desenvolvimento das tecnologias da informação. Isso é reafirmado de forma muito clara no Considerando (9):

> As informações do setor público representam uma fonte extraordinária de dados que podem contribuir para melhorar o mercado interno e desenvolver novas aplicações para consumidores e entidades jurídicas. A utilização inteligente de dados, incluindo o seu tratamento por meio de aplicações de inteligência artificial, pode ter um efeito de transformação em todos os setores da economia.

Inclusive, os mais variados beneficiários são expressamente reafirmados: (i) o setor privado que reutiliza os dados; (ii) os usuários finais dos serviços desenvolvidos; (iii) a sociedade em geral; e (iv) o próprio Poder Público. Nesse sentido, reconhece o Considerando (14) que:

> A autorização de reutilização de documentos na posse de um organismo do setor público traz valor acrescentado em benefício dos reutilizadores, dos utilizadores finais e da sociedade em geral e, em muitos casos, em benefício do próprio organismo do setor público através da promoção da transparência e da responsabilização e do envio de obser-

vações por parte dos utilizadores e dos utilizadores finais que permitem ao organismo do setor público em causa melhorar a qualidade das informações recolhidas e o exercício das suas missões de serviço público.

Traz de forma importante e expressa o que juridicamente pode ser entendido como dados abertos para a Diretiva: "dados em formato aberto que idealmente podem ser utilizados, reutilizados e partilhados de forma livre por qualquer pessoa e para qualquer finalidade." (Considerando (16)).

Em termos de formato, a Diretiva também reconhece o princípio de possibilidade de processamento por sistema ao reconhecer que o Poder Público cada vez mais tem disponibilizado seus documentos e dados para reutilização de forma ativa, com a disponibilidade efetiva dos dados e metadados para acesso público, inclusive em formatos que permitem a leitura por sistemas e máquinas e que garantem a interoperabilidade (Considerando (31)).

Interoperabilidade, aliás, que é um conceito fundamental para garantir a eficiência e os resultados da disponibilização e abertura dos dados públicos. Pode ser entendida como a "capacidade de diversos sistemas e organizações trabalharem em conjunto (interoperar) de modo a garantir que pessoas, organizações e sistemas computacionais interajam para trocar informações de maneira eficaz e eficiente[65]. Nesse sentido, o máximo aproveitamento do potencial da abertura dos dados e dos princípios propostos está diretamente relacionado, em grande parte, à possibilidade de que várias entidades do Poder Público e organizações do setor privado possam utilizar em conjunto os dados disponibilizados. A ideia propõe que sejam mantidas verdadeiras redes ou *teias* de cruzamento dos dados permitindo que as várias entidades possam aproveitar os diversos dados utilizados primariamente pelas outras, e que possam aumentar as análises e os cruzamentos com tal matéria-prima e extrair resultados melhores e mais assertivos.

De forma interessante, o Considerando (35) sugere uma compreensão jurídica do que pode ser entendido como um documento processável por sistema (delimitando ainda mais o escopo do princípio da possibilidade de processamento por sistema). Diz que "um documento se apresenta em formato legível por máquina se tiver um formato de ficheiro estruturado de modo a ser facilmente possível, por meio de aplicações de *software*, identificar, reconhecer e extrair dados específicos".

A Diretiva 2019/1024, porém, vai ainda mais além. Reconhece juridicamente a enorme utilidade de criação e manutenção de *APIs* pelo Poder Público. Uma *API* ou *Application Programming Interface* pode ser compreendida tecnicamente como um conjunto de regras e protocolos que permite que diferentes sistemas e *softwares* se comuniquem entre si. É como uma ponte que permite que uma aplicação/sistema *converse* ou

---

[65] BRASIL. Ministério da Gestão e da Inovação em Serviços Públicos, Governo Digital, Governança e Gestão de Dados. Disponível em: https://www.gov.br/governodigital/pt-br/governanca-de-dados/interoperabilidade#:~:text=A%20interoperabilidade%20pode%20ser%20entendida,de%20maneira%20eficaz%20e%20eficiente. Acesso em: 9 jul. 2023.

dialogue com outras, requisitando e coletando dados de forma automatizada e executando finalidades específicas. Uma *API* é como um verdadeiro ecossistema técnico de interação, um espaço comum em que vários sistemas (e várias entidades) podem interagir de forma harmônica em linguagem e regras comuns. A tentativa de comunicação individual entre os sistemas (mais trabalhosa e menos proveitosa) deixa de ser necessária. Em metáfora, seria como se reuníssemos várias pessoas de línguas diferentes na mesma sala e que não conseguem conversar. A *API* seria a inserção de um tradutor poliglota nessa mesma sala, permitindo a conversa entre as diversas pessoas em tempo real.

Por exemplo, um órgão público adota um sistema em regras e protocolos padrões "X", uma entidade A adota padrões "Y", uma entidade B adota padrões "W" e uma entidade C adota padrões "Z". Essas diferenças podem dificultar a comunicação e a interoperabilidade sistêmica (grosso modo, a utilização dos dados por todos esses sistemas). Nessa situação, a criação de uma *API* com linguagem "123" que permitiria a comunicação conjunta de todas essas entidades. Assim, nessa situação hipotética, a *API* teria, ao mesmo, a interoperação do órgão público em padrões "X123" e as entidades A, B e C, respectivamente, em padrões "Y123", "W123" e "Z123" com comunicação conjunta.

Assim, o Considerando (32) define uma *API* como "um conjunto de funções, procedimentos, definições e protocolos que permite a comunicação máquina-máquina e o intercâmbio contínuo de dados" e reconhece que seria útil recorrer a *APIs* bem concebidas para garantir o acesso a dados. Pensando em formato e alinhado com o princípio da acessibilidade, determina que devem ser usados formatos internacionalmente reconhecidos e utilizadas normas internacionais aplicadas. Ainda, "a configuração e a utilização de IPA deverão basear-se num conjunto de princípios: disponibilidade, estabilidade, manutenção ao longo do ciclo de vida, uniformidade da utilização e das normas, facilidade de utilização e segurança".

Ainda quanto ao formato, a Diretiva pondera, como feito pela Diretiva 2003/98/CE, que deve ser evitada a disponibilização de documentos digitalizados em si, de modo que "os organismos do setor público deverão disponibilizar os documentos nos formatos ou linguagens preexistentes, sempre que possível e adequado através de meios eletrónicos" (Considerando (33)).

A Diretiva também trabalha com a questão de custos e possibilidade de cobrança pela disponibilização dos dados pelo Poder Público, estressando a discussão sobre o princípio da disponibilidade *online* e gratuita. Detalha mais o que foi previsto pela anterior Diretiva 2003/98/CE.

O Considerando (36) reconhece que a cobrança de valores pela reutilização dos dados constitui um importante obstáculo ao desenvolvimento das soluções de mercado, em especial para pequenas empresas e *startups*. Sinaliza que o reúso dos dados deve ser permitido de forma gratuita como regra.

Cobranças excepcionais são esperadas e podem ser feitas (i) sobre serviços acessórios e não essenciais (não relacionados diretamente à coleta e ao reaproveitamento dos dados) ou (ii) sobre serviços essenciais se a cobrança for devidamente justificável, como nos exemplos dados pelo Considerando (36), em que os órgãos públicos (ii.a) efetuam uma pesquisa particularmente aprofundada das informações solicitadas; (ii.b) fazem alterações extremamente onerosas nos formatos das informações solicitadas; (iii.c) se a cobrança se justifica nos altos custos gerados pela disponibilização dos dados e esses custos têm prejudicado ou podem prejudicar de forma significativa os serviços públicos dos mesmos órgãos; (iii.d) se há custos excepcionais de anonimização de dados pessoais ou para medidas dedicadas a garantir a confidencialidade de dados.

Mesmo em todos esses casos, não há, por assim dizer, uma *carta branca* para cobrança. As cobranças deverão ser fixadas segundo critérios objetivos, transparentes e verificáveis, e a receita total das cobranças feitas pelo órgão público para fornecer e autorizar o reúso dos dados não pode implicar em *lucros* para o órgão, de modo que não podem exceder o custo de coleta e produção, de reprodução, manutenção, armazenamento e divulgação dos dados, incluindo a rentabilidade e atualização razoáveis dos valores investidos nessas tarefas (Considerando (36)).

Seguindo, como feito pela Diretiva 2003/98/CE, a Diretiva 2019/1024 reafirma que a disponibilização dos dados deve abranger todos os dados disponíveis pelo Poder Público, o que inclui dados de procedimentos administrativos e judiciais. Tal disponibilização "constitui um instrumento fundamental para alargar o direito ao conhecimento, que constitui um princípio fundamental da democracia" (Considerando (43)).

Em alinhamento com o princípio da acessibilidade, que preconiza a ausência de restrições indevidas ou infundadas ao uso dos dados públicos, lembra o Considerando 44 que a reutilização dos dados não deverá estar sujeita a quaisquer condições como regra. Excepcionalmente, restrições pautadas no interesse público são admitidas, inclusive relacionadas à proteção de dados pessoais, responsabilidade de uso, não alteração e indicações de fonte. Nesses casos, as condições excepcionais devem ser objetivas, proporcionais e não discriminatórias. Ainda sobre a acessibilidade, a negativa na disponibilização dos dados deve ser devidamente fundamentada com decisões públicas e disponibilizadas em meio eletrônico (Considerando (45)).

A disponibilização de dados públicos deve observar as normas de concorrência, respeitando, em especial, as disposições dos artigos 101º a 109º do Tratado sobre o Funcionamento da União Europeia[66] (Considerando (51)). Destacadamente, a Diretiva preconiza muito cuidado para que a atuação do Poder Público na disponibilização dos dados, inclusive mediante contratação com interessados, não viole as regras específicas associadas aos incentivos do Estado no mercado (artigo 107º do Tratado). Assim, a tarefa de disponibilização dos dados não deve resultar em práticas que "falseiem ou ameacem falsear a concorrência, favorecendo certas empresas ou certas produções". Os incentivos dos Itens 2 e 3 do referido artigo 107º são permitidos.

---

[66] UNIÃO EUROPEIA. *Tratado sobre o Funcionamento da União Europeia*. Disponível em: https://eur-lex.europa.eu/resource.html?uri=cellar:9e8d52e1-2c70-11e6-b497-01aa75ed71a1.0019.01/DOC_3&format=PDF. Acesso em: 9 jul. 2023.

Ainda em relação aos Considerandos, como feito pela Diretiva 2003/98/CE, a matéria de proteção de dados pessoais é preservada. Pela lembrança da Diretiva 95/46/CE anterior, a Diretiva 2019/1024 estabelece que a proteção de dados pessoais será tratada de acordo com a *General Data Protection Regulation* de 2016.

Superada a menção aos Considerandos mais relevantes, a Diretiva 2019/1024 define seu objeto e âmbito de aplicação (art. 1º). Destaca, logo, seu principal objetivo "promover a utilização de dados abertos e estimular a inovação em produtos e serviços", reconhecendo que o uso de dados abertos e o estímulo à inovação têm relação direta.

Para tanto, "estabelece um conjunto mínimo de regras aplicáveis à reutilização" dos dados abertos, o que inclui documentos existentes na posse de órgãos públicos, na posse de empresas públicas e dados de investigação (dados decorrentes de investigações científicas). Estão excluídos (art. 1º, n. 2) dados utilizados fora do âmbito de atividades primárias do Poder Público, dados na posse de empresas públicas em determinadas situações, dados cujos direitos de propriedade intelectual sejam detidos por terceiros (exceção legítima aos princípios de ausência de liberdade dos formatos e de liberdade de licenças), dados relacionados à proteção da segurança nacional, à confidencialidade de dados estatísticos e de dados comerciais (segredos comerciais, profissionais e industriais), entre outros. No artigo 2º, traz importantes definições que traçam o caminho de sua aplicação.

No artigo 3º, o princípio geral e chave do texto da Diretiva determina que os Estados-Membros da União Europeia asseguram que os documentos e dados cobertos pela Diretiva serão disponibilizados para reutilização para fins comerciais e não comerciais. No artigo 4º, estabelece como devem ser tratados os pedidos de reutilização dos dados.

No Capítulo III, a Diretiva 2019/1024 cuida das condições de reutilização dos documentos e dados abertos. O artigo 5º, ao detalhar os formatos pelos quais os dados serão disponibilizados, determina que "os organismos do setor público e as empresas públicas disponibilizam os seus documentos em qualquer formato ou linguagem em que já existam e, se possível e adequado, através de meios eletrónicos, em formatos que sejam abertos, legíveis por máquina, acessíveis e localizáveis e reutilizáveis, juntamente com os respetivos metadados. Tanto o formato como os metadados devem, se possível, respeitar normas formais abertas" (n. 1). Inclusive, a disponibilização dos dados de forma aberta deve ser incentivada como padrão das rotinas dos órgãos públicos e empresas públicas (n. 2). Observa-se, assim, com clareza que a Diretiva adota, especialmente, os princípios da primariedade, acessibilidade e possibilidade de processamento por sistema.

De forma interessante – assim como faz em suas definições (art. 2º, 8) – é reconhecida a chamada categoria de "dados dinâmicos" como dados em formato digital que estão sujeitos a atualizações frequentes ou em tempo real, já que associados a situações de muita volatilidade ou que provocam uma desatualização muito rápida. Nesses casos, a Diretiva 2019/1024 reafirma a utilização de APIs para disponibilização, pois esse modelo técnico permite ou promove a maior instantaneidade do reúso, de modo que a reutilização dos dados abertos também seja capaz de acompanhar as rápidas mudanças ou atualizações (art. 5º, 5).

Reafirmando o posicionamento colocado nos Considerandos, o artigo 6º da Diretiva afirma a regra de que a reutilização dos dados abertos deve ser gratuita (princípio da disponibilidade *online* e gratuita). Porém, admite, como já sinalizado, a cobrança de serviços acessórios e não essenciais ao estabelecer que "poderá ser permitida a recuperação dos custos marginais incorridos na reprodução, disponibilização e divulgação de documentos, bem como na anonimização dos dados pessoais e com as medidas destinadas a proteger informações comerciais de caráter confidencial" (n. 1). Tais situações, portanto, devem ser interpretadas em conjunto com o texto do Considerando (36). Além disso, também é reafirmada a necessidade que eventuais cobranças, se admitidas, devem ser calculadas "de acordo com critérios objetivos, transparentes e verificáveis" (n. 4). Adicionalmente, também determina o uso lógico e não lucrativo da cobrança adicional, de modo que "a receita total proveniente do fornecimento e da autorização de reutilização de documentos durante o período contabilístico adequado não poderá exceder o custo da sua recolha, produção, reprodução e divulgação, bem como do armazenamento de dados, acrescido de um retorno razoável do investimento, e – se aplicável – da anonimização dos dados pessoais e das medidas destinadas a proteger informações comerciais de caráter confidencial" (n. 4). A transparência da cobrança excepcional deve ser adotada (art. 7º).

Na sequência, adotando mais uma vez os princípios que orientam a reutilização dos dados abertos, determina o artigo 8º que a "reutilização de documentos não é sujeita a condições, salvo se tais condições forem objetivas, proporcionadas, não discriminatórias e justificadas por um objetivo de interesse público". Igualmente e seguindo os princípios e os Considerandos, estabelece que as condições aplicáveis à reutilização não podem ser discriminatórias (artigo 11). O artigo 12, por sua vez, renova os aspectos de preservação da livre concorrência.

2.2.3.3 A Estratégia Europeia para os Dados, o *Data Governance Act* e o *Data Act*

Paralelamente aos textos normativos da União Europeia mencionados, é oportuna a referência mais objetiva de dois documentos recentes e essenciais do bloco: o *Data Governance Act* (DGA) e o *Data Act* (DA), ambos componentes da Estratégia Europeia para os Dados (fevereiro de 2020). A menção é oportuna também para evitar enganos sobre o âmbito de aplicação e objetivos de ambos os documentos que preservam as regulações de dados abertos e de proteção de dados pessoais.

Pois bem, em 30 de maio de 2022, a União Europeia adotou o *Data Governance Act* (DGA) por meio do Regulamento (UE) 2022/868 do Parlamento Europeu e o Conselho da União Europeia – Regulamento de Governança de Dados, que alterou o Regulamento (UE) 2018/1724[67]. Como afirma a própria Comissão Europeia, o DGA

---

[67] UNIÃO EUROPEIA. *Regulamento (UE) 2022/868 do Parlamento Europeu e do Conselho da União Europeia*. Disponível em: https://eur-lex.europa.eu/legal-content/PT/TXT/HTML/?uri=CELEX:32022R0868. Acesso em: 09.07.2023.

está incluído na Estratégia Europeia para os Dados ao lado de outras propostas e textos centrais, como o *Data Act*, e objetiva "potencializar a confiabilidade no compartilhamento de dados (*data sharing*) e fortalecer os mecanismos de disponibilização dos dados e superar obstáculos técnicos para o reúso dos dados"[68].

O DGA reconhece que regras partilhadas e comuns sobre a governança dos dados são fundamentais para o objetivo máximo do Tratado sobre o Funcionamento da União Europeia: a criação de um mercado interno e de um sistema que assegura a concorrência nesse mercado não seja falseada. Reconhece (Considerando (2)) que os dados estão no centro da transformação recente da economia e da sociedade, de modo que a economia de dados deve ser desenvolvida de forma inclusiva e que permita o desenvolvimento de pequenas e médias empresas e *startups*. Preconiza, então, o desenvolvimento de um fluxo de dados livre e seguro entre os países, com a criação de espaços comuns europeus de dados.

De forma clara, o DGA se posiciona ao estabelecer que os dados abrangidos por suas disposições, ainda que detidos pelo Poder Público, não são os dados abertos regulados pela Diretiva 2019/1024 (Considerando (10)). Sua preocupação é distinta e está afeta a potencializar o *data sharing* e a reutilização de dados excluídos da aplicação da Diretiva 2019/1024, como os dados comerciais confidenciais, os dados de confidencialidade estatística, os dados associados aos direitos de propriedade de terceiros, segredos comerciais e dados pessoais. O DGA reconhece a existência de um potencial reprimido no compartilhamento de todos esses dados, em que pesem existam técnicas capazes de viabilizar o *data sharing* com segurança (Considerandos (6), (7), (8)).

Inclusive, o DGA determina que, para facilitar a proteção dos dados pessoais e dos dados confidenciais e de acelerar o processo de disponibilização desses dados para reutilização ao abrigo do presente regulamento, os Estados-Membros deverão incentivar os órgãos do setor público a criarem e disponibilizarem os dados em conformidade com o princípio de abertura por padrão, bem como promover a criação e aquisição de dados em formatos e estruturas que facilitem a anonimização (Considerando (9)).

Como visto em documentos dessa natureza, o artigo 1º do DGA define seu objeto e âmbito de aplicação, de modo que estabelece: "a) Condições para a reutilização, na União, de determinadas categorias de dados detidos por organismos do setor público; b) Um regime de notificação e supervisão para a prestação de serviços de intermediação de dados; c) Um regime para o registo voluntário das entidades que recolhem e tratam dados disponibilizados para fins altruístas; e d) Um regime para a criação de um Comité Europeu da Inovação de Dados". Mantém a aplicação plena da *General Data Protection Regulation* de 2016 para todos os dados pessoais tratados no âmbito do DGA (art. 1º, n. 3), inclusive sem criar ou modificar quaisquer bases legais estabelecidas na legislação de proteção de dados.

---

[68] COMISSÃO EUROPEIA. *European Data Governance Act*. Disponível em: https://digital-strategy.ec.europa.eu/en/policies/data-governance-act. Acesso em: 9 jul. 2023.

Mais uma vez excluindo os dados abertos previstos pela Diretiva 2019/1024 de sua aplicação, o Capítulo II do DGA trata da reutilização de dados protegidos (não dados abertos para o conceito da Diretiva 2019/1024) que estão sob posse do Poder Público, ou seja, "dados detidos por organismos do setor público e protegidos por motivos de: a) Confidencialidade comercial, nomeadamente segredos comerciais, profissionais e empresariais; b) Confidencialidade estatística; c) Proteção dos direitos de propriedade intelectual de terceiros; ou d) Proteção dos dados pessoais, na medida em que os dados em causa não sejam abrangidos pelo âmbito de aplicação da Diretiva (UE) 2019/1024" (art. 3º, n. 1). Dentre estes, estão excluídos os listados no Item 2 do artigo 3º[69].

Pensando no objetivo máximo de promover o mercado interno, preservando a concorrência, de modo similar ao que fazem as Diretivas 2003/98/CE e 2019/1024 em seus respectivos âmbitos de aplicação, o DGA proíbe "acordos ou outras práticas que digam respeito à reutilização de dados detidos por organismos do setor público que incluam categorias de dados referidas no artigo 3º, n. 1, e que concedam direitos exclusivos ou tenham por objeto ou efeito conceder direitos exclusivos ou restringir a disponibilidade dos dados para reutilização por entidades que não sejam partes nesses acordos ou outras práticas" (art. 4º). Essa regra contém exceções, podendo o direito exclusivo de reutilização dos dados cobertos pelo DGA ser indispensável para a prestação de um serviço público ou para o fornecimento de um produto de interesse geral que depende necessariamente de tal exclusividade (n. 2), caso em que a exclusividade será feita por ato administrativo e em prazo não superior a 12 meses (n. 3 e 4).

À similitude do que é feito com os dados abertos tratados pela Diretiva 2019/1024, o artigo 5º do DGA estabelece condições mínimas para reutilização dos dados confidenciais, protegidos por propriedade intelectual e dados pessoais. É esperado que tais condições sejam comunicadas publicamente, inclusive por meio de um ponto de informação único (art. 8º)[70]. As condições estabelecidas devem ser "não discriminatórias, transparentes, proporcionadas e objetivamente justificadas no que respeita às categorias de dados, às finalidades da reutilização e à natureza dos dados cuja reutilização é permitida. Essas condições não podem ser utilizadas para restringir a concorrência" (art. 5º, n. 2).

---

[69] O presente capítulo não se aplica a: a) Dados detidos por empresas públicas; b) Dados detidos por empresas de radiodifusão de serviço público e suas filiais e por outros organismos ou suas filiais com vista ao cumprimento das suas funções de radiodifusão de serviço público; c) Dados detidos por instituições culturais e estabelecimentos de ensino; d) Dados detidos por organismos do setor público e protegidos por razões de segurança pública, defesa ou segurança nacional; ou e) Dados cujo fornecimento seja uma atividade fora do âmbito das missões de serviço público dos organismos do setor público em causa, tal como definidas no direito ou noutras regras vinculativas do Estado-Membro em causa ou, na ausência de tais regras, tal como definidas de acordo com a prática administrativa corrente nesse Estado-Membro, desde que o âmbito das missões de serviço público seja transparente e esteja sujeito a reapreciação.

[70] Esta ideia fica clara ao se verificar que os países mantêm portais únicos e concentrados sobre os critérios acerca da reutilização dos dados abertos ou com restrições. Ver, por exemplo, a lista disposta no início do item 2.2.3. deste Manual.

De forma diametralmente oposta à regra estabelecida para os dados abertos na Diretiva 2019/1024, a regra do DGA, justamente em razão da natureza dos dados de seu âmbito, é a permissão ordinária pela cobrança de valores para a reutilização (art. 6º, n. 1). Ainda assim, as cobranças devem ser "transparentes, não discriminatórias, proporcionadas e objetivamente justificadas e não podem restringir a concorrência" (n. 2). No DGA, também não se espera que as cobranças sejam lucrativas para o Poder Público, de modo que as cobranças estão limitadas aos custos necessários relativos a "a) Reprodução, fornecimento e divulgação de dados; b) Aquisição de direitos; c) Anonimização ou outras formas de preparação de dados pessoais e comercialmente confidenciais nos termos do art. 5º, n. 3; d) Manutenção do ambiente de tratamento seguro; e) Aquisição, junto de terceiros fora do setor público, do direito de permitir a reutilização nos termos do presente capítulo; e f) Apoio aos reutilizadores na obtenção do consentimento dos titulares dos dados e da autorização dos detentores dos dados cujos direitos e interesses possam ser afetados pela reutilização" (n. 5).

Na sequência, vale menção à regulação específica para serviços de intermediação de dados (Capítulo III). Esses serviços são definidos como serviços que visam "estabelecer relações comerciais para efeitos de partilha de dados entre um número indeterminado de titulares dos dados e detentores dos dados, por um lado, e utilizadores de dados, por outro, através de meios técnicos, jurídicos ou outros, inclusive para o exercício dos direitos dos titulares dos dados em relação aos dados pessoais" (art. 2º, n. 11). Traz uma série de obrigações a serem observadas, em especial nos artigos 11 e 12.

Também, de forma interessante, o DGA assenta a dinâmica do chamado altruísmo de dados (art. 2º, n. 16) pelo qual, essencialmente, há a partilha voluntária de dados pelo consentimento dos titulares, sem qualquer gratificação, para que os dados sejam utilizados em prol de situações de interesse geral, como cuidados de saúde, luta contra as alterações climáticas, melhoria da mobilidade e a melhoria da prestação de serviços públicos. No Capítulo IV, o conceito é regulado em maior nível de detalhe, sendo estabelecido que os Estados-Membros poderão dispor de mecanismos para facilitar o altruísmo de dados (art. 16), inclusive com a manutenção de um registro nacional público de organizações de altruísmo de dados reconhecidas (art. 17, n. 1), as quais devem respeitar os requisitos do artigo 18, quais sejam: realizar atividades de altruísmo de dados, ser uma pessoa jurídica estabelecida conforme a lei e com os objetivos de atendimento aos interesses gerais, operar sem fins lucrativos, realizar o altruísmo de dados por meio de uma estrutura que seja funcionalmente distinta de suas outras atividades e estar de acordo com o DGA.

Ainda, digna de nota, é a criação do Comitê Europeu da Inovação de Dados (art. 29) com a composição plural e técnica dos vários membros da União Europeia. Entre as atribuições do Comitê estão: (i) aconselhar e assistir à Comissão Europeia sobre o uso dos dados relacionados ao DGA, (ii) aconselhar e assistir à Comissão Europeia sobre as práticas de altruísmo de dados, (iii) aconselhar e assistir à Comissão Europeia sobre os serviços de intermediação de dados e (iv) propor orientações para os espaços comuns europeus de dados (art. 30).

O *Data Act* (DA), por sua vez, representa a segunda principal iniciativa legislativa desde que a União Europeia estabeleceu, em fevereiro de 2020, a referida Estratégia Europeia para os Dados. Proposto em fevereiro de 2022[71], o *Data Act* foi aprovado em 14 de março de 2023[72] e traz, a exemplo dos demais documentos já estudados, uma série de previsões interessantes.

Já em seus Considerandos, reconhece que as tecnologias baseadas em dados tiveram efeitos transformadores em todos os setores da economia (Considerando (1)) e que obstáculos ao compartilhamento de dados (*data sharing*) impedem a melhor distribuição de dados em prol de toda a sociedade, como a ausência de incentivos para que os detentores de dados celebrem acordos para compartilhamento de dados, insegurança jurídica quanto aos direitos e obrigações, o valor econômico dos bancos de dados, o elevado grau de fragmentação, entre outros (Considerando (2)). Assim, a fim de buscar a unidade do mercado europeu, o DA reitera a necessidade de se estabelecer um quadro harmonizado que especifique quem tem direito de acessar aos dados coletados ou obtidos de qualquer outra forma gerados por produtos conectados (Considerando (4)). Como faz o DGA e as Diretivas mencionadas, o *Data Act* preserva a proteção de dados pessoais conforme regulação própria da *General Data Protection Regulation* (Considerandos (8) e (9)).

O DA propõe, então, a harmonização de regras aplicadas, especialmente, a produtos conectados e serviços conexos (art. 2º, n. 2 e 3), ou seja, de uma maneira geral, a soluções tecnológicas que coletam e transmitem dados (pessoais ou não), sobre cláusulas contratuais equitativas para acordos de compartilhamento de dados, sobre a disponibilização de dados a órgãos do Poder Público em caso de necessidade excepcional de interesse público, e sobre medidas para o desenvolvimento de normas de interoperabilidade para transferência e utilização de dados.

2.2.4 Estados Unidos da América

Seguindo a referência às experiências estrangeiras sobre dados abertos, o contexto norte-americano também é emblemático e o seu portal de dados abertos (Data.gov) pode ser facilmente consultado (https://data.gov)[73]. O portal é elogiável pela quantidade de bancos de dados disponíveis e acessíveis no catálogo do portal: mais de 240.000[74].

---

[71] UNIÃO EUROPEIA. *Data Act: commission proposes measures for a fair and innovative data economy*. Disponível em: https://ec.europa.eu/commission/presscorner/detail/en/ip_22_1113. Acesso em: 9 jul. 2023.
[72] PARLAMENTO EUROPEU. *Data Act*. Disponível em: https://www.europarl.europa.eu/doceo/document/TA-9-2023-0069_PT.pdf. Acesso em: 9 jul. 2023.
[73] ESTADOS UNIDOS DA AMÉRICA. *Data.gov*. Disponível em: https://data.gov. Acesso em: 9 jul. 2023.
[74] ESTADOS UNIDOS DA AMÉRICA. *Data.gov*. Disponível em: https://catalog.data.gov/dataset?q=&sort=views_recent+desc. Acesso em: 9 jul. 2023.

Em termos cronológicos, além do País ter sido o berço de muitas ideias sobre o *Open Government* como tratado anteriormente, em janeiro de 2009, foi emitido Memorando da Presidência do País assinado por Barack Obama, então presidente, intitulado *Memorandum on Transparency and Open Government* endereçado para os chefes do Executivo e agências públicas[75].

Nela, o presidente Barack Obama afirma que sua administração estava comprometida em criar um nível sem precedentes de abertura governamental, por meio de trabalhos colaborativos para garantir a confiabilidade pública e estabelecer um sistema de transparência, participação pública e colaboração, já que a abertura seria capaz de fortalecer a democracia e promover a eficiência e efetividade governamental[76].

Segundo o documento, o governo deve ser transparente, participativo e colaborativo. Entende que a transparência promove a prestação de contas e reafirma que as informações detidas pelo governo devem ser consideradas um ativo da nação, de modo que a Administração Pública norte-americana tomaria ações para disponibilizar as informações de forma que o público possa encontrá-las e reusá-las facilmente[77].

Em maio de 2009, a *General Services Administration*, agência independente do governo norte-americano, lançou o portal Data.gov, que tem sido alimentado pelos órgãos públicos federais, estaduais e municipais desde então. Além do compromisso assumido no referido Memorando, essa alimentação foi especialmente potencializada pela *Open Government Directive* (*Memorandum for the Heads of Executive Departments and Agencies*), emitida em dezembro de 2009, que consolidou as providências determinadas no Memorando da Presidência[78].

2.2.4.1 *Open Government Directive*

A *Open Government Directive* estabeleceu que os princípios da transparência, da participação e da colaboração formam a base fundamental do *Open Government*. Segundo o documento, a transparência promove a prestação de contas governamental, fornecendo as informações sobre as atividades do governo. A participação viabiliza que os cidadãos contribuam com ideias e *expertise* de modo que o governo possa desenvolver políticas públicas considerando as informações distribuídas pela sociedade. A colaboração, por sua vez, promove a efetividade do governo, encorajando parcerias e cooperações pelos diversos níveis de governo e com a iniciativa privada[79].

---

[75] ESTADOS UNIDOS DA AMÉRICA. *Memorandum on Transparency and Open Government*. Disponível em: https://www.archives.gov/files/cui/documents/2009-WH-memo-on-transparency-and-open-government.pdf. Acesso em: 9 jul. 2023.

[76] Ibidem.

[77] Ibidem.

[78] ESTADOS UNIDOS DA AMÉRICA. *Open Government Directive*. Disponível em: https://obamawhitehouse.archives.gov/sites/default/files/omb/assets/memoranda_2010/m10-06.pdf. Acesso em: 9 jul. 2023.

[79] Idem, p. 1.

Capítulo 2 • Dados Abertos

O documento determinou um cronograma de evolução e implementação da abertura pelos departamentos e agências do Poder Executivo norte-americano, por meio de quatro eixos principais: (i) a disponibilização dos dados e informações governamentais de forma *online*; (ii) o aprimoramento da qualidade dos dados e informações tratados pelo governo norte-americano; (iii) a criação e a institucionalização de uma cultura de *Open Government*; e (iv) o desenvolvimento de um *framework* (sistema de elementos correlacionados) para a implementação do *Open Government*[80].

No primeiro eixo (disponibilização dos dados e informações governamentais de forma *online*), determinou que todas as agências deveriam observar a presunção de que os dados são abertos e deveriam disponibilizá-los de forma *online* e da forma mais rápida possível. Inclusive, determinou de forma expressa que a alta demanda dos serviços não é suficiente para justificar atrasos. Contemplou, assim, os princípios de presunção de abertura, disponibilidade *online* e atualidade[81].

Determinou, também, que os dados fossem disponibilizados em formato aberto que pudesse ser salvo, indexado e buscado por ferramentas comuns, inclusive de modo a permitir a processabilidade por sistemas e sem restrições, não razoáveis, à reutilização dos dados abertos. Assim, também reconheceu os princípios da acessibilidade, da possibilidade de processamento por sistema e ausência de propriedade sobre os formatos[82].

No segundo eixo (aprimoramento da qualidade dos dados e informações tratados pelo governo norte-americano), determinou que as agências aprimorassem a qualidade dos dados utilizados e disponibilizados, focando justamente na relação que essa qualidade tem com a utilidade dos dados abertos, recomendando os padrões informacionais de qualidade adotados pelo governo norte-americano na oportunidade[83].

No terceiro eixo (criação e institucionalização de uma cultura de *Open Government*), determinou que as lideranças incorporassem os valores de transparência, participação e colaboração em todos os projetos em curso e novos. Reconheceu que a cultura de *Open Government* tem perfil multidisciplinar, envolvendo as áreas de governança, jurídica, compras, financeira e tecnologia da informação. Determinou, ainda, a criação de grupos de trabalho dedicados a promover ações específicas em prol do *Open Government*, como a promoção de fóruns de discussão, a coordenação de esforços e espaços de debates para inovação[84].

Por fim, no quarto último eixo (o desenvolvimento de um *framework* para a implementação do *Open Government*), o documento também reconheceu a relevância das novas formas de comunicação com a população, determinando que as novas tecnologias fossem avaliadas para aprimorar os processos.

---

[80] Ibidem.
[81] Idem, p. 2.
[82] Ibidem.
[83] Idem, p. 3.
[84] Idem, p. 4-5.

2.2.4.2 Executive Order de 2013

Em 2013, a Presidência dos Estados Unidos emitiu a *Executive Order – Making Open and Machine Readable the New Default for Government Information*[85], cujo título é, de certa forma, autoexplicativo.

Na Seção 1 – Princípios Gerais, reconhece que disponibilizar os dados de forma fácil de achar, acessível e reutilizável é um benefício vital do *Open Government* e isso pode alimentar as atividades empresariais, a inovação e as descobertas científicas, melhorando a vida da população e contribuindo de forma significativa com a criação de empregos. Nesse sentido, claramente reafirmando o princípio do processamento por sistemas, estabelece que o padrão governamental é que os dados devem ser abertos e processáveis por sistemas. Cabendo às agências, dentro dos seus escopos institucionais, resguardarem a privacidade individual, a confidencialidade e a segurança nacional (reafirmando parâmetros legítimos de não abertura de dados utilizados pelo Estado).

Nas demais Seções, reconhece que deve ser desenvolvida e implementada a Política de Dados Abertos (*Open Data Policy*) de modo a avançar com o tratamento e disponibilização dos dados abertos para concretização dos parâmetros estabelecidos no Memorando da Presidência em 2009.

2.2.4.3 Política de Dados Abertos (*Open Data Policy*) de 2013

Seguindo o determinado na referida *Executive Order*, em maio de 2013, o governo federal norte-americano estabeleceu e disponibilizou sua Política de Dados Abertos (*Open Data Policy*)[86] que, de início, reconheceu que os dados são um recurso nacional valioso e um ativo estratégico para o governo, seus parceiros e toda sociedade, de modo que as agências governamentais deveriam promover a abertura e a interoperabilidade dos dados. Nesse sentido, a Política de Dados Abertos criou um *framework* para auxiliar a institucionalização dos princípios que orientam a disponibilização de dados abertos pelo governo norte-americano.

De forma consistente, trouxe definições importantes (I)[87]. Por exemplo, define (i) "dados" (*data*) como qualquer informação estruturada, ao contrário de informações desestruturadas como *conteúdos*; (ii) "bancos de dados" (*datasets*) como a coleção ou reunião de dados apresentados em formato tabular (com colunas e campos preenchidos) ou não; (iii) "informações governamentais" (*Government information*) como todos os dados criados, coletados, processados, disseminados ou eliminados pelo Governo Federal dos Estados Unidos; (iv) "informação" (*information*) como qualquer comunicação ou represen-

---

[85] ESTADOS UNIDOS DA AMÉRICA. *Executive Order – Making Open and Machine Readable the New Default for Government Information*. Disponível em: https://obamawhitehouse.archives.gov/the-press-office/2013/05/09/executive-order-making-open-and-machine-readable-new-default-government-. Acesso em: 9 jul. 2023.

[86] ESTADOS UNIDOS DA AMÉRICA. *Open Data Policy – Managing Information as an Asset*. Disponível em: https://www.whitehouse.gov/wp-content/uploads/legacy_drupal_files/omb/memoranda/2013/m-13-13.pdf. Acesso em: 9 jul. 2023.

[87] Idem, p. 4-5.

tação do conhecimento como fatos, dados, opiniões, em formatos textuais, numéricos, gráficos, cartográficos, de narrativa ou audiovisuais; (v) "informação pessoalmente identificável" (*personally identifiable information*) como informações que podem ser usadas para distinguir ou traçar identidades dos indivíduos, seja de forma isolada ou conjunta com outras informações; (vi) "efeito mosaico" (*mosaic effect*), como a situação em que a informação em um banco de dados isolado não implica a identificação do indivíduo ou ameaça algum importante interesse seu (como segurança), mas, se combinada com outros bancos de dados, pode gerar tais riscos de identificação ou prejudicar especiais interesses dos indivíduos. Neste último caso, a Política recomenda que as agências, ao disponibilizar dados pessoais, sempre avaliem os demais dados existentes disponíveis e quais as chances de identificar os indivíduos ou gerar riscos (causando o *efeito mosaico*).

Seguindo, de forma importante, definiu o que considera "dados abertos" (*open data*) como dados publicamente acessíveis, estruturados de forma que os dados sejam completamente conhecidos e utilizáveis pelos usuários finais. De forma alinhada com os princípios já analisados neste *Manual*, a Política de Dados Abertos norte-americana determina que os seguintes princípios sejam seguidos[88].

Pelo princípio da publicidade (*public data*), a Política determinou que as agências públicas norte-americanas deveriam adotar a presunção a favor da abertura dos dados, observados os limites excepcionais previstos em lei relacionados à privacidade, à confidencialidade, à segurança e a outras restrições válidas.

Pelo princípio da acessibilidade (*accessible data*), os dados abertos deveriam ser disponibilizados em formatos convenientes, modificáveis e abertos, permitindo que os dados sejam recuperados, salvos, indexados e buscados de forma livre. Os formatos deveriam ser processáveis por sistemas, o que pode ser possível como estruturações razoáveis. Além disso, as estruturas adotadas não deveriam estar em formatos que impliquem discriminações em prejuízo de determinadas pessoas ou grupos. Por fim, os dados deveriam estar disponíveis para o maior alcance possível de usuários e finalidades, inclusive com a disponibilização em diferentes formatos, bem como os formatos deveriam ser, dentro do permitido pela legislação, não proprietários, publicamente acessíveis e sem restrições de reutilização.

Pelo princípio da descritibilidade (*described data*), os dados abertos devem ser descritos e dispostos de forma completa de forma que os consumidores desses dados tenham informações suficientes para entender os potenciais de uso dos dados, eventuais fragilidades, limitações analíticas, requisitos de segurança e a melhor forma de processá-los. Para tanto, o documento incentiva a adoção de conjuntos robustos e granulares (alto nível de detalhe) de metadata (por exemplo, com campos ou elementos detalhando os dados disponíveis), dicionários de dados que os expliquem e, se aplicável, sugestões de como podem ser coletados e reutilizados.

---

[88] Idem, p. 5.

Pelo princípio da reutilização (*reusable data*), os dados abertos devem ser disponibilizados sob licença livre e sem restrições desarrazoáveis que impeçam seu reúso.

Pelo princípio da completude (*complete data*), o documento determina que os dados sejam disponibilizados em suas formas primárias, ou seja, igual ou o mais próximo possível da forma original como são coletados, com o maior nível possível de granularidade permitida pelas melhores práticas e normas legais aplicáveis. Dados agregados ou derivados podem ser publicados, mas devem ser disponibilizados em referência aos dados primários.

Pelo princípio da atualidade (*timely data*), os dados abertos devem ser disponibilizados da forma mais rápida possível necessária para preservar o valor das informações, que podem ser extraídas deles. Em outras palavras, demoras desarrazoadas devem ser evitadas, sob pena da desatualização, ainda que mínima, venha a comprometer a qualidade dos dados disponibilizados.

Por fim, o documento estabelece o interessante princípio de gerenciamento após lançamento (*managed post-release*), segundo o qual o órgão governamental deve estabelecer um ponto de contato para auxiliar quem for utilizar os dados e, também, para receber reclamações e sugestões de melhoria.

A Política de Dados Abertos norte-americana, além disso, também distribui uma série de recomendações a serem consideradas pelos órgãos governamentais em 5 grupos principais[89]: (i) a coleta e criação de informação que potencialize a disseminação das atividades, com o uso de dados em formatos abertos e processáveis por sistemas, dentro de padrões esperados, com fontes abertas e a disponibilização de metadados; (ii) o desenvolvimento de sistemas e formatos que permitam e potencializem a interoperabilidade; (iii) a adoção de medidas de governança que forneçam suporte ao desenvolvimento da abertura dos dados de forma adequada, como a criação e manutenção de inventário de dados de forma alinhada com a restrição de cada um, o desenvolvimento de lista de dados e bases de dados, mecanismos que engajem a sociedade na melhoria de procedimentos de disponibilização de dados abertos em coparticipação, e a definição clara de papéis e responsabilidades associada à disponibilização dos dados; (iv) o fortalecimento de medidas para garantir altos níveis de privacidade, proteção de dados pessoais e confidencialidade, se aplicáveis; e (v) a incorporação da interoperabilidade e abertura nas atividades do próprio órgão.

2.2.4.4 *Open Government Data* de 2019

Em 2019, foi aprovado e publicado o *Open Government Act* ou o *Open, Electronic, and Necessary Government Data Act*, em alteração ao *United States Code*, consolidando em lei as políticas antes desenvolvidas[90].

---

[89] Idem, p. 6-11.
[90] ESTADOS UNIDOS DA AMÉRICA. *Open Government Data*. Disponível em: https://www.congress.gov/115/plaws/publ435/PLAW-115publ435.pdf. Acesso em: 9 jul. 2023.

Como esperado, traz definições bem relevantes, definindo (i) *data* (dado ou dados) como qualquer informação registrada ou gravada, independentemente de sua forma ou onde está salvo; (ii) *data asset* (ativo de dados) como a coleta ou processamento de elementos de dados ou bancos de dados que podem ser agrupados de forma conjunta; (iii) *machine-readable* (processável por sistema) significa a disponibilização dos dados em formato que pode ser facilmente processado por sistema ou computador sem a intervenção humana sem a perda de semântica (definição muito interessante e bem menos etérea do que a simples menção do termo em outros documentos); (iv) *metadata* (metadados) significa informações descritivas e estruturais sobre os dados como indicações de seu conteúdo, seu formato, sua fonte e origem, seus direitos, precisão, frequência e periodicidade de coleta e disponibilização, nível de granularidade (detalhe), responsável pela gestão e disponibilidade, contatos dos responsáveis, metodologia de coleta e outras descrições; (v) *open Government data asset* (ativo de dados abertos governamentais) significa um conjunto público de dados agrupados que é processável por sistema, disponível em formato aberto, sem restrições (além de propriedades intelectuais e outras que possam impedir a reutilização dos dados), mantidos de acordo com os padrões de abertura de dados; (vi) *open license* (licença aberta ou livre) significa a garantia de que o *data asset* público é disponibilizado sem custos para o público e sem restrições para cópia, redisponibilização, distribuição, transmissão, menção ou citação, e adaptação; e (vi) *public asset data* (ativos de dados públicos) significa um grupo de dados ou parte de um grupo de dados mantido pelo governo federal norte-americano que tem sido ou foi disponibilizado ao público.

O documento também traz algumas determinações dignas de nota e que são alinhadas com a Política de Dados Abertos norte-americana que é aplicada desde 2013. Determina que cada órgão público federal (nomeado no documento como agência), adote um plano estratégico para desenvolver os ideais do *Open Government*[91]. Determina também que cada órgão mantenha um inventário detalhado de todos os seus grupos de dados com uma série de detalhes de governança que vão viabilizar a implementação dos mesmos ideais. É de se destacar, ainda, a determinação para criação de uma única interface pública de acesso com todos os dados disponíveis.

Cada órgão deve designar também um *Chief Data Officer* com uma série de funções importantes, como (i) fazer a gestão dos ciclos de dados utilizados e disponibilizados pelo órgão; (ii) coordenar os trabalhos dos responsáveis pela tarefa no órgão; (iii) gerenciar bancos de dados e ativos de dados de controle e gestão do órgão, o que inclui assegurar a padronização dos formatos, garantir a disponibilização dos dados de acordo com a legislação aplicável, atender aos requerimento de esclarecimento e melhoria; (iv) engajar os profissionais do órgão no tema; (v) revisar os impactos na infraestrutura do órgão e coordenar trabalhos nesse sentido com o *Chief Information Officer*.

---

[91] Um dos exemplos bem interessantes de consulta é o *Open Government Plan* da *Federal Trade Commission*, que já conta com sua segunda versão de 2020. Disponível em: https://www.ftc.gov/system/files/attachments/open-government/2020_ftc_open_government_plan.pdf. Acesso em: 9 jul. 2023.

2.2.5 Canadá

O Canadá, de forma similar, também possui sua Diretiva para o *Open Government* que passou a valer em 2014[92]. Diferentemente da política norte-americana, aplicável a todos os órgãos ou agências do governo federal, a Diretiva é aplicada a todos os órgãos submetidos ao *Financial Administration Act* canadense[93], sem prejuízo, mesmo aqueles órgãos que não submetidos a essa legislação, são encorajados a adotar as orientações da Diretiva.

O documento reforça o compromisso do Canadá com as diretrizes do *Open Government Data*, especialmente considerando os pilares de transparência e *accountability* enfatizados pela Diretiva, os quais têm base no *Access to Information Act* de 1893. Como objetivo, estabelece que tem como finalidade maximizar a disponibilização de informações e dados do Estado em razão do valor de negócio dessas informações para a transparência, prestação de contas, participação social e para os benefícios socioeconômicos derivados do reúso dos dados.

A Diretiva também traz definições interessantes em seu Apêndice A[94]. Define (i) *data* (dado ou dados) como a reinterpretação de informações de uma forma capaz de comunicação, interpretação ou tratamento; (ii) *inventory* (inventário) como uma lista detalhada que descreve o volume, escopo e complexidade das fontes de informação de cada departamento público; (iii) *machine-readable* (processamento por sistema) como uma forma pela qual os dados podem ser utilizados e entendidos por computadores e sistemas; e (iv) *open data* (dados abertos) como dados estruturados processáveis por sistemas, compartilhados livremente, usados e desenvolvidos sem restrições.

Além destes, parece importante destacar três definições sobre pontos que nem sempre estão documentados em textos normativos e, justamente por isso, dignos de nota. Define de forma muito interessante a ideia do *open government* como uma *cultura* a ser seguida e que tem na sua essência a premissa de que a sociedade tem direito de acesso sobre documentos e procedimentos do Estado para potencializar a abertura dessas informações, a prestação de contas e a própria participação social. Igualmente, é relevante a definição normativa de *informações estruturadas e informações não estruturadas* que são conceitos muito técnicos, mas de grande utilidade. A Diretiva define informações estruturadas como dados digitais que estão em campos fixos e definidos em um determinado repositório. Já as informações não estruturadas seriam aquelas criadas em forma de texto livre sem qualquer organização em campos específicos, como o que ocorre em textos corridos, *e-mails* e apresentações visuais.

---

[92] CANADÁ. *Directive on Open Government*. Disponível em: https://www.tbs-sct.canada.ca/pol/doc-eng.aspx?id=28108. Acesso em: 9 jul. 2023.

[93] Idem. *Financial Administration Act*. Disponível em: https://laws-lois.justice.gc.ca/eng/acts/f-11/. Acesso em: 9 jul. 2023.

[94] CANADÁ. *Directive on Open Government*. Disponível em: https://www.tbs-sct.canada.ca/pol/doc-eng.aspx?id=28108. Acesso em: 9 jul. 2023.

No mais, determina que todos os departamentos públicos submetidos à Diretiva irão desenvolver anualmente um *Open Government Implementation Plan* para adotar as práticas esperadas do *Open Government*. Os bancos de dados disponíveis podem ser identificados no portal https://open.canada.ca/en.

2.2.6 México

Dando sequência aos exemplos do tema em cenário estrangeiro, o México também conta com sua *Política de Transparencia, Gobierno Abierto y Datos Abiertos de la Administración Pública Federal 2021-2024*[95], segundo a qual tem por objetivo conduzir as ações do governo federal mexicano em relação a transparência, abertura governamental e dados abertos de modo holístico e integrado.

A Política está em alinhamento com as leis de transparência do País, com destaque para a *Ley General de Transparencia y Acceso a la Información Pública*[96] e a *Ley Federal de Transparencia y Acceso a la Información Pública*[97], que disciplinam a transparência das atividades da Administração Pública e, por isso, respaldam a legalidade de disponibilização e aproveitamento dos dados tidos por abertos.

2.2.7 Argentina

No contexto da América do Sul, a Argentina também é um bom exemplo, tendo marcos legais importantes e cujas maiores informações podem ser consultadas em portal específico com esse fim: https://www.argentina.gob.ar/datos-abiertos[98].

Destaca-se a *Ley n. 27.275/2016*, que estabelece o direito de acesso à informação pública[99]. Entre os princípios (art. 1º), cumpre sinalizar (i) a presunção de publicidade, de modo que toda informação no poder do Estado se presume pública, salvo exceções da própria lei; (ii) o princípio de máximo acesso, segundo o qual, de forma alinhada aos parâmetros de disponibilidade dos dados abertos, os dados devem ser dispostos de forma aberta e no maior nível de desagregação ou detalhe possível; (iii) a ideia de abertura, de modo que os dados devem ser acessíveis em formato eletrônico aberto que facilitem o processamento por sistemas; (iv) a regra interessantíssima da desassociação no sentido de que, ainda que existam informações protegidas por exceções (proteção de dados pessoais por exemplo), as outras não protegidas devem ser desassociadas e disponibilizadas; (v) a previsão de que as informações devem ser disponibilizadas de forma gratuita, desde que observadas situações específicas da lei; e

---

[95] MÉXICO. *Política de Transparencia, Gobierno Abierto y Datos Abiertos de la Administración Pública Federal 2021-2024*. Disponível em: https://cdn.datos.gob.mx/apps/guia/Politica_de_Transparencia_Gobierno_Abierto_y_Datos_Abiertos_de_la_APF_2021-2024.pdf. Acesso em: 9 jul. 2023.

[96] MÉXICO. *Ley General de Transparencia y Acceso a la Información Pública*.

[97] MÉXICO. *Ley Federal de Transparencia y Acceso a la Información Pública*.

[98] ARGENTINA. *Datos Abiertos*. Disponível em: https://www.argentina.gob.ar/datos-abiertos. Acesso em: 9 jul. 2023.

[99] ARGENTINA. *Ley n. 27.275 – Derecho de Acceso a la Información Pública*. Disponível em: http://servicios.infoleg.gob.ar/infolegInternet/anexos/265000-269999/265949/norma.htm. Acesso em: 9 jul. 2023.

(vi) a regra de interpretação de *in dubio pro solicitante* de modo que, em caso de dúvida sobre a possibilidade ou não de disponibilização da informação, deve-se dar a intepretação em favor do maior alcance ao direito da informação.

No artigo 2º, reconhece o direito de acesso à informação pública de forma ampla, compreendendo os direitos de buscar, acessar, solicitar, receber, copiar, analisar, reprocessar, reutilizar e redistribuir os dados abertos, salvo as exceções estabelecidas do artigo 8º, entre elas: informações confidenciais ou secretas, informações que podem pôr em risco os sistema financeiro ou bancário, segredos comerciais, industriais, científicos ou profissionais, e dados pessoais.

2.2.8 Chile

Em relação ao Chile, o País também possui portal dedicado ao tema com muitas informações relevantes, acessível em: https://datos.gob.cl[100].

Como principal normativa, cumpre mencionar o *Guía Técnica para Publicación de Datos Abiertos em Chile – Versión 2.1* de 2013[101]. Neste, o Chile reconhece que os dados abertos são um conceito e uma iniciativa adotada pelo mundo em que se propõe a disponibilização dos dados que os Estados têm em seu poder de modo que eles possam ser utilizados pela sociedade. O documento é extremamente detalhado e vale a leitura.

2.2.9 Uruguai

De forma similar, o Uruguai tem sua *Ley sobre el Derecho de Acceso a la Informacion Publica n. 18.381* de 2008[102] e seu portal de dados abertos em https://www.gub.uy/datos-abiertos[103].

A Lei, até por sua data, é mais focada na transparência das informações públicas do que nas ideias técnicas associadas ao reaproveitamento de dados abertos, mas nem por isso deixa de ser um marco legal fundamental no País. Como estabelece seu artigo 1º, a lei "tem por objeto promover a transparência da função administrativa de todo órgão público e garantir o direito fundamental das pessoas ao acesso à informação pública"[104].

Considera como informação pública, toda informação (incluindo por interpretação sua matéria-prima, os dados) que seja gerada pelo Estado ou esteja em sua posse, excepcionadas as informações sigilosas e confidenciais (art. 2º), conforme relação de

---

[100] CHILE. *Datos.gob*. Disponível em: https://datos.gob.cl. Acesso em: 9 jul. 2023.

[101] CHILE. *Guía Técnica para Publicación de Datos Abiertos em Chile – Versión 2.1*. Disponível em: https://s3.us-west-2.amazonaws.com/datos.gob.cl/GuiaTecnicaPublicacionDatosChile_v2-1.docx.pdf. Acesso em: 9 jul. 2023.

[102] URUGUAI. *Ley sobre el Derecho de Acceso a la Información Publica n. 18.381 de 2008*. Disponível em: https://www.impo.com.uy/bases/leyes/18381-2008. Acesso em: 9 jul. 2023.

[103] URUGUAI. *Datos Abiertos*. Disponível em: https://www.gub.uy/datos-abiertos. Acesso em: 9 jul. 2023.

[104] Idem. *Ley sobre el Derecho de Acceso a la Información Publica n. 18.381 de 2008*, tradução livre. Disponível em: https://www.impo.com.uy/bases/leyes/18381-2008. Acesso em: 9 jul. 2023.

informações reservadas (art. 9º). Como faz a Argentina, estabelece o direito de acesso à informação pública de forma ampla como o direito de todas as pessoas à informação pública sem qualquer discriminação ou necessidade de justificativa (art. 3º).

2.2.10 África

O continente africano também apresenta iniciativas distribuídas em seus muitos países, mas é muito válido citar a iniciativa *Open Data for Africa* do Banco Africano de Desenvolvimento[105]. O portal estabelece um rol extenso de informações e detalhes sobre os dados de cada região do continente, podendo ser utilizado dentro das premissas das diretrizes da utilização dos dados abertos.

2.2.11 Austrália

A Austrália conta também com seu portal específico de dados abertos (https://data.gov.au/[106]). Nele, conforme políticas do Governo Australiano, qualquer pessoa pode acessar dados públicos anonimizados pelos órgãos públicos nos seus mais variados níveis. Os dados são considerados "uma fonte nacional que possui valor considerável para o crescimento econômico, melhoria dos serviços e transformação dos resultados"[107].

2.2.12 Japão

Como último exemplo – dentre tantos outros que também teriam justiça na citação neste capítulo, o Japão tem também o seu portal e-Gov[108] com os dados abertos gerados ou em posse da Administração Pública.

2.3 DADOS ABERTOS NO BRASIL

2.3.1 Considerações iniciais

A legislação brasileira acompanha o cenário estrangeiro sobre a promoção dos dados abertos, destacando-se no País um conjunto normativo formado, especialmente, por quatro atos normativos principais: Lei de Acesso à Informação, Decreto Regulamentador da Lei de Acesso à Informação, Lei do Governo Digital e a Política de Dados Abertos do Poder Executivo Federal. Paralelamente, muitos órgãos da Administração Pública se destacam na disponibilização e regulação de dados abertos afetos a cada um dos seus contextos próprios, porém, valendo-se das premissas fundantes desse regime normativo.

Assim, tendo em vista o já pontuado no início deste capítulo que a matéria de proteção de dados pessoais tem relação direta com a regulação dos dados abertos no

---

[105] BANCO AFRICANO DE DESENVOLVIMENTO. *Open Data for Africa*. Disponível em: https://dataportal.opendataforafrica.org. Acesso em: 9 jul. 2023.

[106] AUSTRALIA. *Data.gov.au*. Disponível em: https://data.gov.au/. Acesso em: 9 jul. 2023.

[107] Ibidem.

[108] JAPÃO. *E-Gov*. Disponível em: https://data.e-gov.go.jp/info/en. Acesso em: 9 jul. 2023.

Brasil, passa-se a estudar os principais aspectos a esse respeito de tais marcos regulatórios e dos normativos setoriais.

2.3.2 Lei de Acesso à Informação – LAI

2.3.2.1 Aspectos introdutórios, aplicabilidade e diretrizes principais

A Lei de Acesso à Informação ou LAI (Lei Federal n. 12.527/2011)[109] é o principal marco legislativo e regulatório em relação à possibilidade de uso dos dados abertos no Brasil, sem contar seu escopo mais amplo e fundamental de conferir os mais elevados padrões de transparência para os órgãos do Estado brasileiro. É a principal lei contraponto à Lei Geral de Proteção de Dados Pessoais nessa dinâmica, formando ambas uma dupla simbiótica de essencial conhecimento de todos que trabalham com o tema, tendo o seu artigo 31, adiante detalhado, o grande ponto de intersecção dos temas.

A função da LAI é ser verdadeira *longa manus* do direito fundamental de acesso à informação pública estabelecida pela reunião das disposições da Constituição Federal em seu artigo 5º, XXXIII ("todos têm direito a receber dos órgãos públicos informações de seu interesse particular, ou de interesse coletivo ou geral, que serão prestadas no prazo da lei, sob pena de responsabilidade, ressalvadas aquelas cujo sigilo seja imprescindível à segurança da sociedade e do Estado;"), seu artigo 37, § 3º, II ("§ 3º A lei disciplinará as formas de participação do usuário na administração pública direta e indireta, regulando especialmente: [...] II – o acesso dos usuários a registros administrativos e a informações sobre atos de governo, observado o disposto no art. 5º, X e XXXIII;") e seu artigo 216, § 2º ("§ 2º Cabem à administração pública, na forma da lei, a gestão da documentação governamental e as providências para franquear sua consulta a quantos dela necessitem"). Como estabelece o Supremo Tribunal Federal, "A Constituição da República estabelece a publicidade como princípio da Administração Pública e o direito fundamental à informação de interesse particular, coletivo ou geral, em seu inc. XXXIII do art. 5º"[110]. A LAI inicia a abordagem procedimental que confere aplicabilidade prática a tal garantia.

A LAI, então, confere – ao lado dos demais marcos regulatórios que serão tratados – o verdadeiro gatilho de efetividade do direito constitucional de acesso à informação. Em outra faceta, configura marco base e fundamental da razão de abertura dos dados gerados ou em posse do Estado brasileiro. É a pedra base em âmbito infraconstitucional da estrutura dos processos e necessidades para assegurar a transparência pública.

Para tanto, é aplicável a todos os "órgãos públicos integrantes da administração direta dos Poderes Executivo, Legislativo, incluindo as Cortes de Contas, e Judiciário e do Ministério Público" (Art. 1º, p. único, I) e às "autarquias as fundações públicas, as empre-

---

[109] BRASIL. *Lei Federal n. 12.527/2011 – Lei de Acesso à Informação*. Disponível em: https://www.planalto.gov.br/ccivil_03/_ato2011-2014/2011/lei/l12527.htm. Acesso em: 3 set. 2023.
[110] STF, Tribunal Pleno, ADPF n. 872, Min. Rel. Carmen Lúcia, j. 15.08.2023, pub. 28.08.2023.

sas públicas, as sociedades de economia mista e demais entidades controladas direta ou indiretamente pela União, Estados, Distrito Federal e Municípios" (art. 1º, p. único, II). As suas disposições também são aplicáveis às entidades privadas sem fins lucrativos que recebem recursos públicos para realização de ações de interesse público (art. 2º), como as Organizações da Sociedade Civil de Interesse Público ou OSCIPs, por exemplo.

Embora de 2011 e publicada em momento cujos avanços das tecnologias eram incomparáveis ao tempo atual, já reconheceu importantes bases que orientam a disponibilidade dos dados abertos e que serão complementadas pelo Decreto Regulamentador da LAI (2012) e pela Política de Dados Abertos do Poder Executivo Federal. Quer dizer, a LAI passou a dar sustentação jurídica à literatura prática em prol da abertura dos dados públicos.

Assim, em seu artigo 3º, determina que os procedimentos previstos na LAI – o que inclui a disponibilização dos chamados dados abertos – devem (i) observar a publicidade como preceito geral e o sigilo como exceção; (ii) priorizar a divulgação de informações de interesse público, independentemente de solicitações (diretriz de transparência ativa); (iii) utilizar meios de comunicação viabilizados pela tecnologia da informação (aqui a semente legislativa da priorização da processabilidade dos dados abertos por sistemas e da ideia de interoperabilidade, incorporadas pela dinâmica de dados abertos no Brasil); (iv) fomentar o desenvolvimento da cultura e da transparência na Administração Pública; e (v) desenvolver o controle social das atividades do Estado.

2.3.2.2 Definições

Seguindo, em seu artigo 4º traz as definições para sua aplicação, inclusive refletindo em seu texto as expressões utilizadas à época de sua edição, a exemplo da definição "informação pessoal" e não "dado pessoal".

Assim, começa trazendo a definição importante de "informação" como uma espécie de *dado qualificado* ou dado cujo uso, a depender do contexto, oferece-lhe a aptidão de gerar conhecimento a depender da forma pela qual é utilizado ou tratado. Reconhece, ainda que de forma aparentemente sutil, a distinção relevante entre *dado* e *informação* que será falada em outros momentos desta obra. A *informação* não se confunde com sua matéria-prima base, o *dado*. A *informação* é o resultado extraído – ainda que de forma quase instantânea e praticamente imperceptível, do uso feito do *dado* e da capacidade ou qualidade que este tem. *Dado* é insumo. *Informação* é conhecimento referente a algo. Isto é essencial na aplicação da regulação sobre dados pessoais, por exemplo, e ainda mais em situações de aplicação de dados pessoais sensíveis.

Parece ser por essa diferença, sutil, mas fundamental, que o inciso I do artigo 4º estabelece informação como "dados, processados ou não, que podem ser utilizados para produção e transmissão de conhecimento, contidos em qualquer meio, suporte ou formato". Ou seja, parece desassociar *dado* de *informação*, sendo esta os dados apenas que podem ser utilizados para produção e transmissão de conhecimento. Assim, é possível dizer que o conceito jurídico de informação é formado por dois componentes que devem se formar para que a *informação esteja juridicamente caracterizada*: o dado, em si mesmo, e o uso contextual extrator de conhecimento desse dado. Nesse mesmo passo, as adjetivações ao conceito da informação (como informação *pública*, informação *privada*, informação *sigilosa*, e informação *pessoal*) são assim verificadas a partir do conhecimento extraído contextualmente do dado. A informação pessoal, portanto, é o dado somado ao conhecimento contextual a respeito de alguma pessoa natural, comportamentos ou características destas.

Na sequência, adota a definição de *documento* associada à ideia de *suporte de dados ou informações*. Define documento, assim, como "unidade de registro de informações, qualquer que seja o suporte ou formato" (art. 4º, II), ou seja, *onde* estão registradas as informações (os dados capazes de produzir ou transmitir conhecimento). Vale aqui a definição ampla de documento, sendo admitida não só uma escrita ou papel, mas qualquer suporte que possa materializar os dados, como papéis, documentos eletrônicos, documentos digitalizados, fotos, transcrições, desenhos, filmes, vídeos etc. É possível registrar uma informação, o suporte será considerado um documento para fins legais.

Define informação sigilosa como "aquela submetida temporariamente à restrição de acesso público em razão de sua imprescindibilidade para a segurança da sociedade e do Estado;" (art. 4º, III). Logo, serão *dados sigilosos* aqueles cujos conhecimentos gerados, em si, estejam sob restrição de acesso público. Repare-se, porém, que não estão cobertos nessa definição dados e informações de acesso restrito em razões outras, como proteção de dados pessoais (ver definição de informação pessoal a seguir) ou de proteção legal de atividades privadas (segredos industriais ou comerciais). Esta última justamente em razão da existência da LAI: transparência e acesso à informação de Estado.

Define *informação pessoal* como "aquela relacionada à pessoa natural identificada ou identificável" (art. 4º, IV). É a primeira e uma das mais significativas definições legais a esse respeito, hoje em posição de mais coadjuvância em razão da definição de *dado pessoal* trazida pela LGPD. Há coesão evidente entre as definições, sendo a LAI, pelas razões ditas anteriores, um pouco mais clara sobre a distinção entre *dado* e *informação*. Os sistemas conceituais convivem e se explicam mutuamente.

Define *tratamento da informação* como "conjunto de ações referentes à produção, recepção, classificação, utilização, acesso, reprodução, transporte, transmissão, distribuição, arquivamento, armazenamento, eliminação, avaliação, destinação ou controle da informação;" (art. 4º, V). Tem diferença sutil em relação à definição escrita de tratamento de dados pessoais feita pela LGPD (art. 5º, X), já que a LAI considera o tratamento como o *conjunto* das operações e a LGPD, textualmente, cada uma das operações em si.

Essencialmente e embora a prática possa sempre surpreender, isso não parece trazer impactos ou consequência relevantes, a exceção de uma questão específica associada à elaboração e manutenção dos registros de operações com dados, boa prática absorvida como obrigação pelo art. 37 da LGPD. Muitas vezes, reunir algumas operações em um só tratamento de dados pessoais faz mais sentido e é mais funcional na manutenção dos registros das operações. A lógica de um conjunto de operações pode fazer muito sentido prático. Inclusive, pensando que o objetivo de manter os registros é, sobretudo, dar visibilidade atualizada das operações e processos para o agente de tratamento de dados, o registro prático e funcional parece ser mais útil nessa tarefa. Do contrário, o preciosismo de detalhes pode levar a um registro confuso e de pouca visibilidade.

Na sequência, a LAI define (i) *disponibilidade* como a "qualidade da informação que pode ser conhecida e utilizada por indivíduos, equipamentos ou sistemas autorizados" (art. 4º, VI), ou seja, a qualidade da informação de ser conhecida e acessível para quem precise; (ii) *autenticidade* como a "qualidade da informação que tenha sido produzida, expedida, recebida ou modificada por determinado indivíduo, equipamento ou sistema" (art. 4º, VII); e (iii) *integridade* como "qualidade da informação não modificada, inclusive quanto à origem, trânsito e destino" (art. 4º, VIII). Incorpora, assim, alguns conceitos importantes de segurança da informação, em especial a disponibilidade e integridade.

Por fim, claramente inspirada nas origens da noção de dados abertos, traz a definição de *primariedade* como a "qualidade da informação coletada na fonte, com o máximo de detalhamento possível, sem modificações" (art. 4º, IX). Adota o já tratado princípio da primariedade, priorizando que as informações sejam coletadas diretamente da sua fonte original e sua disponibilização no maior nível de granularidade possível.

2.3.2.3 Direito de acesso às informações e procedimentos

Nos artigos 6º a 20, a LAI trata do acesso às informações e dos procedimentos necessários para tanto. Considerando o foco no tema de dados abertos, serão ressaltados os pontos que lhe são pertinentes, sem, porém, ignorar um vasto rol de garantias conferidas ao particular em prol da transparência estatal (a exemplo dos incisos IV, V e VI do art. 7º).

Compete às entidades e órgãos do Poder Público sujeitas à LAI (art. 1º, p. único) garantir a gestão transparente das informações e promover seu amplo acesso e divulgação; proteger a informação, de modo a assegurar que ela fique disponível (acesso irrestrito), autêntica (sem desvio ou falsidades) e íntegra (sem qualquer adulteração); e proteger, entre todas as informações, aquelas sigilosas e pessoais (art. 6º). Estas três determinações podem ser resumidas na ideia de que o Poder Público, por ordem legal, deve garantir que seus dados e informações sejam disponibilizados de forma ampla, segura e com qualidade, salvo se forem restritos em razão de sigilo ou qualidade de ser pessoal (situação em que a LGPD será observada, conforme tratado adiante). Dados abertos devem, assim, ser disponibilizados.

A outra face dessa determinação é a caracterização de verdadeiro direito subjetivo de todo cidadão ou particular, pessoa natural ou jurídica no desempenho de suas atividades em livre-iniciativa (art. 170, CF) de ter acesso a dados e informações gerados ou utilizados pelo Poder Público brasileiro. Assim, a regra é a abertura de tais dados e sua disponibilidade na forma adequada e eficiente conforme as diretrizes consagradas internacionalmente e na legislação nacional estabelecem, estando fora desse espectro de direito as situações manifestamente excepcionais de restrição (sigilo legal, restrição por licenças e proteção de dados pessoais).

Essa parece ser a função do artigo 7º da LAI: documentar de forma mais detalhada e explicativa o direito subjetivo de acesso a dados e informações abertos. Como uma espécie de mosaico, são distribuídos direitos de vários perfis e propósitos e que, em conjunto, formam tal direito subjetivo.

Nesse contexto, é garantida como direito a "orientação sobre os procedimentos para consecução de acesso, bem como sobre o local onde poderá ser encontrada ou obtida a informação almejada" (art. 7º, I). Tal direito ressoa com nitidez os princípios que dão concepção à ideia de dados abertos estudados anteriormente, em especial o princípio da acessibilidade. Também é possível dizer que encontra certa inspiração na Política de Dados Abertos Norte-americana de 2013, segundo a qual o Poder Público deve assegurar a lógica já estudada do *managed post-released*, em que o órgão governamental deve estabelecer um ponto de contato para auxiliar quem for utilizar os dados e, também, para receber reclamações e sugestões de melhoria. O que parece propor tal inciso, portanto, e lembrando que norma e texto escrito tem uma relação de continência, é que a acessibilidade aos dados abertos excede a mera disponibilidade, estabelecendo o direito subjetivo do particular de contar com o suporte do Poder Público para acessar aos dados.

O inciso II, por sua vez, tem a norma de reafirmar o direito subjetivo à abertura dos dados salvo nas hipóteses legais de restrição. Diz seu texto que o acesso à informação compreende o direito de obter "informação contida em registros ou documentos, produzidos ou acumulados por seus órgãos ou entidades, recolhidos ou não a arquivos públicos". Reafirma, portanto, o objetivo máximo da LAI de assegurar acesso à informação operacionalizada, em matéria-prima de dados, pelo Poder Público.

De modo muito interessante e de certa forma até inédito, o inciso III alarga o direito subjetivo de acesso para além dos dados operacionalizados pelo Poder Público em si considerado, estabelecendo o direito de acesso à informação que está, tecnicamente, em posse ou gestão ou é tratada por entes privados em decorrência de vínculos com a Administração Pública.

O objetivo do dispositivo parece ser evitar que a mera gestão descentralizada ou particular de dados por particular em decorrência de relação com o Poder Público (concessões, parcerias público-privadas, entre outros) seja obstáculo de acesso à informação, mesmo após o fim do vínculo. E, por isso também, evitar que o pilar de transparência se apresente como um desincentivo à participação dos particulares nas atividades estatais, caso os dados em gestão destes não fossem alcançados por tal garantia.

Tal dispositivo é complementado pelo previsto nos arts. 63 a 64-A do Decreto Regulamentador da LAI, que dizem quais informações devem ser disponibilizadas por tais entidades, quais sejam: cópia do estatuto social atualizado da entidade, relação nominal dos dirigentes e cópia integral dos convênios, contratos, termos de parcerias, acordos, ajustes ou instrumentos congêneres realizados com o Poder Executivo, aditivos e relatórios de prestação de contas.

Seguindo, o inciso IV claramente adota os princípios da primariedade e da atualidade ao determinar o direito à informação em seu estado primário e atualizado, de forma íntegra e autêntica, ou seja, estabelece o dever da Administração Pública de manter os dados em sua forma primária para o particular, com o maior nível de granularidade e sem agregações ou modificações. Estas são vedadas em todos os contextos? Obviamente que não, até porque o Estado desenvolverá suas atividades também por meio da agregação e modificação dos dados. Porém, a forma primária deve sempre ser disponibilizada. A ideia é que os dados públicos estejam disponíveis no maior nível de detalhe possível para que, assim, possam ser aproveitados e utilizados por quem acessá-los do modo que este vir utilidade. Além disso, os dados devem ser os mais atualizados possíveis e estar disponibilizados de forma íntegra (sem adulterações) e autêntica (condizente com a realidade dos dados e das suas fontes originárias).

O artigo 8º também traz deveres operacionais significativos, estabelecendo que os órgãos e entidades públicas devem "promover, independentemente de requerimentos, a divulgação em local de fácil acesso, no âmbito de suas competências, de informações de interesse coletivo ou geral por eles produzidas ou custodiadas". Incorporando o princípio da acessibilidade, também determina que os *sites* da Administração Pública devem "I – conter ferramenta de pesquisa de conteúdo que permita o acesso à informação de forma objetiva, transparente, clara e em linguagem de fácil compreensão; II – possibilitar a gravação de relatórios em diversos formatos eletrônicos, inclusive abertos e não proprietários, tais como planilhas e texto, de modo a facilitar a análise das informações; III – possibilitar o acesso automatizado por sistemas externos em formatos abertos, estruturados e legíveis por máquina; IV – divulgar em detalhes os formatos utilizados para estruturação da informação; V – garantir a autenticidade e a integridade das informações disponíveis para acesso; VI – manter atualizadas as informações disponíveis para acesso; VII – indicar local e instruções que permitam ao interessado comunicar-se, por via eletrônica ou telefônica, com o órgão ou entidade detentora do sítio; e VIII – adotar as medidas necessárias para garantir a acessibilidade de conteúdo para pessoas com deficiência". Claramente, também incorpora os demais princípios operacionais, com destaque para o princípio da possibilidade de processamento por sistema.

2.3.2.4 A regra de gratuidade e a possibilidade excepcional de cobrança para acesso aos dados abertos

O artigo 12 da LAI estabelece a regra de que o acesso aos dados abertos deve ser gratuito: "O serviço de busca e de fornecimento de informação é gratuito". Assim, como premissa, o acesso e consumo de bancos de dados abertos não pode ser cobrado direta ou indiretamente, em outras palavras, como regra, são indevidas cobranças para o acesso em si ou para procedimentos destinados a avaliar se o acesso é permitido ou não.

Tal regra, porém, não é absoluta. Diz o § 1º do artigo 12 que o órgão ou a entidade (incluindo as privadas quando aplicável) podem, excepcionalmente, cobrar o "valor necessário para o ressarcimento dos custos dos serviços e dos materiais utilizados, quando o fornecimento da informação exigir reprodução de documentos pelo órgão ou pela entidade pública consultada". Exceção esta que foi introduzida pela Lei do Governo Digital (Lei Federal n. 14.129/2021).

Ambos os dispositivos consubstanciam no Brasil (ao lado do artigo 4º do Decreto Regulamentador da LAI, tratado adiante), as discussões sobre a possibilidade ou não de cobrança de acesso a dados pessoais já trazida, entre outros documentos, especialmente na Diretiva 2003/98/CE do Parlamento Europeu e do Conselho da União Europeia, nas orientações da ONU, na Diretiva 2019/1024 do Parlamento Europeu e do Conselho da União Europeia e no Digital Governance Act.

Dentre estes documentos, cumpre relembrar aqui as previsões da Diretiva 2019/1024, em especial seu Considerando (36), que reconhece que a cobrança de valores pela reutilização dos dados constitui um importante obstáculo ao desenvolvimento das soluções de mercado, em especial para pequenas empresas e *startups*. Sinaliza que o reúso dos dados deve ser permitido de forma gratuita como regra.

Admite, por outro lado, cobranças excepcionais para (i) serviços acessórios e não essenciais (não relacionados diretamente à coleta e ao reaproveitamento dos dados) ou (ii) para serviços essenciais se a cobrança for devidamente justificável, como nos exemplos dados pelo Considerando (36), em que os órgãos públicos (ii.a) efetuam uma pesquisa particularmente aprofundada das informações solicitadas; (ii.b) fazem alterações extremamente onerosas nos formatos das informações solicitadas; (iii.c) se a cobrança se justifica nos altos custos gerados pela disponibilização dos dados e estes custos têm prejudicado ou podem prejudicar de forma significativa os serviços públicos dos mesmos órgãos; (iii.d) se há custos excepcionais de anonimização de dados pessoais ou para medidas dedicadas a garantir a confidencialidade de dados.

Mesmo em todos esses casos, não há, por assim dizer, uma *carta branca* para cobrança. As cobranças deverão ser fixadas segundo critérios objetivos, transparentes e verificáveis, e a receita total das cobranças feitas pelo órgão público para fornecer e autorizar o reúso dos dados não pode implicar em *lucros* para o órgão, de modo que não podem exceder o custo de coleta e produção, de reprodução, manutenção, armazenamento e divulgação dos dados, incluindo a rentabilidade e atualização razoáveis dos valores investidos nessas tarefas (Considerando (36)).

A exceção do artigo 12 da LAI, porém, não explora todas essas possibilidades, servindo estas, a meu ver, de ótimos guias de interpretação nos casos em que a regulação adicional inexistir ou for omissa. A LAI admite a cobrança apenas "quando o fornecimento da informação exigir reprodução de documentos pelo órgão ou pela entidade pública consultada", exceção de texto extremamente aberto, já que a simples disponibilização dos dados abertos, em seção de *site* específico, por exemplo, diferente dos bancos de dados operacionalizados pela entidade, já pode ser considerada uma forma de *reprodução*. Não resolve, em si, discussões mais aprofundadas como, por exemplo, aquela que discute a possibilidade ou não de cobrança pelos custos adicionais de consumo de banda de internet de *upload* de dados pelo Poder Público causados pela coleta automatizada e recorrente de dados por entes privados.

Por fim, cumpre mencionar ainda a possibilidade de cobrança mencionada na Recomendação n. 74/2020 do Conselho Nacional de Justiça, segundo a qual "os tribunais poderão avaliar a conveniência e oportunidade de cobrança pelo acesso massificado a dados" (art. 3º). Diz o seu § 1º que "O valor da cobrança destina-se a suportar os custos de implantação e manutenção do sistema, devendo sua fixação ser efetuada na proporção do volume de dados utilizados", sendo "assegurado acesso gratuito aos órgãos públicos e de pesquisa, estes definidos no art. 5º, XVIII, da Lei n. 13.709, de 14 de agosto de 2018".

2.3.2.5 Restrições à abertura dos dados e a aparente função do artigo 31 da LAI

Em seu Capítulo IV, a LAI estabelece o contraponto jurídico à abertura das informações e dos dados com a dinâmica das restrições que considera legítimas. Considerando que a transparência e a abertura têm raiz constitucional e perfil de garantia, tais restrições, embora legítimas, são hipóteses de exceção, sugerindo que devem ser interpretadas restritivamente conforme contexto de análise. Nesse sentido, destaca-se a impossibilidade de restrição de fornecimento de informações necessárias para o exercício da tutela jurisdicional ou administrativa (art. 21) e a dinâmica posta de classificação de acesso de informações conforme importância para as atividades estatais (arts. 23 a 30).

Com enorme pertinência a esta obra, destaca-se o previsto no artigo 31, que traz requisitos específicos ao tratamento das informações pessoais (dados geridos pela Administração Pública ou em nome desta e dos quais é possível identificar pessoas naturais a partir do contexto de uso de tais dados).

O próprio *caput* do artigo 31 traz uma regra de equilíbrio entre reafirmar a transparência, mas preservar os direitos das pessoas identificadas (a quem a LGPD futuramente veio estabelecer a denominação de titular de dados pessoais). Diz: "O tratamento das informações pessoais deve ser feito de forma transparente e com respeito à intimidade, vida privada, honra e imagem das pessoas, bem como às liberdades e garantias individuais", ou seja, reconhece que obviamente o Estado lidará com informações pessoais, mas que, também, apesar da necessária transparência, os direitos individuais devem ser ponderados e respeitados. Como se verá a seguir, a própria LAI traz alguns requisitos de *como* tais direitos podem ser respeitados no contexto das atividades públicas, porém, hoje, o *como* vem a ser exatamente o que a LGPD determina, especialmente a partir do seu artigo 23 sobre o tratamento de dados pessoais pelo Poder Público.

O § 1º do art. 31 traz previsão interessante, separando a informação pessoal daquelas pertinentes à intimidade, vida privada, honra e imagem do indivíduo, ao estabelecer que estas últimas "I – terão seu acesso restrito, independentemente de classificação de sigilo e pelo prazo máximo de 100 (cem) anos a contar da sua data de produção, a agentes públicos legalmente autorizados e à pessoa a que elas se referirem; e II – poderão ter autorizada sua divulgação ou acesso por terceiros diante de previsão legal ou consentimento expresso da pessoa a que elas se referirem", ou seja, para a LAI, todo dado que pode contextualmente identificar alguém é uma informação pessoal, mas nem toda informação pessoal tem pertinência à intimidade, à vida privada, à honra e à imagem do indivíduo. Faz de forma semelhante ao que a faz a LGPD ao separar dados pessoais e dados pessoais sensíveis, estes últimos contextualmente muito mais afetos à intimidade dos titulares de dados (art. 5º, I e II, LGPD). Há dados, portanto, que dizem respeito às pessoas, mas não aprofundam em sua vida privada ou intimidade, ou mesmo a divulgação não expõe sua honra ou imagem.

São dados, portanto, dos quais podem ser extraídas informações ou conhecimentos em esfera mais profunda dos indivíduos[111], informações cujo conhecimento apenas diz respeito ao próprio indivíduo, conforme semântica que pode ser extraída da referência ao direito à vida privada e à intimidade. E, por essa razão, só poderiam ser, pelo texto da LAI, divulgadas mediante determinação legal ou se a pessoa identificável consentiu com a divulgação (§ 1º, II, § 3º do mesmo art. 31). O texto está em consonância com o hoje previsto nas bases legais de tratamento de dados pessoais da LGPD (arts. 7º, 11, e 23), em que o consentimento é apenas um dos motivos autorizadores de compartilhamento dos dados pessoais. Tais restrições não podem alcançar processos de apuração de irregularidades (§ 4º).

O balizamento entre o que é de interesse da transparência pública e o que é exclusivamente individual e condizente com a esfera privada da pessoa (coberto, portanto, pelas restrições do art. 31) não é simples e recomenda a análise casuística e o exercício de ponderação de interesses, ou, ainda, o encontro de opções de divulgação pública em equilíbrio com a proteção dos direitos individuais. Esta parece ser a principal e complexa função da existência do artigo 31: propor o exercício concreto de ponderação entre a transparência constitucional das atividades públicas e a proteção da esfera de individualidade das pessoas identificadas nos dados utilizados em tal atividade.

Não há resposta pronta e não poderia haver em um mundo de situações tão e felizmente complexas, mas parece que tal exercício de ponderação deva resultar na decisão favorável do direito que menos prejudique o outro[112-113]. Entre o direito "A" e

---

[111] Ver referência à teoria dos círculos concêntricos em capítulo próprio sobre a LGPD.

[112] Este raciocínio parece estar presente nas decisões do Supremo Tribunal Federal. Por exemplo, este parece ser a essência da admissão da relativização da coisa julgada em casos excepcionais em que a preservação pura e simples da segurança jurídica pode anular ou implicar a inobservância completa de outros direitos constitucionais. Por exemplo, ver: STF, Tribunal Pleno, AgRg. no RE n. 1.339.781/ES, Min. Rel. Alexandre de Moraes, j. 13.06.2023.

[113] Outro exemplo foi a decisão exarada pelo STF no julgamento da ADIN 5.545/RJ, em que se reconheceu, em ponderação, que a coleta de dados genéticos de recém-nascidos no Estado do Rio de Janeiro deveria ser feita de forma apenas excepcional. Diz sua ementa: "A ponderação entre o direito à privacidade e o poder conferido ao Estado de interferir na vida privada conduz ao entendimento de que se deve permitir a coleta, apenas em casos

o direito "B", deve prevalecer aquele que menos retire força do outro como decisão mais sábia. Assim, tentando objetivar o inobjetável, caso a escolha pelo direito "A" implique a inobservância completa ou anulação do direito "B" e a escolha pelo direito "B" implique a perda de força, mas conservação em alguma parte, do direito "A", o direito "B" deve ser o sabiamente escolhido. Outra bússola de orientação que costuma funcionar na prática é a avaliação de quais são as efetivas expectativas de privacidade dos indivíduos envolvidos. Os formatos de divulgação, com as técnicas de divulgação anonimizada ou meramente estatística, também podem auxiliar a redução de situações mais críticas de fricção de tais direitos.

Assim, por exemplo, faz sentido a divulgação do cargo de determinado servidor público, o valor de remuneração de tal cargo e as datas de nomeação e posse em transparência e controle de contas públicas. Essa decisão restringe aspectos individuais, por certo, porém tal restrição estaria de certa forma dentro das expectativas de privacidade dos postulantes a cargos públicos e não eliminaria seu direito à vida privada. Diferentemente, seria a decisão que entendesse possível a divulgação do endereço residencial desses mesmos servidores e dados de seus familiares beneficiários. Tais informações poderiam até ter algum interesse público, mas claramente dizem mais respeito à esfera individual do que ao controle da transparência dos atos públicos. Não seria a mais sábia, portanto, porque faz prevalecer a transparência, mas ao custo de inobservar por completo a esfera privada do indivíduo.

Outro exemplo a ser citado decorre de decisão emitida pelo STF no Agravo Regimental no Recurso em Mandado de Segurança n. 32.600/DF[114]. No caso, a Suprema Corte exerceu tal juízo de ponderação e validou os termos da Instrução Normativa Conjunta n. 01/CRG/OGU da Controladoria-Geral da União, que estabelece regras para o recebimento de denúncias anônimas e resguarda o acesso restrito à identidade de manifestações recebidas (art. 3º)[115].

No caso, alegou-se que a restrição de acesso aos dados da denúncia recebida pelo órgão administrativo violaria os direitos associados à transparência, ao contraditório e à ampla defesa, e que o conhecimento da identidade do denunciante seria essencial para a defesa. O STF, porém, reiterou o entendimento de que a preservação da iden-

---

excepcionais e, em qualquer hipótese, mediante rigoroso controle de segurança e ausência do titular da reserva íntima." (STF, Tribunal Pleno, ADIN n. 5.545/RJ, Min. Rel. Luiz Fux, j. 13.04.2023).

[114] STF, Segunda Turma, AgRg. no RMS n. 32600/DF, Min. Rel. Edson Fachin, j. 20.11.2019.

[115] Art. 3º Sempre que solicitado, a ouvidoria deve garantir acesso restrito à identidade do requerente e às demais informações pessoais constantes das manifestações recebidas. § 1º A ouvidoria, de ofício ou mediante solicitação de reserva de identidade, deverá encaminhar a manifestação aos órgãos de apuração sem o nome do demandante, hipótese em que o tratamento da denúncia será o previsto no art. 2º deste normativo; § 2º. Caso indispensável à apuração dos fatos, o nome do denunciante será encaminhado ao órgão apuratório, que ficará responsável a restringir acesso à identidade do manifestante à terceiros. § 3º A restrição de acesso estabelecida no *caput* deste dispositivo não se aplica caso se configure denunciação caluniosa (art. 339 do Decreto-lei n. 2.848/40 – Código Penal) ou flagrante má-fé por parte do manifestante. § 4º A restrição de acesso estabelecida no *caput* deste dispositivo encontra fundamento no art. 13 da Lei n. 12.527/11, devendo perdurar pelo prazo de 100 (cem) anos.

tificação do denunciante tem a função primária de incentivar o canal e proteger o denunciante de retaliações, de modo que a restrição estaria inserida no espectro de proteção do artigo 31 da LAI:

> Essa restrição está em consonância com o que dispõe o artigo 31 da Lei n. 12.527/2011, o qual, no que tange ao tratamento das informações pessoais, determina que devem ser respeitados a intimidade, vida privada, honra e imagem das pessoas, bem como às liberdades e garantias individuais, nos seguintes termos: [...] Tais normativos visam à proteção da pessoa do denunciante de boa-fé, a fim de que se evitem retaliações que possam desencorajar a denúncia de irregularidades verificadas no âmbito da Administração Pública. [...] Nessa esteira, infere-se que a preservação da identidade por meio de colocação de tarjas por parte da autoridade coatora, nas passagens da representação que identifiquem o denunciante, está em consonância com os objetivos estabelecidos na referida convenção, da qual o Brasil é signatário. Por outro lado, a revelação de sua identidade não se justificaria, inclusive, porque não estão presentes, no caso sob exame, as hipóteses que afastariam a preservação dessa informação, quais sejam, aquelas previstas nos parágrafos 3º e 4º do art. 31 da Lei n. 12.527/2011.

O que parece ter feito o STF no caso foi justamente ponderar os dois direitos em controvérsia no caso concreto: o direito de defesa e contraditório dos investigados e o direito de proteção pessoal do denunciante. E o fez por meio de perguntas sábias que servem de exemplo para o exercício de ponderação pedido pelo artigo 31 da LAI. A esfera de proteção do denunciante pode ser protegida se sua identidade for revelada? Não. Os direitos de defesa e contraditório podem ser exercidos com a não divulgação da identificação do denunciante, incluindo a disponibilização de todos os documentos de forma tarjada nesse ponto? Sim. Logo, o direito de defesa, se prevalente, mais impactaria no direito de privacidade do denunciante que o contrário. Assim, foi preservado o denunciante e reafirmada a constitucionalidade da Instrução Normativa.

Além disso, embora tal discussão esteja inserida em clara esfera pública de discussão de direitos, a ponderação pode e deve ser explorada por particulares para questionar decisões administrativas que possam restringir de forma excessiva a abertura de dados, em conteúdo e forma de coleta, por conta da proteção de dados pessoais. A ponderação nessa dinâmica poderá servir sempre como fundamentação para rediscutir ou reavaliar posturas administrativas de restrição de acesso a dados abertos.

Nesse contexto, por exemplo, pode ser novamente citado o Termo de Uso e Política de Privacidade da Receita Federal do Brasil[116], que, pela proteção de dados pessoais (portanto, com lastro argumentativo no art. 31 da LAI), condiciona a coleta automatizada de dados à prévia autorização do órgão, aparentemente presumindo que tal forma de coleta infringe o direito de indivíduos identificados pelos dados disponibilizados publicamente ("Tendo em vista que o serviço lida com informações pessoais,

---

[116] RECEITA FEDERAL DO BRASIL. *Termo de Uso e Política de Privacidade*. Disponível em: https://www.gov.br/receitafederal/pt-br/acesso-a-informacao/lgpd/termo-de-uso. Acesso em: 23 jun. 2023.

você concorda que não usará robôs, sistemas de varredura e armazenamento de dados (como *spiders* ou *scrapers*), *links* escondidos ou qualquer outro recurso escuso, ferramenta, programa, algoritmo ou método coletor/extrator de dados automáticos para acessar, adquirir, copiar ou monitorar o serviço, sem permissão expressa por escrito do órgão". Tal restrição, a depender de como vier a ser questionada, pode ser um bom exemplo de argumentação possível do particular quanto à ponderação dos direitos envolvidos em situação concreta de embate entre abertura dos dados e a previsão protetiva do artigo 31.

2.3.3 Decreto Regulamentador da LAI

De forma breve e objetiva, cumpre referência ao Decreto Federal n. 7.724/2012, que regulamenta a LAI nos seguintes termos: (i) artigos 1º e 2º trazem o escopo e reafirmam o dever de assegurar o direito de acesso à informação, (ii) artigo 3º traz as definições a serem aplicadas em perfeita consonância com as definições da própria LAI; (iii) artigos 5º e 6º trazem a abrangência; (iv) artigos 7º e 8º trazem a determinação de como as entidades sujeitas à LAI vão assegurar a transparência ativa; (v) artigos 9º a 24 trazem aspectos do pedido de acesso à informação em situações em que as entidades em perfil de transparência passiva; (vi) artigos 25 a 45 trazem aspectos procedimentais sobre a classificação do grau de sigilo das informações; (vii) artigos 63 a 64-A trazem aspectos sobre as entidades privadas sem fins lucrativos; (viii) artigos 65 e 66 disciplinam as responsabilidades pelo não cumprimento da LAI e sanções aplicáveis; e (ix) artigos 68 a 70 determinam regras sobre o monitoramento de aplicação da lei.

Alguns pontos são dignos de rápida digressão e destaque.

O artigo 4º, nesse contexto, estabelece que a busca e o fornecimento dos dados que são considerados abertos sob o regime da LAI devem ser, em regra, gratuitos. Porém, deixa em aberto a possibilidade de cobrança pelos custos os serviços envolvidos na disponibilização e dos materiais utilizados, como a reprodução de documentos, mídias digitais e postagem.

O dispositivo, ao mesmo tempo, parece explicar e ampliar a causa de exceção prevista no artigo 12 da LAI (apenas para casos em que o fornecimento exija a reprodução de documentos). No Decreto, porém, permite-se a cobrança do ressarcimento (termo emprestado (§ 2º do mesmo art. 4º) dos custos de serviços e materiais utilizados, *tais como* para reprodução de documentos. O texto do Regulamento, assim, amplia para custos de serviços e materiais além daqueles utilizados para a simples reprodução de documentos. Seu texto, por exemplo, permitiria o começo de construção da tese a favor do ressarcimento pelo consumo adicional de internet como um *custo de serviço*.

Não se trata aqui de criticar se o Poder Público deveria ou não ser ressarcido por situações excepcionais. Aliás, parece que a lógica posta no Considerando (36) da Diretiva Europeia 2019/1024 é feliz nesse sentido. Porém, é preciso dizer que, juridicamente e para considerar quais normas jurídicas são válidas e inválidas, parece que o Decreto, enquanto texto de regulamento administrativo, não poderia ter ampliado a hipótese de exceção estabelecida na LAI. Isso porque a gratuidade é regra operacional prática relevante para assegurar a garantia de acesso aos dados conforme Texto Constitucional. De tal modo, qualquer exceção resultante em custo demanda interpretação restritiva para que esta seja consonante com a Constituição Federal. A necessidade de ampliar as exceções é de pensamento legítimo, mas parece que isso deva ser feito em âmbito legislativo com as camadas de controle de constitucionalidade estabelecidas.

Seguindo, o artigo 6º aprofunda em detalhes a aplicação das hipóteses de exceção à abertura de dados, estabelecendo que o Decreto não se aplica "às hipóteses de sigilo previstas na legislação, como fiscal, bancário, de operações e serviços no mercado de capitais, comercial, profissional, industrial e segredo de justiça" e "às informações referentes a projetos de pesquisa e desenvolvimento científicos ou tecnológicos cujo sigilo seja imprescindível à segurança da sociedade e do Estado". Tais dados, portanto, em alinhamento com a LAI, não são considerados abertos.

Os artigos 7º e 8º, por sua vez, trazem requisitos operacionais de cumprimento dos parâmetros de exercício da transparência ativa pelo Poder Público e, assim, de disponibilização ativa dos dados abertos. Destacam-se: (i) a determinação para que o Poder Público disponibilize seção específica em seus *sites* para divulgação dos dados, o que ocorre de forma comum com expressões como "Dados Abertos"; (ii) a determinação de que a Secretaria de Comunicação Social da Presidência da República estabelecerá os padrões para a colocação de *banner* na página inicial do *site* com *link* direto para a seção com os dados; (iii) a permissão para que as informações sejam disponibilizadas com *links* de redirecionamento para outros *sites* do próprio governo; e (iv) lista de requisitos adicionais que devem constar dos *sites*, como formulários para pedido de acesso à informação, a presença de ferramenta de pesquisa dos dados, a viabilização de gravação de relatórios, a possibilidade do acesso automatizado, a garantia de autenticidade e integridade, entre outros.

Se os artigos 7º e 8º tratam da transparência ativa, ou seja, da determinação legal de que o Estado disponibilize os dados de sua atuação, os artigos 9º ao 24 tratam da transparência passiva por meio da qual a Administração Pública atende aos seus cidadãos e fornece os dados e informações solicitadas se possível for.

2.3.3.1 A disciplina referente às informações pessoais

O Decreto avança no desenho da disciplina de como as informações pessoais (dados que contextualmente identificam pessoas naturais) devem ser tratadas no contexto da LAI, conforme artigos 55 a 62.

De início, já estabelece que dados e informações com este I – terão acesso restrito a agentes públicos legalmente autorizados e à pessoa a que se referirem, independentemente de classificação de sigilo, pelo prazo máximo de cem anos a contar da data de sua produção; e II – poderão ter sua divulgação ou acesso por terceiros autorizados por previsão legal ou consentimento expresso da pessoa a que se referirem perfil" (art. 55). Os direitos pertinentes a tais informações e restrições, no caso de falecimento do titular de dados pessoais, ficarão a cargo de seus sucessores (parágrafo único). Sobre esse caso de falecimento do titular, faço referência ao tema quando do estudo da situação das pessoas falecidas no item dedicado a este ponto em referência à LGPD.

Na sequência, aprofundando em detalhe ao que a LAI dispõe, o Decreto regulamenta os requisitos do consentimento que autoriza a divulgação dos dados pessoais (art. 55, II), mas também reconhece outras motivações legais que podem excepcionalmente autorizar a divulgação dos dados pessoais (que na disciplina tratada pela LGPD são identificadas como bases legais de tratamento). No artigo 57, assim, reconhece que os dados pessoais podem ser compartilhados, independentemente do consentimento, para (i) prevenção, diagnóstico e tratamento médico; (ii) realização de estatísticas e pesquisas de relevante interesse público; (iii) cumprimento de decisão judicial; (iv) defesa dos direitos humanos de terceiros; e (v) proteção do interesse público geral e preponderante.

No artigo 58, a partir de uma redação dada pelo Decreto n. 11.527/2023, o Decreto estabelece as exceções em que a circunstância de dado pessoal não será suficiente para restringir a divulgação e abertura dos dados, são elas: (i) se a restrição de acesso não tiver a intenção de proteção, mas o desvirtuamento de ter intuito de prejudicar processo de apuração de irregularidades conduzido pelo Poder Público, em que o titular das informações seja parte ou interessado; (ii) se os dados não estiverem classificados como pessoais de forma assertiva e estiverem contidos em conjuntos de documentos necessários à recuperação de fatos históricos de maior relevância; e (iii) se for possível o tratamento e a proteção do dado por meio da ocultação, da anonimização ou da pseudonimização das informações pessoais relativas à intimidade, à vida privada, à honra e à imagem. Neste último caso, o que faz o Decreto é reconhecer a possibilidade de medidas técnicas que retirem dos dados a capacidade contextual de identificar os titulares, situações nas quais a proteção à privacidade não mais se justifica, já que o risco de identificação deixa tecnicamente de estar presente. Inclusive, os dados em si fornecidos ao cidadão solicitante perderiam a própria condição de dado pessoal, recebendo o solicitante apenas dados anonimizados.

2.3.3.2 O monitoramento de aplicação da LAI e o papel fundamental da Controladoria-Geral da União

Dada sua relevância, o Decreto dedica capítulo específico às atividades de monitoramento da correta aplicação da lei e, ao que diz respeito a este capítulo, da correta disponibilização dos dados abertos com os parâmetros que lhe são esperados.

Estabelece no artigo 67 que o dirigente máximo de cada órgão ou entidade designará autoridade que lhe seja diretamente subordinada para garantir o cumprimento da LAI nas atividades inseridas no "guarda-chuva" do órgão. Essas atividades consistem em: (i) assegurar o cumprimento das normas relativas ao acesso à informação; (ii) avaliar e monitorar a implementação do previsto no próprio Decreto; (iii) recomendar medidas de aperfeiçoamento das normas e procedimentos necessários; (iv) orientar as unidades no que se refere ao cumprimento do previsto no Decreto; e (v) manifestar-se sobre reclamações contra omissões de autoridades competentes.

Na sequência, nos artigos 68, 69 e 70 reconhecem o papel da Controladoria-Geral da União – CGU como verdadeira guardiã das previsões e da correta aplicação da LAI. Entre suas competências (artigo 68), destacam-se a de realizar campanhas de abrangência nacional sobre o fomento à cultura da transparência na Administração Pública, promover treinamentos, monitorar a implementação da LAI, supervisionar a aplicação do disposto no Decreto e, o mais relevante, estabelecer, padronizar, sistematizar e normativizar os entendimentos e procedimentos complementares necessários para implementação e aplicação da LAI. Assim, qualquer interessado deve, necessariamente, se valer das seguintes fontes: LAI, seu Decreto Regulamentador, enunciados e instruções da CGU, e entendimentos da autoridade específica designada pelo órgão cuja transparência é analisada.

2.3.3.2.1 O Acordo de Cooperação Técnica entre a ANPD e a CGU

Em razão dessa importante posição, o diálogo e a cooperação técnica entre a CGU e a Autoridade Nacional de Proteção de Dados – ANPD é fundamental para o encontro de denominadores comuns sobre as matérias de transparência e proteção de dados pessoais, as quais, como visto, tem o artigo 31 da LAI como um dos principais pontos de intersecção. Nesse contexto, em 2023, as duas entidades celebraram Acordo de Cooperação Técnica (Acordo de Cooperação Técnica n. 01/2023)[117].

Em seus Considerandos, de logo, reconhece a missão institucional da ANPD de zelar pela proteção de dados pessoais com o objetivo de proteger os direitos fundamentais de liberdade e de privacidade e o livre desenvolvimento da personalidade da pessoa natural, assim como deliberar em caráter terminativo, na esfera administrativa, quanto à interpretação da LGPD. Na sequência, reconhece as competências institucionais da CGU de monitoramento da aplicação da LAI.

Também, com destaque, considera a expertise da CGU e da ANPD em suas respectivas esferas de atuação e a necessidade compartilhada de ambas as entidades no sentido de prestar orientações da importância do tratamento de dados pessoais em conformidade com a LGPD e o fomento ao desenvolvimento da cultura de transparência na Administração Pública.

Ainda em seus considerandos, reconhece, com feliz acerto a meu ver, que a atuação articulada entre a ANPD e a CGU proporcionará a integração, o desenvolvimento e a articulação para orientação e monitoramento da LGPD em harmonia com o previsto na LAI.

Entre as ações conjuntas previstas (Cláusula 1ª) estão: (i) a criação de um canal de comunicação institucional para intercâmbio de informações, diagnósticos e modelos

---

[117] ANPD. *Acordo de Cooperação Técnica n. 01/2023*. Disponível em: https://www.gov.br/anpd/pt-br/acesso-a-informacao/convenios-e-transferencias/act-anpd-cgu.pdf. Acesso em: 21 jan. 2024.

de boas práticas, visando fortalecer a cultura de transparência e de privacidade e proteção de dados na Administração Pública Federal; (ii) elaboração de normas, estudos e processos em conjunto para a construção de entendimento e de metodologia de aplicação harmônica entre a LGPD e a LAI; e (iii) o apoio institucional e intercâmbio de informações sobre os processos de fiscalização.

Com 36 meses de vigência, o Acordo prevê uma série de obrigações comuns que têm como mote principal direcionar a aplicação harmônica da LGPD e da LAI, com a elaboração de textos normativos, o estabelecimento de ambiente cooperativo e de comunicação efetiva, e troca (Cláusula 3ª). Também estabelece obrigações bilaterais para cada uma das entidades, todas no sentido de fomentar o sucesso da cooperação (Cláusulas 4ª e 5ª).

Acompanhar a execução do Acordo e de seus planos de ação é fundamental para a definição dos parâmetros de segurança jurídica necessários para boa aplicação conjunta da LGPD e da LAI em harmonia, ou seja, com a convivência mútua e em exercício sadio de ponderação entre a proteção de dados pessoais e a transparência das atividades públicas.

2.3.4 Política de Dados Abertos do Poder Executivo Federal

Impulsionado pela necessidade de permitir e organizar a abertura dos dados de suas atividades, o Poder Executivo federal emitiu o Decreto Federal n. 8.777/2016[118], instituindo sua Política de Dados Abertos. Conforme bem objetivamente dito pelo Governo Federal: "A Política de Dados Abertos define regras para promover a abertura de dados governamentais no âmbito dos órgãos e entidades federais, como ministérios, autarquias, agências reguladoras e fundações públicas. Tendo como pilar as disposições da Lei de Acesso à Informação (LAI) – Lei n. 12.527/2012, ela é constituída por uma série de documentos normativos, que tratam de obrigações, planejamento e orientações"[119].

Enquanto Política Pública, a Política de Dados Abertos estabelece um conjunto de ações coordenadas e de várias frentes para assegurar que os dados governamentais da Administração Pública sejam publicamente acessíveis, em alinhamento preciso com a LAI, e sejam efetivamente conhecidos e úteis à população, o que passa pela busca da melhor forma pela qual tais dados são compartilhados.

Tem, em seu artigo 1º, uma lista de nove objetivos que bem resumem as razões pelas quais a abertura dos dados é fundamental. Lendo, é claramente perceptível que eles reúnem os benefícios associados à utilização dos dados governamentais abertos:

---

[118] BRASIL. *Decreto Federal n. 8.777/2016*. Disponível em: https://www.planalto.gov.br/ccivil_03/_ato2015-2018/2016/decreto/d8777.htm#view. Acesso em: 21 jan. 2024.

[119] Disponível em: https://dados.gov.br/dados/conteudo/politica-de-dados-abertos#:~:text=A%20Política%20de%20Dados%20Abertos,agências%20reguladoras%20e%20fundações%20públicas. Acesso em: 21 jan. 2024.

I – promover a publicação de dados contidos em bases de dados de órgãos e entidades da administração pública federal direta, autárquica e fundacional sob a forma de dados abertos; II – aprimorar a cultura de transparência pública; III – franquear aos cidadãos o acesso, de forma aberta, aos dados produzidos ou acumulados pelo Poder Executivo federal, sobre os quais não recaia vedação expressa de acesso; IV – facilitar o intercâmbio de dados entre órgãos e entidades da administração pública federal e as diferentes esferas da federação; V – fomentar o controle social e o desenvolvimento de novas tecnologias destinadas à construção de ambiente de gestão pública participativa e democrática e à melhor oferta de serviços públicos para o cidadão; VI – fomentar a pesquisa científica de base empírica sobre a gestão pública; VII – promover o desenvolvimento tecnológico e a inovação nos setores público e privado e fomentar novos negócios; VIII – promover o compartilhamento de recursos de tecnologia da informação, de maneira a evitar a duplicidade de ações e o desperdício de recursos na disseminação de dados e informações; e IX – promover a oferta de serviços públicos digitais de forma integrada.

Suas definições (art. 2º) não poderiam ser mais claras e são referências base da conceituação de dados abertos em âmbito normativo no País, ao lado daquelas postas pela Lei do Governo Digital tratada em item seguinte.

"Dado" é definido como a sequência de símbolos ou valores representados em qualquer meio e produzidos como resultado de um processo natural ou artificial (inc. I). Veja, então, que dado é qualquer sequência de símbolos ou valores (alfabéticos, numéricos ou outros) gerada a partir de uma sequência de etapas (processo natural ou artificial).

"Dado acessível ao público" é qualquer dado gerado ou acumulado pelo Governo que não esteja sob sigilo ou sob restrição conforme definido pela LAI (inc. II). "Dados abertos", por sua vez, são "dados acessíveis ao público, representados em meio digital, estruturados em formato aberto, processáveis por máquina, referenciados na internet e disponibilizados sob licença aberta que permita sua livre utilização, consumo ou cruzamento, limitando-se a creditar a autoria ou a fonte;" (inc. III). Uma definição que reúne duas partes a meu ver. A primeira de que dados acessíveis ao público são dados abertos que devem ser estruturados conforme a segunda parte da definição. Na segunda parte da definição, mais do que conceituar – e isto é o mais interessante –, o legislador determina *como* os dados abertos (acessíveis ao público de acordo com a LAI e a LGPD) devem ser disponibilizados. Portanto, a meu ver, o raciocínio é o seguinte. *Um*, definir se é dado aberto ou não conforme referidos normativos. *Dois*, sendo dado aberto, tem o particular o direito subjetivo de que os dados abertos sejam dispostos da forma posta pela Lei do Governo Digital. A importância disso parece ser tamanha que pode, inclusive, a depender das circunstâncias do caso concreto, representar direito líquido e certo do particular, possibilitando a impetração de mandado de segurança que busque determinação judicial de que os dados sejam disponibilizados da forma estabelecida.

Segue para a definição de "formato aberto", como sendo o arquivo em formato não proprietário "cuja especificação esteja documentada publicamente e seja de livre conhecimento e implementação, livre de patentes ou qualquer outra restrição legal quanto à sua utilização" (inc. IV). Define também o Plano de Dados Abertos e o traz como importante instrumento a ser trabalhado no âmbito de cada órgão ou entidade da Administração Pública federal. Trata-se de documento responsável por orientar e dizer as ações de implementação e promoção da abertura dos dados e como isso será feito (inc. V). Em âmbito federal, a Resolução n. 3 de 2017 do Comitê Gestor da Infraestrutura Nacional de Dados Abertos dita as regras principais de como os Planos de Dados Abertos devem ser elaborados[120].

Seguindo, com base nos pilares de concepção da abertura de dados, bem faz a Política em reconhecer princípios e diretrizes a serem seguidos (art. 3º). Assim, estabelece a necessária observância da publicidade das bases de dados como premissa e preceito geral, sendo o sigilo hipótese de exceção (inc. I). Está em ajuste pleno, assim como a própria LAI.

Reconhece expressamente o princípio de que os dados sejam processáveis por sistemas ou máquinas, sendo disponibilizados em formato aberto, ou seja, livre de patentes ou qualquer outra restrição legal quanto à sua utilização (inc. II). Traz, portanto, uma lógica simples e objetiva, mais ao mesmo tempo decisiva e consistente: se os dados são abertos (devendo esta ser a regra e sendo *fechados* apenas os dados que excepcionalmente tenham de ser tratados como sigilosos – princípio da presunção da abertura), estes devem ser disponibilizados sem restrições indevidas (princípios da ausência de propriedade e princípio da liberdade de licenças) e em formato que permita a leitura automatizada por sistemas. Duas conclusões emergem do inciso II: ele traz ao menos três princípios em seu conteúdo normativo, evidenciando uma vez mais que texto normativo e norma são coisas diferentes; e reforça alguns direitos subjetivos aos particulares perante o Poder Público Federal. Parecem ser os seguintes: (i) em alinhamento com a LAI, exigir que não sejam impostos sigilos sem fundamento excepcional para tanto; (ii) exigir que os dados abertos (sem hipótese justa de sigilo) sejam disponibilizados em formato aberto, logo, sem restrições proprietárias; (iii) exigir que os dados abertos sejam disponibilizados de forma específica (direito subjetivo procedimental), ou seja, em formato legível por sistemas.

Ainda quanto à liberdade de licenças e ausência de propriedade, o artigo 4º da Política reforça o conteúdo normativo do inciso II do artigo 3º ao estabelecer de forma categórica o direito à livre utilização de bases de dados: "Art. 4º Os dados disponibilizados pelo Poder Executivo federal e as informações de transparência ativa são de livre

---

[120] COMITÊ GESTOR DA INFRAESTRUTURA NACIONAL DE DADOS ABERTOS. *Resolução n. 3/2017*. Disponível em: https://repositorio.cgu.gov.br/bitstream/1/64747/3/Resolucao_n_3_CGINDA_IN.pdf. Acesso em: 21 jan. 2024.

utilização pelos Poderes Públicos e pela sociedade". No parágrafo primeiro, reforça a gratuidade como regra, aos estabelecer que: "Fica autorizada a utilização gratuita das bases de dados e das informações disponibilizadas nos termos do disposto no inciso XIII do *caput* do art. 7º da Lei n. 9.610, de 19 de fevereiro de 1998, cujo detentor de direitos autorais patrimoniais seja a União, nos termos do disposto no art. 29 da referida Lei". Assim, para a Política, a princípio, a única restrição à gratuidade seriam restrições de direitos autorais de terceiros, os quais devem ser disponibilizados de forma clara pelo Poder Executivo Federal (§ 2º).

Ao particular, assim, é recomendável o *Clearance de Direitos sobre os Dados* (expressão que me arrisco a adotar a partir deste momento traçando um paralelo direto com a expressão conhecida como *Clearance de Direitos Marcários*), de modo que avalie as fontes de dados coletados e eventuais restrições de propriedade sem contar etapa posterior de conservação da finalidade original da disponibilização, conforme determina o artigo 7º, § 3º, da LGPD.

Seguindo, determina o artigo 3º, III, que as bases de dados devem ser descritas com "informação suficiente para a compreensão de eventuais ressalvas quanto à sua qualidade e integridade", reconhecendo o princípio da confiabilidade já tratado outrora neste capítulo. O inciso IV, por sua vez, reafirma o já estabelecido ao prever a "permissão irrestrita de reúso das bases de dados publicadas em formato aberto", consolidando de vez a ideia de reúso livre já analisada em vários documentos normativos fundamentais sobre o tema, cujas raízes remontam na concepção básica de abertura dos dados.

No inciso V, por sua vez, a completude e a interoperabilidade ganham novo destaque. Estabelecendo que os dados devem ser disponibilizados com completude (de forma completa) e interoperabilidade, inclusive em sua forma primária e maior grau de granularidade possível. Consolida, de forma correta, os princípios já tratados da completude e primariedade.

No inciso VI, por sua vez, traz a determinação de que os dados sejam atualizados de forma periódica, de forma "a garantir a perenidade dos dados, a padronização de estruturas de informação e o valor dos dados à sociedade e atender às necessidades de seus usuários". Consagra, aqui, os princípios da atualidade e da permanência.

Também estabelece a necessidade de "designação clara de responsável pela publicação, atualização, evolução e manutenção de cada base de dado aberta, incluída a prestação de assistência quanto ao uso de dados" (inc. VII), documentando o princípio da disponibilidade contando com a participação dos entes públicos.

Por fim, cumpre dizer que a Política estabelece que sua gestão será coordenada pela Controladoria-Geral da União, o que faz sentido, considerando a atribuição administrativa da entidade em relação à LAI. Isso é feito por meio da Infraestrutura Nacional de Dados Abertos – INDA.

2.3.5 Lei do Governo Digital

A Lei Federal n. 14.129/2021[121], conhecida como Lei do Governo Digital, é um dos marcos mais relevantes se o tema é transformação digital da Administração Pública. Como seu artigo 1º destaca a lei: "dispõe sobre princípios, regras e instrumentos para o aumento da eficiência da administração pública, especialmente por meio da desburocratização, da inovação, da transformação digital e da participação do cidadão".

Vejo a leitura da lei fundamental para quem estuda ou trabalha com inovação e transformação digital. Assim, recomendo um estudo detalhado e cuidadoso dos seus termos. Porém, naquilo que mais pertine a este livro, vale dizer que o Governo Digital e a eficiência pública proposta pela lei têm como princípios e diretrizes (art. 3º) a disponibilização de plataforma única do acesso às informações (inc. II), a transparência na execução dos serviços públicos (inc. IV), a atuação integrada entre órgãos da Administração Pública (inc. IX), a interoperabilidade de sistemas e promoção de dados abertos (inc. XIV) e a proteção de dados pessoais (inc. XVII).

A interoperabilidade, tão cara ao uso eficiente dos dados abertos, como visto ao longo deste capítulo, é premissa da digitalização dos processos da Administração Pública. A ausência de padrões comuns de disponibilização dos dados prejudica e atrasa qualquer atividade que deles se valha, trazendo dificuldades próprias de governança e utilidade dos dados coletados, especialmente no que diz respeito à qualidade destes. A ausência de padrões pode causar (para ser cauteloso, não afirmarei que *sempre causa*) desafios em manter a qualidade dos dados e até mesmo *assessments* de legalidade diante da multiplicidade de fontes com restrições nem sempre uniformes.

É nesse contexto que são elogiáveis as propostas derivadas da Lei do Governo Digital, que não só estabelecem a trajetória de transformação digital dos serviços públicos, como reafirmam a relevância dos sistemas e dados que a Administração Pública utiliza para o desenvolvimento social e econômico. Tentam traduzir na prática os preceitos de abertura dos dados. Consignam, além de deveres à Administração Pública, verdadeiros direitos subjetivos aos particulares (pessoas físicas ou jurídicas).

Assim, por exemplo, repetindo as definições da Política de Dados Abertos vista no item anterior, define dado acessível em referência direta à LAI, como sendo "qualquer dado gerado ou acumulado pelos entes públicos que não esteja sob sigilo ou sob restrição de acesso nos termos da Lei n. 12.527, de 18 de novembro de 2011 (Lei de Acesso à Informação)" (art. 4º, V).

A partir dessa definição, estabelece legalmente o que é considerado dado aberto de forma muito interessante, reafirmando, agora em lei, em sentido estrito aplicável a todos os entes federados, aquilo que diz a Política de Dados Abertos. Dados abertos

---

[121] BRASIL. *Lei Federal n. 14.129/2021*. Disponível em: https://www.planalto.gov.br/ccivil_03/_ato2019-2022/2021/lei/l14129.htm. Acesso em: 21 jan. 2024.

são "dados acessíveis ao público, representados em meio digital, estruturados em formato aberto, processáveis por máquina, referenciados na internet e disponibilizados sob licença aberta que permita sua livre utilização, consumo ou tratamento por qualquer pessoa, física ou jurídica" (art. 4º, IV).

No mesmo contexto, determina que o Poder Executivo federal poderá estabelecer Base Nacional de Serviços Públicos com a reunião das informações necessárias sobre a oferta dos serviços públicos (art. 19). Ainda, cada ente federado poderá disponibilizar as informações sobre os respectivos serviços, em formato aberto e interoperável, em padrão comum a todos os entes.

Também determina o desenvolvimento das Plataformas de Governo Digital (art. 20), definidas estas como as "ferramentas digitais e serviços comuns aos órgãos, normalmente ofertados de forma centralizada e compartilhada, necessárias para a oferta digital de serviços e de políticas públicas" (art. 4º, IX). Tais ferramentas devem assegurar espaços de solicitação de atendimento aos cidadãos e acompanhamento da entrega dos serviços públicos, bem como dispor de painel de monitoramento do desempenho dos serviços públicos. Essas funcionalidades "deverão observar padrões de interoperabilidade e a necessidade de integração de dados como formas de simplificação e de eficiência nos processos" (art. 20, § 2º).

Ainda, quanto à prestação digital dos serviços públicos, a Lei é categórica em determinar que os órgãos e as entidades responsáveis pela prestação digital de serviços públicos deverão "IV – eliminar, inclusive por meio da interoperabilidade de dados, as exigências desnecessárias ao usuário quanto à apresentação de informações e de documentos comprobatórios prescindíveis; V – eliminar a replicação de registros de dados, exceto por razões de desempenho ou de segurança; VI – tornar os dados da prestação dos serviços públicos sob sua responsabilidade interoperáveis para composição dos indicadores do painel de monitoramento do desempenho dos serviços públicos" (art. 24).

2.3.6 Poder Judiciário

O tema também é tratado e de atenção do Poder Judiciário, o que, se me permito humildemente dizer, faz todo sentido. Especialmente considerando o grande volume de dados disponíveis nos serviços dos Tribunais brasileiro, o potencial informacional destes e a reconhecida utilidade de todas as plataformas que se valem de tais dados para informar a população e os profissionais cuja atuação depende desses dados. A advocacia prática revalida essa percepção diariamente. Sem contar, claro, o enorme aproveitamento da jurimetria e das soluções nela baseadas.

Não se ignoram, claro, as hipóteses legítimas de sigilo e que devem ser conservadas pela essência de proteção das partes e terceiros envolvidos nos casos. Aplica-se, a meu ver, a mesma lógica de discussão da própria LAI, quer dizer, existindo motivo justo de sigilo procedimental (especialmente, mas não só, a partir do rol exemplificativo do artigo 189 do Código de Processo Civil).

Feitas essas considerações iniciais, cumpre sinalizar que o Conselho Nacional de Justiça se debruçou e se debruça especificamente em relação ao tema. Com destaque, em 2019, foi formado Grupo de Trabalho destinado ao exame da política de acesso às bases de dados processuais dos tribunais, especialmente quanto a sua utilização para fins comerciais. O Grupo de Trabalho foi instituído pela Portaria n. 63/2019[122] com a função de elaborar "estudos e propostas voltadas à política de acesso às bases de dados processuais dos tribunais, em especial, quando se trata de sua utilização para fins comerciais" (art. 1º).

Como resultado dos trabalhos, foi feita a proposta de Recomendação instruída no âmbito do CNJ por meio dos autos 0007044-02.2020.2.00.0000[123], a qual foi aprovada no Plenário Virtual do Conselho (73ª Sessão Virtual entre 1º e 9 de setembro de 2020) e veio a ser publicada como a fundamental Recomendação n. 74/2020, que, conforme ementa, "Recomenda medidas para implementação de política de dados abertos no âmbito do Poder Judiciário"[124].

Os Considerandos (numerados de 1 a 12 conforme ordem do documento, apenas nesta obra para referência) falam por si. Os Considerandos 1 e 2, inicialmente, são emblemáticos. O 1 reconhece "ser missão do Conselho Nacional de Justiça o desenvolvimento de políticas judiciárias que promovam efetividade e unidade do Poder Judiciário, orientadas para os valores de justiça e paz social". O 2, por sua vez, reafirma a publicidade dos atos processuais e a transparência como "princípios fundamentais para o controle democrático das atividades do Poder Judiciário".

Na sequência, pontua que o princípio de livre concorrência "impõe ao Estado a redução de barreiras ao livre desenvolvimento dos mercados digitais que processam e reutilizam informações jurídicas" (3). Assim, de forma expressa, associa a importância da abertura dos dados como fator comum e importante para a livre disputa de mercado. Reconhece que os dados tratados pelo Poder Judiciário podem – como já são – ser utilizados como importante insumo do desenvolvimento de negócios e de geração de informação.

Os Considerandos 4, 5 e 6 têm especial dedicação à disciplina da proteção de dados pessoais. Reconhecem a existência do direito fundamental à proteção de dados pessoais dos titulares de dados identificados direta ou indiretamente, bem como a necessidade de proteger a personalidade e a autodeterminação informativa do indivíduo contra "os riscos que podem decorrer do acesso massificado a informações contidas em processos judiciais".

---

[122] CONSELHO NACIONAL DE JUSTIÇA. *Portaria n. 63/2019*. Disponível em: https://atos.cnj.jus.br/files//portaria/portaria_63_26042019_29042019141200.pdf. Acesso em: 3 fev. 2024.

[123] Idem. *Ato Normativo n. 0007044-02.2020.2.00.0000*. Disponível em: https://www.cnj.jus.br/InfojurisI2/downloadDocumento.seam;jsessionid=855E9271C57EC6D313F2C003B867A105?fileName=70440220202000000___VOTO+ATO+7044-02.pdf&numProcesso=0007044-02.2020.2.00.0000&numSessao=73%C2%AA+Sess%C3%A3o+Virtual&idJurisprudencia=52019&decisao=false. Acesso em: 4 fev. 2024.

[124] Idem. *Recomendação n. 74/2020*. Disponível em: https://atos.cnj.jus.br/atos/detalhar/3487. Acesso em: 4 fev. 2024.

Além disso, grifa "a crescente utilização da internet e do emprego de modelos computacionais estruturados para o acesso e o processamento de dados disponibilizados pelos órgãos do Poder Judiciário" (7); "os benefícios do acesso ao conteúdo de pronunciamentos judiciais, em formato legível por máquina, para a difusão do conhecimento do Direito e contribuição à segurança jurídica" (8); e "a importância do desenvolvimento da tecnologia, em particular de técnicas de inteligência artificial, para a sistematização e processamento de informações sobre a produção jurídica dos tribunais, como veículo para a promoção da cultura e da segurança jurídica"(9).

Ainda, documenta a preocupação específica quanto ao custeio do uso dos dados judiciais além do próprio serviço judiciário prestado. Assim, afirma o Considerando 10 que "a utilização de ferramentas como *web scrapers* para extração de conteúdo das plataformas de tribunais onera tanto o Poder Público quanto os agentes privados".

Dito isto, o artigo 1º da Recomendação posiciona o documento, reafirmando todo o histórico citado: "Esta Recomendação estabelece diretrizes para avaliação e implementação de medidas destinadas à governança do acesso e uso massificado de dados no âmbito do Poder Judiciário, com exceção do Supremo Tribunal Federal". À exceção do STF, em razão dos limites de suas atribuições constitucionais, o CNJ passa então a regular a governança/controle do acesso e do uso massificado dos dados judiciais.

Na sequência, o CNJ recomenda aos órgãos do Poder Judiciário "a disponibilização ao público de APIs (*Application Programming Interfaces*) para que os dados existentes em seus sistemas de tramitação processual e repositórios de informações de processos e provimentos judiciais possam ser acessados em formato legível por máquina" (art. 2º). Reforça, no Judiciário, a importância do princípio do processamento por sistemas. E, ainda, a importância técnica e prática de se criarem APIs para a coleta dos dados. Como tratado já anteriormente neste capítulo, uma API pode ser compreendida tecnicamente como um conjunto de regras e protocolos que permite que diferentes sistemas e *softwares* se comuniquem entre si. É como uma ponte que permite que uma aplicação/sistema *converse* ou *dialogue* com outras, requisitando e coletando dados de forma automatizada e executando finalidades específicas. Uma API é como um verdadeiro ecossistema técnico de interação, um espaço comum em que vários sistemas (e várias entidades) podem interagir de forma harmônica em linguagem e regras comuns. Por essência técnica, assim, é mecanismo fundamental para o funcionamento adequado da coleta de dados judiciais.

De forma significativa, permite que cada tribunal avalie "a conveniência e oportunidade de cobrança pelo acesso massificado a dados" (art. 3º). Segundo a Recomendação, o valor da cobrança destina-se a suportar os custos de implantação e manutenção do sistema, devendo sua fixação ser efetuada na proporção do volume de dados utilizados (art. 3º, § 1º). Tal previsão está, assim, alinhada com as exceções vistas em debates fora do País, conforme já tratado neste livro. O uso por órgãos públicos e de pesquisa deve seguir sendo gratuito.

Além disso, o CNJ emanou preocupação específica quanto ao formato como os dados e metadados devem ser disponibilizados. Diz o artigo 4º da Recomendação:

> Art. 4º Os tribunais deverão adotar medidas para a efetiva implementação das normas que dispõem sobre a uniformização dos identificadores e metadados armazenados que se referem aos pronunciamentos judiciais, a fim de racionalizar o acesso aos dados e criar condições para desenvolvimento de tecnologias que contribuam para o aperfeiçoamento do sistema jurisdicional.

2.3.6.1 Base Nacional de Dados do Poder Judiciário – Datajud

Alinhada com o tema, a Resolução n. 331/2020 do CNJ[125] instituiu o Datajud como fonte primária de dados do Sistema de Estatística do Poder Judiciário para os tribunais. Trata-se de serviço riquíssimo em relação aos números dos Tribunais e que, abertos como estão, possibilitam o uso muito proveitoso de tais dados.

2.3.6.2 Princípio da publicidade dos atos processuais: um novo conteúdo?

Como se verá em maior detalhe na análise dos princípios afetos à proteção de dados pessoais, especialmente previstos no artigo 6º da LGPD, a meu ver, um princípio estabelece uma norma jurídica que determina um estado ideal das coisas a ser constantemente buscado.

Será alcançado? Não necessariamente, e depende de uma série de fatores, alguns deles até não jurídicos. Todavia, como uma espécie de estado utópico, sua busca é o grande efeito de seu conteúdo normativo, gerando a busca por si mesma, reflexos fundamentais às demais normas, interpretações e aplicações que a circundam. Veja, por exemplo, o princípio do contraditório, que preconiza, em essência, a busca por um estado ideal das coisas em que as partes e os demais interessados tenham conhecimento dos fatos e atos que os podem afetar e tenham a oportunidade efetiva de influência sobre os atos e decisões que os afetam. Esse estado ideal será alcançado? Repiso: não necessariamente. Mas é possível perceber que é a busca para que ele seja estabelecido que deixa importantes reflexos prático-jurídicos, como o estabelecimento de prazos procedimentais de manifestação, oportunidades de manifestação não previstas na forma pura dos procedimentos, a vedação de decisões surpresa etc.

Feita essa digressão, cumpre lembrar que o princípio da publicidade dos atos processuais, previsto em raiz no artigo 93, IX, da Constituição Federal, determina que todas as decisões do Poder Judiciário serão públicas: "IX todos os julgamentos dos órgãos do Poder Judiciário serão públicos, e fundamentadas todas as decisões, sob pena de nulidade, podendo a lei limitar a presença, em determinados atos, às próprias partes e a seus advogados, ou somente a estes, em casos nos quais a preservação do direito à intimidade do interessado no sigilo não prejudique o interesse público à informação".

---

[125] Idem. *Resolução n. 331/2020*. Disponível em: https://atos.cnj.jus.br/atos/detalhar/3428. Acesso em: 4 fev. 2024.

O artigo 11 do CPC repete tal previsão em sede infraconstitucional: "Art. 11. Todos os julgamentos dos órgãos do Poder Judiciário serão públicos, e fundamentadas todas as decisões, sob pena de nulidade". No texto de Arruda Alvim,

> Toda a atividade jurisdicional é realizada publicamente, salvo exceções previstas em lei. A publicidade é havida como garantia para o povo de uma Justiça 'justa', que nada tem a esconder e, por outro lado, é também garantia para a própria magistratura diante do mesmo povo, pois, agindo publicamente, permite a verificação de seus atos. De acordo com o texto constitucional, pode a lei impor limitações em determinados casos, quando haverá sigilo de conteúdo e de tramitação dos processos (art. 93, IX, CF/88)[126].

Na essência, do que aqui se pertine, o princípio da publicidade assume duas funções fundamentais: (i) uma feição interna relacionada aos próprios sujeitos da relação processual da ciência sobre seus atos; e (ii) uma feição externa atrelada à necessária viabilização do controle social sobre a atuação do Poder Judiciário[127]. É este, a princípio, o estado ideal das coisas proposto pelo princípio: a busca pelo conhecimento pleno das partes e do público geral dos atos praticados ou conduzidos pelo Poder Judiciário em sua função primária.

Agora, com a proposta pela abertura dos dados, parece-me que o princípio da publicidade apresenta um terceiro conteúdo normativo a ser reconhecido. Além do conhecimento das partes e do público para controle da atuação judiciária, o princípio da publicidade é encorpado também com uma terceira feição de assegurar a disponibilização dos dados processuais em formato aberto e com todas as demais características que permitem seu reúso útil. O processo com publicidade em parâmetros constitucionais, assim, parece-me não ser mais aquele de conhecimento, mas aquele cujo conhecimento dos dados é aberto para reúso nas parametrizações adequadas de abertura, salvo as restrições pertinentes estudadas neste capítulo. Parece-me, inclusive, que isso pode ser extraído da inovação do próprio princípio da publicidade da Recomendação n. 74/2020.

---

[126] ALVIM, A. *Manual de direito processual civil*. 20. ed. São Paulo: Thomson Reuters, versão eletrônica, 2020, p. RB-7.21.
[127] Idem.

Capítulo 3
MARCO CIVIL DA INTERNET

3.1 CONSIDERAÇÕES INICIAIS

O Marco Civil da Internet ou a Lei Federal n. 12.965/2014, tratado daqui em diante como Marco Civil, não é uma lei apenas sobre privacidade e proteção de dados pessoais, mas é *também* uma lei que trata de tais temas. Aliás, após a edição da LGPD no País e a justa projeção que tal diploma teve, não raras vezes o Marco Civil deixa de ser lembrado como uma legislação extremamente relevante na proteção da privacidade e dos dados pessoais.

Seu objeto de regulação é apenas a internet enquanto infraestrutura técnica de uso. Sua abrangência em relação à proteção de dados é, também por isso, mais restrita. A proteção dos dados pessoais no Marco Civil tem ponto de partida em seu objeto de regulação (a internet) e não o contrário. A LGPD regula a proteção de dados pessoais em quaisquer situações em que estes sejam utilizados (ressalvadas as hipóteses de não aplicação do seu art. 4º) e, por esse fim, regula os meios físicos e digitais em que isso acontece. O Marco Civil, por sua vez, regula o *meio* (a internet) e, por consequência, como ele deve ser utilizado e os deveres e direitos dos agentes envolvidos em seu ecossistema (provedores e usuários). Entre eles, aqueles associados à privacidade e proteção de dados pessoais, a exemplo da disciplina do consentimento de usuários (art. 7º) e a cláusula de reserva de jurisdição em relação à abertura dos registros de conexão e de uso de aplicações (arts. 10, 13 e 15).

O que proponho neste capítulo é tratar desses aspectos do Marco Civil, ou seja, sua relação com a proteção de dados pessoais no Brasil. Em razão disso, por pura falta de pertinência e não de apreço ou de paixão deste autor pelo tema, outros temas do Marco Civil (a exemplo da discussão de responsabilidades sobre o conteúdo em rede) não serão tratados com igual proposta de profundidade.

Assim, proponho a construção deste capítulo em duas partes. Uma primeira com uma visão geral do Marco Civil e seus temas já no próximo item. Após, uma segunda dedicada especialmente aos temas que tocam à privacidade e à proteção de dados pessoais. Minha expectativa ao final é a de que você consiga compreender a estrutura da lei, mas também identificar *como* tais temas específicos associados à privacidade estão dispostos na lei.

3.2 A REGULAÇÃO DA INTERNET NO BRASIL

Como proponho trazer, o Marco Civil é responsável por ser o principal texto normativo de regulação da internet no Brasil. É o que diz seu artigo 1º: "Esta Lei estabelece princípios, garantias, direitos e deveres para o uso da internet no Brasil e determina as diretrizes para atuação da União, dos Estados, do Distrito Federal e dos Municípios em relação à matéria".

Falo em texto principal no sentido de que é, de fato, o texto normativo protagonista de regulação da internet, pois, considerando a utilização ampla da internet pela sociedade global e, em especial, pela brasileira, aos fatos por meio dela praticados são aplicados todos os textos normativos do ordenamento jurídico brasileiro. Basta um exercício de subsunção do fato que utilize do *meio* internet em relação à norma para aplicação imediata desta, seja qual for.

3.2.1 A internet como objeto de regulação e seu funcionamento

O objeto de regulação do Marco Civil é a internet. E, claro, suas aplicações de privacidade e proteção de dados pessoais se darão no seu uso. Mas o que é a internet?

A internet me parece ser uma estrutura palpável e que consiste em uma estrutura física por meio da qual há o tráfego de dados. Estes são transformados, tecnicamente, em imagens, sons, vídeos e conteúdos dos mais variados formados. A internet não é fruto da imaginação ou da metafísica, mas uma verdadeira infraestrutura física distribuída mundialmente. Não à toa o Marco Civil define internet como: "o sistema constituído do conjunto de protocolos lógicos, estruturado em escala mundial para uso público e irrestrito, com a finalidade de possibilitar a comunicação de dados entre terminais por meio de diferentes redes" (art. 5º, I).

Meu convite é que você imagine uma gigantesca teia de cabos e estruturas por todo mundo, interligadas, por meio das quais o tráfego de dados ocorre. Mesmo nas conexões *não totalmente cabeadas*, por assim dizer, o tráfego de dados acontece, como nos casos de comunicação via satélite e rádio, ou mesmo na própria conectividade *wi-fi*, em que há o tráfego de dados não cabeado entre os dispositivos eletrônicos e o roteador de internet, ao qual esta chega de forma cabeada ou por meio das demais conectividades mencionadas.

Por meio dessa infraestrutura há o tráfego de dados, ou seja, o envio e recebimento de dados (dos quais se extraem informações) entre os mecanismos ou instrumentos conectados em cada ponta dessa infraestrutura, os chamados terminais. O Marco Civil define terminal como "o computador ou qualquer dispositivo que se conecte à internet" (art. 5º, II). Esses terminais podem ser computadores, celulares, *tablets*, servidores ou qualquer coisa que se conecte, automaticamente ou não, à internet. Conectividade automática ocorre, por exemplo, no fenômeno da Internet das Coisas. Aliás, uma analogia simples parece explicar bem o tráfego de dados. Basta pensar em um conjunto de encanamentos por onde passam as águas de uma cidade. A infraestrutura da internet é, na ideia, similar, mas em vez de água trafegam dados.

Naturalmente, portanto, era de se imaginar que, entre os temas, o Marco Civil tivesse uma preocupação específica de proteger os dados trafegados nessa infraestrutura cujo conhecimento trouxesse risco à privacidade dos usuários.

Para que tais terminais acessem à internet, é preciso que sejam *plugados* ou conectados na referida infraestrutura, o que se dá pela chamada *conexão de internet*. Isto é, a conexão de internet é justamente este *ato de plugar* o terminal na rede mundial. É por essa razão que o Marco Civil define *conexão de internet* como "a habilitação de um terminal para envio e recebimento de pacotes de dados pela internet, mediante a atribuição ou autenticação de um endereço IP" (art. 5º, V, MCI). Essa habilitação ou conexão também pode ser um serviço prestado gratuitamente ou mediante cobrança. A pessoa jurídica que presta tal serviço é identificada na lei como provedor de conexão de internet.

Para o melhor funcionamento técnico da internet, cada um desses terminais precisa ser identificado na rede. Assim, cada terminal, ao ser conectado e de forma não necessariamente fixa, recebe um endereço de protocolo de internet, também conhecido como endereço IP ("III – endereço de protocolo de internet (endereço IP): o código atribuído a um terminal de uma rede para permitir sua identificação, definido segundo parâmetros internacionais" (art. 5º, III, MCI)). É como se o terminal recebesse um CPF próprio enquanto estiver conectado à infraestrutura da internet e por meio desse código ele é identificado. Assim, a internet e seus agentes, como regra e sem outros dados, não identificam o usuário *por trás* dos terminais, mas apenas estes. A regra técnica de conexão e mobilização na internet, assim, é o anonimato inicial (falo inicial porque este pode ser retirado em determinadas circunstâncias motivadamente aceitas, como se verá).

Uma vez conectados à internet, os terminais fornecem serviços e conteúdo ao ambiente gerado pela infraestrutura da internet ou se aproveitam desses serviços e conteúdo a partir dos dados trafegados. Tem-se, então, o que juridicamente pode se chamar de aplicações de internet, ou seja, "o conjunto de funcionalidades que podem ser acessadas por meio de um terminal conectado à internet" (art. 5º, VII, MCI). As pessoas jurídicas que fornecem esses serviços ou conteúdo, seja de qualquer funcionalidade, são reconhecidas como provedores de aplicação de internet.

3.2.2 Fundamentos do uso da internet no Brasil

O artigo 2º do Marco Civil traz os fundamentos jurídicos do uso da internet no Brasil, ou seja, os pilares ou raízes jurídicas de sustentação e construção do regime normativo da regulação posta. Como qualquer fundamento legal de regime regulatório que se preze útil e lógico, deles decorrem cada um dos temas regulados e como a regulação se propõe. São as bases técnicas, filosóficas, jurídicas e lógicas que explicam e informam a regulação da internet no Brasil, os porquês que justificam a regulação e mapeiam o seu caminho e disposições normativas. Por exemplo, se há a cláusula de reserva de jurisdição para proteger os usuários – exigindo a ordem judicial para a quebra de sigilo dos dados – esta nada mais é do que resultado capilar do fundamento de privacidade posto como premissa de regulação. A cláusula de reserva de jurisdição é regra normativa de proteção e que propõe a tradução prática e controlada do fundamento jurídico de privacidade.

Diz, então, o artigo 2º:

> A disciplina do uso da internet no Brasil tem como fundamento o respeito à liberdade de expressão, bem como: I – o reconhecimento da escala mundial da rede; II – os direitos humanos, o desenvolvimento da personalidade e o exercício da cidadania em meios digitais; III – a pluralidade e a diversidade; IV – a abertura e a colaboração; V – a livre-iniciativa, a livre concorrência e a defesa do consumidor; e VI – a finalidade social da rede.

O primeiro deles é o respeito à liberdade de expressão (*caput*). Reconhece, portanto, que a internet é também um mecanismo tecnológico por meio do qual a comunicação e a expressão das pessoas acontecem, como é visto com destaque nos serviços das mídias sociais.

Assim, a liberdade de expressão na internet deve ser respeitada de forma constante, orientando o desenvolvimento das funcionalidades de internet e dos marcos normativos, bem como a interpretação destes. Isso, porém, não significa, de forma alguma, a defesa da liberdade a todo custo, ignorando outros direitos que com ela devem conviver também nos espaços virtuais. O Marco Civil propõe o respeito à liberdade de expressão em seu perfil constitucional, o que impede, por exemplo, o uso inescrupuloso de tal direito para infringir direito de terceiros ou mesmo o uso do argumento de liberdade como escora para a prática de crimes. Inclusive, cumpre sinalizar que o fundamento de liberdade de expressão também, como se verá, está posto na disciplina de proteção de dados pessoais (art. 2º, III, LGPD).

O segundo fundamento é o reconhecimento da escala mundial da rede; o reconhecimento de que a internet é uma infraestrutura de presença, capilaridade e alcance mundial (inc. I). É assim que a internet deve ser entendida, evitando regulações que proponham cerceamentos territoriais forçados, impedindo a pluralidade e aproximação dos povos. Propõe a observância da regulação que busque o equilíbrio em absorver as necessidades e peculiaridades brasileiras, mas sem impedir que o potencial de comunicação e aproximação cultural seja ceifado.

O terceiro fundamento é o respeito aos direitos humanos (inc. II). A rigor, isso nem precisava ser dito expressamente a meu ver, sobretudo considerando a importância constitucional do tema e a eficácia dos direitos fundamentais sobre todo o ordenamento jurídico, mas fato é que reconhece o legislador a potencialidade negativa que o uso da internet pode ter, servindo para o desrespeito de direitos extremamente caros e como mecanismo de manobras em vetor não civilizatório. Qualquer prática ou uso da internet que viole um direito humano deve ser coibida, observando, sempre, o equilíbrio e as circunstâncias do caso concreto. O respeito aos direitos humanos também é fundamento da proteção de dados no Brasil (art. 2º, VII, LGPD).

O quarto fundamento é o respeito ao desenvolvimento da personalidade (inc. II) no uso da internet, fundamento este que tem significativa intersecção com a disciplina de Proteção de Dados Pessoais, já que esta existe, entre outras razões, para proteger o próprio desenvolvimento da personalidade dos indivíduos, como visto.

O Marco Civil, então, reconhece a importância social e individual do uso da internet. Entende a internet com sua potencialidade positiva e negativa em relação ao desenvolvimento da personalidade de cada um dos indivíduos que usam a tecnologia. Entendimento que diariamente se mostra cada vez mais acertado, diante da junção quase integral da internet no cotidiano diário. A vida das pessoas ocorre mediante o uso de tal tecnologia, de modo que os benefícios e mazelas também decorrem de tal uso. Nada mais coerente, portanto, que a regulação tenha a proteção do desenvolvimento dos indivíduos como um pilar de sustentação.

O mesmo inciso II ainda traz um quinto fundamento: o exercício da cidadania em meios digitais e, especialmente, por meio do veículo da internet. Aqui é de se ressaltar o conceito jurídico de cidadania, que não se confunde com voluntariado como o uso popular do termo pode sugerir em alguns momentos. O fundamento tem por objetivo ressaltar que a internet deve ser desenvolvida e regulada também com a preocupação de como os indivíduos participam da formação e constituição de suas comunidades e se manifestam politicamente. O fundamento tem, por exemplo, importante sinergia com a regulação do Direito Eleitoral e o entendimento de como a democracia se desenvolve e se protege no uso da internet.

Como sexto e sétimo fundamentos, de forma autoexplicativa, tem-se a pluralidade e a diversidade (inc. III). O Marco Civil idealiza o uso da internet e os ambientes virtuais como espaços que promovam a pluralidade de ideias e preservem a diversidade, dois pilares extremamente caros ao desenvolvimento sadio e civilizatório da sociedade.

O inciso IV apresenta os fundamentos da abertura e da colaboração. Reconhece que a regulação da internet deve se dar com a premissa posta de que deve se tratar de um ambiente aberto e colaborativo, cujo desenvolvimento participativo e de troca é fundamental para os avanços sociais. Como se tratará adiante, o fundamento de uma regulação que propõe a abertura e a colaboração da rede é essencial para a própria concepção de abertura dos dados já tratada.

Na sequência, traz os fundamentos da livre-iniciativa, da livre concorrência e da defesa do consumidor (inc. V). São três fundamentos que poderiam estar separados em incisos próprios, mas a sua disposição conjunta parece reconhecer a relação que os três tem na regulação do exercício da atividade econômica no País, sobretudo em termos constitucionais.

A livre-iniciativa constitui garantia constitucional que traduz uma das principais diretrizes liberais do Estado brasileiro. Prevista no artigo 170, *caput*, da Constituição Federal, é disciplina de orientação da ordem econômica brasileira. Em seu conteúdo, propõe que os agentes econômicos e os negócios não sofram intervenções injustificáveis. A intervenção ou a existência de ônus a serem respeitados no exercício das atividades não é vedado. São vedadas, inclusive, na essência constitucional do preceito, as intervenções infundadas, sem embasamento legal ou sem uma justificativa, pautadas em bem constitucionalmente tutelado.

Além da Constituição Federal, no País, a questão ganhou contornos ainda mais notórios diante da recente deliberação liberal do Poder Legislativo, com a promulgação da Lei da Liberdade Econômica (Lei Federal n. 13.874/2019). A Lei institui a Declaração de Liberdade Econômica e traz outras disposições vocacionadas a concretizar, em plano infraconstitucional, a garantia da livre-iniciativa. Com o novo marco legislativo, a livre-iniciativa pode ser mais bem compreendida e traduzida em termos práticos.

Em relação à livre concorrência, esse também é preceito primordial da estruturação da ordem econômica brasileira, conforme determinação do artigo 170, IV, da CF. Propõe, na essência, a busca constante de um mercado ideal, marcado pela existência da livre concorrência, o que contribuiria, no modelo liberal, para o desenvolvimento das atividades econômicas, inclusive com um maior número de opções para o público consumidor. Nessa perspectiva, a internet e a interpretação da lei devem seguir a fim de preservar ao máximo a livre concorrência entre os agentes econômicos como um vetor de sua promoção, e não o contrário. Ainda, há referência à defesa do consumidor com fundamento.

O Marco Civil reconhece cada vez mais o uso da internet no âmbito das relações de consumo, atraindo a aplicação do CDC.

Por fim, o último fundamento trazido expressamente pelo Marco Civil é a finalidade social da rede (inc. VI). Reconhece a lei, portanto, que o uso da internet e suas aplicabilidades devem ser guiados para atender às finalidades sociais necessárias. Isso, sobretudo, por se tratar de mecanismo de amplo potencial de transformação, se bem empregado, e, se mal, de ampliação das desigualdades.

Em suma, a regulação do Marco Civil e os princípios e regras que a formam são construídos sobre o reconhecimento de que a internet é um mecanismo de escala mundial, além das fronteiras territoriais dos Estados, e sobre o preceito de necessário respeito aos direitos humanos, ao desenvolvimento da personalidade, do exercício da cidadania, da pluralidade e diversidade, da abertura e colaboração, livre-iniciativa, concorrência, defesa do consumidor e, sobretudo, a finalidade social da rede.

3.2.3 Princípios

Consagrados os fundamentos de afluência das normas postas na regulação da internet no Brasil, o artigo 3º do Marco Civil passa a trabalhar com as suas normas principiológicas, ou seja, com os estados ideais normativos propostos.

O primeiro deles (inc. I) é a garantia da liberdade de expressão, comunicação e manifestação de pensamento, nos termos da Constituição Federal. Na linha do já dito quando da análise dos fundamentos da regulação na internet, a liberdade de expressão, de comunicação e de manifestação de pensamento deve ser respeitada na internet, ressalvadas as violações constitucionais. Inclusive, o Marco Civil contrapõe, a meu ver, o exercício da liberdade com o princípio da responsabilização dos agentes de acordo com suas atividades (inc. VI). Tal princípio deixa clara a ideia de que os agentes (provedores e usuários) podem ser responsabilizados por suas atividades nos termos da legislação, de modo que se propõe a liberdade, mas não absoluta, como em qualquer regulação civilizatória que se preze.

Além disso, é importante dizer que a própria Constituição Federal veda o anonimato na manifestação do pensamento, justamente para que, nos casos em que se justifique, seja possível responsabilizar o manifestante por ato ilícito decorrente. Tal vedação ganha especiais contornos no MCI a partir da possibilidade de identificação dos usuários (art. 22), desde que feita uma avaliação cuidadosa de ilicitude que justifique o afastamento judicial da privacidade.

O segundo e o terceiro princípios são o da proteção à privacidade e da proteção de dados na forma da lei (incs. II e III), ou seja, na forma naquilo previsto pelo Marco Civil e pela LGPD, esta o principal instrumento normativo de regulação do tema e para o qual proponho exaustiva análise nesta obra. É interessante notar, aliás, que o Marco Civil já separava, com precisão técnica, o que é privacidade e o que é proteção de dados pessoais. Como visto, são temas que não se confundem, embora sejam intimamente ligados.

O quarto princípio é o da neutralidade da rede (inc. IV), que também é regulado pelo artigo 9º do Marco Civil e pelo Decreto Federal n. 8.771/2015, que o regulamenta. Na essência, o princípio da neutralidade da rede propõe um estado ideal das coisas em que é preservado o tratamento isonômico de todo e qualquer tráfego feito pela internet, sem qualquer discriminação, restrição ou interferência, independentemente de quem está conectado à rede, dos serviços utilizados, tipos de conteúdo etc. A ideia é preservar ao máximo a liberdade dos usuários da internet para que essa possa ter concretizadas todas as suas potencialidades positivas. Ganha especial destaque na proteção de dados pessoais, como se verá, considerando que o grande insumo do uso da rede e risco à quebra de neutralidade está diretamente associado aos dados pessoais dos usuários.

Em nível de detalhe, o artigo 9º do Marco Civil diz que: "Art. 9º O responsável pela transmissão, comutação ou roteamento tem o dever de tratar de forma isonômica quaisquer pacotes de dados, sem distinção por conteúdo, origem e destino, serviço, terminal ou aplicação", permitindo a discriminação ou degradação do tráfego apenas se esta decorrer de:

> I – requisitos técnicos indispensáveis à prestação adequada dos serviços e aplicações; e II – priorização de serviços de emergência" (§ 1º). O referido Decreto entra em nível de detalhe ainda maior, sinalizando que os descumprimentos da neutralidade são "medidas excepcionais, na medida em que somente poderão decorrer de requisitos técnicos indispensáveis à prestação adequada de serviços e aplicações ou da priorização de serviços de emergência, sendo necessário o cumprimento de todos os requisitos dispostos no art. 9º, § 2º, da Lei n. 12.965, de 2014.

Seguindo com os princípios, determina o Marco Civil que deve ser preservada a "estabilidade, segurança e funcionalidade da rede, por meio de medidas técnicas compatíveis com os padrões internacionais e pelo estímulo ao uso de boas práticas" (inc. V). É princípio assim que guia a utilização da internet com os mais altos e necessários níveis de qualidade técnica.

No inciso VI, por sua vez, estabelece o princípio da responsabilização dos agentes de acordo com suas atividades, nos termos da lei. É princípio de equilíbrio e que sinaliza um recado claro do legislador e da norma: tudo na internet é permitido, desde que respeitado os demais direitos previstos no ordenamento jurídico. A liberdade, então, será restringida de acordo com os marcos normativos e civilizatórios de proteção a direitos com origem em valores igualmente constitucionais.

No inciso VII, o Marco Civil trata do princípio da natureza participativa da rede. A ideia é que a internet seja sempre vista como um espaço de encontro e de trocas de experiências contributivas e enriquecedoras para os usuários, contribuindo uns com os outros, e permitindo que utilizem de tal mecanismo para o seu melhor desenvolvimento. As regras da regulação devem ser criadas, interpretadas e aplicadas com esse viés de profusão da participação, salvo se esta for direcionada ou tiver seu combustível na violação expressa de direitos de terceiros, como acontece na participação ativa e reunida para a prática do discurso de ódio ou organização de atos antidemocráticos.

Por fim, de forma categórica, o Marco Civil traz o princípio da liberdade dos modelos de negócios promovidos pela internet (inc. VIII). Princípio este que é um irmão siamês do fundamento da livre-iniciativa, comentado no tópico anterior. Em suma, todo e qualquer negócio é permitido a partir do uso da internet, desde que o ordenamento jurídico seja respeitado. A avaliação jurídica de licitude do negócio, assim, não passa apenas pela análise do que o Marco Civil prevê, mas sim do que todo o ordenamento jurídico versa a respeito. Ausente qualquer impeditivo legal, o negócio sustentado pela internet é plenamente viável.

3.2.4 Objetivos

Não bastassem os fundamentos e princípios, o Marco Civil é ainda mais categórico em sinalizar os objetivos que o uso da internet e sua regulação devem perseguir (art. 4º).

Determina, dessa forma, que a disciplina do uso da internet no País tem por objetivo o direito de acesso à internet a todos (inc. I), o acesso à informação, ao conhecimento e à participação na vida cultural e na condução dos assuntos públicos (inc. II) – o que torna indesejadas e antijurídicas as falsas notícias (*fake news*) ou qualquer procedimento *online* de desinformação, a inovação e do fomento à ampla difusão de novas tecnologias e modelos de uso e acesso (inc. III), e a adesão a padrões tecnológicos abertos que permitam a comunicação, a acessibilidade e a interoperabilidade entre aplicações e bases de dados (inc. IV), neste último caso, com clara intersecção com a disciplina de dados abertos.

3.2.5 Definições

Seguindo a própria lógica de funcionamento da internet, comentada anteriormente, o Marco Civil traz definições importantes para a aplicabilidade das suas normas no artigo 5º e, como se verá adiante, pode trazer reflexos significativos à disciplina de proteção de dados pessoais.

Assim, como visto, define a internet como "o sistema constituído do conjunto de protocolos lógicos, estruturado em escala mundial para uso público e irrestrito, com a finalidade de possibilitar a comunicação de dados entre terminais por meio de diferentes redes" (inc. I); o terminal como o computador ou qualquer dispositivo que se conecte a essa infraestrutura (inc. II).

Como visto, para cada terminal, no instante de conexão à internet, é atribuído um endereço de protocolo de internet, ou seja, "o código atribuído a um terminal de uma rede para permitir sua identificação, definido segundo parâmetros internacionais" (inc. III). Esses endereços de protocolo são distribuídos mundial e nacionalmente, sendo o administrador de sistema autônomo, portanto, "a pessoa física ou jurídica que administra blocos de endereço IP específicos e o respectivo sistema autônomo de roteamento, devidamente cadastrado no ente nacional responsável pelo registro e distribuição de endereços IP geograficamente referentes ao País" (inc. IV).

A partir dessas definições, é legalmente conceituado o próprio ato de conexão de internet como "a habilitação de um terminal para envio e recebimento de pacotes de dados pela internet, mediante a atribuição ou autenticação de um endereço IP" (inc. V) e os registros de conexão de internet como os conjuntos "de informações referentes à data e hora de início e término de uma conexão à internet, sua duração e o endereço IP utilizado pelo terminal para o envio e recebimento de pacotes de dados" (inc. VI).

Uma vez conectados, os terminais (com seus usuários) navegam e utilizam de toda e qualquer funcionalidade que se valha da infraestrutura da internet. A essas funcionalidades o Marco Civil atribui a definição de aplicações de internet. É basicamente toda e qualquer coisa que o usuário possa fazer: *e-mail*, aplicativos de mensagens, *sites* de busca, *sites* de *e-commerce*, mídias sociais etc. Logo, diz o inciso VII: "aplicações de internet: o conjunto de funcionalidades que podem ser acessadas por meio de um terminal conectado à internet". Para cada acesso à funcionalidade e para qualquer coisa que por meio dela é feita são relacionadas informações referentes à data e hora de uso, as quais são consideradas pela lei como "registros de acesso a aplicações de internet" (inc. VIII).

Por fim, é importante a menção ao art. 6º, que apenas reforça as melhores práticas de hermenêutica também em relação ao Marco Civil, lembrando, sobretudo, que ele regula uma tecnologia da informação. Diz o esperado:

> Na interpretação desta Lei serão levados em conta, além dos fundamentos, princípios e objetivos previstos, a natureza da internet, seus usos e costumes particulares e sua importância para a promoção do desenvolvimento humano, econômico, social e cultural.

3.2.6 Direitos e garantias dos usuários de internet

Este item do Marco Civil talvez seja aquele que chame mais atenção em relação à proteção de dados pessoais, como visto em considerações próprias a respeito. A lei estabelece um rol de direitos e garantias a serem observados. São direitos que não são absolutos e devem ser observados em conjunto.

De início, já influenciado pelo contexto global, o legislador assegura a inviolabilidade da intimidade e da privacidade, incluindo a possibilidade de indenização por dano material ou moral decorrente do descumprimento (inc. I). Tem-se aqui, a meu ver, a disposição do que viria a ser previsto no artigo 42 da LGPD ("O controlador ou o operador que, em razão do exercício de atividade de tratamento de dados pessoais, causar a outrem dano patrimonial, moral, individual ou coletivo, em violação à legislação de proteção de dados pessoais, é obrigado a repará-lo").

Determina, assim, que aos usuários de internet é garantida a preservação de sua intimidade e privacidade enquanto usam dos serviços dela propostos. A proteção de tais direitos é necessária para o desenvolvimento da personalidade do indivíduo e para que possa ter segurança comportamental no uso da ferramenta. Isso significa autorização para ilegalidades? Não. Como se verá a seguir, no caso de ilícitos, mediante avaliação judicial, a privacidade pode ser afastada pontualmente para fins de identificação e responsabilização. Reforça, assim, em depurado reconhecimento da sistemática jurídica brasileira, que mesmo o direito caro à privacidade não é absoluto.

Nos incisos II e III, o Marco Civil garante o sigilo de fluxo de comunicações dos usuários e das comunicações. São direitos absolutamente necessários à preservação da privacidade, a fim de evitar a intromissão estatal ou privada na vida alheia, salvo por motivo permitido legalmente a exemplo da possibilidade de decretação judicial da interceptação telemática ou mesmo as cláusulas de permissão trazidas pelas bases legais de tratamento de dados pessoais conforme artigos próprios da LGPD.

No inciso IV, pensando na importância que a internet reconhecidamente tem para os usuários, assegura a estes o direito à não suspensão da conexão à internet, salvo por débito diretamente decorrente do uso do serviço. É o caso do usuário que não paga os valores devidos à sua operadora de internet. Por não suspensão da conexão à internet, deve se entender pela manutenção da habilitação do terminal usado pelo usuário à internet pelo tempo que este desejar. Salvo a referida situação de débito, nenhuma outra situação autoriza, nem mesmo a prática de ilícitos, a suspensão da conexão do usuário.

Na mesma linha, no inciso V, assegura-se a manutenção da qualidade da conexão à internet contratada, ou seja, é garantia de qualquer usuário, verdadeiros consumidores dos serviços das operadoras de internet, o respeito contínuo aos padrões de conexão contratados, o que inclui, por exemplo, velocidade de *download* e de *upload*, e mesmo a quantidade de dados que podem ser utilizados pelo pacote contratado.

Na realidade, os incisos IV e V apenas lembram que os contratos de serviço de conexão precisam ser respeitados em sua integralidade. O usuário paga corretamente os valores contratados e a empresa de conexão mantêm os padrões de qualidade avençados.

O inciso VI tem íntima relação com o direito à informação reconhecido no artigo 6º do Código de Defesa do Consumidor. Assim, assegura aos usuários:

> [...] informações claras e completas constantes dos contratos de prestação de serviços, com detalhamento sobre o regime de proteção aos registros de conexão e aos registros de acesso a aplicações de internet, bem como sobre práticas de gerenciamento da rede que possam afetar sua qualidade.

Já os incisos VII a X, por sua vez, são os mais claramente relacionados à proteção de dados pessoais dos usuários, hoje regulada em detalhe pela LGPD, como se tratará. O inciso VII trata do consentimento, sinalizando ser direito do usuário o "não fornecimento a terceiros de seus dados pessoais, inclusive registros de conexão, e de acesso a aplicações de internet, salvo mediante consentimento livre, expresso e informado ou nas hipóteses previstas em lei". O inciso IX também trata do consentimento, dizendo que o usuário de internet tem direito ao "consentimento expresso sobre coleta, uso, armazenamento e tratamento de dados pessoais, que deverá ocorrer de forma destacada das demais cláusulas contratuais". Esse tema foi muito amadurecido pela LGPD, não só porque o consentimento é apenas uma das bases legais que autorizam o tratamento dos dados pessoais, como também a qualidade e os requisitos desse consentimento são diferentes. Em relação ao tratamento de dados pessoais na internet e em que pesem entendimentos contrários, deve se seguir aquilo que a LGPD dispõe.

Situação parecida é o que prevê o inciso VIII do Marco Civil, segundo o qual são direitos do usuário "informações claras e completas sobre coleta, uso, armazenamento, tratamento e proteção de seus dados pessoais, que somente poderão ser utilizados para finalidades que: a) justifiquem sua coleta; b) não sejam vedadas pela legislação; e c) estejam especificadas nos contratos de prestação de serviços ou em termos de uso de aplicações de internet". O tema hoje é tratado à exaustão no artigo 9º da LGPD.

Ainda, o inciso X, de redação dada pela própria LGPD e, assim, concordante com o texto desta, estabelece que é direito do usuário a "exclusão definitiva dos dados pessoais que tiver fornecido a determinada aplicação de internet, a seu requerimento, ao término da relação entre as partes, ressalvadas as hipóteses de guarda obrigatória de registros previstas nesta Lei e na que dispõe sobre a proteção de dados pessoais".

Nos três incisos finais, assegura a lei a "publicidade e clareza de eventuais políticas de uso dos provedores de conexão à internet e de aplicações de internet" (inc. XI), a "acessibilidade, consideradas as características físico-motoras, perceptivas, sensoriais, intelectuais e mentais do usuário, nos termos da lei" (inc. XII) e a esperada e coerente "aplicação das normas de proteção e defesa do consumidor nas relações de consumo realizadas na internet" (inc. XIII).

3.2.7 Outros pontos

A partir do artigo 10 – e decisivamente no próprio artigo 10 e nos artigos 13 e 15, o Marco Civil preconiza, de forma alinhada com seus fundamentos e princípios, a privacidade dos registros eletrônicos, justamente porque, a partir deles, é possível identificar os usuários e pôr em risco os muitos direitos destes. Os requisitos de afastamento legítimo da privacidade estão no artigo 22, como será mais bem detalhado ainda neste capítulo.

No artigo 11, especificamente, o Marco Civil traz a regra de aplicação territorial. Determina que a lei brasileira e especialmente o Marco Civil são aplicáveis "em qualquer operação de coleta, armazenamento, guarda e tratamento de registros, de dados pessoais ou de comunicações por provedores de conexão e de aplicações de internet em que pelo menos um desses atos ocorra em território nacional". Reconhecendo a escala mundial da internet e a possibilidade de prestação de serviços por empresas estrangeiras a usuários brasileiros, o Marco Civil determina que essa regra se aplica aos dados coletados em território nacional e ao conteúdo das comunicações, "desde que pelo menos um dos terminais esteja localizado no Brasil" (§ 1º), e se aplica mesmo se a pessoa jurídica estiver sediada no exterior, "desde que oferte serviço ao público brasileiro ou pelo menos um integrante do mesmo grupo econômico possua estabelecimento no Brasil" (§ 2º).

Nos artigos 18 a 21, um dos temas mais caros e mais debatidos na contemporaneidade. O Marco Civil se dedica a essa disciplina em seus artigos 18 a 21 que regulam as situações em que os provedores de conexão e aplicação podem ou não ser responsabilizados por aquilo que os usuários fizerem por meio de seus serviços. Ou seja, seguindo a lógica de responsabilidade civil, há uma conduta do usuário na internet (terceiro) e um dano que provocado por essa conduta (nexo de causalidade e dano). O Marco Civil traz, assim, diretrizes sobre como e em que situações as empresas que atuam na internet podem ser responsabilizadas por condutas que não praticaram diretamente, mas que foram, de alguma forma, viabilizadas por seus serviços.

O artigo 18 disciplina de forma clara que o provedor de conexão de internet não será responsável civilmente por danos decorrentes de conteúdo gerado por terceiros. O texto é de obviedade lógica e técnica. A empresa de conexão apenas e tão-somente fornece o serviço de habilitação do terminal (usuário) à infraestrutura da internet, não podendo ser responsabilizada por aquilo que o usuário faz ou mesmo pelos serviços ou funcionalidades disponibilizadas pelas empresas de aplicações.

Diferentemente, o artigo 19 versa sobre a responsabilidade dos provedores de aplicações. Diz que esses só serão responsabilizados por danos gerados por terceiros por meio de seus serviços "se, após ordem judicial específica, não tomar as providências para, no âmbito e nos limites técnicos do seu serviço e dentro do prazo assinalado, tornar indisponível o conteúdo apontado como infringente, ressalvadas as disposições legais em contrário".

A responsabilidade só surge, como regra geral, após o descumprimento injustificado ou ilegal de ordem judicial específica que determine a indisponibilização do conteúdo causador do dano. Isso para "assegurar a liberdade de expressão e impedir a censura" (art. 19). Os provedores de aplicação, assim, como regra legal, não têm o dever de monitorar ou controlar previamente os conteúdos produzidos pelos usuários de seus serviços.

Além da necessária cláusula de reserva de jurisdição estatal na avaliação da ilicitude do conteúdo, o Marco Civil traz outra regra geral condicionante à responsabilização do provedor: a ordem judicial específica em relação ao conteúdo, entendida essa como aquela que contém "a identificação clara e específica do conteúdo apontado como infringente, que permita a localização inequívoca do material" (art. 19, § 1º). Tal requisito é preenchido pela identificação inequívoca da URL do conteúdo ilícito (*Uniform Resource Locator*), ou seja, o endereço de internet que viabiliza, para a empresa provedora, a identificação inequívoca do conteúdo violador.

O artigo 21, porém, traz exceções a essa dinâmica que se justificam por si. Diz: "O provedor de aplicações de internet que disponibilize conteúdo gerado por terceiros será responsabilizado subsidiariamente pela violação da intimidade decorrente da divulgação, sem autorização de seus participantes, de imagens, de vídeos ou de outros materiais contendo cenas de nudez ou de atos sexuais de caráter privado quando, após o recebimento de notificação pelo participante ou seu representante legal, deixar de promover, de forma diligente, no âmbito e nos limites técnicos do seu serviço, a indisponibilização desse conteúdo".

Assim, no caso de conteúdo que represente a violação da intimidade decorrente da divulgação de imagens, de vídeos ou de outros materiais contendo cenas de nudez ou de atos sexuais de caráter privado, sem autorização de seus participantes, a ordem judicial é dispensada, podendo o provedor ser responsável subsidiariamente, desde que receba notificação do próprio participante ou de seu responsável legal e deixe de ser diligente na indisponibilização do conteúdo conforme a pertinência técnica da situação. A necessidade de demonstração da URL continua sendo necessária, pois, sem ela, não é possível individualizar o conteúdo ilícito.

Por fim, resta observar que tanto o artigo 19 quanto o artigo 21 trazem hipóteses legais de indisponibilização do conteúdo, o primeiro por ordem judicial e o segundo por meio, apenas, de notificação extrajudicial. Pode a parte interessada, assim, valer-se de tais dispositivos para tentar fazer cessar o conteúdo que viole seus direitos.

Porém, essa dinâmica não retira dos provedores de aplicação, dentro da liberdade de contratar por meio de seus termos e políticas com os usuários de seus serviços, a possibilidade de indisponibilizar conteúdos que violem tais documentos.

3.3 A PRIVACIDADE E A PROTEÇÃO DE DADOS PESSOAIS NO MARCO CIVIL DA INTERNET

3.3.1 Considerações iniciais

No item anterior, procurei explicar a estrutura do Marco Civil para trazê-lo à pauta deste livro. Neste momento, porém, passo a tecer considerações que, a meu ver, têm o potencial de revelar *como* a proteção de dados pessoais está presente no Marco Civil. Até porque, naturalmente, regular a internet é também regular o tráfego de dados na sociedade, de modo que a proteção de dados pessoais no uso da internet no País tem como base normativa o diálogo estabelecido entre o Marco Civil e a LGPD. Logo, regular como a internet é utilizada é também regular como dados, pessoais ou não, são coletados, comunicados, armazenados e utilizados pelos agentes conectados em tal infraestrutura.

O objetivo, portanto, é tentar mostrar a proteção de dados pessoais em seu texto com a seleção dos principais e não exaustivos pontos com este foco, esperançoso que, ao final do texto, o leitor possa vislumbrar *como* e *onde* a proteção de dados pessoais está no Marco Civil e como este conversa com a própria LGPD. Para tanto, seguirei a proposta de tratar os tópicos sob este viés e respeitando a ordem dos temas como estão dispostos na sequência de artigos da própria lei. A minha ideia é propiciar uma possível comparação deste capítulo com o texto legal em si e observar os pontos em que a proteção de dados pessoais se revela. Sugiro, inclusive, que leia os itens seguintes acompanhado(a) do texto da própria lei.

Tento, assim, contribuir com um capítulo normativo que, na minha sensação, fica ao fundo das principais prateleiras do estudo do tema, o que não ocorre de maneira intencional necessariamente. E isto é natural e esperado após a edição da LGPD e sua justa atenção como um texto que regula a proteção de dados pessoais de forma ampla e como lei específica.

3.3.2 Reconhecimento da escala mundial da rede (art. 2º, I)

O Marco Civil, como visto, reconhece a escala mundial da rede como um fundamento das normas jurídicas que regulam a internet. Reconhece assim que a internet é uma infraestrutura de presença, capilaridade e escala mundial (art. 2º, I).

Reconhece que os dados, pessoais ou não, podem trafegar sem quaisquer limites fronteiriços e estabelece este reconhecimento como fundamento da regulação. A presunção da regulação da internet é contar que não há limites físicos para o tráfego de dados ou para a prestação de serviços a indivíduos localizados no Brasil, por agentes de fora do País, que envolvam a coleta ou utilização de dados pessoais.

De forma lógica, a meu ver, esse fundamento espraia efeitos para além da regulação da internet em si, devendo ser considerado como premissa também para a proteção dos dados pessoais nesse ambiente. Assim, a regulação da proteção de dados no Brasil, além de trazer dispositivos específicos desse contexto por inspiração direta do *General Data*

Protection Regulation – GDPR (por exemplo, a previsão de transferência internacional de dados), tem a premissa de que o tratamento de dados pessoais pode não observar limites territoriais como uma sequência lógica técnica de como a internet funciona.

É interessante notar, inclusive, que este fundamento tem correspondência clara em vários dispositivos da LGPD que, embora não regule o tratamento de dados pessoais apenas na internet, tem significativa abrangência (quase total) no que acontece por meio desse ecossistema ou que se valha da internet de alguma maneira. A própria regulação específica da transferência internacional de dados pessoais – dados pessoais coletados no Brasil e encaminhados para o exterior – com regras específicas é um ótimo exemplo.

É em razão da escala mundial da rede que as regulações de proteção de dados pessoais têm preocupação específica sobre aquilo que acontece fora dos seus limites territoriais. Isso aconteceu com o GDPR como mencionado, e acontece também com a LGPD em seus artigos 33 a 36. São mecanismos regulatórios que humildemente assumem que os limites territoriais de soberania da legislação podem não ser suficientes e, como uma tentativa alternativa, estabelecem requisitos especiais de cuidado aos agentes envolvidos se os dados são enviados para territórios outros que não o de regulação.

O fundamento da escala mundial da rede também ressoa na aplicabilidade territorial estabelecida no artigo 3º da LGPD. Segundo o dispositivo, a LGPD é aplicada para todas as operações de tratamento de dados pessoais realizadas em território brasileiro (inc. I). Mas também para aquelas realizadas fora do País, mas que tenham "por objetivo a oferta ou o fornecimento de bens ou serviços ou o tratamento de dados de indivíduos localizados no território nacional" (inc. II). Isso ocorre justamente pela capilaridade extraterritorial da internet e do tráfego de dados que por ela ocorre, ou seja, o fundamento do reconhecimento da escala mundial da rede parece carimbar sua influência também da aplicabilidade territorial e material da regulação da proteção de dados.

Por hipótese, tal fundamento também pode ser capaz de explicar a razão de existir a redundância presente no inciso III do artigo 3º da LGPD que fala na aplicação da LGPD para dados coletados no Brasil. A coleta, a rigor, já está incluída no inciso I (eis que uma forma de tratamento de dados pessoais realizada no Brasil). Porém, a preocupação com o tráfego internacional de dados pode ter levado o legislador a reforçar e insistir textualmente na aplicação da LGPD se os dados foram coletados em território nacional de modo a *grifar* que, a LGPD, por conta do reconhecimento, ainda que implícito da escala mundial da rede, também é aplicável ao uso sequencial dos dados pessoais fora do território nacional.

3.3.3 Desenvolvimento da personalidade (art. 2º, II)

Como visto, a proteção de dados pessoais em si é meio para garantir a proteção dos direitos fundamentais de liberdade, de privacidade e livre desenvolvimento da personalidade da pessoa natural. Esse fundamento do Marco Civil, portanto, antes mesmo da LGPD, já propunha a proteção do desenvolvimento da personalidade no ecossistema de uso da infraestrutura da internet, o que incluía, entre outros aspectos, a proteção de dados pessoais, conforme confirmam as regras de direitos dos usuários no artigo 7º. O uso adequado e protegido da internet e a proteção de dados pessoais são preceitos intimamente ligados e absolutamente fundamentais, como irmãos siameses, para o desenvolvimento da personalidade do ser humano contemporâneo. Sua evolução, impressões, opiniões, decisões, acertos e erros, interações sociais etc. dependem diretamente de ambos. O fundamento do desenvolvimento da personalidade, tanto aqui no Marco Civil como na LGPD, se apresenta como um terreno comum e fértil de proteção humana.

3.3.4   Exercício da cidadania (art. 2º, II)

O exercício da cidadania como fundamento da regulação da internet tem a preocupação de como os indivíduos participam da formação e constituição de suas comunidades e se manifestam politicamente. Além da internet enquanto ferramenta de tais movimentos, é reconhecido que os processos de exercício da cidadania envolvem um grande volume de dados pessoais, inclusive no tratamento destinado à distribuição de conteúdo e influência e os processos eleitorais.

É o que reconhece o *Guia orientativo – aplicação da Lei Geral de Proteção de Dados Pessoais (LGPD) por agentes de tratamento no contexto eleitoral* emitido em conjunto pela Autoridade Nacional de Proteção de Dados e o Tribunal Superior Eleitoral[1]:

> O processo político-eleitoral envolve a circulação de um grande volume de dados pessoais: candidatas, candidatos e partidos políticos querem fazer suas propostas chegar ao eleitorado e, para isso, é muito valioso conhecer seus hábitos e suas opiniões e pretensões. A atual capacidade de processamento das informações e a adaptação da sociedade a novos hábitos digitais – com forte adesão a redes sociais e aplicativos de mensagens privadas e em grupos – aumentam a preocupação com a tutela de dados pessoais das cidadãs e dos cidadãos. No contexto eleitoral, a observância das regras de proteção de dados é essencial não apenas do ponto de vista individual, mas também para a defesa da democracia e integridade do pleito[2].

Nesse sentido, o fundamento do exercício da cidadania na internet também parece exceder a regulação da internet em si, alcançando a própria regulação da proteção de dados pessoais que trafegam *online* e que, nessa condição, permitem a participação individual no desenvolvimento da sua participação cidadã como célula de reverberação e formação política da sociedade. Como principal consequência, o fundamento reconhece a possibilidade de uso e tratamento de dados pessoais de forma legítima

---

[1] ANPD e TSE. *Guia orientativo – aplicação da Lei Geral de Proteção de Dados Pessoais (LGPD) por agentes de tratamento no contexto eleitoral*. Disponível em: https://www.gov.br/anpd/pt-br/documentos-e-publicacoes/guia_lgpd_final.pdf. Acesso em: 13 fev. 2024.

[2] Idem, p. 7.

na internet para a participação dos titulares na formatação comunitária, atuação política e participação eleitoral.

3.3.5 Abertura e colaboração (art. 2º, IV)

Como visto, o Marco Civil estabelece os fundamentos de abertura e colaboração, reconhecendo que a internet deve ser uma ferramenta e um ambiente colaborativo e de difusão de ideias.

Além da troca de conteúdo e da participação cooperativa dos agentes e usuários, o fundamento traz importante reforço em prol da proposta de abertura dos dados e seus parâmetros. Tais fundamentos parecem propor, a meu ver, que a potencialização do aproveitamento da internet enquanto recurso e ambiente colaborativo desejado inclui também reconhecer a importância da internet na profusão e troca de dados, inclusive com abertura e interoperabilidade conforme legislação específica.

É nesse contexto que tais fundamentos parecem apresentar importante interação com a disciplina de proteção de dados pessoais. As ideias de abertura e colaboração colocam mais peso de fundamento em prol da abertura dos dados. Como consequência, lembram e grifam que as regras que restringem a abertura e a possibilidade de reúso dos dados devem ser excepcionais, a exemplo das regras extraídas do artigo 31 da LAI, estudado especificamente quando da análise da perspectiva de abertura dos dados no País.

3.3.6 Livre-iniciativa (art. 2º, V)

A livre-iniciativa consiste em garantia constitucional basilar do modelo econômico liberal adotado pela ordem constitucional brasileira vigente (art. 170, *caput*, CF). O escopo aqui não é aplaudir ou criticar o modelo escolhido, mas reconhecê-lo como tal, de modo que a intervenção do Estado na atuação dos agentes privados é autorizada apenas se devidamente respaldada por valores igualmente constitucionais justificadores do imiscuir das atividades não públicas.

Dessa forma, a atuação estatal na definição de regras, intervenções e na própria função de regulador da economia de mercado e nas atividades econômicas que a compõem somente poderá ser admitida (i) se o próprio mercado o exigir para o resguardo da própria livre-iniciativa; (ii) se verificado o abuso de poder econômico (art. 173, § 4º, CF/88); ou (iii) se outra garantia de patamar igualmente constitucional assim permitir, aplicando-se, nesse último caso, as regras hermenêuticas de interpretação constitucional, destacadamente a ponderação em casos concretos.

Aliás, é nesse sentido o voto do Ministro Celso de Mello na ADI n. 319/DF:

> O estado liberal caracteriza-se pela neutralidade assumida na cena econômica e social. A doutrina do *laissez-faire*, *laissez-passer* conferia base ideológica ao liberalismo econômico. O Estado liberal, também denominado Estado Mínimo ou absenteísta, não intervinha na ordem econômica e social. Limitava-se a fiscalizar o livre e normal desenvolvimento das atividades de produção. Por isso mesmo foi identificado com o *État*

gendarme. Os abusos e as iniquidades então cometidos constituíam, por uma questão até dogmática, fenômenos incapazes de estimular, no aparelho de Estado, uma resposta apta a solucionar os graves conflitos resultantes das relações sociais. [...] Todas as atividades econômicas estão sujeitas à ação fiscalizadora do Poder Público. O ordenamento constitucional outorgou ao Estado o poder de intervir no domínio econômico, assistindo-lhe, nesse especial contexto das funções estatais, competência para proceder como agente normativo e regulador da atividade econômica (art. 174)[3].

Como também decidiu o STF:

> O princípio da livre-iniciativa, inserido no *caput* do art. 170 da Constituição nada mais é do que uma cláusula geral cujo conteúdo é preenchido pelos incisos do mesmo artigo. Esses princípios claramente definem a liberdade de iniciativa não como uma liberdade anárquica, porém social, e que pode, consequentemente, ser limitada[4].

Ou, ainda, como se posicionou o STF ao decidir sobre a inconstitucionalidade da proibição de uso de carros particulares para o transporte de pessoas por aplicativos:

> A possibilidade de intervenção do Estado na ordem econômica para preservar o mercado concorrencial e proteger o consumidor não pode contrariar ou esvaziar a livre-iniciativa, a ponto de afetar seus elementos essenciais. Em um regime constitucional fundado na livre-iniciativa, o legislador ordinário não tem ampla discricionariedade para suprimir espaços relevantes da iniciativa privada[5].

Ou, também, como documenta Tércio Sampaio Ferraz Jr.

> O sentido do papel do Estado como agente normativo e regulador está delimitado, negativamente, pela livre-iniciativa, que não pode ser suprimida. O Estado, ao agir, tem o dever de omitir a sua supressão. Positivamente, os limites das funções de fiscalização, estímulo e planejamento estão nos princípios da ordem, que são a sua condição de possibilidade. O primeiro deles é a soberania nacional. Nada fora do pacto constituinte. Nenhuma vontade pode se impor de fora do pacto constitucional, nem mesmo em nome de alguma racionalidade da eficiência, externa e tirânica. O segundo é a propriedade privada, condição inerente à livre-iniciativa. O terceiro é a função social da propriedade, que tem a ver com a valorização do trabalho humano e confere o conteúdo positivo da liberdade de iniciativa. O quarto é a livre concorrência: a livre-iniciativa é para todos, sem exclusões e discriminações. O quinto é a defesa do consumidor, devendo-se velar para que a produção esteja a serviço do consumo, e não este a serviço daquela. O sexto é a defesa do meio ambiente, entendendo-se que uma natureza sadia é um limite à atividade e, também, sua condição de exercício[6].

---

[3] STF, T. Pleno, ADI n. 319/DF, Rel. Min. Moreira Alves, j. 04.12.1992.
[4] STF, Dec. Mon. ARE n. 1.104.226/SP, Rel. Min. Luís Roberto Barroso, j. 28.02.2018, pub. 02.03.2018.
[5] STF, T. Pleno, RE 1.054.110/SP, Tema 967, Rel. Min. Luís Roberto Barroso, j. 09.05.2019, pub. 06.09.2019.
[6] FERRAZ JR., T. S. Congelamento de preços – tabelamentos oficiais (parecer). *Revista de Direito Público n. 91*, 1989. p. 77-78.

Livre-iniciativa, aliás, que veio em 2019 encontrar sua *longa manus* em sede infraconstitucional com a Lei da Liberdade Econômica (Lei Federal n. 13.874/2019), explicando seu conteúdo, fazendo com que o preceito constitucional se espraie pelo ordenamento jurídico brasileiro, como se rio em inundação fosse. Reforça a opção de liberalismo econômico feita, de forma contemporânea, pelo Estado brasileiro, na proposta de trazer concretude à ideia de sua menor intervenção na economia. Nesse sentido, diz em seu artigo 1º:

> Fica instituída a Declaração de Direitos de Liberdade Econômica, que estabelece normas de proteção à livre-iniciativa e ao livre exercício de atividade econômica e disposições sobre a atuação do Estado como agente normativo e regulador, nos termos do inciso IV do *caput* do art. 1º, do parágrafo único do art. 170 e do *caput* do art. 174 da Constituição Federal. § 1º O disposto nesta Lei será observado na aplicação e na interpretação do direito civil, empresarial, econômico, urbanístico e do trabalho nas relações jurídicas que se encontrem no seu âmbito de aplicação e na ordenação pública, inclusive sobre exercício das profissões, comércio, juntas comerciais, registros públicos, trânsito, transporte e proteção ao meio ambiente.

Feitas essas considerações, o Marco Civil reafirma a livre-iniciativa como fundamento da regulação da internet e de todas as atividades que se valem de tal infraestrutura, incluindo, mas não se limitando, as atividades que se valem de dados e dados pessoais. O que, aliás, veio também a ser feito pela própria LGPD (art. 2º, VI), como será visto em item próprio desta obra.

Tal fundamento tem, portanto, reflexo direto na disciplina da proteção de dados pessoais no uso da internet, já que estabelece a discussão direta para a seguinte pergunta: a que ponto pode intervir o Estado nas atividades *online* que se valham de dados pessoais? Como hipótese, as iniciativas privadas e os negócios só poderão sofrer restrição legítima para proteger os dados pessoais se essa proteção, hoje em patamar constitucional em razão da EC n. 115/2022, assim justificar. O que de certa forma é reforçado pelo próprio Marco Civil no seu princípio de liberdade dos modelos de negócio (art. 3º, VIII). Ao tratar da livre-iniciativa como fundamento, dessa forma, o Marco Civil reafirma na regulação da internet a delimitação negativa da atuação do Estado na regulação do tráfego de dados e dos negócios que deles se valham.

A discussão de alcance de proibição ou regulação Estatal dos negócios na internet, por exemplo, ganha especial capítulo no que tange à previsão e interpretação das chamadas bases legais de tratamento, dispostas especialmente nos arts. 7º e 11 da LGPD. Na medida em que são hipóteses que autorizam ou não o uso dos dados pessoais, a previsão e a interpretação destas, de certa forma, toca a discussão do alcance da intervenção estatal na atividade. Reconhecida a base legal, a atividade poderá ser feita. Ausente aquela, esta não poderá acontecer. E por qual razão? Porque o Estado intervém e estabelece pela proibição da atividade pela ausência de base legal. É nesse contexto que parece estar inserida a discussão da livre-iniciativa e dos contornos permitidos de intervenção estatal. Como se tratará em relação à LGPD, isso ganha especial atenção na interpretação de bases como quanto ao alcance das obrigações legais ou regulatórias e legítimo interesse, ou, ainda, em relação ao tratamento de dados pessoais de crianças e adolescentes.

3.3.7 Livre concorrência (art. 2º, V)

Ao lado da livre-iniciativa está o fundamento da livre concorrência. Na essência constitucional do que é pertinente aqui, decorre também do modelo constitucional liberal e da livre-iniciativa e visa garantir a busca constante de um mercado ideal, marcado pela existência da livre concorrência, o que contribuirá para o desenvolvimento das atividades econômicas, inclusive com um maior número de opções para o público consumidor. A intervenção do Estado, nessa perspectiva, é possível para coibir práticas como aquelas que enfraqueçam a concorrência livre, diminuam o fomento da competição de forma ilícita, representem o abuso de poder econômico (incluindo da posição dominante) e prejudiquem o consumidor.

A conexão entre a livre concorrência do Marco Civil e da própria LGPD (art. 2º, VI) parece ter como fator principal o reconhecimento de dado, inclusive o pessoal, que é insumo de atividade econômica, sobretudo a partir do que podemos chamar de economia de dados ou de *datificação da economia*. Assim, o que propõe o Marco Civil é reafirmação de que os dados que trafegam na internet são decisivos componentes dos negócios, de modo que a proteção de dados pessoais na internet tem contraposição direta na preservação da livre concorrência entre os agentes de mercado que se valem de tal infraestrutura.

Isso assume especial significância, por exemplo, na própria regulação da LGPD no que tange aos negócios *online*, de modo que a regulação tem de prezar pela manutenção ou promoção da igualdade de condições, de modo que a restrição do uso de dados deve ser observada de forma cuidadosa a restringir de maneira igual negócios iguais. O mesmo diálogo parece existir no regime sancionador da ANPD, sendo esperado da autoridade que fiscalize e sancione em condições de igualdade negócios que concorrem nos mesmos mercados, sob pena de, na atividade sancionatória legítima e necessária à proteção de dados pessoais, gerar externalidades negativas e anticompetitivas de suas decisões. Ainda pode se citar a própria interpretação das restrições aos dados abertos por premissas. Restrições desiguais na abertura dos dados, em relação a negócios que reúnem os mesmos elementos de atuação, podem implicar a restrição anticoncorrencial de insumos, em violação clara ao fundamento de livre concorrência constitucional. O mesmo se diga de práticas que obtêm dados de bases públicas por meio de práticas ilegais (como no caso de corrupção de servidores públicos) e que, com isto, assumem posição privilegiada de mercado sustentada na ilicitude.

3.3.8 Defesa do consumidor (art. 2º, V)

A defesa do consumidor na internet é fundamento cujo conteúdo beira, a meu ver, a obviedade de entendimento. Reconhece o legislador a caracterização de relações de consumo conforme configuração jurídica estabelecida pelo Código de Defesa do Consumidor.

O interessante em termos de proteção de dados pessoais decorrentes dessa previsão do Marco Civil é o fato de que a relação de consumo não se caracteriza apenas pelo fornecimento do produto ou serviço pela internet, mas *como* esse fornecimento acontece. Necessariamente, isto se dá pela coleta de dados pessoais do consumidor ou usuário, atraindo para esse tráfego todo o regime de proteção que está sustentado nos pilares de diálogo, hoje, entre a CF, o CDC, o Marco Civil e a LGPD. É a interpretação reunida e debatida das previsões desses quatro principais normativos que estabelece como a proteção de dados pessoais *online* do consumidor deve ocorrer.

3.3.9 Princípios da privacidade e proteção de dados pessoais na forma da lei (art. 3º, II e III)

O Marco Civil, como dito, é também uma lei sobre privacidade e proteção de dados pessoais, e esses princípios reafirmam isto. A previsão de ambos, assim como o dito em relação à defesa do consumidor, traz a sinalização óbvia para este texto no sentido de que, sim, a interpretação da regulação da internet no Brasil deve considerar a preservação da privacidade e da proteção de dados pessoais. E mais, a internet tem de ser utilizada em respeito a tais premissas.

Um dos pontos de destaque é a felicidade do texto normativo em distinguir a privacidade e a proteção de dados pessoais. Como se tratará com afinco no estudo da LGPD, a privacidade e a proteção de dados pessoais não são conceitos que se equivalem, sendo esta última uma das manifestações de proteção daquela. A privacidade é, de certa forma, um instituto jurídico multifacetário. Em uma de suas faces, está a proteção dos dados pessoais. Proteger o tratamento adequado e lícito dos dados pessoais é reconhecer que estes podem identificar o indivíduo, impedindo que ele tenha o controle, por si, sobre os limites entre seu espaço privado e o espaço público (cruza-se aqui com a própria ideia trazida pelo direito fundamental da liberdade positiva). A proteção de dados pessoais é uma manifestação da proteção à privacidade justamente porque o tratamento inadequado de dados pode resultar na ingerência indevida ou constrição da esfera de privacidade, muitas vezes à revelia do próprio titular. A privacidade e a proteção de dados pessoais têm, em conjunto, o objetivo de promoção do desenvolvimento da personalidade da pessoa natural. Neste contexto, a proteção da privacidade na internet, conforme Marco Civil, estabelece a proteção dos dados em si, mas a excede, protegendo todo o comportamento do usuário de tal infraestrutura.

Outro ponto de destaque é que o Marco Civil, com um legislador já consciente à época das regulações estrangeiras, delimitou a proteção de dados pessoais estabelecida em seu texto. Adotando uma espécie de eficácia limitada, reconheceu no princípio (art. 3º, III) e nos direitos dos usuários (art. 7º), que a proteção de dados pessoais é relevante, mas será feita na forma da lei. Hoje, essa lei é a reunião do previsto na CF, na LGPD, nos regulamentos da ANPD e em regulações setoriais, conforme atividades específicas do agente responsável ou beneficiado pelo tráfego de dados *online*.

3.3.10 Princípio da neutralidade da rede (art. 3º, IV)

O princípio da neutralidade da rede propõe um estado ideal das coisas em que é preservado o tratamento isonômico de todo e qualquer tráfego feito pela internet, sem qualquer discriminação, restrição ou interferência, independentemente de quem está conectado à rede, dos serviços utilizados, tipos de conteúdo etc. A ideia é preservar ao máximo a liberdade dos usuários da internet para que essa possa ter concretizadas todas as suas potencialidades positivas. Além do Marco Civil, o princípio é também regulado pelo Decreto Federal n. 8.771/2015, que trata deste e outros temas do Marco Civil.

Em nível de detalhe, o artigo 9º do Marco Civil diz que: "O responsável pela transmissão, comutação ou roteamento tem o dever de tratar de forma isonômica quaisquer pacotes de dados, sem distinção por conteúdo, origem e destino, serviço, terminal ou aplicação", permitindo a discriminação ou degradação do tráfego apenas se esta decorrer de "I – requisitos técnicos indispensáveis à prestação adequada dos serviços e aplicações; e II – priorização de serviços de emergência" (§ 1º). O referido Decreto entra em nível de detalhe ainda maior, sinalizando que os descumprimentos da neutralidade são:

> [...] medidas excepcionais, na medida em que somente poderão decorrer de requisitos técnicos indispensáveis à prestação adequada de serviços e aplicações ou da priorização de serviços de emergência, sendo necessário o cumprimento de todos os requisitos dispostos no art. 9º, § 2º, da Lei n. 12.965, de 2014.

Há muitas discussões associadas à neutralidade, como aquelas pertinentes à preservação da liberdade dos usuários e à livre concorrência entre os agentes econômicos, a exemplo das discussões conhecidas das práticas de *zero-rating*[7]. No que tange à proteção de dados pessoais, cumpre lembrar que há várias formas ou práticas associadas ao cumprimento dos parâmetros de neutralidade, e parte substancial delas tem relação direta com a utilização dos dados dos usuários e, portanto, pessoais. É nesse contexto, a meu ver, que a disciplina da neutralidade da rede assume também feição regulatória em relação à proteção de dados pessoais, sendo assim identificada no Marco Civil. Dessa forma, a regra de neutralidade impede que os dados pessoais sejam utilizados para resultar na discriminação ou degradação do tráfego, salvo nas hipóteses de exceção permitidas. Do contrário, parece-me que se caracterizará a discriminação ilícita vedada pelo princípio da não discriminação (art. 6º, IX, LGPD).

3.3.11 Definições (art. 5º)

Em relação às definições do Marco Civil e à proteção de dados pessoais, parece-me relevante destacar a previsão normativa de alguns dados com potencial de serem também dados pessoais, conforme contexto de tratamento dispensado.

---

[7] As práticas de *zero-rating* ou de tarifa zero ficaram assim conhecidas por possibilitarem, de formas diferentes, a gratuidade de tráfego de dados aos usuários de internet.

Assim, o terminal (inc. II), enquanto qualquer dispositivo capaz tecnicamente de se conectar à internet, poderá, a depender do contexto, ser considerado um dado pessoal. Uma coisa é o dado de identificação de um servidor utilizado por uma pessoa jurídica no desempenho de suas atividades e que não está relacionado a qualquer pessoa natural, pois tem-se, assim, um servidor anônimo ou um terminal anônimo. Diferentemente é um terminal de uso pessoal ou passível de individualização (*smartphone*, computador, *tablet*, roteador etc.) e cujo contexto de acesso à informação revela um conjunto de dados capazes de identificar o indivíduo. Nesse caso, está-se diante de um terminal pessoal ou de um dado de identificação pessoal. Isso é ocorre, por exemplo, com operações de tratamento que são tecnicamente capazes de identificar o endereço MAC do dispositivo[8] ou o IMEI dos *smartphones* se associados com outros dados que identificam o indivíduo. Trata-se, portanto, de situação contextual.

No inciso III, por sua vez, o Marco Civil trata do endereço de protocolo de internet (endereço IP) como o "código atribuído a um terminal de uma rede para permitir sua identificação, definido segundo parâmetros internacionais". Como sabido, podem assumir dois formatos, o IPV4 apenas numérico (por exemplo: 192.168.1.1) e o IPV6 alfanumérico (por exemplo: 2001:0db8:85a3:0000:0000:8a2e:0370:7334). Aqui a condição de dado pessoal ou dado anônimo também depende, sobretudo, da capacidade contextual de identificar um indivíduo relacionado ao tratamento de dados pessoais. Sendo um endereço IP capaz de identificar um indivíduo ou monitorar seu comportamento de forma individualizada, por exemplo, sua condição de dado pessoal poderá estar presente. Agora, se o endereço IP, assim como o endereço MAC tratado, é utilizado de forma totalmente anônima, sem a identificação ou possibilidade concreta de identificação de alguém, tratar-se-á de dado anônimo. É o caso, por exemplo, do tratamento desses dados destinado apenas ao monitoramento de tráfego e de qualidade de comunicação ou conexão a aplicações. Os endereços são conhecidos, mas não se sabe a quem eles estão relacionados. Uma vez mais a análise específica, contextual e técnica é imprescindível.

Nos incisos VI e VIII, o Marco Civil associa o endereço IP a outros dados (data, hora e fuso horário) ao dispor nominalmente pelos registros de conexão ("o conjunto de informações referentes à data e hora de início e término de uma conexão à internet, sua duração e o endereço IP utilizado pelo terminal para o envio e recebimento de pacotes de dados") e registros de acesso a aplicações de internet ("o conjunto de funcionalidades que podem ser acessadas por meio de um terminal conectado à internet"). Essas definições, por si só, assim como acima, identificam o terminal, e não alguém necessariamente.

Interessante discussão também pode derivar da possibilidade de identificação adicional do dado técnico de porta lógica de origem, que também é necessária para a

---

[8] *Media Access Control* é um endereço associado à interface de comunicação que conecta o dispositivo à rede, sendo um endereço único de identificação.

potencial identificação de indivíduos no caso de endereços IP compartilhados[9], um elemento a mais nessa discussão contextual, se o endereço IP é, no contexto de análise, dado pessoal ou não. O mais interessante ainda é aquilo que a prática de anos revela: a certeza quanto à necessidade ou não de porta lógica de origem e a informação se o endereço IP é ou não compartilhado, o que depende da informação a ser fornecida pelo provedor de aplicação após determinação judicial. Sem essas etapas, resta clara a distância do endereço IP, em tratamento isolado, ser caracterizado como dado pessoal.

Ainda nesse aspecto, cumpre mencionar a previsão sobre os "dados cadastrais" do Decreto n. 8.771/2015, que regula o Marco Civil. Estes sim dados pessoais por excelência e que podem ou não ser coletados pelas empresas que atuam na internet. São considerados legalmente como dados cadastrais (art. 11, § 2º): "I – a filiação; II – o endereço; e III – a qualificação pessoal, entendida como nome, prenome, estado civil e profissão do usuário". São, como a obviedade da leitura indica, dados claramente pessoais.

3.3.12 Direitos dos usuários (art. 7º)

Em relação às definições do Marco Civil e à proteção de dados pessoais, parece-me relevante destacar que os direitos dos usuários de internet podem ser categorizados em grupos: (i) aqueles associados à privacidade; (ii) aqueles associados à qualidade da infraestrutura de conexão e internet que é disponibilizada aos usuários; e (iii) aqueles associados mais estritamente às relações jurídicas estabelecidas entre os usuários e os demais agentes que na internet atuam. O primeiro pertinente especificamente à proteção de dados pessoais.

Começando pelo final (relações jurídicas estabelecidas), destacam-se os seguintes direitos: direito à publicidade e clareza de eventuais políticas de uso dos provedores de conexão à internet e de aplicações de internet (inc. XI); direito à acessibilidade, consideradas as características físico-motoras, perceptivas, sensoriais, intelectuais e mentais do usuário, nos termos da lei (inc. XII); e direito à aplicação das normas de proteção e defesa do consumidor nas relações de consumo realizadas na internet (inc. XIII).

Em relação ao segundo grupo (qualidade da internet), destacam-se os seguintes direitos: direito à não suspensão da conexão à internet, salvo por débito diretamente decorrente de sua utilização (inc. IV); direito à manutenção da qualidade contratada de conexão à internet (inc. V); direito a informações claras e completas constantes dos contratos de prestação de serviços, com detalhamento sobre o regime de proteção aos

---

[9] Contemporaneamente, há a transição entre os padrões de IP: IPV4 para IPV6, o segundo com uma maior possibilidade de distribuição de números IPs e, portanto, de conexões em todo mundo. Porém, esgotadas as conexões disponíveis no modelo IPV4, teve de se criar uma alternativa técnica a fim de viabilizar novas conexões, ainda nessa fase de transição. Grosso modo, portanto, as portas lógicas de origem são instrumentos técnicos que permitem o uso de um mesmo IP de forma compartilhada, de modo que a cada usuário conectado no IP corresponde uma porta lógica. Assim, nessa fase de transição, para a identificação do usuário, não basta a identificação do IP, data e hora, mas também a porta lógica de origem.

registros de conexão e aos registros de acesso a aplicações de internet, bem como sobre práticas de gerenciamento da rede que possam afetar sua qualidade (inc. VI).

E o primeiro grupo mais pertinente à presente obra: direitos associados à privacidade. São eles: direito à inviolabilidade da intimidade e da vida privada, sua proteção e indenização pelo dano material ou moral decorrente de sua violação (inc. I); direito à inviolabilidade e sigilo do fluxo de suas comunicações pela internet, salvo por ordem judicial, na forma da lei (inc. II); direito à inviolabilidade e sigilo de suas comunicações privadas armazenadas, salvo por ordem judicial (inc. III); direito ao não fornecimento a terceiros de seus dados pessoais, inclusive registros de conexão, e de acesso a aplicações de internet, salvo mediante consentimento livre, expresso e informado ou nas hipóteses previstas em lei (inc. VII); direito a informações claras e completas sobre coleta, uso, armazenamento, tratamento e proteção de seus dados pessoais, que somente poderão ser utilizados para finalidades que: a) justifiquem sua coleta; b) não sejam vedadas pela legislação; e c) estejam especificadas nos contratos de prestação de serviços ou em termos de uso de aplicações de internet (inc. VIII); direito ao consentimento expresso sobre coleta, uso, armazenamento e tratamento de dados pessoais, que deverá ocorrer de forma destacada das demais cláusulas contratuais (inc. IX); direito à exclusão definitiva dos dados pessoais que tiver fornecido a determinada aplicação de internet, a seu requerimento, ao término da relação entre as partes, ressalvadas as hipóteses de guarda obrigatória de registros previstas nesta Lei e na que dispõe sobre a proteção de dados pessoais (inc. X).

É interessante notar, portanto, como o Marco Civil já previa a privacidade e a proteção de dados pessoais como direitos dos usuários de internet. Direitos que, a meu ver, devem ser interpretados em harmonia com o *conteúdo* desses endereços de acordo com a própria LGPD, parte são conservados na sua essência, já que não tratam estritamente da proteção de dados pessoais em si.

Por exemplo, os três direitos à inviolabilidade (da intimidade e vida privada, do sigilo de fluxo de comunicações e do sigilo das comunicações) são direitos que, de certa forma, tangenciam com o tema da proteção de dados, até porque, na intimidade, na vida privada, no fluxo e nas comunicações em si, há dados pessoais dos usuários.

No caso do direito à inviolabilidade da intimidade e da vida privada (inc. I), trata-se de espectro muito mais amplo do que a proteção de dados pessoais em si, já que esta é, como visto, apenas um dos meios de proteger a intimidade e privacidade dos indivíduos. Nesse sentido, o direito previsto no Marco Civil conserva-se amplo em sua essência, sendo influenciado em seu conteúdo naquilo que tange à parte de tal direito. Assim, a influência da LGPD parece-me estar, justamente, no conteúdo do *inviolável* trazido pela norma, de modo que o tratamento de dados pessoais na internet e permitido pela LGPD afasta o caráter de violabilidade da intimidade e vida privada. Aquele tratamento de dados pessoais que essencialmente respeita os princípios da LGPD (finalidade, necessidade, adequação e não discriminação essencialmente), suas bases legais e demais disposições é lícito, não caracterizando o fato gerador do direito à inviolabilidade para o usuário. Em outras palavras, no espectro da proteção de dados pessoais (parcela do conteúdo da intimidade e da vida privada), a violação só estará caracterizada se descumprida a LGPD.

Em relação aos direitos de sigilo de fluxo das comunicações e das comunicações em si, salvo por ordem judicial (incs. II e III), embora o fluxo e as comunicações contenham dados pessoais, a proteção de dados não me parece ser o principal escopo de tais direitos, mas a proteção da privacidade e da intimidade dos usuários em relação a com quem e como e se comunicam na internet. Os dois pontos mais relevantes, a meu ver, de intersecção de tais direitos com a proteção de dados pessoais serão (i) o fato de que será ilegítima a quebra de sigilo dos dados pessoais envolvidos em tais circunstâncias, salvo com ordem judicial específica (em violação ao princípio da finalidade do artigo 6º da LGPD); e (ii) a guarida que o final dos incisos II e III dá aquele que fornece os dados envolvidos em tais situações sob ordem judicial juridicamente válida, sendo o fornecimento dos dados pessoais (endereços de IP, conteúdos de *e-mails* etc.) uma operação lícita e coberta pela base legal de tratamento de cumprimento de obrigação legal (art. 7º, II, LGPD).

O direito previsto no inciso VII, por sua vez, inaugura aqueles direitos com perfil claro de proteção de dados pessoais. Como visto, estabelece o direito do usuário de internet de "não fornecimento a terceiros de seus dados pessoais, inclusive registros de conexão, e de acesso a aplicações de internet, salvo mediante consentimento livre, expresso e informado ou nas hipóteses previstas em lei". Há algumas questões e normas sutis importantes a serem extraídas deste texto.

Um, é interessante notar que o direito está atrelado ao não fornecimento dos dados pessoais a "terceiros", ou seja, reconhece que os provedores de conexão e aplicação terão os dados pessoais legitimamente, mas que só poderão compartilhá-los com terceiros (quaisquer outros que não os usuários ou os provedores envolvidos na própria atividade) se presente o consentimento ou outras hipóteses legais.

Dois, o texto estabelece de forma clara que registros de conexão ou de acesso podem ser interpretados como dados pessoais, o que, a meu ver, não deve ser interpretado como algo estanque, mas como uma possibilidade de caracterização. Explico. Os registros de conexão e acesso podem sim ser dados pessoais, mas, como visto anteriormente neste capítulo, se o contexto de tratamento permitir a identificação direta ou indireta do indivíduo. Não é todo registro de conexão ou de aplicação que será um dado pessoal. Agora, olhando sobre o prisma da finalidade pela qual o direito do inciso VII foi previsto, faz sentido seu texto proteger o usuário do compartilhamento indevido de seus dados pessoais, de registros de conexão e aplicação com terceiros, se estes são a ele associados pelos provedores.

Três, é inegável que o Marco Civil foi cuidadoso ao caracterizar o consentimento que era necessário para respaldar o compartilhamento dos dados com terceiros: livre (sem, essencialmente, vícios de manifestação de vontade), expresso (claro e objetivo, sem interpretações implícitas de que a autorização teria ocorrido) e informado (com todas as informações necessárias sobre o compartilhamento a respaldar a decisão informada do usuário ao autorizar o compartilhamento). Hoje, porém, esse consentimento deixa de ser protagonista e é suplantado pelo consentimento da LGPD, que é similar, mas não idêntico, tendo em vista que a LGPD, como se verá, reconhece o consentimento como a manifestação livre, informada e inequívoca do titular de dados.

Quatro, o inciso VII com bom senso já reconhecia que não só o consentimento pode ser apto a autorizar a operação com dados pessoais (compartilhamento), mas outras hipóteses previstas em lei, diferentemente do que fez o inciso IX a seguir tratado. Porém, o Marco Civil se limitou a reconhecer "outras hipóteses" e não as prever especificamente, cumprindo ao intérprete, antes, encontrá-las de forma hermenêutica no sistema normativo aplicável. Alguns exemplos são o cumprimento do contrato com o usuário e o cumprimento de obrigação legal (por exemplo, o fornecimento de dados a autoridades administrativas ou judiciais conforme legitimado pelo próprio Marco Civil). Hoje, porém, essas outras hipóteses são as bases legais de tratamento previstas na LGPD (arts. 7, 11, 14 e 23) que, claro, são informadas também pelo sistema normativo.

Seguindo, o inciso VIII estabelece o direito a informações claras e completas sobre as atividades com dados pessoais e que estes só poderão ser utilizados para finalidades que justifiquem sua coleta, não sejam vedadas pela legislação e estejam especificadas nos contratos de prestação de serviços ou em termos de uso de aplicações de internet. Um texto claro de proteção de dados pessoais, porém, hoje, esvaziado em seu alcance e finalidade, em razão do previsto no artigo 9º da LGPD, que engloba todas as operações com dados pessoais, inclusive aquelas associadas ao uso da internet e consubstanciada na relação usuários e provedores. Diz o dispositivo: "Art. 9º O titular tem direito ao acesso facilitado às informações sobre o tratamento de seus dados, que deverão ser disponibilizadas de forma clara, adequada e ostensiva acerca de, entre outras características previstas em regulamentação para o atendimento do princípio do livre acesso: I – finalidade específica do tratamento; II – forma e duração do tratamento, observados os segredos comercial e industrial; III – identificação do controlador; IV – informações de contato do controlador; V – informações acerca do uso compartilhado de dados pelo controlador e a finalidade; VI – responsabilidades dos agentes que realizarão o tratamento; e VII – direitos do titular, com menção explícita aos direitos contidos no art. 18 desta Lei". Está igualmente esvaziado pelo princípio da finalidade previsto pela LGPD (artigo 6º), que amplia o espectro de situações que justificam o tratamento de dados pessoais, e não apenas aquelas previstas no Marco Civil.

O inciso IX, por sua vez, talvez seja aquele de menor bom senso e felicidade do legislador. Diz, como visto, ser direito do usuário o "consentimento expresso sobre coleta, uso, armazenamento e tratamento de dados pessoais, que deverá ocorrer de forma destacada das demais cláusulas contratuais". Observa-se assim que, embora para o compartilhamento de dados com terceiros tenha o Marco Civil permitido o respaldo em "outras hipóteses legais", para o tratamento de dados pelos próprios provedores, o inciso IX limita à coleta do consentimento o que, por certo, não guarda aderência à realidade e à vida prática. Com a LGPD e a dinâmica das diferentes bases legais de tratamento, a meu ver, esse inciso IX está tacitamente revogado, já que o texto da LGPD, diferentemente do que fez ao alterar o inciso X comentado a seguir, não revogou o inciso IX expressamente. Poderia ter feito.

Por fim, o inciso X trata da exclusão definitiva dos dados pessoais, sendo direito do usuário a "exclusão definitiva dos dados pessoais que tiver fornecido a determinada aplicação de internet, a seu requerimento, ao término da relação entre as partes, ressalvadas as hipóteses de guarda obrigatória de registros previstas nesta Lei e na que dispõe sobre a proteção de dados pessoais". Essa redação é dada hoje pela própria LGPD, de modo que o texto não só é condizente com a proteção de dados pessoais, como também com a própria LGPD. Assim, é direito dos usuários a exclusão dos dados ao término de suas relações com os provedores, salvo na hipótese de guarda obrigatória dos dados (6 meses e 1 ano, conforme artigos 13 e 15 do Marco Civil) e nas hipóteses permitidas na dinâmica posta dos artigos 15 e 16 da LGPD.

3.3.13 Proteção dos registros, dados pessoais e comunicações privadas (arts. 10 a 17)

Além dos direitos dos usuários, o Marco Civil traz significativas e específicas disposições dedicadas à proteção dos registros, dados pessoais e comunicações privadas dos usuários em seus arts. 10 a 17. Tem, portanto, espectro amplo de proteção, estabelecendo que os registros eletrônicos, os dados pessoais e as comunicações são protegidos e como.

Inclusive, o título desta Seção II ("Proteção dos registros, dados pessoais e comunicações privadas") deve ser lido, a meu ver, pelo perfil temático de seu texto, reunindo três *focos* principais de proteção: os registros, os dados pessoais e as comunicações privadas. Pois uma leitura criteriosa e técnica, ao contrário, certamente levaria a crítica às palavras escolhidas pelo legislador em razão da redundância e sobreposição de conceitos, já que os registros e as comunicações podem ser dados pessoais e vice-versa, mas não sejamos enfadonhos naquilo que é inútil. Todos nós entendemos o que o legislador propôs.

Dito isso, o artigo 10 se posiciona como raiz principal das disposições, dele decorrendo com lógica capilar as demais. Dispõe que "A guarda e a disponibilização dos registros de conexão e de acesso a aplicações de internet de que trata esta Lei, bem como de dados pessoais e do conteúdo de comunicações privadas, devem atender à preservação da intimidade, da vida privada, da honra e da imagem das partes direta ou indiretamente envolvidas". Estabelece, assim, que a guarda e a disponibilização de tais dados é possível, mas deve seguir os critérios adequados para tanto e que são dispostos na sequência de seu texto.

Seguindo, seu § 1º dispõe que o "provedor responsável pela guarda somente será obrigado a disponibilizar os registros mencionados no *caput*, de forma autônoma ou associados a dados pessoais ou a outras informações que possam contribuir para a identificação do usuário ou do terminal, mediante ordem judicial". Ou seja, condiciona o fornecimento dos dados guardados por lei (conforme arts. 13 e 15) à cláusula de reserva de jurisdição. Assim, coloca o Poder Judiciário como mecanismo constitucional de filtro entre as possibilidades que justificam o conhecimento ou não de tais registros, cujos requisitos autorizadores vinculantes são aqueles dispostos no artigo 22 do Marco Civil[10]. O Marco Civil reconhece que a guarda é importante, especialmente para o combate e responsabilização de ilícitos (motivação que se depreende do princípio da responsabilização – art. 3º, VI – e do texto do inciso I do art. 22 – "I – fundados indícios da ocorrência do ilícito"), mas protege esses dados guardados (proteção de dados pessoais) mediante a regra de inviolabilidade do sigilo, salvo a ordem judicial excepcional de fornecimento.

Não bastasse, antes mesmo da LGPD, o Decreto Regulamentador do Marco Civil de n. 8.771/2015 avançou em estabelecer *como* tais registros e dados pessoais seriam guardados pelos provedores e, nisto, devidamente protegidos. Diz, assim, o artigo 13 do Decreto que:

> Art. 13. Os provedores de conexão e de aplicações devem, na guarda, armazenamento e tratamento de dados pessoais e comunicações privadas, observar as seguintes diretrizes sobre padrões de segurança: I – o estabelecimento de controle estrito sobre o acesso aos dados mediante a definição de responsabilidades das pessoas que terão possibilidade de acesso e de privilégios de acesso exclusivo para determinados usuários; II – a previsão de mecanismos de autenticação de acesso aos registros, usando, por exemplo, sistemas de autenticação dupla para assegurar a individualização do responsável pelo tratamento dos registros; III – a criação de inventário detalhado dos acessos aos registros de conexão e de acesso a aplicações, contendo o momento, a duração, a identidade do funcionário ou do responsável pelo acesso designado pela empresa e o arquivo acessado, inclusive para cumprimento do disposto no art. 11, § 3º, da Lei n. 12.965, de 2014; e IV – o uso de soluções de gestão dos registros por meio de técnicas que garantam a inviolabilidade dos dados, como encriptação ou medidas de proteção equivalentes.

São parte das medidas a serem adotadas e que exemplificam bem o previsto nos artigos 46 e 50 da própria LGPD, que, destacadamente, dizem *por que* e *como* os dados pessoais serão protegidos[11].

---

[10] Art. 22. A parte interessada poderá, com o propósito de formar conjunto probatório em processo judicial cível ou penal, em caráter incidental ou autônomo, requerer ao juiz que ordene ao responsável pela guarda o fornecimento de registros de conexão ou de registros de acesso a aplicações de internet. Parágrafo único. Sem prejuízo dos demais requisitos legais, o requerimento deverá conter, sob pena de inadmissibilidade: I – fundados indícios da ocorrência do ilícito; II – justificativa motivada da utilidade dos registros solicitados para fins de investigação ou instrução probatória; e III – período ao qual se referem os registros.

[11] Art. 46. Os agentes de tratamento devem adotar medidas de segurança, técnicas e administrativas aptas a proteger os dados pessoais de acessos não autorizados e de situações acidentais ou ilícitas de destruição, perda, alteração, comunicação ou qualquer forma de tratamento inadequado ou ilícito. [...] Art. 50. Os controladores e operadores, no âmbito de suas competências, pelo tratamento de dados pessoais, individualmente ou por meio de associações, poderão formular regras de boas práticas e de governança que estabeleçam as condições de orga-

Além dos registros eletrônicos (art. 10, *caput*), o § 2º do artigo 10 estende o espectro da cláusula de reserva de jurisdição também para o conteúdo das comunicações privadas: "O conteúdo das comunicações privadas somente poderá ser disponibilizado mediante ordem judicial, nas hipóteses e na forma que a lei estabelecer, respeitado o disposto nos incisos II e III do art. 7º". Inclusive, tema dos mais discutidos é a existência ou não de obrigação legal de guarda do conteúdo de comunicações em razão da previsão da necessidade de ordem judicial de fornecimento. Com todo respeito a quem pensa de forma diferente, entendo que não há obrigação legal de guarda de conteúdos, mas apenas dos registros eletrônicos nos termos dos artigos 13 e 15 do Marco Civil. Caso o provedor possua o conteúdo, este precisará de ordem judicial prévia para fornecimento. Isso, por si só, a meu ver, não atrai a responsabilidade pela guarda de conteúdo em si.

Uma tomada de posição nesse tema também é importante, por exemplo, para definição do conteúdo da base legal de tratamento de dados pessoais de cumprimento legal (arts. 7, II, e 11, II, *a*, LGPD) nessas atividades. Entender que há obrigação de guarda do conteúdo, autorizaria ao mesmo tempo as operações de tratamento dos dados pessoais contidos no conteúdo para essa finalidade com base em cumprimento de obrigação legal. Por essas razões, entendo que também não é o caso.

No § 3º, na sequência, o Marco Civil trata especificamente dos dados cadastrais. Relativiza ou reduz o nível de proteção, afastando a cláusula de reserva de jurisdição em relação aos dados pessoais cadastrais, permitindo o fornecimento dos dados para autoridades administrativas que detenham competência legal para sua requisição (autoridades policiais, Ministério Público, agências reguladoras etc.). Diz: "O disposto no *caput* não impede o acesso aos dados cadastrais que informem qualificação pessoal, filiação e endereço, na forma da lei, pelas autoridades administrativas que detenham competência legal para a sua requisição". Desce, assim, um degrau na proteção, justamente pelo menor grau de probabilidade dos dados cadastrais na identificação dos indivíduos. Embora eles possam ser úteis para esse fim, não são tecnicamente seguros como os registros eletrônicos de conexão e acesso. Podem ser perfeitamente *frios*, por exemplo, como o são muitas vezes na prática de fraudes.

São considerados dados cadastrais a filiação, o endereço e a qualificação pessoal (nome, prenome, estado civil e profissão) do usuário (art. 11, § 2º, Decreto Federal n. 8.771/2015). Os provedores podem guardá-los ou não, podendo ter tais dados, por exemplo, para identificar os usuários em seus serviços. Não se trata de uma obrigação legal ou regulatória, seja porque o Marco Civil silencia nesse sentido, tratando apenas do requisito administrativo de fornecimento (art. 10, § 3º), seja porque o próprio

---

nização, o regime de funcionamento, os procedimentos, incluindo reclamações e petições de titulares, as normas de segurança, os padrões técnicos, as obrigações específicas para os diversos envolvidos no tratamento, as ações educativas, os mecanismos internos de supervisão e de mitigação de riscos e outros aspectos relacionados ao tratamento de dados pessoais.

Decreto regulamentador deixa claro tratar-se de uma faculdade: "§ 1º O provedor que não coletar dados cadastrais deverá informar tal fato à autoridade solicitante, ficando desobrigado de fornecer tais dados" (art. 11). Assim, igualmente no que tange às comunicações privadas, a guarda de dados cadastrais não estará respaldada pela base legal de cumprimento de obrigação legal ou regulatória.

3.3.14 Aplicação territorial (art. 11)

Por fim, cumpre mencionar o previsto no artigo 11 do Marco Civil, segundo o qual:

> Art. 11. Em qualquer operação de coleta, armazenamento, guarda e tratamento de registros, de dados pessoais ou de comunicações por provedores de conexão e de aplicações de internet em que pelo menos um desses atos ocorra em território nacional, deverão ser obrigatoriamente respeitados a legislação brasileira e os direitos à privacidade, à proteção dos dados pessoais e ao sigilo das comunicações privadas e dos registros. § 1º O disposto no *caput* aplica-se aos dados coletados em território nacional e ao conteúdo das comunicações, desde que pelo menos um dos terminais esteja localizado no Brasil.

Trata-se de uma regra de aplicação territorial da legislação brasileira, atraindo a aplicação do Marco Civil e de outras normas aplicáveis à internet e ao tratamento de dados pessoais sempre que os dados tenham sido coletados em território nacional.

O principal comentário, a meu ver, é que esse dispositivo não só parece ter influenciado a aplicação territorial da LGPD (art. 3º), como parece explicar a existência da redundância terminológica do inciso III de seu artigo 3º. O dispositivo fala na aplicação da LGPD se os dados pessoais objeto do tratamento tenham sido coletados no território nacional. A rigor, isso é redundante, tendo em vista a hipótese do inciso I do mesmo artigo dizer que a LGPD é aplicável à "operação de tratamento seja realizada no território nacional", o que, por definição lógica, técnica e legal (art. 5º, X, LGPD) inclui operações de coleta de dados. Assim, parece-me que essa redundância tem duas razões: a preocupação do legislador em garantir a aplicação da LGPD para empresas de fora do País, mas que coletam o dado em território nacional, e a primeira manifestação mais clara dessa preocupação, que é justamente o artigo 11 do Marco Civil.

Capítulo 4
OBJETIVOS E FUNDAMENTOS DO DIREITO DA PROTEÇÃO DE DADOS PESSOAIS NO BRASIL

4.1 NOTA INTRODUTÓRIA

Estudado o que parece ser o Direito da Proteção de Dados Pessoais, a dinâmica dos dados abertos e o Marco Civil da Internet com sua intersecção com a matéria, passo a trabalhar em maior nível de detalhe o Direito da Proteção de Dados Pessoais de acordo com o principal texto normativo do País: a Lei Geral de Proteção de Dados Pessoais (LGPD).

E isto não se trata apenas de uma percepção, mas um comando constitucional após a Emenda Constitucional n. 115/2022, que introduziu o inciso LXXIX no artigo 5º da CF: "é assegurado, nos termos da lei, o direito à proteção dos dados pessoais, inclusive nos meios digitais". Este "nos termos da lei", a meu ver, delega à legislação infraconstitucional *como* o direito fundamental à Proteção de Dados Pessoais se desenvolve. Nisto, estão incluídas as leis que regulam os dados abertos, o Marco Civil da Internet, outras regulações que tratam o tema, principalmente, a LGPD.

Nessa perspectiva, o Direito da Proteção de Dados Pessoais é sobretudo construído pelas normas decorrentes da própria LGPD de modo que um livro que proponha a análise de tal Direito necessariamente tem de estudar no detalhe seu conteúdo. Aliás, me atrevo a dizer que, na maioria das vezes ou como regra, os conteúdos do Direito da Proteção de Dados Pessoais e da LGPD se confundem, sendo a LGPD complementada por regulações específicas (tema dos dados abertos por exemplo) ou nos instantes em que seu próprio texto confere abertura, como na autonomia normativa e regulatória da ANPD, na convivência com a regulação setorial (Banco Central do Brasil, SUSEP, Ministério da Saúde etc.), na missão interpretativa de seus conteúdos (por exemplo no entendimento da legitimidade da finalidade – art. 6º, I, LGPD, em relações de trabalho que dependem necessariamente da complementariedade da CLT e da jurisprudência da Justiça do Trabalho) e na abertura proposital para normas de boa prática e regulação (art. 50, LGPD).

Assim, por exemplo, os objetivos postos na LGPD são também os objetivos do Direito da Proteção de Dados Pessoais no País. O mesmo acontece com os fundamentos, as definições, as bases legais de tratamento etc.

Por isto, a partir daqui, passo a tratar do que a LGPD prevê.

4.2 OS OBJETIVOS DO DIREITO DA PROTEÇÃO DE DADOS PESSOAIS NO BRASIL

O artigo 1º da LGPD é categórico:

> Esta Lei dispõe sobre o tratamento de dados pessoais, inclusive nos meios digitais, por pessoa natural ou por pessoa jurídica de direito público ou privado, com o objetivo de proteger os direitos fundamentais de liberdade e de privacidade e o livre desenvolvimento da personalidade da pessoa natural.

Cumpre bem o papel que dele se espera e inaugura a LGPD dizendo qual é seu principal objeto de regulação: o Tratamento de Dados Pessoais, ou seja, regular aquilo que é feito com os Dados Pessoais, mas por qual razão?

Como visto, o Direito da Proteção de Dados Pessoais se apresenta como um dos direitos ou proteções específicas que forma, ao lado das demais, o espectro do Direito à Privacidade. Significa, a meu ver, que proteger os dados que identificam o indivíduo ou possam implicar a identificação de informações a seu respeito é direito em si mesmo, mas também parte necessária de proteção de algo maior, que é justamente a privacidade e o livre desenvolvimento de sua personalidade. A privacidade é, de certa forma e como visto, um instituto jurídico multifacetário. Em uma de suas faces está a Proteção de Dados Pessoais, que me parece ser uma manifestação da proteção à privacidade justamente porque o uso inadequado dos dados pessoais (conforme detalhado adiante) pode resultar na ingerência indevida ou o imiscuir ou acesso não autorizado e não transparente da esfera de privacidade individual, muitas vezes à revelia da própria pessoa.

Assim, percebe-se com clareza a relação de meio e fim no texto do artigo 1º entre o Direito da Proteção de Dados Pessoais e os direitos fundamentais de privacidade, de liberdade e de livre desenvolvimento da personalidade. Em outras palavras, o Direito da Proteção de Dados Pessoais é instrumento normativo por meio do qual tais direitos igualmente fundamentais serão protegidos. Objetiva-se regular o uso adequado e legítimo do dado pessoal (*protegê-lo, portanto*) para, com isto, potencializar a persecução dos direitos fundamentais de liberdade, privacidade e livre desenvolvimento da personalidade.

Parece ser possível separar os objetivos em *imediato e direto*, e *mediato e indireto*. *Imediatamente*, regula-se o uso do dado pessoal. *Mediatamente*, protegem-se os demais direitos fundamentais individuais. Parece exemplificar, na essência, uma das características trazidas por Robert Alexy em seu texto *Teoria dos Direitos Fundamentais*[1], segundo o qual os direitos fundamentais também apresentam o aspecto de direitos *à organização e procedimento*, determinando um conjunto de princípios e regras para a obtenção de um determinado resultado. O Direito da Proteção de Dados Pessoais, enquanto direito fundamental, objetiva a consolidação de um sistema normativo de

---
[1] ALEXY, R. Op. cit., p. 450, 472-474 e 499.

princípios e regras para consecução de um resultado: a proteção da liberdade, da privacidade e do livre desenvolvimento da personalidade dos indivíduos.

4.2.1 A relação entre objetivos e riscos: a delimitação do risco como baliza e premissa de regulação

Rapidamente, parece-me importante grifar uma consequência prática nem sempre tão percebida da definição com clareza dos objetivos do Direito da Proteção de Dados Pessoais e que faz com que estes tenham de ser avaliados sempre como premissa, inclusive para a interpretação e aplicação das normas dispostas na LGPD.

Qual é a consequência prática a meu ver? A delimitação precisa do risco associado ao tratamento de dados pessoais. Em outras palavras, o risco envolvido no tratamento tem de ser diretamente proporcional ao risco de prejuízo ou vulneração dos direitos fundamentais de liberdade, privacidade e livre desenvolvimento da personalidade.

Quanto maior a possível restrição à liberdade, quanto maior a possível inserção na esfera de privacidade do indivíduo e quanto maior a possível restrição do desenvolvimento da personalidade de forma livre (condições que podem se somar ou serem vistas isoladamente), maior deve ser considerado o risco associado ao tratamento, e o contrário também deve ser aplicado.

Entender o contrário parece-me que seria ignorar por completo as razões primeiras da regulação e do Direito da Proteção de Dados Pessoais em si: proteger os direitos fundamentais de liberdade, privacidade e livre desenvolvimento da personalidade. Se estes não estão em risco, por que dizer que há risco no tratamento de dados pessoais? Ignorância esta que pode ser perversa e onerosa, sobretudo pela limitação provocada aos negócios e aos ônus desproporcionais a virem ser impostos desnecessariamente às atividades.

A gradação do risco a tais direitos no caso concreto é o que vai revelar na prática o contexto de risco do uso dos dados pessoais, e, com isto, o que deve ser feito em relação a este. Do contrário, seria aplicar a norma pela norma, ignorando a realidade, e, ainda, aplicar a norma de forma errada, ignorando sua essência. Aplicar o Direito da Proteção de Dados Pessoais sem considerar uma perspectiva de risco prático e concreto, que considere tais objetivos, é testemunhar um corpo errante em busca de sua alma.

Inclusive, o próprio texto da LGPD parece confirmar esta abordagem como premissa. Na linha da GDPR, basta verificar a separação feita entre dados pessoais e dados pessoais sensíveis com a presunção objetiva (passível de críticas a meu ver) entre dados pessoais, cujas informações extraídas são de natureza diferente, inclusive com impacto direto em quais são as hipóteses legais que autorização o uso de tais dados.

O texto também propôs uma linha inicial, que se mostrou pragmaticamente falha, de exigir sempre o consentimento para o tratamento de dados pessoais de crianças (titulares menores de 12 anos completos). Uma exigência pautada no risco objetivo e presumido da lei, mas que, em verdade, impunha um ônus prático muito gravoso para a maioria das situações em que o melhor interesse da criança é respeitado. Consequência, a ANPD usou do bom senso e emitiu o Enunciado n. 1/2023 adequando o *risco presumido da lei* ao *risco real dos tratamentos de dados pessoais*.

As boas práticas, cada vez mais presentes também na regulação da lei e da Autoridade, também revelam que o risco é, a meu ver, a principal baliza para aplicação e interpretação da norma. Isso pode ser exemplificado pelas situações em que o Relatório de Impacto à Proteção de Dados é exigível ou nos critérios adotados para avaliar se um Incidente de Segurança é comunicável ou não.

4.3 OS FUNDAMENTOS DO DIREITO DA PROTEÇÃO DE DADOS PESSOAIS NO BRASIL

4.3.1 O que parecem ser os fundamentos de um conjunto normativo?

O Direito da Proteção de Dados Pessoais representa um conjunto normativo de princípios e regras que se propõem ordenados e organizados entre si, com os objetivos amplamente estudados. Nesse contexto, os seus fundamentos são, a meu ver, as bases fundantes de tal conjunto, os valores e motivos que justificam a disciplina no ordenamento jurídico brasileiro. Em conjunto, identificam o ecossistema material e valorativo sobre o qual a matéria se desenvolve.

Cumprem, portanto, dois papéis principais em relação ao tratamento de dados pessoais no País: (i) justificam e explicam os porquês da regulação de tal atividade; e (ii) servem de vetores interpretativos da análise do caso concreto. Inclusive, refletem a maturidade equilibrada dos documentos estrangeiros sobre a matéria, propondo, de forma ampla, a ideia de proporcionalidade, balizados a proteção de dados pessoais de um lado e o desenvolvimento das atividades econômicas e empresariais do outro. Os fundamentos do Direito da Proteção de Dados Pessoais propõem uma leitura equilibrada sobre cada tratamento de dado pessoal e sobre cada dispositivo de seu texto normativo. O Atlas que equilibra todos estes fundamentos em suas costas é justamente o risco concreto a ser avaliado conforme tratamento de dados pessoais.

4.3.2 Privacidade

O artigo 2º, I, da LGPD inaugura a lista de fundamentos do Direito da Proteção de Dados Pessoais no País. O primeiro deles é de obviedade extrema: o respeito à privacidade. É a verdade fundante desse sistema por excelência.

Lembra, assim, que tal Direito passa pelo entendimento do Direito à Privacidade como um direito fundamental assegurado na Constituição Federal, estando posicionado especialmente no que está previsto no artigo 5º, X, com base na ideia de "inviolabilidade à vida privada", assegurando um espaço mínimo essencial de não intrusão na vida do indivíduo. A garantia de que este terá a preservação de um espaço necessário para que se sinta independente da sociedade enquanto sujeito e tenha uma esfera própria de sua existência sob seu exclusivo controle, incluindo pensamentos, opiniões, gostos, hábitos, necessidades etc. Espaço este que é, por tudo isso, naturalmente necessário ao desenvolvimento da personalidade do indivíduo e de seu entendimento sobre si mesmo.

A interpretação e aplicação do Direito da Proteção de Dados Pessoais têm, portanto, este conteúdo guia de assegurar o espaço mínimo individual no tratamento de dados pessoais.

4.3.3 Autodeterminação informativa

A ideia de autodeterminação informacional ou autodeterminação informativa está intimamente ligada aos direitos fundamentais de liberdade (em ambos os vieses – liberdade negativa ou positiva) e privacidade. Propõe a ideia de que deve ser preservado à pessoa natural, ao máximo possível, o direito ou poder de controle sobre os dados pessoais (sobre as informações que a identificam), pois isto a confere o *controle do seu espaço essencial e mínimo garantido de privacidade e desenvolvimento da personalidade*. Com base na etimologia da expressão, a ideia de que a pessoa determine, por si mesma, o uso das informações a seu respeito e as respectivas circunstâncias.

Tal fundamento traz, em si, a ideia de que o Direito da Proteção de Dados Pessoais é um direito autônomo, considerando, sobretudo e como já tratado, que tais informações representam manifestação ou projeção da própria pessoa humana. Proteger e tratar adequadamente os dados associados a uma pessoa natural, por essa condição, é proteger a própria personalidade (em outras palavras, a proteção do dado pessoal é um direito da personalidade *per se*). Nesse sentido e por esse motivo principal, deve ser preservado o controle da pessoa natural sobre seus dados pessoais. É a sua personalidade que está em jogo e, portanto, cabe à própria pessoa decidir os rumos do seu desenvolvimento.

Como marco, a autodeterminação informativa tem raízes históricas em decisão da Corte Constitucional alemã sobre a Lei do Censo alemã (*Volkszählungsgesetz*) de 1983. Seu texto, de forma ampla e por vezes genérica, determinava que as pessoas alemãs fornecessem uma série de dados pessoais a viabilizar um mapeamento espacial e geográfico da população daquele país. Entre as disposições mais genéricas, previa a possibilidade do cruzamento das informações com outras bases públicas para a finalidade claramente imprecisa de "execução de atividades administrativas"[2-3].

Após provocações reiteradas, a Corte Constitucional alemã declarou a inconstitucionalidade parcial da lei, determinando que o compartilhamento dos dados pessoais fornecidos deveria se dar, apenas e tão-somente, para a finalidade específica estatística da população, o censo em si. Na parte inicial da decisão, a Corte reconhece o direito da pessoa de ter o controle sobre seus dados pessoais, cunhando-se a expressão *autodeterminação informacional* ou *autodeterminação informativa*.

---

[2] Ver BVerfG de 15.12.2023.
[3] DÖHMANN, I. S. *et. al. General Data Protection Regulation*: Article-by-Article Commentary, Nomos verlagsgesellschaft mbH & Co. KG: Baden-Baden, 2023, p. 8-10.

Conforme decidido pela Corte Alemã, as possibilidades do indivíduo de se desenvolver como entende ser o adequado dependem diretamente da forma pela qual são tratados os dados que lhe dizem respeito. Por esta razão, a decisão se os dados podem ou não ser tratados deve ser deixada ao indivíduo. Grifou a decisão, ainda, que a autodeterminação informativa tem de ser reconhecida como um dos pré-requisitos do desenvolvimento livre da personalidade do indivíduo em uma sociedade na qual os dados pessoais podem ser tratados de forma automatizada: (i) os dados pessoais podem ser armazenados indefinidamente; (ii) os dados pessoais podem ser coletados e recuperados em segundos, independentemente da distância; e (iii) os dados pessoais podem ser combinados para formar uma imagem parcial ou completa da personalidade do indivíduo sem que este possa monitorar qualidade, precisão e uso desta imagem a seu respeito[4].

Inclusive, é interessante observar que, em paralelo histórico, se identificam fundamentos similares à posição recente do STF quanto à inconstitucionalidade da Medida Provisória n. 954/2020, dado que seu texto, entre outras falhas, trabalhava o uso dos dados de forma amplamente genérica, sendo essa uma das razões que embasaram a posição da Corte.

A ideia da autodeterminação informativa decorre, portanto, da própria dimensão subjetiva do Direito da Proteção de Dados Pessoais enquanto direito fundamental. Essa condição, porém, não determina que autodeterminação seja absoluta, demandando – como a dinâmica de interpretação constitucional e a própria lista equilibrada de fundamentos do artigo 2º da LGPD – uma ponderação concreta e contextual sobre o tratamento de dados pessoais, sobretudo a partir da baliza de risco. Tal ponderação exsurge, principalmente, em razão dos contrapontos concretos que o interesse público e direitos de terceiros possam apresentar. A própria LGPD traz normas de balizamento desse exercício de proporcionalidade. Isso se dá, por exemplo, por outros de seus fundamentos (*v.g.*, desenvolvimento econômico e tecnológico, inovação e livre-iniciativa).

O princípio da finalidade (art. 6º, I, LGPD) também parece ter essa função, identificando que o tratamento de dados pode ser feito em razão de finalidades legítimas, ou seja, que perfaçam fins legítimos protegidos pelo ordenamento e que, em termos concretos, serviriam como baliza de ponderação sobre o alcance do controle dos dados pelo titular.

Grande parte desses fins legítimos é trazida pela própria LGPD por meio das chamadas bases legais de tratamento, uma espécie de ponderação *opus legis*. Os exemplos do cumprimento de obrigação legal pelo controlador (art. 7º, II) e de execução de contrato ou de procedimentos preliminares relacionados ao contrato do qual o titular dos dados seja parte (art. 7º, V) parecem ser claros. Por exemplo, é legítimo que o futuro empregador peça e trate dados pessoais do candidato a uma posição para comprovação de suas habilidades, ainda que isso implique, concretamente, relativização da autodeterminação informativa. Em contrapartida, o tratamento de dados ex-

---

[4] Ibidem.

cessivos (que violaria o princípio da necessidade – ver art. 6º, III) e não necessários para a contratação caracterizaria a ilegalidade, sem força legítima, portanto, para relativizar o controle do titular sobre seus dados pessoais.

4.3.4 Liberdades de expressão, de informação, de comunicação e de opinião

Em relação aos objetivos do Direito da Proteção de Dados Pessoais, como já sinalizado, tal direito tem objetivo mediato ou indireto de assegurar as liberdades fundamentais do indivíduo. Nos fundamentos, a lei reforça três espectros fundamentais de tais direitos. O que se busca com a eleição das liberdades de expressão, de comunicação e de opinião como fundamentos é sinalizar, de forma clara, que o Direito da Proteção de Dados Pessoais será exercido com a preservação de tais liberdades.

De um lado, propõe interpretações de equilíbrio que compatibilizem tal Direito sem que isso ceife a livre expressão, comunicação ou opinião. Os dados pessoais devem ser protegidos, mas deve ser sempre feito um juízo de ponderação apto a evitar que o argumento de proteção à privacidade impeça o desenvolvimento de tais liberdades e seus objetivos. Como exemplo desse viés, a própria LGPD exclui de sua aplicação as atividades exclusivamente jornalísticas e artísticas (art. 4º, I e II). Seria de todo contrário aos objetivos constitucionais democráticos interpretação que impedisse matéria jornalística porque as pessoas mencionadas não teriam, por exemplo, consentido com o uso dos seus dados.

Por outro lado, procura a regulação evitar que o tratamento de dados pessoais seja feito de qualquer forma que impeça que tais liberdades floresçam. Por exemplo, nenhum tratamento de dados pessoais, inclusive os automatizados (por tecnologias de rede, algoritmos etc.) pode ser direcionado a reduzir as pluralidades de opiniões em vetor contrário à formação de uma sociedade democrática e plural. Seria o caso se determinada mídia social programasse seu algoritmo para identificar um termo específico, de forma ilegítima, impedindo que toda publicação com esse termo não fosse acessível aos seus usuários. Também com base nesses fundamentos, poderia se questionar a exclusão de usuário específico de mídia social sem ordem judicial e de forma ilegítima, limitando o exercício de sua expressão.

4.3.5 Intimidade, honra e imagem

Assim como em relação ao respeito à privacidade e à liberdade, propõe-se que o tratamento de dados pessoais sempre respeite a intimidade, a honra e a imagem. Todo e qualquer tratamento e as interpretações concretas da matéria devem ter como norte a observância de tais direitos igualmente constitucionais e presentes nas esferas de personalidade do indivíduo.

Quanto à intimidade, o Direito da Proteção de Dados Pessoais reconhece que os tratamentos de dados pessoais (e, sobretudo, os inadequados e de ingerência indevida na vida do titular) podem não só pôr em risco a privacidade (o que lhe é inerente por conceito) como ir mais a fundo na esfera do indivíduo, atingindo as situações que lhe são íntimas, em relação às quais ele gostaria de ter ainda mais controle, em preservação de sua personalidade, como ele bem entender. Situações que só não são classificadas também como segredo porque a pessoa decide dividi-las com pessoas muito próximas.

Em relação à honra, o fundamento visa evitar situações em que o tratamento de dados possa violar o direito à honra, tanto na sua perspectiva objetiva (percepção da sociedade sobre a pessoa, inclusive jurídica) como na sua vertente subjetiva (percepção da própria pessoa sobre si mesma). Seria ilícito, nessa perspectiva e *a priori*, o tratamento de dados pessoais, sobretudo automatizado, dedicado a expor pessoas a situações públicas vexatórias. Seria o caso, por exemplo, se uma escola resolvesse criar uma seção em seu *site* para expor os alunos com as menores notas sob o pretexto de incentivo, e isso fosse baseado no tratamento de dados de seus alunos. No âmbito das relações de trabalho, também seria exemplo se uma empresa, com base na análise de dados, expusesse de forma pública uma lista de colaboradores de demissão provável por conta de maus resultados.

A Lei também visa evitar situações não intencionais, mas igualmente prejudiciais, em que o indivíduo venha a sofrer consequências na visão social sobre sua pessoa. Por exemplo, é a situação em que algoritmos indevidamente enviesados provocam o reconhecimento facial errôneo de alguém e este alguém vem a ser confundido com investigado de crime.

4.3.6 Desenvolvimento econômico e tecnológico e inovação

O Direito da Proteção de Dados Pessoais deve também levar em conta a manutenção do desenvolvimento econômico e tecnológico e a promoção da inovação. Propõe que todo entendimento que a disciplina considere, de forma mais equilibrada, os diversos modelos de negócio existentes, tendo a perspectiva de risco concreto, como sinalizado, como uma baliza fundamental nesta análise.

A ideia é que a proteção dos dados pessoais, embora fundamental, não seja uma tarefa radical ou em tamanho pragmatismo a ponto de ignorar a realidade e frear o desenvolvimento das linhas de negócio ou a inovação de forma excessiva ou sem qualquer razoabilidade. Não é desejável, sob pena da imposição da realidade, uma proteção de dados pessoais cega economicamente. A ponderação é sempre necessária. Aliás, o histórico estrangeiro da matéria sempre respeitou essa noção de equilíbrio de uma regulação que, embora necessária, não seja sufocante. O fundamento propõe que a norma tenha sempre uma interpretação no meio-termo entre a ausência de regulação e essa regulação que sufoca e impede o desenvolvimento.

Vejo, então, duas consequências práticas dessa ideia. A primeira de que toda interpretação do Direito da Proteção de Dados Pessoais e de debate concreto da matéria deve ter o desenvolvimento e a inovação como fins a serem buscados de forma equilibrada com os objetivos da legislação (liberdade, privacidade e livre desenvolvimento da personalidade dos indivíduos). A segunda de que as soluções de desenvolvimento econômico e tecnológico e de inovação devem ter a privacidade e a proteção de dados pessoais como diretrizes primárias.

4.3.7 Livre-iniciativa, livre concorrência e defesa do consumidor

Como já ponderado quando do estudo do Marco Civil da Internet, mais uma vez a proposta de equilíbrio se manifesta. São fundamentos do Direito da Proteção de Dados Pessoais, assim, a livre-iniciativa, a livre concorrência e a defesa do consumidor. São três fundamentos dispostos de forma conjunta no artigo 2º da LGPD reconhecendo, em razão disso, a relação que os três têm na regulação do exercício da atividade econômica no País, sobretudo em termos constitucionais.

A livre-iniciativa constitui garantia constitucional que traduz uma das principais diretrizes liberais do Estado brasileiro. Prevista no artigo 170, *caput*, da CF, é disciplina de orientação da ordem econômica brasileira. Em seu conteúdo, propõe que os agentes econômicos e os negócios não sofram intervenções injustificáveis. A intervenção ou a existência de ônus a serem respeitados no exercício das atividades não são vedadas, o que se veda, inclusive na essência constitucional do preceito, são as intervenções infundadas, sem embasamento legal ou sem uma justificativa pautada em bem constitucionalmente tutelado.

Além da Constituição Federal, no País, a questão ganhou contornos ainda mais notórios diante da recente deliberação liberal do Poder Legislativo com a promulgação da Lei da Liberdade Econômica (Lei Federal n. 13.874/2019). A Lei institui a Declaração de Liberdade Econômica e traz outras disposições vocacionadas a concretizar, em plano infraconstitucional, a garantia da livre-iniciativa. Com o novo marco legislativo, a livre-iniciativa pode ser mais bem compreendida e traduzida em termos práticos.

Ao colocar a livre-iniciativa como fundamento, o Direito da Proteção de Dados Pessoais, por meio do texto da LGPD, permite e propõe uma interação constante entre tal Direito e o regime da livre-iniciativa, renovando seu pacto pelo equilíbrio na interpretação normativa. Reconhece, em diálogo com o sistema normativo brasileiro, que a intervenção nos modelos de negócio é possível, mas não a todo custo. Deve ser respaldada na proteção de dados pessoais e de direitos fundamentais dos titulares, bem como na razoabilidade. Afasta, com isso, a intervenção pela intervenção, sem uma pauta minimamente razoável, a qual, a meu ver, é o risco diretamente relacionado ao tratamento dos dados pessoais. Determina a existência de uma conversa prática entre a livre-iniciativa e a preservação de direitos igualmente fundamentais.

Em relação à livre concorrência, esse também é preceito primordial da estruturação da ordem econômica brasileira, conforme determinação do artigo 170, IV, da CF. Propõe, na essência, a busca constante de um mercado ideal, marcado pela existência da livre concorrência, o que contribuiria, no modelo liberal, para o desenvolvimento das atividades econômicas, inclusive com um maior número de opções para o público consumidor.

Nessa perspectiva, o tratamento de dados pessoais deve ser regulado e orientado a fim de preservar ao máximo a livre concorrência entre os agentes econômicos, como um vetor de sua promoção e não o contrário. Lembra-se, mais uma vez, o cenário atual pautado na economia de dados, em que os modelos de negócio têm nesse ativo valioso verdadeiras *commodities* ou matérias-primas para todas as suas linhas de negócio. O que o Direito da Proteção de Dados Pessoais determina, sobretudo, é que os tratamentos de dados pessoais não sejam realizados de forma a prejudicar a concorrência de mercado e suas estruturas de sustentação, protegendo o mercado e o público consumidor, seja pela utilização dos dados em si, seja pela diferença de regulação ou grau de conformidade pelos agentes (por exemplo, um agente cumpre a legislação e depende do consentimento para tratar os dados – e por isso tem uma menor quantidade de dados para trabalhar – do que o outro concorrente que descumpre a lei e trabalha com mais matéria-prima). Toda e qualquer situação em que tais preceitos possam ser colocados em risco são dignos de avaliação legal pelo sistema conjunto da LGPD e da proteção da concorrência. Nessa perspectiva, é elogiável o Acordo de Cooperação Técnica n. 5/2021 firmado entre o Conselho Administrativo de Defesa Econômica – CADE e a ANPD.

Por fim, há referência ainda à defesa do consumidor com fundamento. O Direito da Proteção de Dados Pessoais reconhece que, no âmbito das relações de consumo, há o tratamento de dados pessoais, e este, nesses casos, deve ser interpretado com base nas exigências conjuntas e somadas tanto da LGPD quanto do Código de Defesa do Consumidor, texto que, neste contexto, passa a integrar o próprio conjunto normativo de proteção de dados pessoais naquilo que lhe pertine.

A situação é razoavelmente frequente e digna de nota clara para quem estuda e trabalha com a matéria, sobretudo considerando a relevância e a prática históricas da disciplina consumerista no País. Por isso, é muito relevante que o diálogo entre tais fontes normativas seja feito de forma dedicada e com base em regras de hermenêutica, prevalecendo a LGPD (por especialidade e posterioridade) naquilo que ela regular a situação de forma específica, desde que respeitada a condição específica da relação de consumo. Como exemplo, costumo sempre citar a situação recorrente de questionamento sobre o atendimento de produtos e serviços aos direitos básicos do consumidor, em especial, com base na análise dos *sites* das empresas. Nesse aspecto, por exemplo, o CDC traz os direitos (art. 6º) de segurança (inc. I), informação adequada e clara (inc. III) e efetiva prevenção de danos (inc. VI). Como interpretar tais direitos no contexto do tratamento de dados pessoais? O conteúdo só pode ser aquele definido pelo que a LGPD prevê. Assim, a informação adequada e clara (nos termos do CDC) em relação ao tratamento de dados seria aquela que atendesse, especialmente, aos artigos 8 a 18 da LGPD.

Capítulo 5
EFICÁCIA TERRITORIAL E MATERIAL

5.1 NOTA INTRODUTÓRIA

Estabelecidos os objetivos e fundamentos do Direito da Proteção de Dados Pessoais no País, a partir sobretudo do texto da LGPD, passo a tratar das definições de aplicabilidade territorial e material da disciplina.

Reconhecidamente, como já indicado, tal Direito não se restringe aos termos da LGPD, incorporando naquilo que tem relação com seu objeto de regulação (tratamento de dados pessoais) as disposições associadas à abertura de dados, o Marco Civil da Internet, o CDC, a CLT, entre outros. Digo isso porque todos esses textos têm, em seu contexto, regras de aplicabilidade, como o Marco Civil, por exemplo, nos artigos 1º e 11, de acordo com o próprio uso da infraestrutura regulada, e o CDC, relacionado diretamente à existência da relação de consumo conforme caracterizada seus artigos 1º a 3º. Logicamente, assim, envolvido um tratamento de dados pessoais nas hipóteses de aplicação normativa específica de cada regime, as regras típicas de aplicabilidade da norma deverão ser analisadas.

Porém, em razão da especificidade da matéria, as normas de aplicabilidade territorial e material da LGPD são as mais relevantes e parecem resolver quase a totalidade das situações, recomendando seu estudo com dedicação. Até porque, como se verá, são hipóteses que, na essência, não conflitam com outras do ordenamento jurídico brasileiro, pois em consonância com estas.

5.2 NOÇÃO DE EFICÁCIA NORMATIVA

A aplicabilidade do Direito da Proteção de Dados Pessoais de um determinado conjunto normativo está intimamente relacionada à noção de eficácia da norma jurídica. Esta que, em linhas gerais, significa a aptidão da norma de produzir efeitos. Quer dizer, a norma existe, é válida e é capaz de produzir efeitos. Estes ocorrerão? Não necessariamente, dependendo de outras circunstâncias adicionais e práticas. A eficácia, aliada a circunstâncias práticas favoráveis, é eficiência ou efetividade, ou seja, a verificação prática dos efeitos da norma. Por exemplo, a norma brasileira será eficaz em relação a todo e qualquer tratamento de dados pessoais realizado fora do território nacional desde que este tenha por finalidade o fornecimento de bens ou serviços a indivíduos localizados no território nacional (art. 3º, II, LGPD). Porém, pode não ser eficiente ou efetiva caso o agente de tratamento não for localizável.

Entender a aplicabilidade, portanto, é responder à seguinte pergunta: em relação a quais tratamentos de dados pessoais (uso dos dados pessoais etc.) o Direito da Proteção de Dados Pessoais é capaz de produzir efeitos? Essa resposta pode ser dada em duas frentes: (i) eficácia territorial, atrelada sobre *onde* os dados pessoais foram tratados (acessados, utilizados etc.); e (ii) eficácia material, relacionada a *quais* tratamentos de dados pessoais e *para quais* finalidades. O Direito será aplicável, assim, sempre que de forma cumulativa as situações de eficácia territorial e material estiverem caracterizadas.

5.3 EFICÁCIA TERRITORIAL

5.3.1 Tratamento de dados pessoais realizado em território nacional

A primeira circunstância que atrai a eficácia do Direito da Proteção de Dados Pessoais é o fato de a operação de tratamento de dados pessoais ter sido realizada dentro do território nacional, o que compreende a área de todo o espaço terrestre, fluvial, marítimo até 12 milhas, aéreo (sobre o território físico) e áreas das embaixadas em que o Estado brasileiro detém soberania.

Por isso, por exemplo, não é tecnicamente correto dizer *dados pessoais coletados no Brasil* para fins de avaliação da eficácia normativa, mas sim *dados pessoais coletados em território nacional*, sob pena de ignorar hipóteses excepcionais de extensão territorial e nas quais a norma incidiria da mesma forma (embaixadas, destacadamente).

Como operação de tratamento de dados pessoais deve ser entendida, nos termos do artigo 5º, X, LGPD, "toda operação realizada com dados pessoais, como as que se referem a coleta, produção, recepção, classificação, utilização, acesso, reprodução, transmissão, distribuição, processamento, arquivamento, armazenamento, eliminação, avaliação ou controle da informação, modificação, comunicação, transferência, difusão ou extração", ou seja, tudo que for feito com o dado pessoal, incluindo o mero acesso, contato e até a deleção. Assim, realizada qualquer atividade entendida como tratamento de dados em território nacional (repare-se que o rol é extenso e não exaustivo – como a locução "como as que se referem a" denota), o Direito da Proteção de Dados Pessoais será aplicado, atraindo toda sua amplitude normativa e sancionatória.

5.3.1.1 Exceção: dados pessoais em mero armazenamento ou trânsito

O § 2º do artigo 3º da LGPD traz uma exceção e circunstância de não eficácia do Direito da Proteção de Dados Pessoais mesmo que os dados pessoais sejam tratados no território nacional. Assim o faz mencionando expressamente o artigo 4º da mesma lei, em razão da situação prevista no inciso IV daquele dispositivo.

Esse inciso diz que tal Direito não é aplicado para tratamento de dados pessoais "provenientes de fora do território nacional e que não sejam objeto de comunicação, uso compartilhado de dados com agentes de tratamento brasileiros ou objeto de transferência internacional de dados com outro país que não o de proveniência, desde que o país de proveniência proporcione grau de proteção de dados pessoais adequado ao previsto nesta Lei".

Essa exceção de não eficácia estará caracterizada, portanto, na situação em que uma pessoa jurídica, com sede em território nacional, trata dados pessoais no País, mas esses dados são provenientes de país estrangeiro com grau de proteção adequada e o tratamento se dá de forma isolada (hermética) em território brasileiro (mero armazenamento ou trânsito dos dados) sem comunicação com outros agentes no País e sem a transferência para outro país que não o mesmo de proveniência que detenha tais condições.

Assim, a exceção é bem restritiva. Para que não seja aplicado o Direito da Proteção de Dados Pessoais à hipótese, devem ser observados os seguintes requisitos cumulativos: (i) os dados pessoais não podem ter sido coletados em território nacional, tendo sido coletados no último país que encaminhou os dados ou em outro, mas sempre em território estrangeiro; (ii) o país de proveniência dos dados (de onde eles vieram como última etapa) proporciona o grau de proteção de dados pessoais adequado ao previsto no Direito Brasileiro; e (iii) nenhuma das operações de tratamento realizadas em território nacional com esses dados pode implicar o compartilhamento de dados com outros agentes de tratamento situados no território nacional ou em transferência para outro país ou organismo estrangeiro que não o próprio de proveniência dos dados.

Essa hipótese de exceção tem como objetivo manter o Brasil em posição de competitividade no cenário internacional com o estímulo da contratação das empresas nacionais por agentes estrangeiros, como para a prestação de serviços de armazenamento em nuvem. Reduzindo a pressão regulatória para situações de mero armazenamento ou trânsito.

5.3.2 Oferta ou fornecimento de bens e serviços a indivíduos localizados no território nacional

O Direito Brasileiro da Proteção de Dados Pessoais também é aplicado às atividades de tratamento que tenham por objetivo "a oferta ou o fornecimento de bens ou serviços ou o tratamento de dados de indivíduos localizados no território nacional".

Assim, ainda que a operação de tratamento de dados não tenha ocorrido no território nacional (o que faria incidir a hipótese do inciso I) e não tenham os dados pessoais sido coletados no território nacional (inc. III, tratado a seguir), o Direito Brasileiro também será eficaz e aplicável para situações de oferta ou fornecimento de bens ou serviços a indivíduos situados no território nacional.

É o caso, por exemplo, de empresas estrangeiras, sem sede no território brasileiro, mas que fornecem serviços ou vendem bens a pessoas nele situadas por *sites* ou páginas em mídias sociais, tratando dados pessoais nessas atividades. É importante reparar que o critério adotado não é o da nacionalidade, mas o da localização do indivíduo. Assim, a hipótese do inciso II também ocorre para estrangeiros situados em território nacional e não é aplicável a brasileiros situados fora do território nacional.

5.3.2.1 Como identificar se as atividades se destinam à oferta ou fornecimento de serviços a indivíduos localizados no território nacional? O critério de direcionamento

Como identificar se as atividades se destinam à oferta ou fornecimento de serviços a indivíduos localizados no território nacional? A resposta a essa pergunta é fundamental para a decisão de aplicação ou não no Direito brasileiro. Por exemplo, a norma brasileira não tem eficácia caso o negócio seja inteiramente estruturado fora do território nacional, não seja destinado a indivíduos aqui localizados e os dados pessoais não sejam coletados também no território nacional.

A melhor prática e interpretação recomenda que cada atividade seja verificada de forma concreta e individualizada, de modo que a incidência ou não do Direito brasileiro dependerá diretamente da casuística e da coleta conjunta dos elementos relacionados à atividade do agente. Se a análise conjunta dos elementos indicar que o negócio é voltado para indivíduos localizados no território nacional, o Direito brasileiro se aplicará (os mais comuns deles são o uso intencional da língua portuguesa e a possibilidade de pagamento em reais. Do contrário, se, no todo, verificar-se que os objetivos da atividade não são ofertar bens ou serviços para indivíduos no território brasileiro, pelo critério do inciso II, o Direito brasileiro não incidirá.

Essa discussão é muito comum em situações em que indivíduos localizados no território nacional (brasileiros em sua maioria) buscam voluntariamente por produtos ou serviços operados exclusivamente no estrangeiro (como no caso de serviços financeiros). Se a avaliação do serviço, em si, não levar à conclusão da incidência da lei brasileira e não houver a coleta de dados pessoais no território nacional, o simples acesso proativo do serviço por indivíduo localizado no estrangeiro não será suficiente para perfazer a hipótese de aplicação do inciso II. A mera acessibilidade ao serviço conduzido fora do território nacional não é suficiente para atrair a incidência da legislação brasileira.

Nesse sentido, é relevante direcionar os olhos para a GDPR e as considerações pertinentes ao seu artigo 3º (2), que inspirou diretamente essa hipótese com o chamado *Targeting Criterion* ou *Critério de Direcionamento*.

Assim, cumpre citar o Considerando 23 da GDPR, segundo o qual, "A fim de determinar se o responsável pelo tratamento ou subcontratante oferece ou não bens ou serviços aos titulares dos dados que se encontrem na União, há que determinar em que medida é evidente a sua intenção de oferecer serviços a titulares de dados num ou mais Estados-Membros da União. O mero facto de estar disponível na União um sítio *web* do responsável pelo tratamento ou subcontratante ou de um intermediário, um endereço eletrónico ou outro tipo de contactos, ou de ser utilizada uma língua de uso corrente no país terceiro em que o referido responsável está estabelecido, não é suficiente para determinar a intenção acima referida, mas há fatores, como a utilização de uma língua ou de uma moeda de uso corrente num ou mais Estados-Membros, com a possibilidade de encomendar bens ou serviços nessa outra língua, ou a referência a clientes ou utilizadores que se encontrem na União, que podem ser reveladores de que o responsável pelo tratamento tem a intenção de oferecer bens ou serviços a titulares de dados na União".

Para a condução dessas avaliações, também é essencial a referência às *Guidelines n. 3/2018 on the territorial scope of the GDPR da European Data Protection Board*, de 12 de novembro de 2019[1]. Entre os critérios apresentados no documento que podem ser aproveitados como exemplos para aferição concreta de aplicação ou não do Direito brasileiro estão: (i) a recomendação por avaliar a localização do indivíduo no instante em que a atividade de tratamento de dados pessoais (coleta, monitoramento etc.) é realizada, e não a simples consideração de que, em algum momento qualquer, o indivíduo esteve localizado no território brasileiro; (ii) a verificação se as atividades do agente de tratamento eram intencionalmente destinadas a indivíduos localizados no território nacional, e o tratamento não ocorre de forma pontual ou acidental, conforme disposições do referido Considerando 23 (por exemplo, se um serviço é prestado para um indivíduo localizado fora do território e não cessa enquanto ele, circunstancialmente, está no território nacional – como no caso do turista estrangeiro); (iii) a consideração se o tratamento de dados é feito fora do território nacional e não é dedicado a oferecer bens no território, mas, circunstancialmente, pode tratar dados de indivíduos localizados no território.

As *Guidelines* também reafirmam importantes resultados decorrentes do julgamento da Corte de Justiça da União Europeia no caso *Pammer v Reederei Karl Schlüter GmbH & Co and Hotel Alpenhof v Heller (Joined cases C-585/08 and C-144/09)*, em que se discutiram os elementos para caracterizar as situações em que "atividades são direcionadas" para indivíduos localizados na União Europeia para fins de aplicação da Regulação 44/2001 do Conselho Europeu sobre a definição da competência jurisdicional em casos civis e comerciais. Embora sejam juridicamente distintas, as ideias sobre "atividades direcionadas" são reconhecidas pela EDPB para fins de entendimento de quais situações a "oferta de bens e serviços" está caracterizada, o que também pode servir de inspiração interpretativa da hipótese do artigo 3º, inciso II, da LGPD.

Assim, além das considerações tratadas, transpondo os parâmetros reafirmados em referido caso, o fornecimento de bens ou serviços para indivíduos localizados no território brasileiro pode ser aferido pelos seguintes exemplos: (i) o Brasil é mencionado no fornecimento do produto ou serviço; (ii) os agentes de tratamento remuneram serviços de busca de internet (*links* patrocinados, por exemplo) para direcionamento a indivíduos que acessam à busca e estão no território nacional; (iii) os agentes de tratamento realizam campanhas publicitárias direcionadas para indivíduos no território nacional (como, por exemplo, as práticas de *targeting* via mídias sociais, incluin-

---

[1] EDPB. *Guidelines n. 03/2018 on the territorial scope of the GDPR (article 3)*. Disponível em: https://edpb.europa.eu/sites/default/files/files/file1/edpb_guidelines_3_2018_territorial_scope_after_public_consultation_en_1.pdf. Acesso em: 17 mar. 2024.

do *tracking ads*); (iv) a natureza da própria atividade; (v) o nome de domínio utilizado (com ".br", por exemplo); (vi) a menção específica a clientes localizados no território nacional (como no caso de *sites* que relacionam, exemplificativamente, alguns clientes atendidos para argumentar a credibilidade dos serviços); (vii) o uso do português ou da moeda real; (viii) a possibilidade clara de entrega de serviços ou bens para indivíduos aqui localizados.

5.3.3 A situação dos dados pessoais inicialmente coletados no território nacional e a aparente redundância do artigo 3º, III, da LGPD

Cumpre mencionar a aparente redundância trazida pelo inciso III do artigo 3º da LGPD, que diz que a eficácia da norma também ocorre em relação aos "dados pessoais objeto do tratamento tenham sido coletados no território nacional".

Falo em *redundância aparente*, porque, a rigor, uma vez que o dado pessoal tendo sido *coletado* em território nacional, a operação de tratamento aqui se deu, atraindo a eficácia normativa por força do inciso I do artigo 3º da LGPD. Aliás, como mencionado quando do estudo do Marco Civil, tal previsão parece ter uma inspiração cultural e normativa ao previsto no artigo 11 daquela lei. Porém, há duas premissas de hermenêutica que precisam ser consideradas na hipótese. A primeira é de que o legislador, como premissa, não se vale de palavras ou termos inúteis, cabendo ao intérprete identificar a norma decorrente de termos aparentemente repetitivos ou excessivos. A segunda premissa está ligada à primeira, no sentido de que a boa hermenêutica clama pela identificação da finalidade do texto normativo.

Feitas essas considerações, voltemos ao texto do inciso III: "os dados pessoais objeto do tratamento tenham sido coletados no território nacional". Depurando seus termos, parece o legislador dissociar o *tratamento de dados pessoais regulado na hipótese* do *ato de coleta realizado no território nacional*. O inciso III não regula a operação de tratamento de coleta em si mesma (esta sim coberta pela hipótese do inciso I), mas sim os tratamentos de dados pessoais realizados fora do território nacional, mas cujos dados pessoais tenham sido originariamente coletados no território nacional, ou seja, os dados pessoais cujo titular se encontre no território nacional no momento da coleta (art. 3º, § 1º, LGPD).

A redundância, assim, parece-me ser meramente aparente, pois a finalidade do inciso III é estender a aplicação do Direito brasileiro para hipóteses de tratamento de dados pessoais realizados fora do território nacional e não relacionadas ao fornecimento de bens ou serviços a indivíduos localizados no Brasil (que estariam coberta pelo inciso II, desde que os dados pessoais tenham sido coletados no território nacional). O inciso III não é pertinente à operação de coleta em território nacional em si mesma. Esta é apenas a motivação para que a norma brasileira alcance operações no estrangeiro.

Caso tal hipótese não fosse prevista, o Direito brasileiro se veria diante do dilema e da possível não proteção de dados pessoais coletados no território nacional, mas tratados fora e sem o objetivo de oferecer bens ou serviços para indivíduos aqui localizados.

Imagine, por exemplo, se uma pessoa jurídica estrangeira coletasse dados de brasileiros para *treinar* os *Large Language Models* de seus algoritmos para oferecer serviços no estrangeiro a custas da ingerência indevida na esfera de personalidade dos indivíduos aqui localizados. Imagine, ainda, que esta pessoa jurídica não é a que coleta diretamente os dados pessoais, sendo uma empresa brasileira que os coleta e *os exporta* para fora do território nacional. As atividades da segunda empresa, de tecnologia algorítmica, poderiam não sofrer a eficácia do Direito brasileiro se não fosse a hipótese do inciso III.

5.3.4 Quando, então, o Direito da Proteção de Dados Pessoais não é territorialmente eficaz?

Vistas as situações, a não eficácia territorial do Direito da Proteção de Dados Pessoais se restringe a duas hipóteses excepcionais: (i) as situações em que uma pessoa jurídica, com sede em território nacional, trata dados pessoais no País, mas esses dados são provenientes de país estrangeiro com grau de proteção adequada e o tratamento se dá de forma isolada (hermética) em território brasileiro (mero armazenamento ou trânsito dos dados) sem comunicação com outros agentes no País, sem a transferência para outro país que não o mesmo de proveniência que detenha tais condições e sem que tal tratamento de dados pessoais seja destinado à oferta de bens ou serviços a indivíduos localizados no território nacional (arts. 3º, § 2º, e 4º, IV, *caput*, LGPD); e (ii) os tratamentos de dados pessoais realizados fora do território nacional cujos dados pessoais não tenham sido coletados no País e cujo objeto não seja a oferta ou o fornecimento de bens ou serviços a indivíduos localizados no território nacional.

5.4 EFICÁCIA MATERIAL

Diferentemente da eficácia territorial em que a LGPD explica as situações em que o Direito da Proteção de Dados Pessoais se aplica de acordo com onde os dados pessoais são tratados ou onde os indivíduos a eles associados estão localizados, na eficácia material, discute-se em relação a quais finalidades ou porquês a LGPD será aplicada.

5.4.1 A adoção do critério de exclusão

Tendo em vista os direitos fundamentais envolvidos e a importância do Direito da Proteção de Dados Pessoais que justificam a própria existência da matéria, tal Direito, por força da Constituição Federal e da LGPD, é aplicável a todas as operações com dados pessoais, exceto aquelas que, expressamente, o texto legal da LGPD diz que não e que estão listadas no seu artigo 4º em caráter de exceção, sendo tratadas individualmente na sequência.

Pela relevância do modelo de proteção jurídica adotado e do bem jurídico tutelado, adota-se o critério de exclusão para não aplicabilidade do Direito da Proteção de Dados Pessoais, sendo este sempre aplicado no caso de tratamento de dados pessoais, salvo nas hipóteses específicas de não aplicação, as quais, por lógica, devem ser interpretadas restritivamente.

5.4.2 Tratamento de dados pessoais realizado por pessoa natural para fins exclusivamente particulares e não econômicos

O Direito da Proteção de Dados Pessoais não é aplicável para o uso de dados pessoais para situações exclusivamente particulares de pessoas naturais/físicas e não econômicas. A ideia é direcionar a regulação para situações relevantes e de risco e não para situações de cunho pessoal apenas. A avaliação concreta das situações dirá se elas se enquadram na hipótese de exceção ou não.

Nesse sentido, alguns exemplos iniciais de não incidência: (i) agendas exclusivamente pessoais; (ii) *sites* utilizados exclusivamente para fins pessoais e não comerciais, como *blogs* ou aqueles em que as pessoas hospedam vídeos de suas atividades, incluindo mídias sociais para uso exclusivamente pessoal; (iii) atividades exclusivamente domésticas que envolvam dados, como listas de convite de aniversários ou casamentos, ou ainda de pessoas permitidas para entrar em condomínio residencial em caso de evento; (iv) registros de dados pessoais de saúde por familiares para casos de emergência; (v) rede de *wi-fi* residencial que coleta dados de visitantes que nela conectam.

Ressalta-se que o tratamento tem de ser para uma finalidade exclusivamente particular e não econômica, o que deve ser analisado de forma contextual. Qualquer situação em que algum porquê econômico se apresente ou se nos serviços relacionados direta ou indiretamente com o tratamento tal fim econômico for identificado, a eficácia material incidirá, sempre em ponderação concreta dos direitos fundamentais dos titulares de dados pessoais. Nessa perspectiva, a decisão concreta pelo entendimento de não aplicação da Lei deve passar por uma análise cuidadosa de todas as possibilidades.

Alguns exemplos em que isso poderia se verificar, afastando a hipótese de exceção (i) no caso de condomínio residencial, embora a finalidade última seja particular, a lei é aplicável à pessoa jurídica que eventualmente presta serviços condominiais de segurança, controle e administração (de caráter econômico), porém caracterizado o condomínio como agente de pequeno porte, conforme Resolução n. 2/2022 da ANPD[2]; (ii) no caso de casamentos ou festas de formatura, embora esses sejam fins *a priori* particulares, as empresas que gerenciam listas, prestam serviços de organização, decoração, fotografia, alimentação e presentes devem seguir a lei no tratamento envolvidos em suas atividades; e (iii) no caso de agendas pessoais, se eventualmente os dados das pessoas vierem a ser utilizados para fins não particulares como para envios de publicidade ou contatos para fins profissionais, também aplicar-se-á a lei.

5.4.3 Tratamento de dados pessoais realizado para fins exclusivamente religiosos

Há discussões sobre a aplicabilidade do Direito da Proteção de Dados Pessoais para as atividades exclusivamente religiosas, inclusive, com argumentos muito consis-

---

[2] ANPD. *Resolução CD/ANPD n. 2/2022*. Disponível em: https://www.in.gov.br/en/web/dou/-/resolucao-cd/anpd-n-2-de-27-de-janeiro-de-2022-376562019#wrapper. Acesso em: 17 mar. 2024.

tentes de que *a priori* seriam atividades particulares e não econômicas, inserindo-as nessa hipótese se exceção. Igualmente, não se ignora a importância de uma análise dedicada sobre qualquer medida de regulação a evitar o risco de limitação ou restrição do exercício da liberdade de religião e culto assegurada constitucionalmente (art. 5º, VI, CF). Atualmente, tramita o PL n. 5.141/2020 na Câmara dos Deputados, que objetiva alterar a redação da alínea *a* do inciso II do artigo 4º da LGPD com a inclusão das atividades religiosas na hipótese de exceção. O PL aguarda parecer do Relator na Comissão de Constituição e Justiça.

5.4.4 Tratamento de dados pessoais realizado para fins exclusivamente jornalísticos

A liberdade de imprensa é uma garantia constitucional das mais relevantes, sendo fundamental para a manutenção saudável do regime democrático. Não à toa, o STF reconheceu, quando do julgamento da ADPF n. 130 (Trib. Pleno, Rel. Min. Carlos Britto, j. 30.4.2009), sobre a antiga Lei de Imprensa, que a liberdade de imprensa e a democracia são verdadeiras irmãs siamesas. Uma depende da outra. Em simbiose, a liberdade de imprensa sustenta a democracia e essa protege aquela, na proposta de manutenção de um ciclo virtuoso necessário à manutenção do Estado Democrático de Direito.

A hipótese de exceção, portanto, traz esse ecossistema de necessária preservação da atividade jornalística para a disciplina Direito da Proteção de Dados Pessoais de modo que essa não só deve ser conduzida com equilíbrio, mas retirando a aplicabilidade de tal Direito das atividades exclusivamente jornalísticas, inclusive aquelas de pesquisa ou elaboração de acervo vocacionado exclusivamente para o jornalismo. O temor é que a lei pudesse, de forma concreta e muito longe dos seus objetivos, reduzir a potencialidade informativa necessária de tais atividades. Limitar o alcance de atividade tão fundamental em razão da proteção dos dados pessoais. A exceção legal vem justamente para evitar a situação. Imagine, por exemplo, se em eventuais reportagens, contrárias aos interesses diretos da pessoa mencionada, mas de interesse público, tivesse o jornalista que buscar seu consentimento para menção de seus dados ou qualquer outra base legal minimamente sólida. Esse é o típico exemplo de caso extremo que se revelaria completamente contrário aos fins últimos da lei e de todo desarrazoado.

Mais uma vez, atividades que não sejam exclusivamente jornalísticas devem seguir o Direito da Proteção de Dados Pessoais, o que, vale repisar, deve ser verificado de forma contextual, sendo sempre recomendável que se documente a decisão pela não aplicabilidade legal em ponderação a todos os interesses envolvidos. Empresas e mídias que tenham relação com essas atividades não estão automática e totalmente afastadas da Lei, devendo segui-la, por exemplo, em operações relacionadas a atividades de publicidade.

5.4.5 Tratamento de dados pessoais realizado para fins exclusivamente artísticos

Definir arte pode ser presunçoso e até mesmo contrário à sua própria função, limitando-a indevidamente. Em linhas gerais, pode-se dizer que um trabalho artístico se entende por uma atividade humana, pautada em propostas estéticas ou comunicativas, que normalmente liga ou explica uma função ou objetivo definido por seu próprio autor. No ordenamento jurídico brasileiro, sua proteção ganha expressão da proteção dos direitos autorais da criação do espírito humano materializada (conforme art. 7º da Lei de Direitos Autorais). Mais uma vez, a hipótese de exceção tem por finalidade evitar que o Direito da Proteção de Dados Pessoais limite ou estrangule a manifestação social artística, atividade tão fundamental ao desenvolvimento plural da sociedade.

Alguns exemplos possíveis: (i) painéis ou murais artísticos com imagens de pessoas conhecidas, para protesto ou homenagens – poderia se cogitar da discussão quanto aos direitos à honra e à imagem em contraposição à liberdade de expressão, mas não da aplicabilidade da lei por conta das imagens (dados pessoais); e (ii) não aplicabilidade da lei em obras de homenagem póstuma, ainda que eventualmente familiares sobreviventes e identificados discordem da obra (*v.g.*, memorial com os nomes das vítimas do acidente com o avião no Aeroporto de Congonhas, São Paulo, em julho de 2007; memorial com os nomes das vítimas do atentado de 11 de setembro de 2001, em Nova Iorque; ou a obra de arte na estação Once – 30 de Diciembre, do metrô de Buenos Aires, com os nomes das vítimas que morreram no incêndio da boate Cromañón naquela data em 2004).

Também como no caso de atividades jornalísticas, aqui a avaliação sobre a aplicabilidade ou não da lei deve ser feita de forma concreta e contextual, de modo que qualquer outra finalidade de tratamento que exceda o propósito exclusivamente artístico receberá a aplicação da lei. Atividades publicitárias de museus ou galerias de arte, por exemplo, não estão englobadas na exceção.

5.4.6 Tratamento de dados pessoais realizado para atividades exclusivamente acadêmicas e para estudos e pesquisas: eficácia material limitada

Essa exceção também está ajustada à proposta equilibrada do Direito da Proteção de Dados Pessoais de buscar sempre a proporcionalidade entre tal Direito, os direitos fundamentais e o valor do desenvolvimento econômico e social. O texto legal, aqui, pela exceção, reconhece a importância das atividades acadêmicas para a geração e promoção de um ecossistema virtuoso de desenvolvimento dos mecanismos de tecnologia da informação e de inovação.

Como qualquer hipótese de exceção de uma lei que visa à proteção da liberdade e da privacidade, deve ser interpretada restritivamente, de modo que a lei não será aplicável nas estritas situações concretas de pesquisa e produção acadêmica. Essa é a finalidade de exceção que sustenta a não eficácia material nesse caso. Qualquer situação limítrofe deve ser vista com muita cautela e com uma análise contextual, e, identificada que a finalidade acadêmica restou extrapolada, o Direito da Proteção de Dados Pessoais deve incidir. A atividade acadêmica em si é isenta, qualquer atividade comercial relacionada (cursos, universidades etc.) estão no âmbito de eficácia da norma.

Além disso, essa exceção não é igual às demais, em que a eficácia material é afastada por completo. Conforme parte final do artigo 4º, inciso II, *b*, é prevista a aplicação das hipóteses legais de tratamento (*bases legais de tratamento*) nos artigos 7º e 11 da LGPD. Embora uma leitura inicial possa indicar uma possível incongruência do legislador, inicialmente determinando a isenção de aplicação legal e depois trazendo tais artigos para a hipótese, isso revela um cuidado adicional em relação a essas atividades. Reconhece que, muitas vezes e cada vez mais, pesquisas acadêmicas podem ser financiadas por organizações revelando a existência possível de envolvimento de interesse privado, ou, também, que as pesquisas se valem de forma crescente de fontes públicas e privadas de dados pessoais.

Assim, para evitar que a hipótese de exceção seja mal utilizada e que as atividades acadêmicas sejam usadas para afastar a aplicação da lei a tratamento de dados pessoais em que prevaleçam fins mercadológicos, agiu o legislador com mais cautela, indicando que as pesquisas acadêmicas devem ter base jurídica, nos termos dos artigos 7º e 11 da LGPD, que respaldem o tratamento, assegurando-lhes, sempre, a identificação de um fundamento legal. Quanto à aplicação desses dispositivos, não haverá diferença, devendo ser observado o conteúdo de cada base legal e sua aplicação contextual e de acordo com a finalidade eleita pelo agente de tratamento.

Inclusive, diante da relevância das atividades e da necessidade de buscar uma delimitação mais assertiva da hipótese de exceção, fez bem a ANPD em emitir, de forma direcionada, o *Guia orientativo – tratamento de dados pessoais para fins acadêmicos e para a realização de estudos e pesquisas*, em junho de 2023[3]. Não é documento regulatório em si, mas mesmo de caráter orientativo, pode ser seguido para as práticas de tratamento de dados que envolvam atividades acadêmicas.

Como o próprio Guia destaca em sua introdução, a LGPD não proíbe o tratamento de dados para estas atividades e, ao mesmo tempo, mantém a aplicação da lei, estabelecendo um regime jurídico próprio: "A Lei Geral de Proteção de Dados Pessoais (LGPD, Lei n. 13.709/2018) estabeleceu regras específicas para o tratamento de dados pessoais para fins acadêmicos e para a realização de estudos e pesquisas. Essas regras visam garantir que, sempre que associado à produção e à disseminação do conhecimento, o tratamento de dados pessoais seja realizado com segurança jurídica e com respeito aos direitos dos titulares. Nesse sentido, a LGPD procurou estabelecer uma relação de equilíbrio entre, de um lado, a proteção de dados pessoais e as garan-

---

[3] ANPD. *Guia orientativo – tratamento de dados pessoais para fins acadêmicos e para a realização de estudos e pesquisas*. Disponível em: https://www.gov.br/anpd/pt-br/documentos-e-publicacoes/documentos-de-publicacoes/web-guia-anpd-tratamento-de-dados-para-fins-academicos.pdf. Acesso em: 17 mar. 2024.

tias da privacidade e da autodeterminação informativa e, de outro, a liberdade acadêmica e o livre fluxo de informações necessário para a realização de estudos e pesquisas nas mais diversas áreas do saber"[4].

Em capítulo inicial do Guia, dedicado à previsão do regime jurídico aplicável ao tratamento de dados pessoais para fins acadêmicos, a ANPD estabelece uma equiparação que não é expressa na LGPD: o estabelecimento de um mesmo tratamento legal para a realização de estudos e pesquisas indistintamente[5]. Segundo a autoridade e, a meu ver, com razão, a LGPD estabeleceu, para as atividades acadêmicas e estudos e pesquisas, um regime jurídico especial mais flexível quanto à incidência do Direito da Proteção de Dados Pessoais. Essa flexibilidade explica, justamente, a previsão topológica das atividades acadêmicas em artigo dedicado às situações de não aplicação da lei e, ao mesmo tempo, previsão de observância das hipóteses de tratamento legal. Ainda segundo a autoridade, esse regime jurídico mais flexível é aferido pela interpretação conjunta das previsões dos artigos 2º, III e V, 4º, II, *b*, 6º, 7º, 11, 13, 15 e 16 da lei.

Diz a ANPD[6], então, que o artigo 4º da LGPD "estabelece dois comandos: o afastamento parcial da LGPD quando o tratamento for realizado para fins exclusivamente acadêmicos; e a determinação de que o tratamento esteja amparado em uma das hipóteses legais estabelecidas nos arts. 7º e 11 e, portanto, que sejam observadas as regras específicas dispostas na LGPD para a hipótese legal utilizada".

Assim, de forma didática, continua a ANPD detalhando como tal afastamento parcial ou eficácia material limitada deve ser interpretada: "O afastamento parcial da LGPD deve ser interpretado restritivamente, limitando-se às situações em que o tratamento de dados pessoais esteja estritamente vinculado ao exercício da liberdade acadêmica".

Continua a Autoridade:

> A liberdade acadêmica constitui uma espécie das liberdades de expressão e de manifestação do pensamento, em geral exercida por docentes, estudantes e pesquisadores de órgãos de pesquisa ou de instituições de ensino em ambientes propícios à exposição e ao debate de ideais, tais como salas de aula, congressos e seminários científicos. Assim, a LGPD busca facilitar a realização de atividades acadêmicas, afastando a incidência de certas obrigações legais. A legislação de proteção de dados, nesse sentido, não pode ser interpretada ou aplicada de modo a impedir ou estabelecer obstáculos indevidos ao exercício da autonomia intelectual e didático-científica de docentes e discentes nos ambientes acadêmicos. Portanto, o âmbito de incidência e o afastamento parcial da LGPD é restrito aos tratamentos de dados pessoais vinculados de forma estrita – isto é, exclusivamente – ao exercício da liberdade de expressão nos ambientes acadêmicos.

Ainda, adverte a ANPD, com razão alinhada ao espírito protetivo do texto legal, que:

---

[4] Idem, p. 5.
[5] Idem, p. 8.
[6] Idem, p. 18.

A flexibilização das regras de proteção de dados pessoais aplicadas para fins acadêmicos não deve ser apropriada indevidamente. Do mesmo modo, a flexibilização não pode ser utilizada a fim de isentar sociedades empresárias e outros agentes de tratamento de cumprir as obrigações previstas na legislação de proteção de dados pessoais.

Continua, com acerto de percepção:

> A questão ganha relevância, em particular, nos casos de parcerias entre instituições de ensino ou órgãos de pesquisa e entidades privadas, nos quais pode ocorrer o eventual tratamento de dados pessoais para o desenvolvimento de atividades comerciais no ambiente corporativo[7].

A condução de *assessments* assertivos de privacidade tem se mostrado uma importante ferramenta de governança para a condução de tais atividades em contextos limítrofes. Uma governança sólida em privacidade, portanto, é essencial para que os agentes de tratamento entendam (i) se podem ou não conduzir determinadas atividades; (ii) como podem desempenhá-las; e (iii) caso prossigam, estejam preparadas adequadamente para prestar contas sobre a retidão de suas decisões e atividades. Isso é reconhecido pela ANPD ao relembrar no Guia que:

> [...] a derrogação parcial da aplicação da LGPD não pode ser efetuada em abstrato ou de forma ampla e genérica. Ao contrário, é necessário avaliar as circunstâncias concretas de cada caso, a fim de verificar se os requisitos legais foram, efetivamente, contemplados para atendimento da finalidade acadêmica.

5.4.7 Tratamento de dados pessoais realizado para fins exclusivos de segurança pública, defesa nacional, segurança do Estado e atividades de investigação e repressão de infrações penais

A não aplicação do Direito da Proteção de Dados Pessoais, inicialmente, para essas atividades, se justifica pela relevância e interesse público envolvidos nos objetivos de cada uma delas. Foi opção serena e cautelosa do legislador, tanto é que o tema segue sob análise conjunta no Congresso Nacional.

Os tratamentos de dados pessoais, nessas atividades, pois conduzidos pelo Poder Público, devem seguir estritamente os limites finalísticos de legalidade e proporcionalidade, como define o § 1º do artigo 4º da LGPD:

> O tratamento de dados pessoais previsto no inc. III será regido por legislação específica, que deverá prever medidas proporcionais e estritamente necessárias ao atendimento do interesse público, observados o devido processo legal, os princípios gerais de proteção e os direitos do titular previstos nesta Lei.

---

[7] Idem, p. 21.

Também reconhecendo o valor dos bancos de dados envolvidos em tais atividades, os riscos associados aos desvios de finalidade e com cautela em relação ao possível uso indevido dessa massa de dados, inclusive com a possibilidade de tentativas de cooptação de agentes públicos e do envolvimento improbo desses, o § 2º do artigo 4º da LGPD diz que:

> É vedado o tratamento dos dados a que se refere inciso III do *caput* deste artigo por pessoa de direito privado, exceto em procedimentos sob tutela de pessoa jurídica de direito público, que serão objeto de informe específico à autoridade nacional e que deverão observar a limitação imposta no § 4º deste artigo.

Assim, é possível o envolvimento de agentes privados nessas finalidades, mas com máxima cautela nos termos determinados.

Ainda como cautela adicional, compete à ANPD emitir "opiniões técnicas ou recomendações referentes às exceções previstas no inc. III do *caput* deste artigo e deverá solicitar aos responsáveis relatórios de impacto à proteção de dados pessoais" (art. 4º, § 3º, LGPD). Além disso, em nenhum caso "a totalidade dos dados pessoais de banco de dados de que trata o inc. III do *caput* deste artigo poderá ser tratada por pessoa de direito privado, salvo por aquela que possua capital integralmente constituído pelo poder público" (art. 4º, § 4º, LGPD).

Capítulo 6
DEFINIÇÕES PERTINENTES AO DIREITO DA PROTEÇÃO DE DADOS PESSOAIS

6.1 NOTA INTRODUTÓRIA

Por força do dispositivo constitucional do artigo 5º, LXXIX, que assegura o Direito da Proteção de Dados Pessoais "nos termos da lei", aquilo que dispõe a LGPD assume função principal de preencher o conteúdo da norma constitucional e estabelecer, na linha do que começou a ser tratado nos capítulos anteriores, como tal Direito se caracteriza, é conceituado e se desenvolve.

Nesse sentido, as definições propostas pelo artigo 5º e estudadas neste capítulo traduzem, a meu ver, os conceitos bases de construção e aplicação do Direito da Proteção de Dados Pessoais no País. A partir deles, a relação jurídica estruturada e pertinente a tais normas é conceituada. De um lado, o titular de dados pessoais. Do outro, o agente de tratamento. Como elo, o tratamento (qualquer uso) daquilo que contextualmente for identificado como dado pessoal. Essa parece ser a relação fática regulada juridicamente. Dela decorre todo um regime de direitos e deveres decorrentes e que, tecnicamente, como já tratado outrora, perfazem o que pode ser reconhecido como Direito da Proteção de Dados Pessoais.

Parte dessas definições serão estudadas neste capítulo. Outras, em razão da amplitude do respectivo tema, estarão em capítulo próprio, a exemplo dos temas do Encarregado pelo Tratamento de Dados Pessoais, do Consentimento, da Transferência Internacional de Dados Pessoais, do Relatório de Impacto à Proteção de Dados e da própria ANPD.

6.2 DADOS PESSOAIS

6.2.1 O conceito de dado pessoal

Como já abordado quando do estudo do que parece ser o Direito da Proteção de Dados Pessoais, *dado* e *informação* são, a meu ver, conceitos diferentes, e o conceito de dado pessoal, base para toda incidência normativa aqui estudada, deriva diretamente dessa diferença.

A informação é o resultado racional extraído do dado, conforme contexto em que o dado e seu uso estão. Os dados, por sua vez, são a matéria-prima base que permite tal extração. O dado será considerado um *dado pessoal* assim se, no contexto de seu uso, for possível a extração de uma informação pessoal, ou seja, a extração de algo que identifique o indivíduo de forma direta ou imediata ou de forma indireta ou mediata. O que vai revelar se o dado é ou não pessoal é o agregar da possibilidade de extração concreta e contextual de uma informação pessoal. Significa dizer que, sempre que houver a extração ou compreensão de uma informação pessoal, haverá dado pessoal, mas nem sempre um dado será dado pessoal. A possibilidade de construção da informação pessoal é o fator definitivo nessa conceituação.

Essas são as acepções da visão mais protetiva associada ao *conceito expansionista* de dado pessoal. Segundo este, será dado pessoal, como visto, os dados que deles for, contextualmente, possível extrair uma informação e que essa seja capaz de identificar diretamente uma pessoa natural (pessoa identificada) ou que é capaz de identificar indiretamente uma pessoa natural (pessoa identificável). Em oposição, há também o *conceito reducionista* de dado pessoal, limitando muito a identificação dos dados que seriam pessoais, como a própria denominação indica. Para esse segundo conceito – não utilizado pela legislação brasileira, vale repisar –, dado pessoal seria apenas aquele do qual é possível extrair uma informação precisa, determinada e exata sobre alguém (pessoa identificada, apenas).

A adoção do *conceito expansionista* se dá claramente no artigo 5º, I, da LGPD: "Art. 5º Para os fins desta Lei, considera-se: I – dado pessoal: informação relacionada a pessoa natural identificada ou identificável". Isso era esperado e é condizente com os objetivos das normas de Direito da Proteção de Dados Pessoais. Se a regulação tem por objetivos a promoção da privacidade e do desenvolvimento da personalidade como valores de patamar constitucional, é natural que se ampliem as situações em que um dado possa ser caracterizado como dado pessoal, de modo a também ampliar o espectro de proteção da norma.

É interessante notar, aliás, que esse conceito expansionista não me parece estar direcionado diretamente ao dado, ao que poderia sugerir uma leitura rápida da ideia. Antes, ele está direcionado à informação. Amplia o que pode ou não ser considerado como *informação pessoal* e, por isso, interfere na concepção de dado pessoal, pois, quanto mais forem as possíveis informações pessoais, mais serão, logicamente, os possíveis dados classificados como dados pessoais.

Há, ainda, outra importante constatação aferível do texto do artigo 5º, I, da LGPD e que confirma e reflete as considerações anteriores. O texto diz que é dado pessoal a "informação relacionada a pessoa natural" e não o dado relacionado a uma pessoa natural. Resta claro, também pelo texto normativo, que a qualificação do dado como dado pessoal depende da presença de uma informação associada à pessoa natural, ou seja, a caracterização do dado pessoal depende necessariamente de um exercício cognitivo, humano ou não, de extração da informação relacionada à pessoa natural. Consequência: de fato, apenas o contexto e a análise individualizada de cada situação será capaz de revelar o que é dado pessoal ou não, os riscos associados ao uso destes e a incidência ou não das normas de Proteção de Dados Pessoais. Premissas ou presunções genéricas, objetivas, estanques e até mesmo teimosas tendem a não funcionar e gerar mais problemas que resultados satisfatórios, especialmente por ultrapassar detalhes relevantes para aplicação da norma.

Dessa forma, são dados pessoais, por exemplo: nome, prenome, números identificadores (RG, CPF, CNH, OAB, título de eleitor etc.), endereço, nacionalidade, naturalidade, estado civil, profissão, gênero, números de telefone, históricos, endereços IP, *e-mails*, *cookies*, elementos e substâncias presentes nos organismos dos indivíduos, suas relações com terceiros, comentários e opiniões dos indivíduos e sobre estes, hábitos etc. Trata-se, conceitualmente, de lista não exaustiva e impossível de ser fechada, demandando uma análise específica e caso a caso de cada dado.

6.2.2 Cookies

Cookies podem permitir a coleta de dados pessoais ou não. Podem ser definidos como arquivos instalados no dispositivo do usuário e que permitem a coleta de determinados dados, incluindo, mas não só, dados pessoais[1]. Se coletam dados capazes contextualmente de identificar o usuário ou identificar circunstâncias a ele associadas e dentro de seu espectro de privacidade, resultarão a coleta de dados pessoais. Isso inclui, por exemplo, comportamentos, passos de navegação, imagens, cliques etc. Podem ser classificados, dentro da categorização mais aceita, inclusive pela ANPD[2], em razão da entidade responsável pela sua gestão, de acordo com a necessidade de eles existirem junto ao dispositivo do usuário, de acordo com a finalidade e de acordo com período de retenção dos dados.

De acordo com a entidade responsável pela sua gestão, os *cookies* podem ser (i) *próprios ou primários*, se definidos diretamente pelo *site* ou aplicação que o usuário ou titular de dados pessoais está utilizando, ou (ii) *cookies de terceiros*, se criados ou definidos por outros *sites* e aplicações diferentes daqueles utilizados pelo usuário. Normalmente, os *cookies* de terceiros são verificados se há a incorporação deles nos *sites* ou aplicações utilizados pelo usuário. Isso é relativamente comum com a incorporação de arquivos que permitem a rastreabilidade da navegação de usuários para exibição de anúncios ou conhecimento comportamental[3].

De acordo com a necessidade de eles existirem junto ao dispositivo do usuário, os *cookies* podem ser (i) *necessários* se imprescindíveis para que o *site* ou aplicação funcione corretamente e sem os quais, portanto, os serviços prestados pelo *site*/aplicação não seriam possíveis. Podem ser também (ii) *não necessários*, que são todos cuja desabilitação não impede o funcionamento adequado do *site* ou aplicação (rastreabilidade, verificação de comportamento, verificação do desempenho do *site* ou aplicação ou

---

[1] ANPD. *Guia orientativo – cookies e proteção de dados pessoais*. Disponível em: https://www.gov.br/anpd/pt-br/documentos-e-publicacoes/guia-orientativo-cookies-e-protecao-de-dados-pessoais.pdf. Acesso em: 17 mar. 2024.

[2] Ibidem.

[3] Ibidem.

exibir anúncios ou outros conteúdos incorporados[4]. A necessidade ou não dos *cookies* influencia diretamente a identificação da base legal de tratamento associada ao uso de tais arquivos.

De acordo com a finalidade, os *cookies* podem ser (i) *analíticos ou de desempenho*, se possibilitam a coleta de dados a respeito de como os usuários utilizam o *site* ou aplicação, quais conteúdos acessam ou visitam, com qual frequência usam os serviços; (ii) *de funcionalidade*, relacionados ao fornecimento de serviços básicos para os usuários, como para lembrar preferências de configuração ou conteúdo no *site* ou aplicação; e (iii) *de publicidade*, que são utilizados para coletar dados dedicados, especificamente, à apresentação de anúncios, de mensagens publicitárias ou para rastreamento, objetivando a oferta de produtos ou serviços[5].

De acordo com o período de retenção dos dados, os *cookies* podem ser (i) *de sessão ou temporários*, se coletam dados dos usuários em real-time enquanto estes acessam ou utilizam o *site* ou aplicação, normalmente sendo descartados após encerramento da sessão, e (ii) *persistentes*, se os dados ficam armazenados para além da sessão ou uso de aplicação, conforme períodos definidos pelo controlador de dados[6].

Aliás, entre os *cookies*, há uma variedade de códigos ou arquivos que podem permitir a identificação de pessoas e o rastreamento de suas atividades ao longo de determinados períodos e por diferentes aplicações, aplicativos e *sites* que tais pessoas utilizam. Esses códigos ou arquivos podem ser identificados, genericamente, como arquivos de rastreamento. Exemplos: *Session-monitoring scripts*, *keystrokes*, *URL*, *Unique Identifiers*, *Local processing*, *Advertsing IDs*, como o *Android Advertising ID (AAID)*, *Google Analytics*, *Facebook pixel*. Podem ou não significar o tratamento de dados pessoais, o que ocorrerá, se, circunstancialmente, coletarem os dados identificadores em si ou se, além do comportamento do usuário, o agente tiver dados suplementares que permitam sua identificação.

Também cumpre referência às *Guidelines 8/2020 on targeting of social media users* da European Data Protection Board[7] que tratam dos riscos aplicáveis ao rastreamento de usuários nas mídias sociais, explica o papel dos agentes envolvidos nessa dinâmica e providências possíveis para adequação de tais práticas à proteção de dados pessoais.

Também em âmbito europeu, além dos recentes e mais conhecidos documentos, como a GPDR, vale citar a *ePrivacy Directive – Privacy and Communications Directive 2002/58/EC* que, entre os temas regulados desde então, estão os próprios *cookies* enquanto arquivos salvos nos dispositivos dos próprios usuários. Considerando possíveis

---

[4] Ibidem.

[5] Ibidem.

[6] Ibidem.

[7] EDPB. *Guidelines 8/2020 on targeting of social media users*. Disponível em: https://edpb.europa.eu/our-work-tools/our-documents/guidelines/guidelines-82020-targeting-social-media-users_en. Acesso em: 17 mar. 2024.

divergências ou dificuldades de intepretação da *ePrivacy Directive* à luz da GDPR, a EDPB emitiu as *Guidelines 2/2023* cuja leitura é importante para o entendimento da regulação do tema, especialmente diante do número cada vez mais crescente de soluções e técnicas com esse perfil[8].

6.2.3   Dado financeiro

Dados pessoais financeiros assumem especial relevância e atenção no contexto brasileiro. Seja pela amplitude das atividades financeiras no País, seja por representarem um elemento de risco específico associado à infeliz realidade de crimes patrimoniais que assolam a sociedade.

O texto normativo da LGPD não define dado financeiro, mas, para o Direito da Proteção de Dados Pessoais, pode ser considerada a definição trazida pela ANPD na Resolução CD/ANPD n. 15/2024, que regula a Comunicação de Incidente de Segurança[9]. Segundo seu artigo 3º, VII, dado financeiro é o "dado pessoal relacionado às transações financeiras do titular, inclusive para contratação de serviços e aquisição de produtos".

6.2.4   Dado de autenticação em sistemas

Também relevante, sobretudo para fins de segurança da informação, são os dados pessoais que permitem a autenticação em sistemas. São as credenciais de acesso, *logins* e senhas ou *tokens*. A definição para o Direito também pode ser extraída da Resolução CD/ANPD n. 15/2024, segundo a qual dado de autenticação em sistemas é "qualquer dado pessoal utilizado como credencial para determinar o acesso a um sistema ou para confirmar a identificação de um usuário, como contas de *login*, *tokens* e senhas" (art. 3º, VI).

6.2.5   Dado protegido por sigilo legal ou judicial

De forma objetiva, dado protegido por sigilo legal ou judicial é o dado pessoal "cujo sigilo decorra de norma jurídica ou decisão judicial" (art. 3º, IX, Resolução CD/ANPD n. 15/2024).

6.2.6   Dado protegido por sigilo profissional

Similarmente, dado protegido por sigilo profissional é o dado pessoal que o "sigilo decorra do exercício de função, ministério, ofício ou profissão, e cuja revelação possa produzir dano a outrem" (art. 3º, X, Resolução CD/ANPD n. 15/2024).

---

[8] EDPB. *Guidelines 2/2023 on Technical Scope of Art. 5(3) of ePrivacy Directive*. Disponível em: https://edpb.europa.eu/system/files/2023-11/edpb_guidelines_202302_technical_scope_art_53_eprivacydirective_en.pdf. Acesso em: 17 mar. 2024.

[9] ANPD. *Resolução CD/ANPD n. 15/2024*. Disponível em: https://www.in.gov.br/en/web/dou/-/resolucao-cd/anpd-n-15-de-24-de-abril-de-2024-556243024. Acesso em: 23 maio 2024.

6.2.7 Dado relacional

Termo pertinente à governança de dados, os dados relacionais podem ser compreendidos como aqueles encontrados em arquivos, bancos de dados ou tabelas estruturados e que possuem relação entre si. Podem ser dados pessoais ou não, a depender da informação possível de ser extraída e do contexto de uso. É interessante notar, por exemplo, situações em que um ou vários dados isolados não são considerados dados pessoais, mas se estruturados em conjunto (relacionais, portanto), passam a ser dados pessoais, já que é a reunião estruturada deles que permite a identificação direta ou indireta da pessoa natural. A perspectiva inversa também é verdadeira, a ausência de relação pode significar não só uma boa prática de segurança, em manter dados em estruturas separadas, mas também o tratamento não pessoal de dados.

6.2.8 Dado alternativo

Expressão mais coloquial do que técnica, o termo "dado alternativo" é encontrado com alguma frequência prática na realidade das organizações, merecendo rápida menção. Normalmente, dados alternativos são considerados dados gerados a partir de inferências e higienizações feitas sobre fontes primárias de dados (públicas ou privadas). Por exemplo, fontes públicas revelam os dados X, P, T e O de determinada pessoa. A partir destes e de cruzamentos feitos pelo agente, chega-se aos dados Y, H e U, os quais são chamados de dados alternativos. Como sensibilidade principal, é importante avaliar as fontes e como tais inferências e conclusões foram criadas. Considerando uma etapa *meio* para desenvolvimento desses novos dados a partir de inferências, dados estes que passam a identificar ou a contar *circunstâncias* sobre o indivíduo, a governança adequada é fundamental.

6.2.9 Nome de animal

A amplitude dos exemplos do que podem ser ou não dados pessoais tem também como exemplo a identificação do nome do animal, que, a depender do contexto, pode ser considerado um dado pessoal. Isto é o que entendeu a Information Commissioner's Office – ICO do Reino Unido no seu procedimento IC-80804-J7C6[10]. O caso teve relação com uma investigação de suposto ataque perpetrado por um cão policial, e a vítima requereu para a autoridade policial várias informações, incluindo o nome do cachorro envolvido no ataque. A autoridade policial negou fornecer as informações solicitadas sob o argumento de que violaria as regras de privacidade. Instada a se manifestar, a ICO reconheceu que o nome do cachorro também era um dado pessoal identificador do seu tutor, já que, a partir de buscas públicas, o nome do cachorro e do policial tutor eram relacionados.

---

[10] Disponível em: https://ico.org.uk/media/action-weve-taken/decision-notices/2022/4019607/ic-80804-j7c6.pdf. Acesso em: 17 mar. 2024.

6.2.10 Geolocalização

Também como exemplo, há o dado de geolocalização, que pode ser ou não um dado pessoal. Geolocalização pode ser explicada como o resultado de um processo de geolocalizar, ou seja, localizar espacialmente algo ou alguém por meio de coordenadas geográficas passíveis de serem identificadas. Isso pode ser feito por meio de tecnologias como GPS, redes de celular, endereços IP e outros métodos. O dado de geolocalização – como qualquer dado em si – é uma matéria-prima ou insumo. Pode ou não ser um dado pessoal, a depender se o seu contexto de uso e demais dados relacionais permitem a identificação ou não do indivíduo.

Assim, por exemplo, o uso da geolocalização para verificar dados estatísticos de como a população cumpria as medidas de restrição de deslocamento durante a pandemia da Covid-19, sem identificar os indivíduos em si, não caracterizou o uso de dados pessoais. Diferentemente, de forma mais simples, são dados pessoais os dados de geolocalização utilizados por aplicativos de navegação com GPS que identificam os usuários.

6.2.11 Comentários, opiniões e mensagens

Comentários, opiniões e mensagens podem também ser considerados dados pessoais se, no contexto do acesso e tratamento desses conteúdos, for possível relacioná-los a uma pessoa determinada. Assim, decidiu, por exemplo, a Corte de Justiça da União europeia (C-434/16).

6.2.12 Neurotecnologias

Em acompanhamento do passo evolutivo das tecnologias, passam-se a reconhecer as tecnologias da informação construídas e desenvolvidas a partir de interfaces entre o cérebro humano e as máquinas e sistemas. Tais tecnologias permitem mapear e até mesmo alterar as atividades cerebrais.

Como parte desse processo, passa a ser possível, portanto, a coleta de dados associados à atividade cerebral como conexões neurais, frequências e tempo entre tais conexões, pensamentos. Esses dados contextualmente (sem serem anônimos ou anonimizados) podem se caracterizar como dados pessoais, inclusive que permitam inferências que os classifiquem como dados pessoais sensíveis entre qualquer outra inferência decorrente da atividade cerebral.

É um campo vasto de estudo que tem ganhado cada vez mais relevância e, naturalmente, traz impacto para a disciplina de proteção de dados no País. A exemplo do que fez o Chile[11], já há, inclusive, PL de Emenda Constitucional n. 29/2023 em tramitação no Senado Federal propondo a alteração da Constituição Federal para incluir a proteção à integridade mental e à transparência algorítmica como direito fundamental. A proposta é incluir o inciso LXXX no artigo 5º: "LXXX – o desenvolvimento

---

[11] O país incluiu em seu texto constitucional a integridade psíquica do indivíduo como um direito fundamental (art. 19, 1).

científico e tecnológico assegurará a integridade mental e a transparência algorítmica, nos termos da lei". De todo modo, independentemente da previsão expressa no Texto Constitucional, se caracterizado o tratamento de dados pessoais, a neurotecnologia utilizada terá de respeitar o Direito da Proteção de Dados Pessoais.

6.3 DADOS PESSOAIS SENSÍVEIS

6.3.1 Considerações sobre a opção pela classificação *ope legis* e objetiva na identificação de dados pessoais sensíveis

Seguindo a lógica de risco adotada pela GDPR na Europa, o Direito da Proteção de Dados Pessoais brasileiro, especialmente a LGPD, adota a separação objetiva entre dados pessoais não sensíveis e sensíveis. Os dados pessoais sensíveis se caracterizam pela extração de uma informação específica associada a uma especial circunstância atrelada ao indivíduo. Situação específica esta que é uma das circunstâncias listadas no artigo 5º, II, da LGPD. Circunstância especial esta que, na opção objetiva do legislador, implicaria necessariamente maior risco ao indivíduo por revelar alguma informação com maior potencial de prejudicá-lo em caso de mal uso ou comprometimento.

As informações que podem ser extraídas e que qualificam o dado pessoal como dado pessoal sensível são, a saber: origem racial ou étnica, convicção religiosa, opinião política, filiação a sindicato ou à organização de caráter religioso, filosófico ou político, saúde, vida sexual, genética ou biométrica. A sensibilidade que justifica tal categorização de tais dados, inclusive com regime de bases legais de tratamento distinto (art. 11, LGPD), decorre muito do potencial discriminatório do uso indevido de tais informações, do potencial lesivo maior, se comparadas às informações não sensíveis e da experiência histórica e prática de situações em que informações dessa qualidade foram utilizadas. Em suma, os dados sensíveis assim o são porque o tratamento respectivo, na visão do legislador, demonstraria um potencial de risco maior, inclusive ingressando em algumas situações na esfera ainda mais profunda de intimidade do indivíduo, justificando, necessariamente, um regime mais cauteloso e protetivo de regulação.

Assim como no caso de caracterização do dado como dado pessoal, sua configuração como dado pessoal sensível também deve ser avaliada de forma contextual, o que envolve uma análise conjunta de vários fatores, como, por exemplo, quais dados pessoais são tratados, em qual volume, quais as inter-relações feitas e finalidades adotadas. Por vezes, é esse olhar conjunto que revela a sensibilidade das informações extraídas.

Essa opção pela classificação *ope legis* e objetiva de risco também resulta no reconhecimento de que os dados pessoais sensíveis devem ser entendidos em caráter de exceção. Esta parece ser a melhor hermenêutica, considerando a regulação mais onerosa que a existência de tratamento de um dado pessoal sensível impõe. Se "ninguém será obrigado a fazer ou deixar de fazer alguma coisa senão em virtude de lei" (art. 5º, II, CF) e o Direito da Proteção de Dados Pessoais inclui e está harmonizado com preceitos constitucionais de livre iniciativa e liberdade de negócios, a melhor interpretação recomenda o reconhecimento que a constatação da existência de dados pessoais sensíveis e da incidência da regulação mais onerosa devem se dar de forma excepcional. Isso gera a consequência principal de que as condições que geram a caracterização legal de sensibilidade do dado pessoal precisam ser interpretadas restritivamente. Além disso, implica reconhecer que as condições dispostas no artigo 5º, II, da LGPD perfazem um rol taxativo e limitado, sob pena de imposição *contra legis* de regulação mais onerosa ao agente de tratamento de dados.

Inclusive, não raramente, há uma certa percepção de bom senso sobre a sensibilidade de algumas informações, como aquelas que revelem o padrão financeiro do indivíduo ou mesmo dados seus de cartões de crédito. Embora elas sejam, de fato, socialmente sensíveis no contexto nacional (especialmente diante da disseminação reconhecida de grande número de fraudes financeiras), recomendando maior cautela e práticas mais restritas e cuidadosas pelos agentes de tratamento, essas informações não são capazes, por si sós, de caracterizar os dados como sensíveis nos termos do Direito da Proteção de Dados Pessoais brasileiro.

Inclusive a partir do que a vivência prática revela, parece oportuno levantar os seguintes questionamentos: (i) faz realmente sentido a separação objetiva de dados pessoais e dados pessoais sensíveis? Ou (ii) não seria o caso de adotar uma abordagem pautada no risco, e não na nominação objetiva e simples de cada tipo de informação extraída de dado?

Daniel Solove, no excelente texto *Data is what data does: regulating based on harms and risk instead of sensitive data*[12], a meu ver, com razão, propõe que a separação *ope legis* dos dados talvez não seja a melhor opção. Segundo o autor:

> Embora uma proteção mais intensa para dados sensíveis reconheça adequadamente que nem todas as situações envolvendo dados pessoais devem ser protegidas uniformemente, a abordagem de dados sensíveis é um beco sem saída. As categorias de dados sensíveis são arbitrárias e carecem de qualquer teoria coerente para identificá-las. As fronteiras de muitas categorias são tão difusas que se tornam inúteis. Além disso, é fácil usar dados não sensíveis como um substituto para certos tipos de dados sensíveis. [...] Para ser eficaz, a lei de privacidade deve focar no dano e no risco, em vez da natureza dos dados pessoais. As implicações deste ponto vão muito além das disposições sobre dados sensíveis. Em muitos aspectos das leis de privacidade, as proteções devem ser proporcionais ao dano e ao risco envolvidos na coleta, uso e transferência de dados[13].

---

[12] SOLOVE, D. J. Data is what data does: regulating based on harm and risk instead of sensitive data *In 118 Northwestern University Law Review (Forthcoming)*. GWU Legal Studies Research Paper n. 2023-22, GWU Law School Public Law Research Paper n. 2023-22. Disponível em: https://ssrn.com/abstract=4322198 ou http://dx.doi.org/10.2139/ssrn.4322198. Acesso em: 31 mar. 2024.

[13] Idem, p. 2, tradução livre.

Bem diz o autor, também, que pode parecer mais simples a opção *ope legis* de separação, simplificando a abordagem a ser adotada para *proteger mais* dados que podem trazer maior risco. Porém, essa abordagem é falsamente simplificada, não sendo útil:

> À primeira vista, a abordagem de dados sensíveis parece oferecer a virtude da simplicidade. Mesmo que imperfeita, uma abordagem simples pode ser melhor do que uma complicada. Mas a abordagem de dados sensíveis apenas parece ser simples. Quando examinada mais profundamente, a abordagem de dados sensíveis é bastante complexa, pois é praticamente impossível classificar os dados em categorias de dados sensíveis. Enorme complexidade se esconde por trás da miragem da simplicidade. A abordagem de dados sensíveis pode ser defendida como aproximadamente acompanhando o dano e o risco, mas a correlação é muito fraca para ser útil. Em muitos casos, dados sensíveis não são necessariamente mais prejudiciais do que dados não sensíveis. A abordagem de dados sensíveis tem custos significativos porque cria a ilusão de responder ao dano e ao risco, enquanto as situações mais prejudiciais e arriscadas são inadequadamente abordadas. Essa ilusão, combinada com a ilusão de que os dados sensíveis são simples e práticos, torna a abordagem de dados sensíveis um elaborado salão de espelhos que não leva a lugar algum produtivo[14].

E continua:

> A abordagem de dados sensíveis tem efeitos negativos porque exclui muitas situações muito importantes onde a lei deveria fornecer uma proteção mais forte aos dados pessoais. Ela relega essas situações a uma proteção menor de forma arbitrária e expressivamente sugere que essas situações são menos merecedoras de proteção. Os dados sensíveis criam a ficção de que a lei está abordando problemas de privacidade proporcionalmente à gravidade do dano ou riscos que eles representam, quando na verdade a lei está falhando miseravelmente em fazê-lo. Como resultado, coisas erradas estão recebendo proteção extra por razões erradas, com os formuladores de políticas pensando que estão de alguma forma fornecendo uma proteção de privacidade melhor e mais forte ao incluir dados sensíveis nas leis[15].

Inclusive, reafirmando aquilo que costumamos ver na prática, há muitas situações em que o tratamento de dados pessoais não sensíveis pode revelar risco muito mais agudo ou severo do que tratamentos de dados pessoais sensíveis. Os exemplos são variados, e faço o convite para que avalie essas situações na sua realidade e perceba que essa ideia parece ter seu espaço de razão. Para citar apenas dois: dados associados à vida financeira do indivíduo não são considerados dados pessoais sensíveis e, em uma realidade brasileira de fraudes patrimoniais, podem ser tratados em situação de risco relevante; em contrapartida, processos seletivos que coletam dados de etnia para iniciativas bem-vindas de diversidade e forma objetiva e controlada são operações com dados sensíveis.

---

[14] Idem, p. 5, tradução livre.
[15] Idem, p. 43, tradução livre.

Assim, uma abordagem objetiva *ope legis* pode resultar – como muitas vezes ocorre – na imposição de restrições altas para tratamentos de baixo risco (só pela condição nominal da presença de dado sensível) e restrições muito mais brandas para tratamento de dados pessoais não sensíveis, mas de risco alto presente. Sendo uma regulação contextual, o principal foco me parece que deva estar nas avaliações de risco caso a caso e na qualidade destas (a exemplo do Teste de Balanceamento de Legítimo Interesse e do Relatório de Impacto à Proteção de Dados) de modo a identificar com clareza os tratamentos de dados pessoais com risco relevante.

Nesse aspecto, inclusive, a LGPD parece adotar dois sistemas que convivem entre si no mesmo texto legal, mas que nem sempre prezam pela melhor coerência normativa que lhe é esperada. Na ampla maioria de suas disposições, o texto trabalha com a perspectiva pautada em risco, como prevendo as avaliações mencionadas, na construção das bases legais de tratamento, na dinâmica de responsabilidade, trazendo a obrigatoriedade de comunicação de incidentes de privacidade a titulares e à ANPD em casos de risco ou dano relevante etc. Porém, em momentos pontuais, adota uma separação objetiva e de presunção legislativa de separação de risco, o que faz nos dados sensíveis, gerando essas situações de possível incongruência.

Nessas situações, inclusive, a ANPD parece já ter reconhecido que a avaliação de riscos e interesses envolvidos deve ser priorizada em vez da afirmação estanque da lei. É uma das inferências que posso extrair, por exemplo, do Enunciado CD/ANPD n. 1/2023, em que a Autoridade estabeleceu que o consentimento expressamente previsto na LGPD para tratamento de dados de crianças (art. 14, § 1º, LGPD) não é a base legal exclusiva para tanto: "O tratamento de dados pessoais de crianças e adolescentes poderá ser realizado com base nas hipóteses legais previstas no art. 7º ou no art. 11 da Lei Geral de Proteção de Dados Pessoais (LGPD), desde que observado e prevalecente o seu melhor interesse, a ser avaliado no caso concreto, nos termos do art. 14 da Lei".

6.3.2 Conceito de dado pessoal sensível e rol taxativo

Feitas tais ponderações, cumpre dizer que hoje são considerados dados pessoais sensíveis aqueles dos quais é possível extrair uma informação identificada no rol do artigo 5º, II, da LGPD: "dado pessoal sensível: dado pessoal sobre origem racial ou étnica, convicção religiosa, opinião política, filiação a sindicato ou a organização de caráter religioso, filosófico ou político, dado referente à saúde ou à vida sexual, dado genético ou biométrico, quando vinculado a uma pessoa natural". O dado pessoal sensível é assim conceituado em razão de uma especial qualidade da informação que se extrai do dado e que é relacionada à pessoa natural.

A sensibilidade que justificaria tal categorização de tais dados, inclusive com regime de bases legais de tratamento distinto (art. 11), decorre muito da premissa de potencial discriminatório do uso indevido de tais informações, do potencial lesivo maior, se comparadas às informações não sensíveis e da experiência histórica e prática de situações em que informações dessa qualidade foram utilizadas. Em suma, os dados sensíveis assim o são porque o tratamento respectivo demonstraria (na perspectiva objetiva adotada pela lei) um potencial de risco maior, inclusive ingressando em algumas situações na esfera ainda mais profunda de intimidade do indivíduo, o que justificaria uma regulação mais restritiva.

Importa também dizer que, embora a interpretação extensiva e contextual seja recomendada, pois da própria natureza das coisas, o rol do inciso II não deixa de ser taxativo. Assim, são dados sensíveis apenas aqueles dos quais podem ser extraídas as informações com as características identificadas no próprio inciso II. Não raro, há uma certa percepção de bom senso sobre a sensibilidade de algumas informações, como aquelas que revelem o padrão financeiro do indivíduo ou mesmo dados seus de cartões de crédito. Percepção esta que, mais uma vez, parece mostrar o quanto o bom senso e uma abordagem de risco pode ser mais proveitosa do que a premissa *ope legis* de sensibilidade do dado. Porém, embora elas sejam, de fato, socialmente sensíveis no contexto nacional, recomendando maior cautela e práticas mais restritas e cuidadosas pelos agentes de tratamento, inclusive considerando o potencial lesivo no caso de incidente de privacidade para fins de comunicação de titulares e Autoridade (art. 48), elas não são sensíveis nos termos da LGPD.

6.3.3 Dado sobre origem racial

Dado sobre origem racial ou étnica é o dado do qual é extraída informação a respeito do indivíduo que o identifique ou categorize em razão de sua ascendência, cor, origem nacional ou étnica (pertencimento a uma coletividade diferenciada por suas especificidades, como cultura, práticas, modos de agir etc. Em razão desse perfil, permite, sobretudo, o emprego de práticas discriminatórias negativas.

6.3.4 Dado sobre convicção religiosa

Dado sobre convicção religiosa é o dado do qual é extraída informação a respeito da convicção religiosa do indivíduo, quer dizer, suas crenças e dogmas e práticas habituais (de religiosidade) neles baseadas. A informação que identifica o indivíduo em razão de sua adesão a tais preceitos, permitindo, inclusive, sua segregação, discriminação ou mesmo perseguição.

6.3.5 Dado sobre opinião política

Dado sobre opinião política é o dado do qual é extraída uma informação que identifica a opinião política do indivíduo, ou seja, seu modo de pensar sobre as formas de organização sociais e de estruturação do Estado. Um dos pilares que insere o indivíduo no campo democrático de evolução social. Por isso, a depender do contexto e principalmente no caso de opinião política comum de um determinado grupo de indivíduos, pode ser objeto de perseguição ou de práticas discriminatórias.

6.3.6 Dado sobre filiação a sindicato ou a organização de caráter religioso, filosófico ou político

Mais do que a informação sobre as convicções, crenças e opiniões dos indivíduos, em si consideradas, esse dado é aquele do qual pode ser extraída uma informação que identifique sua filiação, vinculação ou cadastro a tais organizações (*v.g.*, membros de determinada igreja ou de determinado partido político).

6.3.7 Dado referente à saúde

Dado referente à saúde é o dado do qual é extraída uma informação que diz respeito a qualquer elemento sobre saúde física ou mental do indivíduo (*v.g.*, histórico, sintomas, exames, doenças, estados de saúde, medicamentos, comportamentos), incluindo as informações relacionadas a planos e à prestação, *lato sensu*, de serviços médicos e de serviços de assistência à saúde de qualquer natureza.

Nesse sentido, de forma a preencher e complementar a norma do artigo 5º, II, da LGPD, pode ser citada a definição da Portaria GM/MS n. 3.232/2024 do Ministério da Saúde instituindo o Programa SUS Digital em relação à "dado pessoal sensível de saúde" como o "dado relativo à saúde de um titular de dados ou à atenção à saúde a ele prestada que revele informações sobre sua saúde física ou mental no presente, passado ou futuro".

Inclusive, também como referência, nos termos da Diretriz 35 da GDPR e a Diretiva 2011/24/EU do Parlamento Europeu e do Conselho da União Europeia, dados de saúde podem ser considerados:

> Todos os dados relacionados ao estado de saúde de um indivíduo que revelem informações sobre o estado físico ou mental passado, atual ou futuro do indivíduo são considerados dados sensíveis. Isso inclui informações coletadas durante o registro ou a prestação de serviços de saúde, como referido na Diretiva 2011/24/UE do Parlamento Europeu e do Conselho, um número, símbolo ou identificação particular atribuído a uma pessoa natural para identificar exclusivamente a pessoa para fins de saúde, informações derivadas de testes ou exames de uma parte do corpo ou substância corporal, incluindo dados genéticos e amostras biológicas, e qualquer informação sobre, por exemplo, uma doença, deficiência, risco de doença, histórico médico, tratamento clínico ou estado fisiológico ou biomédico do indivíduo, independentemente de sua fonte, por exemplo, de um médico ou outro profissional de saúde, hospital, dispositivo médico ou teste diagnóstico *in vitro*.

Outra referência de estudo e aplicação regulatória a ser considerada na aplicação da LGPD em relação aos dados de saúde é o *HIPAA – Health Insurance Portability and Accountability Act* de 1996 norte-americano, que conta com vida amadurecida de aplicação. O documento, por exemplo, relaciona 18 dados pessoais identificadores. Há discussões sobre se essa lista é suficiente na atualidade ou se carece de atualização, mas é um bom exemplo do que podem ser considerados dados pessoais de saúde se tratados no contexto de atividades desse perfil: nomes dos pacientes, dados de localização (endereço), datas relacionadas à saúde (data do diagnóstico, por exemplo) e ao indivíduo (nascimento ou morte por exemplo), números de telefone, números de fax, endereços de *e-mail*, números de seguro social, números de registros médicos, número de beneficiários de planos de saúde, números de conta, números de certificados, identificadores de veículos, *website* URLs, IPs, dados biométricos, fotografias e outros códigos de identificação.

6.3.8 Dado referente à vida sexual

A LGPD, de forma proposital e ciente da sensibilidade da informação, adota uma expressão ampla para tal categoria de dado. Assim, são dados referentes à vida sexual quaisquer dados dos quais possa ser extraída alguma informação sobre a sexualidade do indivíduo: orientações, hábitos, preferências, histórico etc.

6.3.9 Dado genético

Dado genético é aquele a partir do qual pode ser extraída uma informação relativa a características genéticas, hereditárias ou adquiridas de uma pessoa que tragam informações únicas sobre a sua fisiologia ou saúde e que resulte de uma análise de uma amostra biológica proveniente do titular do dado.

Sobre o dado genético, é válido citar alguns pontos do Acórdão do Supremo Tribunal Federal, que decidiu a Ação Direta de Inconstitucionalidade 5.545/RJ e declarou a inconstitucionalidade dos artigos 1º, parte final, e 2º, inciso III, da Lei Estadual do Rio de Janeiro n. 3.990/2002, fixando a tese de que "É inconstitucional a lei estadual que preveja o arquivamento de materiais genéticos de nascituros e parturientes, em unidades de saúde, com o fim de realizar exames de DNA comparativo em caso de dúvida" (STF, Tribunal Pleno, ADI 5.545/RJ, Rel. Min. Luiz Fux, j. 13.04.2023).

Na ocasião, reconheceu o STF que "o material genético, além das informações relativas ao parentesco, registra muitos outros dados reveladores de características genotípicas dos indivíduos, inclusive no que se refere à predisposição ao desenvolvimento de certas doenças genéticas, etnia, sexo etc., mediante o sequenciamento de DNA". E que: "A informação genética própria da pessoa e a de seus pais biológicos contém conhecimento sobre vulnerabilidades, resistências a agentes químicos e físicos, reações a medicamentos e, possivelmente, inferências sobre comportamento", possui "o condão de identificar individualmente alguém e, assim, fornecer informações pessoais relevantes sobre sua saúde e, até mesmo, por via indireta, sobre a saúde de seus familiares, como possíveis doenças ou características passíveis de ser transmitidas geneticamente.

Ainda, com suporte na literatura de Heloísa Helena Barboza: "A dimensão do código genético é dúplice, na medida em que reconhecer o direito à identidade genética, da criança, do adolescente e do adulto, não importa a idade, sexo, cor ou credo, significa não só franquear-lhes o direito à vida, à saúde, à paternidade, mas também a sua história pessoal, a seus traços socioculturais antes assinalados. Mais do que isso, é imperativo avançar e reconhecer a identidade genética 'não funcionalizada', vale dizer não só como um instrumento para criação do vínculo de parentesco"[16]. Também cum-

---

[16] BARBOZA, H. H. *Direito à identidade genética*. Anais do III Congresso Brasileiro de Direito de Família. 2002.

pre mencionar e grifar o entendimento do STF de que a intromissão ou o acesso a dados de tamanha sensibilidade e em razão desta deve observar parâmetros de proporcionalidade, podendo ser feitos em casos de clara excepcionalidade, e não como regra.

6.3.10 Dado biométrico

Dado biométrico é aquele do qual se extrai uma informação de identificação única e inequívoca do titular do dado. Esse dado, porém, é obtido como resultado de um processamento técnico específico relacionado às características físicas, fisiológicas ou comportamentais dessa pessoa, como imagens faciais ou dados datiloscópicos. Dados simples de imagem ou o mero tratamento de fotografias não estariam nesse conceito, não atraindo a sensibilidade para o tratamento (por exemplo, tratamento de fotografias dos empregados pelo empregador).

Conforme *Guidelines 05/2022 on the use of facial recognition technology in the area of law enforcement* da *European Data Protection Board*[17], a biometria inclui todos os tipos de processamentos automatizados de dados utilizados para reconhecer um indivíduo por meio da quantificação de suas características físicas, fisiológicas ou comportamentais. Essas características, então, são definidas como dados biométricos. Ainda em termos de boas práticas específicas para segurança da informação de dados biométricos, vale a referência à Norma ISO/IEC 24745:2022 – *Information Security, cybersecurity and privacy protection – Biometric information protection*.

6.3.10.1 A questão do reconhecimento facial

Técnica cada vez mais empregada nas soluções de tecnologia e digna de nota é o procedimento de reconhecimento facial. Consiste em uma tecnologia de processamento automático de imagens digitais com rostos de pessoas para identificá-las ou autenticá-las, por meio de modelos de rostos e uso de dados biométricos. É tecnologia, por exemplo, recorrente em câmeras dispostas em espaços públicos ou privados com a finalidade de identificação dos indivíduos circulantes, como no caso de serviços de monitoramento, ou mesmo para identificação de reações dos indivíduos a determinadas publicidades que lhe são apresentadas.

Conforme esclarecimento didático das *Guidelines 05/2022 on the use of facial recognition technology in the area of law enforcement* da *European Data Protection Board* mencionadas anteriormente, como qualquer tratamento biométrico de dados, o reconhecimento facial, para ser caracterizado como tal, precisa preencher dois requisitos cumulativos necessários: (i) a coleta da face do indivíduo e a transformação desta imagem em um *template* (*sample*) e (ii) o reconhecimento dessa face pela comparação do *template* gerado com outros *templates* presentes no banco de dados acessado.

---

[17] EDPB. *Guidelines 05/2022 on the use of facial recognition technology in the area of law enforcement*, p. 7. Disponível em: https://edpb.europa.eu/our-work-tools/our-documents/guidelines/guidelines-052022-use-facial-recognition-technology-area_en. Acesso em: 21 abr. 2024.

Também vale destacar o conceito de *biometric template* ou modelo biométrico, que é justamente a base de comparação criada a partir da coleta dos dados pessoais do indivíduo. Pode ser conceituado como a representação digital composta de características únicas do indivíduo e que foi extraída de amostras biométricas do próprio indivíduo. Em razão dessas características e perfil de amostra, é esperado que tais modelos sejam permanentes pelo tempo. O tratamento de reconhecimento facial é, assim, um processo de duas etapas necessárias: (i) a coleta de uma imagem facial; e (ii) o reconhecimento da pessoa mediante a comparação entre a imagem coletada e o modelo biométrico existente.

Tais mecanismos podem ser utilizados, majoritariamente, para duas finalidades: (i) a autenticação ou verificação de uma pessoa de modo a certificar que a pessoa é quem afirma ser, de modo que o sistema de reconhecimento é capaz de comparar imagens, amostras, modelos ou *templates* biométricos (é o que ocorre nos sistemas bancários de reconhecimento de correntistas ou em acessos físicos a condomínios e estádios ou outros espaços de acesso ao público) – essa possibilidade é também conhecida como *1-to-1 verification*; e (ii) a identificação de uma pessoa, não em etapa de autenticação, mas dentro de um grupo de indivíduos em uma determinada área, imagem ou base de dados. Diferentemente do que ocorre na primeira situação, em que o indivíduo ou um terceiro oferece uma imagem para comparação individualizada com o modelo biométrico, nessa segunda situação, o sistema realiza um teste com cada um dos rostos identificados (na área, imagem ou base de dados) e, a partir disso e dos múltiplos modelos gerados, faz a comparação para verificar qual deles ou se algum deles corresponde à pessoa. Essa possibilidade também é conhecida como *1-to-many identification*.

Por outro lado, se o processamento das imagens não permitir a identificação inequívoca e única de indivíduo por meio das imagens ou mesmo sua autenticação, do contrário, identifica-se a existência de rostos humanos, mas sem relacioná-los a pessoas determinadas ou determináveis (o que significaria, como visto, a utilização de dados biométricos). Assim, a tecnologia de reconhecimento facial deve ser diferenciada de tecnologias que valham de procedimentos de *detecção facial*. Nesse último, embora em dado momento no passado, no desenvolvimento da solução, dados biométricos tenham sido utilizados para a formação de uma base de dados de rostos humanos, permitindo identificá-los e distingui-los das demais imagens capturadas pelas câmeras, tais dados não estão mais presentes na solução.

A solução conta apenas com um modelo ou um padrão técnico do que é um rosto humano e de suas possíveis reações, como, por exemplo, para avaliar o sucesso de publicidades. Conta com dados humanos, mas não dados pessoais. Soluções que se valem desse padrão e identificam rostos humanos, mas, contextualmente, não cruzam com outras informações, sendo impossível identificar quem são os indivíduos, trabalham com imagens anônimas e estéreis na identificação imediata ou mediata de pessoas naturais. Portanto, soluções de mera detecção facial, nesse perfil, e sem a necessidade da avaliação concreta cuidadosa e necessária, não trabalham com dados pessoais sensíveis (biométricos), quiçá dados pessoais.

Seria possível, então, pensar em uma classificação que posicione a identificação facial, como gênero, e o reconhecimento facial e detecção facial como suas espécies. Ambas identificam uma face humana, mas apenas a primeira reconhece a pessoa natural ou o alguém vinculado a essa face.

O reconhecimento facial, portanto, se desenvolve em, ao menos, três etapas: (i) existência de uma base de dados de padrão técnico de rostos humanos; (ii) coleta de imagens que representam rostos humanos (detecção facial); e (iii) identificação dessas imagens de forma contextual com outros dados que permita a identificação imediata ou mediata de indivíduos (instante em que o dado coletado deixa de ser estéril e passa a ser capaz de identificar alguém). Por fim, é recomendável a leitura de material específico da ANPD a esse respeito: *Biometria e reconhecimento facial: estudos preliminares*.

6.4 ANONIMIZAÇÃO E DADO ANONIMIZADO

A LGPD traz, no inciso XI do artigo 5º, o conceito de anonimização, definindo-a como a "utilização de meios técnicos razoáveis e disponíveis no momento do tratamento, por meio dos quais um dado perde a possibilidade de associação, direta ou indireta, a um indivíduo". Os dados, em fase anterior, eram pessoais porque deles era possível extrair informações relacionadas a pessoas naturais. Com o procedimento técnico de anonimização ou com técnicas de desidentificação, perdem os dados essa qualidade de possibilitar a identificação imediata ou mediata de alguém. Passam a ser dados estéreis ou inférteis nessa tarefa. Em razão disso, por essa condição de ausência plena de possibilidade de identificação, o regime da LGPD não é aplicável em relação aos dados anonimizados (art. 12), pois ausente qualquer risco à liberdade, à privacidade e ao desenvolvimento da personalidade de pessoas naturais.

Sobre as técnicas de anonimização, vale a leitura adicional da *Opinion 05/2014 on Anonymisation Techniques* do *Article 29 Data Protection Working Party*, covalidada pela EDPB. Também é mandatória a leitura dos três Estudos Técnicos emitidos pela ANPD: "Anonimização de dados na LGPD: uma visão de processo baseado em risco e técnicas computacionais"[18]; "Anonimização de dados na LGPD: Análise Jurídica"[19]; e "Estudos de Casos sobre Anonimização de Dados na LGPD"[20].

6.4.1 Dados anônimos *versus* dados anonimizados

Embora a legislação não os diferencie expressamente e em relação a ambos haja a mesma consequência prática – não aplicação da LGPD quanto a esses dados –, é oportuno mencionar a diferença entre os conceitos. O dado anônimo é aquele que

---

[18] Disponível em: https://www.gov.br/anpd/pt-br/documentos-e-publicacoes/documentos-de-publicacoes/estudo_tecnico_sobre_anonimizacao_de_dados_na_lgpd_uma_visao_de_processo_baseado_em_risco_e_tecnicas_computacionais.pdf. Acesso em: 21 abr. 2024.

[19] Disponível em: https://www.gov.br/anpd/pt-br/documentos-e-publicacoes/documentos-de-publicacoes/estudo_tecnico_sobre_anonimizacao_de_dados_na_lgpd___analise_juridica.pdf. Acesso em: 21 abr. 2024.

[20] Disponível em: https://www.gov.br/anpd/pt-br/documentos-e-publicacoes/documentos-de-publicacoes/estudo_de_casos_sobre_anonimizacao_de_dados_na_lgpd_.pdf. Acesso em: 21 abr. 2024.

nunca foi capaz de identificar alguém. O dado anonimizado identificava, mas passou por um procedimento de anonimização.

Esse raciocínio pode ser interessante em algumas avaliações concretas de tratamento de dados. A depender do contexto e das soluções adotadas pelo agente de tratamento, pode ser importante entender se esse só tratou dados anônimos desde o início (nunca sujeito à LGPD, portanto) ou se tratou dados pessoais, ainda que em breve momento, e esses foram depois anonimizados (sendo a LGPD aplicável, portanto, em parcela de suas atividades). Essa diferenciação seria decisiva, por exemplo, em relação à avaliação do uso de detecção facial ou reconhecimento facial. Os dados ingressam já anônimos na coleta pelas câmeras e são assim tratados na sequência dos respectivos ciclos de vida ou eles são coletados como pessoais e depois são anonimizados? As situações são próximas tecnicamente, mas podem gerar consequências distintas consideráveis, exigindo, *v.g.*, a identificação de bases de tratamento na segunda situação, e não na primeira.

6.4.2 Dados sintéticos

Dados sintéticos podem ser entendidos como dados artificialmente gerados, ou seja, em vez dos dados serem coletados de forma real, são dados criados por computadores e algoritmos e gerados como se verdadeiros fossem. Embora exija investimentos e trabalhos de complexidade, trata-se de ótima alternativa para mitigação de riscos de privacidade. O tratamento é feito com dados artificiais ou, com licença da expressão, *fakes*. A matéria-prima ou insumo usado nas atividades, assim, é artificial e simulado, de modo que as atividades são realizadas em cima de dados anônimos, já que não têm qualquer relação com indivíduos verdadeiros. Isso irá acontecer mesmo se os dados sintéticos tiverem o exato perfil de dados pessoais (como nomes, números de documentos, idade, gênero etc.) referentes a pessoas fictícias, justamente por serem pessoas fictícias. Entre as várias utilidades, os dados sintéticos são muito proveitosos no desenvolvimento de modelos algorítmicos sem a necessidade de uso de dados pessoais para tanto.

6.4.3 Pseudoanonimização

Diferentemente é o procedimento de pseudoanonimização, o qual não retira a capacidade do dado de identificar alguém. Consiste em técnica de isolamento do dado em ambiente controlado e seguro pelo controlador e que, por essa circunstância, não é capaz de identificar alguém. O dado, porém, mantém o seu potencial de identificação. Continua, portanto, sendo um dado pessoal e aplicável à LGPD. Se esse dado vier a ser associado a algum dado adicional, isso pode resultar na identificação de alguém. É o que diz o artigo 13, § 4º: "a pseudoanonimização é o tratamento por meio do qual um dado perde a possibilidade de associação, direta ou indireta, a um indivíduo, senão pelo uso de informação adicional mantida separadamente pelo controlador em ambiente controlado e seguro". O dado anonimizado, porém e mais uma vez, perde sua plena capacidade de identificar qualquer pessoa natural.

Assim, como conceito atrelado principalmente à segurança da informação, a pseudoanonimização é uma das técnicas de desidentificação, ou seja, técnicas que têm por objetivo remover a associação entre um grupo de dados e o dado que identifica o titular de dados pessoais, desidentificando-o em contextos em que todos esses dados não estão reunidos.

A desidentificação também é observada em situações de agregação (por exemplo, uso de formulários com resumos, e não dados na integralidade e completude), ofuscamento (substituição dos valores dos dados), mascaramento (criação de versões falseadas dos dados verdadeiros, de modo a escondê-los) etc. Essa desassociação dos dados em pseudoanonimização pode ser feita, por exemplo, pela separação dos dados em bancos de dados ou sistemas de armazenamento diferentes ou pela substituição dos dados "originais" por dados ou referências criadas.

Explica-se. Imagine que determinada empresa tem os seguintes dados a respeito deste autor: nome (Maurício), sobrenome (Tamer), *e-mail* (mauriciotamer@gmail.com) e idade (33). A pseudoanonimização pode separar esses dados em mais de um banco de dados (Maurício, em um contexto isolado, não identifica esse autor, o sobrenome e a idade também não). Ou pode substituir esses dados por referências específicas, ficando: nome (kj56h), sobrenome (f23çç), *e-mail* (re334) e idade (nbpo). Os dados pseudoanonimizados, portanto, passam a ser: kj56h, f23çç, re334 e nbpo, realizando a desassociação entre os dados e o titular em um primeiro momento (inclusive para quem possa tentar acessá-los de forma desautorizada), de modo que a identificação do titular de dados só é possível com a reversão da pseudoanonimização. Reversão esta que é possível tecnicamente, mantendo o agente de tratamento a condição de conhecimento sobre quem são os titulares de dados pessoais, do contrário, técnicas que levam ao total desconhecimento são identificadas como técnicas de anonimização.

Com efeito, são consideradas técnicas de pseudoanonimização: (i) contagem, com o uso de contador estabelecendo uma sequência numérica para cada vez que a pseudoanonimização for necessária (por exemplo, primeiro paciente = n. 1, segundo paciente = n. 2 etc.); (ii) uso de números randômicos para identificar dados em que os dados são substituídos por números de forma aleatória e pertencentes a determinado intervalo (por exemplo, intervalo entre 1.000 e 2.000, paciente 1 = n. 1.978, paciente 2 = n. 1.411); (iii) utilização de códigos *hash* para identificar os dados; e (iv) criptografia com a transformação dos dados em valores passíveis de reversão mediante o uso de uma chave de segurança pelo agente de tratamento.

A principal vantagem da pseudoanonimização, portanto, é a própria desassociação realizada. Desse modo, quando as técnicas são aplicadas corretamente, a identificação do titular de dados pessoais deixa de ser possível em determinados contextos e bancos de dados. Em caso de incidente de privacidade, isso é especialmente importante, de modo que o comprometimento de bancos de dados pseudoanonimizados apenas reduz significativamente ou elimina os riscos aos titulares. É, portanto, uma das principais técnicas de proteção dos dados e atendimento às obrigações legais.

6.4.4 Transmissão de dados pseudoanonimizados

A questão é, a meu ver, mais um exemplo de que o Direito da Proteção de Dados Pessoais é manifestamente contextual. Por exemplo, em um contexto em que os dados estão reunidos pelo mesmo agente de tratamento, mas pseudoanonimizados, a qualidade de serem tratados como dados pessoais ainda permanece. Agora, diferentemente, é a hipótese em que um desses dados pseudoanomizados é transmitido para terceiro de forma isolada (sem que o terceiro tenha qualquer dado suplementar que possa analisar conjuntamente com o dado recebido), de modo que, tanto na operação de tratamento de envio/transmissão como nas de tratamento pelo terceiro receptor, o dado em si transmitido e sem os demais (pseudoanonimizados que ficaram na base de dados do agente que enviou) é considerado um dado anônimo.

Assim, por exemplo, decidiu a Corte de Justiça da União Europeia (C-557/20 – Conselho Único de Resolução x EDPS), anulando posicionamento anterior da EDPS, autoridade europeia responsável por aplicar sanções relacionadas ao GDPR. No caso, durante apuração pontual, se acionistas e credores do Banco Popular Español haviam recebido tratamento mais favorável se o banco tivesse entrado em insolvência, o banco realizou pesquisa pública com a coleta de comentários. O time de investigações recebeu os comentários pseudoanonimizados, ou seja, receberam o teor, mas eram identificados por códigos alfanuméricos. Os comentários foram, nessa condição, transmitidos à empresa Deloitte, que acompanhava as apurações. O banco, assim, como agente de tratamento, poderia saber quem eram os titulares, já que os dados eram pseudoanonimizados para grupo específico. Porém, no ato de transmissão, de forma isolada, foram considerados dados anonimizados.

6.5 BANCO DE DADOS

A definição de banco de dados posta em lei é clara, sendo identificado com base na estruturação conjunta de dados pessoais. Assim, para a LGPD, qualquer estrutura física ou digital que reúna dados capazes de identificar pessoas naturais é considerado um banco de dados. Identificar os bancos de dados ou dados pessoais estruturados de forma conjunta é relevante sobretudo do ponto de vista prático nas situações em que a separação de grupos de dados ou de determinados tratamentos são necessárias. Isso ocorre, por exemplo, no caso das sanções de bloqueio, eliminação ou suspensão de funcionamento (art. 52, IV, V e X, LGPD), aplicáveis aos bancos de dados associados à prática da infração.

O conceito não se confunde com o conceito de *base de dados*, embora na linguagem prática do dia a dia pouca relevância tenha tal distinção. Aquele, como visto, é identificado pela estruturação conjunta de dados pessoais e que, por esse potencial de identificação, tem atenção e proteção jurídica de direitos extremamente relevantes, como liberdade e privacidade, mas não proteção no regime de propriedade intelectual. A base de dados, diferentemente, é tutelada pelo regime de direitos autorais (art. 7º, XIII, LDA) se caracterizada como obra intelectual protegida. A base de dados será uma obra protegida se a seleção, organização ou disposição dos dados (independentemente da natureza) revelarem ou traduzirem em termos práticos e concretos a criação intelectual de seu autor.

Nesse sentido, embora os conceitos não se confundam, um banco de dados pode ser considerado uma base de dados protegida pela LDA se vier a atender a tais critérios, ou seja, uma estruturação conjunta de dados pessoais que revele uma criação intelectual. Na outra perspectiva, uma base de dados só poderá ser considerada um banco de dados, nos termos da LGPD, se revelar uma criação intelectual baseada em dados pessoais estruturados conjuntamente.

6.6 TITULAR DE DADOS PESSOAIS

O titular dos dados pessoais é o grande sujeito protegido pela regulação proposta pela LGPD, justamente porque é ele a pessoa natural identificada direta ou indiretamente pela informação extraída do dado pessoal. Os objetivos de proteção do Direito da Proteção de Dados Pessoais lhe dizem diretamente respeito.

É um dos sujeitos presentes na relação jurídica reconhecida pela LGPD. Seu texto tornou jurídica uma relação de fato que existe desde que foi historicamente possível, em que há um objeto, as operações com dados pessoais e dois polos muito claros. De um lado, quem realiza essas operações (agente de tratamento), e do outro, a pessoa natural que é identificada pelo dado pessoal tratado (titular de dados pessoais).

6.6.1 Pessoa falecida

O Direito da Proteção de Dados Pessoais não se aplica em relação aos dados das pessoas falecidas. A questão é juridicamente densa, e alguns raciocínios podem ser aplicados, em especial com base em duas perspectivas: (i) os dados relacionados à pessoa falecida em si; e (ii) os dados relacionados aos herdeiros ou outros terceiros.

Na primeira forma de ver o ponto, quanto aos dados relacionados à pessoa falecida, é preciso considerar a identificação do conceito de dados pessoais vinculado às informações que identificam, direta ou indiretamente, uma pessoa natural (art. 5º, I, LGPD). Essa última, em diálogo com o previsto no Código Civil, começa com o nascimento com vida (art. 2º, CC) e termina com a morte, ainda que se presumida pelo instituto da ausência (art. 6º, CC). Com base nessa lógica, aplicando o Código Civil pela omissão da LGPD, informações de pessoas falecidas não seriam mais dados pessoais, pois não associados, per se e após a morte, à pessoa natural. Essa já não existe mais juridicamente, de modo que o tratamento de dados de pessoa falecida, por si só e em relação a ela exclusivamente, não caracteriza, para fins legais, tratamento de dados pessoais.

Lembra-se, porém, que os dados pessoais se caracterizam como uma forma de manifestação ou projeção da personalidade. Sua proteção é um direito dessa natureza, que encontra guarida no ordenamento jurídico mesmo para pessoas mortas. É o que se extrai, especialmente, da previsão do artigo 12 e de seu parágrafo único, CC: "Art. 12. Pode-se exigir que cesse a ameaça, ou a lesão, a direito da personalidade, e reclamar perdas e danos, sem prejuízo de outras sanções previstas em lei. Parágrafo único. Em se tratando de morto, terá legitimação para requerer a medida prevista neste artigo o cônjuge sobrevivente, ou qualquer parente em linha reta, ou colateral até o quarto grau".

Assim, embora após a morte, quanto à pessoa falecida apenas, não possa se falar em tratamento de dados pessoais, está resguardado aos legitimados admitidos reclamar quaisquer direitos derivados de um tratamento de dados pessoais inadequado ou ilícito durante o período em que o titular de tais dados era vivo – dado que, após sua morte, não há tratamento de dados pessoais a seu respeito.

Em outra perspectiva, o tratamento de dados de pessoa falecida, embora em relação a esta não sejam dados pessoais, pode ser assim considerado se, com base neles, se extrai uma informação capaz de identificar, direta ou indiretamente, os herdeiros ou quaisquer outros terceiros. Nessa hipótese, está caracterizado o tratamento de dados pessoais ao qual incide completamente o regime de proteção de dados.

Logo, em suma, parece ser possível a identificação de três situações: (i) dados de pessoa falecida com os quais não se identifica qualquer herdeiro (*v.g.*, pessoa que não deixou herdeiros) ou terceiro – ausência de tratamento de dados pessoais; (ii) dados de pessoa falecida com os quais é possível identificar qualquer herdeiro ou terceiro – caracterização do tratamento de dados pessoais; e (iii) qualquer situação de inadequação ou de ilicitude no tratamento de dados pessoais enquanto a pessoa era viva – tratamento de dados pessoais cujos direitos decorrentes podem ser exercidos pelos legitimados associados ao *de cujus*.

No âmbito da GDPR, da mesma forma, a Consideração n. 27 afasta a aplicação do Regulamento aos dados pessoais de pessoas falecidas: "(27) O presente regulamento não se aplica aos dados pessoais de pessoas falecidas. Os Estados-Membros poderão estabelecer regras para o tratamento dos dados pessoais de pessoas falecidas". Nessa linha, também são as orientações do ICO, autoridade do Reino Unido responsável pela matéria. Segundo seu FAQ de orientação para as empresas, as leis de proteção de dados são aplicáveis a pessoas naturais vivas, de modo que direitos de acesso a dados não podem ser exercidos em referência a pessoas mortas. Segundo aquela autoridade, caso alguma solicitação seja recebida nesse sentido, não há obrigação de atendimento pelo agente de tratamento[21].

A ANPD já se manifestou tecnicamente sobre o tema na sua Nota Técnica n. 3/2023/CGF/ANPD (Processo SUPER n. 00261.002079/2022-56)[22]. O posicionamento derivou de consulta feita pela Polícia Rodoviária Federal sobre a possibilidade

---

[21] ANPD. Nota Técnica n. 3/2023/CGF/ANPD. Disponível em: https://www.gov.br/anpd/pt-br/assuntos/noticias/NotaTecnica3CGF.ANPD.pdf. Acesso em: 21 abr. 2024.

[22] Disponível em: https://ico.org.uk/for-organisations/advice-for-small-organisations/frequently-asked-questions/right-of-accesssubject-access-requests-and-other-rights/#comply. Acesso em: 21 abr. 2024.

de criar Memorial no Portal Web da instituição para homenagear servidores já falecidos. "O Memorial disponibilizaria ao público, no sítio eletrônico da PRF, o nome e sobrenome, foto do servidor e tempo de serviço dedicado à PRF após o falecimento do servidor como forma de homenagear os servidores (administrativos e policiais) que prestaram serviços à sociedade brasileira e salvaguardar a história da instituição".

Segundo a ANPD, em tal documento,

> 5.2. A LGPD foi editada, conforme disposto em seu art. 1º, para regulamentar o tratamento de dados pessoais, inclusive nos meios digitais, por pessoa natural ou por pessoa jurídica de direito público ou privado, com o objetivo de proteger os direitos fundamentais de liberdade e de privacidade e o livre desenvolvimento da personalidade da pessoa natural (grifo nosso). 5.3. O art. 5º, V, da LGPD, define o titular de dados pessoais como a pessoa natural a quem se referem os dados pessoais que são objeto de tratamento (grifo nosso). 5.4. Nesse caso, pressupõe-se que a sua incidência se dá no âmbito do tratamento de dados pessoais de pessoas naturais, ou seja, vivas, já que, de acordo com o art. 6º do Código Civil, a existência da pessoa natural termina com a morte. A proteção *post mortem* dos direitos da personalidade dos titulares de dados pessoais não estaria, então, abarcada pela LGPD, pois não mais há desenvolvimento de personalidade. 5.5. Dessa forma, a LGPD se aplica apenas a informações relacionadas a pessoas naturais, ou seja, vivas, identificáveis ou identificadas. Os dados relativos a uma pessoa falecida não constituem dados pessoais para fins de LGPD e, portanto, não estão sujeitos ao nível de proteção da LGPD.

Também, em ressalva, a ANPD admite na referida Nota Técnica que:

> Para além das obrigações de proteção de dados, outras normas do ordenamento brasileiro visam proteger os direitos de pessoas falecidas, como o direito sucessório e os direitos de personalidade, que incluem o direito ao nome e à imagem (arts. 16 e 20, Código Civil). Nesse cenário, quando aplicáveis, os direitos de personalidade podem ser utilizados como ferramentas de proteção dos interesses das pessoas falecidas, sendo a proteção de dados seara inadequada para defesa desses interesses.

6.7 AGENTES DE TRATAMENTO

Definido quem é o titular de dados pessoais, o Direito da Proteção de Dados Pessoais, com suporte específico nas normas estabelecidas pela LGPD, passa então a definir quem são os agentes de tratamento (controlador, operador e suboperador), ou seja, os agentes que realizam as operações envolvendo os dados pessoais (realizam o tratamento de dados pessoais) e que estão no outro polo da relação com o titular dos dados pessoais.

A definição da posição do agente de tratamento em toda e qualquer situação é um dos primeiros passos práticos e uma das principais medidas a serem feitas, pois disso depende uma série de obrigações e consequências da lei. Deve ser feita uma avaliação precisa. Essa tarefa, como tantas outras da lei, é sobretudo contextual e individualizada quanto a cada operação com os dados pessoais. A posição base de agente de tratamento decorre do fato de o agente tratar dados pessoais. Depois disso, assume o agente, a depender de cada tratamento específico, seu papel de controlador ou operador. O agente é um ator ou uma atriz que assume um papel diferente em cada peça que atua.

Como sinaliza a ANPD em seu *Guia orientativo para definições dos agentes de tratamento de dados pessoais e do encarregado*: "O agente de tratamento é definido para cada operação de tratamento de dados pessoais, portanto, a mesma organização poderá ser controladora e operadora, de acordo com sua atuação em diferentes operações de tratamento"[23]. Uma mesma organização, portanto, pode cumular as duas qualidades, estando cada uma relacionada a uma operação de tratamento específica. A definição está pautada na resposta à seguinte pergunta: quem decide sobre os elementos essenciais de determinado tratamento de dados pessoais?

Por exemplo, uma empresa de publicidade que trata dados pessoais recebidos de uma empresa de telefonia para o fornecimento de experiências publicitárias customizadas não é controladora dos dados em relação às informações dos clientes da empresa de telefonia, realizando a tarefa nos limites das decisões dessa última. Porém, em relação aos dados pessoais dos seus próprios empregados, será controladora dos dados.

Além disso, também é importante dizer que a avaliação da qualificação do agente de tratamento como controlador ou operador deve se dar na perspectiva institucional, de modo que: "Não são considerados controladores (autônomos ou conjuntos) ou operadores os indivíduos subordinados, como os funcionários, os servidores públicos ou as equipes de trabalho de uma organização, já que atuam sob o poder diretivo do agente de tratamento"[24].

6.7.1 Agentes de tratamento de pequeno porte

Considerando a necessidade de que a realidade esteja refletida em termos de regulação e seguindo o que delimita o artigo 55-J, XVIII, da LGPD, a ANPD passou a regular as obrigações para a aplicação da Lei para aqueles agentes de tratamento aos quais atribuiu a denominação "Agentes de Pequeno Porte" na sua Resolução CD/ANPD n. 2 de 2022.

São Agentes de Tratamento de Pequeno Porte, conforme artigo 2º, I, da Resolução: "microempresas, empresas de pequeno porte, *startups*, pessoas jurídicas de direito privado, inclusive sem fins lucrativos, nos termos da legislação vigente, bem como pessoas naturais e entes privados despersonalizados que realizam tratamento de dados pessoais, assumindo obrigações típicas de controlador ou de operador".

---

[23] ANPD. *Guia orientativo para definições dos agentes de tratamento de dados pessoais e do encarregado*, p. 6. Disponível em: https://www.gov.br/anpd/pt-br/assuntos/noticias/inclusao-de-arquivos-para-link-nas-noticias/2021-05-27-guia-agentes-de-tratamento_final.pdf. Acesso em: 21 abr. 2024.

[24] Idem, p. 7.

A Resolução também relativiza algumas obrigações de acordo com esse novo perfil, salvo em caso de tratamentos de dados pessoais de alto risco. Assim, por exemplo, tais agentes podem cumprir a obrigação de elaboração e manutenção dos registros de obrigações de tratamento de dados pessoais de forma simplificada (art. 9º) e não estão obrigados a indicar o Encarregado pelo Tratamento de Dados Pessoais (art. 11), embora precisem manter canal de comunicação com os titulares para atendimento das obrigações postas na LGPD.

6.7.2 Controlador de dados

Em razão da importância, a própria LGPD prioriza a definição de controlador de dados e isso tem uma razão lógica: antes de qualquer categorização, como se verá, é preciso saber se o agente de tratamento participa de decisões essenciais sobre o tratamento de dados. Participando, será controlador de dados pessoais, de modo que as definições de operador e suboperador são, de certa forma, subsidiárias.

Assim, o controlador de dados é aquele responsável por tomar as principais decisões referentes às operações de dados pessoais, por exemplo, quais as finalidades dos tratamentos, quais dados são coletados, por quanto tempo ficam armazenados, serão ou não compartilhados com outros agentes e por quais motivos etc. Diz a ANPD que: "O controlador é o agente responsável por tomar as principais decisões referentes ao tratamento de dados pessoais e por definir a finalidade desse tratamento. Entre essas decisões, incluem-se as instruções fornecidas a operadores contratados para a realização de um determinado tratamento de dados pessoais"[25].

É desnecessário que todas as decisões sejam tomadas pelo controlador, bastando apenas que este mantenha sob sua influência e controle as principais decisões, isto é, aquelas relativas aos elementos essenciais para o cumprimento da finalidade do tratamento. De fato, especialmente quando há a contratação de um operador, é usual e legítimo que parte das decisões a respeito do tratamento, limitadas aos seus elementos não essenciais, fique sob a alçada do operador. A título de exemplo, podem ser mencionados a escolha dos *softwares* e equipamentos que serão utilizados e o detalhamento de medidas de prevenção e segurança"[26]. Esses elementos essenciais, segundo a ANPD, seriam a finalidade do tratamento, a natureza dos dados pessoais tratados e a duração do tratamento. Em suma, o controlador será identificado ainda que não tome todas as decisões sobre o tratamento, mas tenha o verdadeiro poder de decisão sobre os elementos essenciais das operações com dados pessoais[27].

---

[25] ANPD. *Guia orientativo para definições dos agentes de tratamento de dados pessoais e do encarregado*, p. 7. Disponível em: https://www.gov.br/anpd/pt-br/assuntos/noticias/inclusao-de-arquivos-para-link-nas-noticias/2021-05-27-guia-agentes-de-tratamento_final.pdf. Acesso em: 21 abr. 2024.

[26] Idem, p. 10-11.

[27] Idem, p. 11.

Tais ideias seguem os conceitos adotadod em documentos estrangeiros, em especial, a GDPR. Assim, nessa tarefa de definição da qualidade ou condição do agente de tratamento, são muito pertinentes as diretrizes de orientação da EDPS sobre o tema e que estão condensadas no documento *Guidelines on the concepts of controller, processor and joint controllership under Regulation (EU) 2018/1725*[28], assim como aquelas trazidas pela EDPB condensadas no documento *Guidelines 07/2020 on the concepts of controller and processor in the GDPR*[29].

Tais diretrizes, alinhadas com a definição brasileira, ressaltam que o controlador será identificado como tal com base nos seguintes critérios: (i) nas suas competências legais explícitas (se a legislação nomear o agente como controlador); (ii) nas suas competências legais implícitas (se a legislação, embora não defina expressamente, permitir a dedução da identificação do agente como controlador com base em funções e relações jurídicas usuais do agente); e (iii) no reconhecimento de sua influência fática sobre as operações de tratamento de dados pessoais, entendida essa influência por meio do exercício prático das tomadas de decisão sobre as operações. Isso pode ser entendido com base em resposta a algumas perguntas: por qual razão a operação é realizada? Quem inicia a operação e quem é beneficiado por ela?

Além disso, as diretrizes também identificam que será sempre decisivo identificar quem define as finalidades ou propósitos do tratamento de dados pessoais e os meios ou instrumentos utilizados para tanto. Ou seja, quem define, de fato, os "porquês" do tratamento e "como" o tratamento será conduzido. Embora o "porquê" e "como" estejam, normalmente, interligados, não há necessidade de que o agente sempre defina os dois, simultaneamente, para que seja considerado controlador.

Por essa razão e pensando, sobretudo, nas situações mais difíceis, as diretrizes bem orientam que a classificação ou categorização sobre o real papel do agente sejam feitas com base em qual nível de detalhe tais definições são tomadas. Na mesma linha, são identificadas decisões da Corte de Justiça da União Europeia, a exemplo do caso C-683-21, em que é reforçado que não são elementos meramente formais que definem a posição do controlador (a exemplo de situações em que há a mera menção do agente como controlador no aviso de privacidade, mas sem que ele tenha poder efetivo e prático de decisão).

Nesse sentido, cumpre citar mais uma vez o *Guia* da ANPD:

> A identificação do controlador deve partir do conceito legal e dos parâmetros auxiliares indicados neste *Guia*, sempre considerando o contexto fático e as circunstâncias

---

[28] EDPS. *Guidelines on the concepts of controller, processor and joint controllership under Regulation (EU) 2018/1725*. Disponível em: https://edps.europa.eu/sites/default/files/publication/19-11-07_edps_guidelines_on_controller_processor_and_jc_reg_2018_1725_en.pdf. Acesso em: 21 abr. 2024.

[29] EDPB. *Guidelines 07/2020 on the concepts of controller and processor in the GDPR*. Disponível em: https://edpb.europa.eu/our-work-tools/public-consultations-art-704/2020/guidelines-072020-concepts-controller-and-processor_pt. Acesso em: 21 abr. 2024.

relevantes do caso. O papel de controlador pode decorrer expressamente de obrigações estipuladas em instrumentos legais e regulamentares ou em contrato firmado entre as partes. Não obstante, a efetiva atividade desempenhada por uma organização pode se distanciar do que estabelecem as disposições jurídicas formais, razão pela qual é de suma importância avaliar se o suposto controlador é, de fato, o responsável pelas principais decisões relativas ao tratamento[30].

Em razão dessa condição contextual e fática de poder de definição, com critério elogiável de proporcionalidade, o controlador é o principal responsável em relação ao tratamento de dados pessoais que o qualifica nessa condição.

Inclusive, é de se pontuar que o conceito de controlador de dados pessoais não está necessariamente ligado à posse ou gestão prática dos dados pessoais, podendo tal agente de tratamento realizá-lo sem contato técnico ou físico com os dados, mas mantendo o poder de decisões essenciais sobre o tratamento de dados – ainda que estes estejam na gestão técnica de terceiros e que o controlador nunca os receba, mas determine como e por quais razões serão tratados. Imagine, por exemplo, uma empresa de *e-commerce* que se vale exclusivamente de prestador de serviços para coletar os dados dos clientes e adotar iniciativas de *marketing* em relação a estes, cujas decisões essenciais são tomadas pela empresa de *e-commerce*, ainda que ela não tenha contato direto com os dados. Nesse caso, seria possível entender sua identificação como controladora de dados, recomendando-se a máxima cautela em relação às providências adotadas.

A LGPD, assim, atribui ao controlador de dados uma série de obrigações legais decorrentes dessa posição, como o cumprimento dos princípios que orientam os tratamentos de dados pessoais (art. 6º), a avaliação e opção em relação às bases legais que justificam os tratamentos de dados pessoais que realiza como controlador e a viabilização delas na prática (*v.g.*, obtenção do consentimento dentro da conformidade legal) (arts. 7º, 11, 14, § 1º, e 23); a elaboração do Relatório de Impacto à Proteção de Dados Pessoais – RIPD nos casos em que isso for exigível (art. 5º, XVII); a indicação do encarregado de proteção de dados pessoais (arts. 5º, VIII, e 41); se relacionar diretamente com os titulares dos dados pessoais que trata, assegurando-lhes as informações sobre o tratamento de forma clara, adequada e ostensiva (art. 9º); atender aos direitos desses mesmos titulares (arts. 18 a 20); oferecer e comprovar garantias de cumprimento dos princípios, dos direitos do titular e do regime de proteção de dados previstos se essa for a justificativa para a transferência internacional de dados pessoais (art. 33); manter o registro das operações de tratamento de dados pessoais que realiza (art. 37); adotar medidas de segurança, técnicas e administrativas aptas a proteger os dados pessoais de acessos não autorizados e de situações acidentais ou ilícitas de destruição, perda, alteração, comunicação ou qualquer forma de tratamento inadequado ou ilícito (art. 46); comunicar à ANPD e ao titular dos dados pessoais a ocorrência de incidente de segurança que possa acarretar

---

[30] Idem, p. 7.

risco ou dano relevante aos titulares (art. 48); implementar programa de governança em privacidade (art. 50, § 2º); prestar informações se solicitado pela ANPD; e transmitir as instruções de tratamento ao operador, se este existir, e zelar pelo seu cumprimento. Além disso, como se verá nos comentários respectivos, assume posição muito mais severa no regime de responsabilização (arts. 42 e ss.).

6.7.2.1 Controladoria conjunta ou cocontroladoria

Em algumas situações, pode ser que se identifique mais de um controlador em relação ao tratamento de dados pessoais. O Direito da Proteção de Dados Pessoais admite isso e a LGPD, de certa forma, incorpora tal ideia no seu artigo 42, § 1º, II.

Tal situação ficará caracterizada na identificação da participação conjunta de agentes de tratamento na determinação dos "porquês" dos tratamentos e como estes serão realizados, ideia mais uma vez pautada nos documentos europeus. A EDPB, sobretudo, indica que essa coparticipação pode ser entendida nas situações em que haja, a saber: (i) decisões comuns (duas ou mais entidades decidirem conjuntamente, com intenção comum, sobre as finalidades e meios do tratamento); e (ii) decisões convergentes (decisões de entidades diferentes se complementam, de forma que as operações de tratamento são indissociáveis).

Nas decisões comuns, duas ou mais entidades possuem uma intenção comum sobre as finalidades e meios de tratamento e tomam decisões em conjunto. Em contrapartida, nas decisões convergentes existem decisões distintas sendo tomadas, porém elas se complementam de tal forma que o tratamento não seria possível sem a participação de ambos os controladores. Entretanto, ainda que o mesmo conjunto de dados seja tratado, não haverá controladoria conjunta se os objetivos do tratamento forem distintos. Por exemplo, diversos controladores podem tratar dados abertos do governo, cada um para suas finalidades específicas. Se essas finalidades não forem comuns, convergentes ou complementares, ambos serão controladores singulares em relação ao tratamento de dados e a controladoria conjunta não estará estabelecida[31].

Ainda conforme a ANPD, o reconhecimento da controladoria conjunta depende da identificação contextual e cumulada de todos os seguintes critérios: "1. Mais de um controlador possui poder de decisão sobre o tratamento de dados pessoais; 2. Há interesse mútuo de dois ou mais controladores, com base em finalidades próprias, sobre um mesmo tratamento; e 3. Dois ou mais controladores tomam decisões comuns ou convergentes sobre as finalidades e elementos essenciais do tratamento"[32].

6.7.3 Operador de dados

De forma subsidiária, será operador a pessoa natural ou jurídica, distinta do controlador, e que realize alguma operação de tratamento de dados em nome do contro-

---

[31] Idem, p. 13.
[32] Ibidem.

lador, ou seja, em termos práticos, o operador é o agente de tratamento para quem o controlador delegou uma ou várias operações com os dados pessoais. A expressão "em nome de" significa que o controlador definiu as finalidades e os meios de tratamento que devem ser utilizados. Em síntese, após avaliações concretas criteriosas, os operadores acabam sendo definidos de modo residual: tratando dados pessoais e não sendo possível a classificação como controlador, o agente de tratamento será operador, sendo permitidas a ele as decisões não essenciais (meramente técnicas etc.) em relação ao tratamento de dados pessoais.

6.7.3.1 Suboperador de dados

É possível que um operador delegue determinada operação (já delegada pelo controlador) a este primeiro operador. Como entende a ANPD:

> [...] a falta do conceito de suboperador na LGPD não impossibilita ou torna ilegal que ele exista ou que tenha funções, competências e responsabilidade no ambiente de proteção de dados pessoais brasileiro, principalmente porque pode desempenhar a função de operador em subordinação a outro operador. Dito isso, importa saber que o suboperador é aquele contratado pelo operador para auxiliá-lo a realizar o tratamento de dados pessoais em nome do controlador. A relação direta do suboperador é com o operador, e não com controlador. Porém, independentemente dos arranjos institucionais entre operador e suboperador, para efeitos da LGPD, ambos podem desempenhar, a depender do caso concreto, a função de operador e responder perante a ANPD[33].

São os exemplos da subcontratação de serviço de armazenamento em nuvem ou de ferramenta *web* utilizada nas atividades do suboperador. Nesse caso, é recomendável que tal delegação seja autorizada e monitorada pelo controlador, inclusive, tal recomendação deve figurar no contrato entre o controlador e o operador, conforme, inclusive, o *Guia* da ANPD[34]. Além disso, o operador deve celebrar com o suboperador um novo contrato, e esse documento deve estar circunscrito apenas e tão-somente dentro dos poderes, finalidades e meios originalmente determinados pelo controlador. O contrário será hipótese de responsabilização do operador nos termos do artigo 42, § 1º, I, sujeitando este, inclusive, à possível demanda de regresso por parte do controlador.

6.7.3.2 Colaboradores ou servidores contratados por pessoas jurídicas

Colaboradores ou servidores contratados não são considerados operadores ou suboperadores de dados pessoais. Em verdade, atuam em presentação de controladores como parte integrante dos próprios controladores e operadores que os contratam, porque em nome desses atuam e em subordinação. Por meio dos colaboradores e servidores, os agentes de tratamento se fazem presentes no tratamento de dados pessoais.

---

[33] Idem, p. 19.
[34] Idem, p. 16.

É o que pode se extrair, por analogia, da leitura feita pela ANPD em seu *Guia* sobre pessoas físicas atuantes nas estruturas dos operadores:

> Em caso de pessoa jurídica, importa destacar que a organização ou empresa é entendida como agente de tratamento, de forma que seus funcionários apenas a representam. Assim como explicado no tópico 2.2 e de forma análoga à definição de controlador, a definição legal de operador também não deve ser entendida como uma norma de distribuição interna de competências e responsabilidades. Nesse cenário, empregados, administradores, sócios, servidores e outras pessoas naturais que integram a pessoa jurídica e cujos atos expressam a atuação desta não devem ser considerados operadores, tendo em vista que o operador será sempre uma pessoa distinta do controlador, isto é, que não atua como profissional subordinado a este ou como membro de seus órgãos[35].

6.8 TRATAMENTO DE DADOS PESSOAIS

Conceituados os dois polos da relação jurídica (titular e agente de tratamento), o tratamento de dados pessoais se posiciona conceitualmente como os aspectos objetivos da relação. Em uma frase: é tudo que pode ser feito com dados pessoais.

Assim, a LGPD adota uma concepção ampla e rol exemplificativo (o que se afere da locução "como as"): "toda operação realizada com dados pessoais, como as que se referem a coleta, produção, recepção, classificação, utilização, acesso, reprodução, transmissão, distribuição, processamento, arquivamento, armazenamento, eliminação, avaliação ou controle da informação, modificação, comunicação, transferência, difusão ou extração" (art. 5º, X, LGPD).

De forma abrangente, a ideia de tratamento contempla todas as atividades do ciclo de vida de dados pessoais junto ao agente de tratamento, desde a sua coleta até sua eliminação, passando por todas as formas e possibilidades de manuseio durante o período em que os agentes de tratamento estão em sua posse, independentemente do meio utilizado, se físico ou digital. Adicionalmente, é relevante ter em mente que a definição de tratamento de dados, além de cada operação em si, individualizada, pode significar o pacote de contexto das operações que envolvem os dados pessoais para a finalidade definida.

---

[35] Idem, p. 17.

Capítulo 7
PRINCÍPIOS

7.1 CONCEITO E FUNÇÃO DOS PRINCÍPIOS NO DIREITO DA PROTEÇÃO DE DADOS PESSOAIS

Muitos são os conceitos que podem ser atribuídos aos princípios jurídicos. Em sua ampla maioria, tem o denominador comum de agregar a tais estruturas a força normativa vinculante dentro do seu perfil de interpretação e alcance. Dentre essas muitas acepções e sem exaurir o tema, podem ser citados: (i) os princípios como estruturas que comportam uma série indefinida de aplicações (Jean Boulanger)[1]; (ii) os princípios como mandados de otimização que "ordenam que algo seja realizado na maior medida possível, dentro das possibilidades jurídicas e reais existentes" (Robert Alexy)[2]; (iii) os princípios como "preceitos constitucionais que englobam e sistematizam os principais e mais elementares direitos fundamentais a serem observados na realização e no desenrolar de todo e qualquer processo" (Nelson Nery Jr.)[3]; (iv) os princípios como mandamentos nucleares de um sistema (Celso Antônio Bandeira de Mello)[4]; e (v) os princípios como as verdades fundantes de um sistema de conhecimento, como "enunciações normativas de valor genérico, que condicionam e orientam a compreensão do ordenamento jurídico, que para sua aplicação e integração" (Miguel Reale)[5].

Somada a todos esses conceitos, uma proposta que parece agregar, além de completude, uma noção de desenvolvimento prático aos textos principiológicos, é aquela trazida por Humberto Ávila em sua obra *Teoria dos Princípios*: da definição à aplicação dos princípios jurídicos[6]. Sem tecer considerações mais aprofundadas sobre o tema, define o autor que os princípios seriam normas imediatamente finalísticas que, em vez de descrever condutas e consequências, estabelecem um estado das coisas ou um fim juridicamente relevante a ser buscado e realizado mediante a adoção de determinados

---

[1] BONAVIDES, P. *Curso de direito constitucional*. 28. ed. atual. São Paulo: Malheiros, 2013. p. 298-299.
[2] NERY JUNIOR, N. *Princípios do processo na Constituição Federal*: (processo civil, penal e administrativo). 11. ed. rev., ampl. e atual. São Paulo: Revista dos Tribunais, 2013, p. 29.
[3] Idem, p. 39.
[4] BANDEIRA DE MELLO, C. A. *Curso de direito administrativo*. 30. ed. rev. e atual. São Paulo: Malheiros, 2013, p. 54.
[5] REALE, M. *Lições preliminares de direito*. 27. ed. ajustada ao novo Código Civil. São Paulo: Saraiva, 2007, p. 303-304.
[6] ÁVILA, H. *Teoria dos princípios:* da definição à aplicação dos princípios jurídicos. 15. ed. rev., atual. e ampl. São Paulo: Malheiros, 2014.

comportamentos[7]. Parece que esse conceito se revela útil, justamente porque, mais que a abstração, traz uma noção de movimento e de função pragmática de normas com esse perfil, caracterizada pela determinação de algo a ser buscado em determinado sistema jurídico ou nos comportamentos. Resta, então, entender o conteúdo de determinado princípio como resposta à pergunta de qual cenário ideal das coisas ele determina, direcionando os comportamentos e interpretações com base nessa premissa.

Neste sentido, parece-me que os princípios do Direito da Proteção de Dados Pessoais, relacionados por força constitucional expressa (art. 6º) e implicitamente na LGPD, tem quatro funções principais.

A primeira função seria a de *determinação vinculante*. Os princípios trazem conteúdos e determinações a serem sempre buscados no tratamento de dados pessoais no País. Os princípios trazem orientações vinculantes sobre como os textos e regulações relacionados às operações de dados pessoais devem ser interpretados e aplicados, de modo que nenhuma atividade interpretativa ou aplicativa pode ser feita sem considerar todos os conteúdos do artigo 6º. Servem como verdadeiras bases de tomada de decisão pelos agentes de tratamento. Assim, por exemplo, em todo e qualquer tratamento deve ser feita a identificação de finalidades legítimas, específicas, explícitas e informadas (princípio da finalidade) e devem ser afastadas práticas discriminatórias negativas (princípio da não discriminação).

A segunda função seria a de *integração e completude do sistema normativo do Direito da Proteção de Dados Pessoais*. Ausentes textos ou regulações específicas sobre determinada situação concreta associada ao tratamento de dados pessoais, a amplitude e o conteúdo dos princípios permitem sempre uma solução, ao menos inicial, para o problema concreto. Evita-se, com isso, um maior número de lacunas e, em decorrência, uma maior insegurança jurídica aos agentes envolvidos.

A terceira função, intimamente ligada às duas primeiras, seria a *de promover a sobrevivência viável de textos normativos*. O conteúdo aberto e amplo dos princípios permite que estes e, por consequência, os textos normativos pertinentes ao Direito da Proteção de Dados Pessoais sobrevivam ao longo do tempo, adaptando-os por meio de interpretações que se ajustem à contemporaneidade. Essa ausência de rigidez legal, portanto, confere ao Direito uma potencial perenidade ao longo do tempo, podendo posicioná-la como um documento de regulação que amadureça junto à evolução das situações sociais, algo tão relevante, sobretudo, se o tema de tecnologias das informações está presente. Evitam-se desatualizações e rupturas que, pela imposição natural da realidade, resultariam em manifestos problemas de regulação e insegurança jurídica.

Por fim, uma quarta função possível seria a de *viabilizar a mais completa aplicabilidade e fiscalização*. Tendo como premissa uma realidade social multidisciplinar, altamente complexa e com negócios e atividades empresariais cada vez mais customiza-

---

[7] Idem, p. 95-96.

dos, qualquer modelo de regulação que adote textos rígidos ou tente exaurir todas as situações de fato possíveis parece que falharia. Fatalmente, uma série de situações práticas deixariam de ser reguladas, gerando insegurança jurídica e lacunas de fiscalização, cuja consequência direta é o prejuízo nos objetivos buscados (liberdade, privacidade e proteção à personalidade). Os princípios, assim e como visto, ao diminuir o número de situações sem solução ou orientação normativa comportamental, também, por isso, viabilizam uma maior cobertura regulatória, por assim dizer.

7.2 PRINCÍPIO DO MELHOR INTERESSE DO TITULAR

Os princípios do Direito da Proteção de Dados Pessoais decorrem de uma previsão expressa, conforme lista objetiva do próprio artigo 6º da LGPD, ou podem decorrer de uma ideia implícita que surge a partir da extração normativa do conteúdo finalístico dos textos Constitucional e legal. Este parece-me ser o caso dos princípios do melhor interesse do titular, da proporcionalidade e da regulação e abordagem por risco (tratados a seguir). Todos não estão expressamente previstos, mas decorrem da própria essência dos temas regulados.

Quanto ao princípio do melhor interesse do titular, este parece propor que todo e qualquer tratamento de dados pessoais, ponderados os demais fundamentos, princípios e previsões da lei, bem como os legítimos interesses e direitos dos agentes de tratamento, será realizado de acordo com o interesse do titular de dados. Tal premissa, assim, serve como um dos guias de conformidade a serem utilizados pelos agentes de tratamento: a resposta positiva à pergunta se as atividades com dados pessoais vão ao encontro dos interesses dos titulares. É premissa de tomada de decisão e avaliação de risco.

Isto parece que pode ser extraído, por exemplo (i) do próprio objetivo da regulação em proteção da personalidade e do titular (o grande sujeito de direito do direito fundamental à Proteção de Dados Pessoais incluído pela EC 115/2022 e da LGPD); (ii) da essência semântica dos fundamentos de autodeterminação informativa e privacidade; (iii) do alinhamento de suas expectativas em vários momentos, a exemplo da premissa de utilização da base legal do legítimo interesse; (iv) da difundida ideia de controle sobre os próprios dados com o grifar do consentimento em vários momento, entre outros.

7.3 PRINCÍPIO DA PROPORCIONALIDADE

O princípio da proporcionalidade também não está previsto expressamente na lei, mas, a meu ver, como um princípio geral de Direito (art. 4º, Lei de Introdução às normas do Direito Brasileiro), deve ser considerado na interpretação e aplicação do Direito da Proteção de Dados Pessoais.

Determina, assim, um estado ideal das coisas na interpretação e aplicação de toda a lei considerando o que é proporcional ou não. Propõe que tais atividades sejam desempenhadas com bom senso, parcimônia e razoabilidade. Interpretar e aplicar um texto legal com proporcionalidade é ter o cuidado de avaliar todos os interesses envolvidos e encontrar o ponto de intersecção comum entre eles e que leve a um resultado satisfatório da atividade hermenêutica. O resultado satisfatório na interpretação e aplicação do Direito da Proteção de Dados Pessoais parece ser aquele que proteja os interesses dos titulares de dados pessoais e que também considere todas as circunstâncias das atividades do agente de tratamento, reconhecendo que suas atividades também são dignas e merecedoras de proteção. Este é resultado proporcional e equilibrado que se espera e cujo alcance prático pelo intérprete será, a meu ver, o grande sucesso da regulação. O equilíbrio parece ser a grande pedra fundamental de um modelo regulatório que se propõe efetivo.

Aliás, se for feito um olhar cuidadoso de textos da lei ou situações a eles relacionadas, parece haver vários fundamentos que demonstram a manifestação do princípio da proporcionalidade, confirmando-o em uma espécie de exercício de prova real da tese. Este princípio, assim, parece um perfume existente em um determinado cômodo, sendo perceptível em onipresença e responsável por grande parte da agradável experiência de ali se estar. É possível interpretar e aplicar o Direito da Proteção de Dados Pessoais ignorando tal princípio? Não, mas falta-lhe algo de essencial que a torna muito mais interessante e rico em termos regulatórios e normativos. A falta da proporcionalidade, ignorando a realidade das coisas, traria indesejável rigidez ao Direito, tornando-o impraticável.

Neste sentido, a exemplificar a manifestação deste ideal de proporcionalidade, parecem que podem ser identificadas as seguintes situações: (i) a um, observa-se o equilíbrio já mencionado anteriormente entre a proteção dos indivíduos e manutenção da lógica necessária de livre-iniciativa e desenvolvimento, equilíbrio este que parece conter a ideia de proporcionalidade; (ii) a dois, a própria classificação entre diferentes categorias de agentes de tratamento (controlador e operador) justamente com base na proporcionalidade do poder de decisão de cada categoria e na influência de cada um deles para a proteção de dados pessoais, inclusive resultando em dinâmicas de responsabilização diferentes; (iii) a três, uma das faces do próprio princípio da necessidade (ou minimização de dados, ver comentários neste artigo) cuja ideia de dados estritamente necessários impõe uma avaliação de quais dados são proporcionais à finalidade identificada pelo controlador; (iv) a quatro, a diferença entre as bases legais de tratamento para dados pessoais de natureza diferentes (não sensíveis e sensíveis), sobretudo a falta do legítimo interesse amplo para este último; (v) a cinco, a diferença para com o cuidado com o tratamento de dados pessoais de públicos específicos, especialmente no caso das crianças e adolescentes (art. 14) e idosos (art. 55-J, XIX); (vi) a seis, a diferença para com o cuidado com o tratamento de dados pessoais por pessoas jurídicas de Direito Público; (vii) a sete, a noção de prazo razoável para comunicação de incidentes de privacidade a titulares e à ANPD; (viii) a oito, a noção do que vem a ser um risco ou dano relevante e a consequência imediata obrigacional de comunicação do artigo 48; (ix) a nove, os critérios indicados para estruturação da governança e boas práticas pelos agentes de tratamento (art. 50, §§ 1º e 2º); (x) a dez, a própria estruturação do Regulamento do Processo de Fiscalização e do Processo Administrativo Sancionador no âmbito da ANPD; (xi) a onze, a previsão de diferentes sanções (art. 52) e a determinação, pela LGPD e pela norma de dosimetria das sanções da autoridade, de critérios e parâmetros a serem considerados quando da escolha, gradação e aplicação da sanção (com especial destaque para o critério expresso de proporcionalidade entre a gravidade da falta e a intensidade da sanção – art. 52, § 1º, XI).

No mais, cumpre dizer que o racional do princípio da proporcionalidade em termos de proteção de dados pessoais já tem, de certa forma, encontrado ressonância no próprio Poder Judiciário. Exemplo disso é o elogiável acórdão emanado pelo STF no julgamento já mencionado outrora nestes comentários da ADI n. 5.545/RJ, j. 13/04/2023. Ali se discutiu a constitucionalidade de Lei Estadual do Rio de Janeiro que determinou a coleta de material genético de recém-nascidos, no âmbito de medidas de segurança dedicadas a evitar ou mitigar o risco de troca de bebês.

Entre os vários pontos, o STF bem grifou o princípio da proporcionalidade do tema, reconhecendo, *in verbis*, que:

> 14. A ponderação entre o direito à privacidade e o poder conferido ao Estado de interferir na vida privada conduz ao entendimento de que se deve permitir a coleta, apenas em casos excepcionais e, em qualquer hipótese, mediante rigoroso controle de segurança e ausência do titular da reserva íntima. 15. A cláusula do devido processo legal apresenta facetas procedimental e substantiva: a primeira pode ser mais bem observada a partir de garantias constitucionais como o direito a um julgamento imparcial; já a segunda, possui o intuito de proteger os indivíduos contra a atuação governamental e o processo legislativo majoritário que excedam os limites oriundos da autoridade estatal legítima. 16. O devido processo substantivo quanto ao direito da personalidade exsurge no sentido de proteger, de forma mais incisiva, os direitos à privacidade e à autonomia pessoal contra a interferência governamental até mesmo na seara regulatório-legislativa. 17. *In casu*, ao deixar de prever mecanismos mínimos de salva-guarda dos interesses das famílias envolvidas, a Lei ora atacada estabeleceu medida excessivamente restritiva a direitos fundamentais: ao impor a coleta de material genético à revelia da vontade da parturiente; ao não estabelecer prazo ou possibilidade de os interessados requererem a retirada de seu material e dados genéticos do biobanco; e ao não impedir que as amostras de DNA sejam utilizadas em finalidades estranhas à constatação da filiação. 18. A inadequação da norma se verifica por ser incapaz de assegurar que, adotada a medida imposta, o resultado que visa a evitar, qual seja, a troca de bebês na maternidade, não será alcançado. Ao revés, basta um erro ou a troca intencional do material armazenado a qualquer tempo para frustrar a identificação do vínculo biológico do recém-nascido com seus pais registrais. Deveras, o problema o qual a lei almeja solução pode acabar se deslocando da troca de bebês para o erro ou troca do próprio material genético coletado, razão pela qual a literatura médica se apresenta cética a respeito dos reais benefícios da medida de segurança legalmente prevista. 19. O princípio da razoabilidade da norma importa, ainda, considerar a necessidade, compreendida como a disponibilidade pelo legislador de outro meio eficaz e menos restritivo aos direitos fundamentais. As medidas introjetadas na Lei ora

questionada, quais sejam: (i) a utilização de pulseiras de identificação numeradas para mãe e filho na sala de parto; e (ii) utilização de grampo umbilical enumerado com o número correspondente ao da pulseira, apresentam-se mais efetivas, menos onerosas e menos interventivas na esfera privada dos cidadãos e das cidadãs envolvidas. Além disso, atualmente, já existem diversas diretrizes efetivas e menos custosas para diminuir a ocorrência de trocas de bebês, como: (i) a identificação da gestante no momento da admissão em conjunto com a posterior identificação do recém-nascido no momento do nascimento, e (ii) a permissão da permanência do pai no momento do nascimento da criança. 20. O subprincípio da proporcionalidade em sentido estrito entre o bem preservado e restrições excessivamente intensas a outros bens ou direitos, considera o sistema constitucional como um todo. Assim, tem-se que, por não prever determinação expressa e taxativa das hipóteses em que os dados genéticos arquivados estariam "à disposição da justiça", nem mecanismos de exclusão posterior dos dados genéticos a pedido das partes, a lei fluminense impõe uma restrição desproporcional à privacidade genética, porquanto excessiva frente aos fins visados.

A própria ANPD, aliás, tem absorvido tal princípio em seus posicionamentos. Evidência clara disto é a previsão do Regulamento de Dosimetria e Aplicação de Sanções Administrativas (Resolução CD/ANPD n. 4/2023) que determina expressamente o atendimento ao princípio da proporcionalidade (art. 27) de modo que a ANPD "poderá afastar a metodologia de dosimetria de sanção de multa ou substituir a aplicação de sanção por outra constante neste Regulamento, nos casos em que for constatado prejuízo à proporcionalidade entre a gravidade da infração e a intensidade da sanção".

Outro exemplo disso, foi a discussão posta pela Autoridade, com acerto, a meu ver, na Nota Técnica n. 92/2022/CGF/ANPD em que se posicionou sobre a transparência e publicização das listas de requerentes e beneficiários dos auxílios Benefício Emergencial Taxistas e Benefício Emergencial Transportadores Autônomos de Carga (TAC) pelo Ministério do Trabalho e Previdência[8]. Entre os trechos, penso ser relevante destacar aquele em que a ANPD entende por *desproporcional* a divulgação de dados de não beneficiados:

> Portanto, assim como o Benefício Emergencial TAC, entende-se que os dispositivos legais que criam e regulamentam o Benefício Emergencial Taxista também estipulam que dados pessoais dos taxistas que receberam o benefício sejam divulgados. [...] Dessa forma, da leitura das normas citadas, conclui-se que o MTP pode divulgar apenas dados pessoais referentes aos titulares que efetivamente receberam o benefício. Divulgar dados pessoais de todos os titulares que estão aptos a receber tais benefícios seria desproporcional, considerando que vai de encontro às portarias citadas, emitidas pelo próprio MTP, e seria questionável se a divulgação de dados pessoais de quem não recebeu o benefício estaria condizente com a persecução do interesse público. Além disso, o MTP deve ob-

---

[8] ANPD. Nota Técnica n. 92/2022/CGF/ANPD. Disponível em: https://www.gov.br/anpd/pt-br/documentos-e-publicacoes/SEI_3689701_Nota_Tecnica_92CGF.pdf. Acesso em: 24 maio 2024.

servar os princípios elencados no art. 6º da LGPD, especialmente os da necessidade e da transparência, como já esclarecido anteriormente[9].

7.4 PRINCÍPIO DA ABORDAGEM POR RISCO

Diante da abordagem adotada pelo Direito da Proteção de Dados Pessoais e, em especial, pelo texto normativo da LGPD, parece ser possível o reconhecimento de um princípio normativo implícito diretamente relacionado à perspectiva de risco.

Diretamente ligado à ideia de proporcionalidade, vendo-o, de certa forma, sob outro prisma, em muitos momentos a norma traz o risco como uma premissa racional a ser considerada na aplicação do Direito, na sua regulação e fiscalização. São vários os exemplos que podem ser, a meu ver, aferidos: (i) a não aplicação da legislação para o uso de dados para fins estritamente particulares; (ii) os princípios da segurança e prevenção (adiante tratados) que têm seus conteúdos diretamente associados aos riscos dos tratamentos de dados pessoais; (iii) a separação objetiva entre dados pessoais e dados pessoais sensíveis, inclusive com requisitos específicos e mais restritivos para o tratamento de dados do segundo grupo; (iv) a previsão expressa de avaliações de risco, a exemplo do Relatório de Impacto à Proteção de Dados; (v) a existência de regras adicionais específicas para o tratamento de dados pessoais de crianças e adolescentes; (vi) a não aplicação do Direito no caso de anonimização dos dados pelo fim do risco à privacidade; (vii) a premissa de necessidade de afetação aos interesses do titular para gerar o direito subjetivo à explicação (art. 20, LGPD); (viii) a previsão específica de regras quanto à transferência internacional de dados pessoais; (ix) a necessidade de manutenção de registro das atividades de tratamento, inclusive para mapeamento dos riscos existentes; (x) a determinação da adoção de medidas técnicas e organizacionais para evitar e mitigar riscos de segurança da informação; (xi) o dever de comunicação de titulares e à ANPD em caso de risco ou dano relevante; (xii) as balizas do Programa de Governança em Privacidade a ser adotado e mantido pelo agente de tratamento; (xiii) alguns dos critérios a serem considerados na aplicação das sanções administrativas; e (xiv) as balizas impostas à ANPD de menor intervenção na imposição de condicionantes administrativas.

Neste contexto, parece-me ser possível reconhecer que o risco tem a função de verdadeiro fio condutor de interpretação e aplicação do Direito da Proteção de Dados Pessoais. Parece funcionar com uma espécie de oráculo ou sábio a orientar a formação de tal Direito e sua aplicação normativa e prática. Orienta e direciona como os textos normativos são desenvolvidos e aplicados. Assume também a função da balança sobre, por exemplo, (i) quais restrições são ou não aplicáveis, (ii) quais medidas de segurança devem ser adotadas, (iii) a sustentação ou não da base legal do legítimo interesse e (iv) como os incidentes de privacidade devem ser endereçados.

---

[9] Idem, p. 4.

Assim, como consequência lógica, também me parece ser possível reconhecer a existência de princípio normativo desse conteúdo a orientar o Direito da Proteção de Dados Pessoais. Como proposta, pode ser chamado de Princípio da Abordagem por Risco propondo um estado ideal das coisas que o risco relacionado ao tratamento de dados pessoais seja sempre considerado em toda e qualquer situação de construção, interpretação e aplicação do Direito da Proteção de Dados Pessoais.

7.5 PRINCÍPIO DA BOA-FÉ

O princípio da boa-fé também pode passar desapercebido, pois não é elencado de forma direta nos incisos do artigo 6º da LGPD, mas no *caput*. Isso, porém, não afasta sua condição e importância, muito pelo contrário.

Embora não haja expressa menção a qual natureza de boa-fé se trata, parece que assume o perfil de boa-fé objetiva, quer dizer, aquela avaliada objetivamente baseada no comportamento das partes envolvidas em eventual relação e não das suas intenções. Essa conclusão parece que pode ser extraída da própria lógica do texto normativo, que regula a atividade dos agentes de tratamento e os seus comportamentos no tratamento dos dados pessoais, bem como das experiências similares no País (como no caso do CDC) e do amadurecimento do tema no ordenamento, com destaque para a boa-fé contratual objetiva do Código Civil (arts. 113 e 422) e do próprio Código de Processo Civil (art. 5º).

Essa opção principal do legislador, porém, parece não perdoar ou ignorar o agente de tratamento que atue com má-intenção (em violação à boa-fé subjetiva), o que me parece ser de toda obviedade. Se o comportamento desviante já é indesejável, muito mais deve ser o comportamento propositalmente desviante. A má-intenção acaba sendo aferida em outras oportunidades de desvio ilegais, como no caso do controlador que, intencionalmente, verificado o contexto, não atua com transparência ou propositalmente trata os dados pessoais em desvio à finalidade informada (violando o princípio da adequação).

Estabelecida essa premissa, a boa-fé objetiva traz um dever de retidão e lealdade comportamental pelo agente de tratamento, agregando-lhe uma série de deveres anexos, tais como (i) o dever de cuidado em relação à outra parte negocial; (ii) o dever de respeito; (iii) o dever de informação; (iv) o dever de agir conforme a confiança depositada; (v) o dever de lealdade e probidade (honestidade); (vi) o dever de cooperação; e (vii) o dever de evitar comportamentos imprevisíveis ou contraditórios aos comportamentos esperados ou realizados anteriormente. Boa parte desses deveres, por lógica, são extraídos de outras disposições da LGPD, sobretudo.

Também agrega a necessidade de observância dos deveres de retidão e lealdade comportamental por parte do próprio titular ou de quem o represente. Isso, por exemplo, pode fundamentar o abuso de direito (art. 187, CC) do titular que utilizar dos direitos que a LGPD lhe confere para fins não pensados pela própria lei. Seriam ilícitas, nessa perspectiva, as posturas de titulares que, de forma reiterada e desarrazoada, encaminham requisições ao controlador em clara atitude de tumulto ou na má-intenção de obter segredos de negócio ou de construir, forçadamente, um cenário de ilícito que não existe. Ou o caso em que o titular propositalmente faz alteração no *e-mail* pelo qual faz a solicitação, em relação àquele de cadastro com o agente, na tentativa de dificultar a resposta ou identificar intencionalmente alguma falha na confirmação de identidade (ver art. 18). Ainda são posturas que falham, em relação à boa fé, aquelas que fazem do Direito da Proteção de Dados Pessoais um fundamento de negócio puro e simples, com a promoção reiterada e descabida de ações judiciais, a exemplo de institutos inescrupulosamente criados apenas e tão-somente para o lucro de seus membros, sob o manto de uma suposta defesa leal de titulares.

7.6 PRINCÍPIO DA FINALIDADE

Um dos preceitos mais relevantes do Direito da Proteção de Dados Pessoais é o princípio da finalidade, que orienta todo e qualquer tratamento de dados pessoais feito, bem como cada uma das tomadas de decisões associadas.

É a principal norma que determina a definição de um propósito legítimo e apto a justificar o tratamento legal de dados pessoais, bem como que esse seja devida e completamente informado ao titular. Seu conteúdo determina, assim, que o controlador defina um quadro de propósito dentro do qual e pelo qual o tratamento será realizado. Como princípio, exige a existência de um fim específico para cada operação com o dado pessoal, sempre e para qualquer situação. É, certamente, uma das normas que melhor representa a mudança de vetor em prol da proteção de dados pessoais, determinando que esses não sejam mais tratados à revelia do titular, sem qualquer escopo e com a lógica do "coleta e armazena tudo", mas, sim, com uma finalidade definida, específica e conhecida.

Mas não são quaisquer finalidades ou quadros de propósito que autorizam o tratamento de dados pessoais. De forma cumulativa e conforme previsão expressa no artigo 6º, I, da LGPD, os propósitos precisam ser *legítimos*, *específicos*, *explícitos* e *informados* ao titular. São esses os requisitos legais que traduzem finalidades permitidas e a transparência necessária sobre o tratamento a cumprir com os objetivos legais de liberdade, privacidade e proteção à personalidade.

Propósitos legítimos podem ser entendidos como porquês realmente justificáveis, identificados estes baseados em contexto do tratamento. Podem ser entendidos, por exemplo, de acordo com as bases legais de tratamento (*v.g.*, exercício do contrato com o titular ou cumprimento de obrigação legal ou regulatória) ou mesmo com base em outras situações extraídas do ordenamento jurídico. Além disso, propósitos manifestamente ilegais ou ímprobos (pautados estes últimos no conteúdo de eventual desonestidade do controlador), inclusive se a ilegalidade decorrer da própria LGPD (*v.g.*, tratamento para fins discriminatórios negativos), também devem ser considerados ilegítimos, sob pena de gerar clara incongruência sistêmica.

Propósitos específicos são aqueles identificados com precisão e delimitação adequada, com uma relação de justificativa lógica para o tratamento, permitindo inclusive a avaliação quanto à própria legitimidade da finalidade adotada. A ideia da especificidade do propósito, na essência, impede que o tratamento seja feito para fins genéricos e altamente abertos, com motivos que serviriam para justificar toda e qualquer operação de dados pessoais. Espera-se que o agente saiba exatamente o que faz com os dados pessoais que trata. Menções simplesmente genéricas e sem qualquer contexto que as justifiquem, como "melhorar a experiência do usuário" ou "prestar melhor serviço", não preenchem o requisito de especificidade.

Propósitos explícitos são aqueles devidamente indicados e expressados pelo controlador. O princípio da finalidade determina que esse, de forma clara e verdadeira, explicite os porquês que o tratamento de dados pessoais é feito. A ideia de que propósitos poderiam ser meramente deduzíveis com base no tratamento e seu contexto ou que eles podem ser implicitamente entendidos é contrária a tal preceito. Obscuridades, imprecisões, subjetividades ou a identificação de porquês com base em nuances ou interpretações forçadas vão de encontro ao estado ideal das coisas determinado.

Por fim, *propósitos informados* são aqueles levados ao titular do dado pessoal de forma clara, adequada, com acesso facilitado e com o máximo das suas circunstâncias. Traduz, na finalidade, o princípio da transparência e a relação de confiança que deve existir entre o controlador e o titular de dados pessoais. Não basta o controlador ter uma finalidade absolutamente legítima, específica e explícita, se esta não é levada ao conhecimento do titular para que este saiba o porquê que seu dado é tratado e, eventualmente e se pertinente, exercer seus direitos (art. 18, LGPD).

7.7 PRINCÍPIO DA ADEQUAÇÃO

Previsto no artigo 6º, II, da LGPD, o princípio da adequação está no próprio conteúdo do princípio da finalidade. Ora, se a lei determina que o controlador identifique uma finalidade para o tratamento, seria de todo absurdo imaginar que o tratamento poderia ser realizado de forma contrária ou desajustada à finalidade eleita. Esse entendimento, por certo, esvaziaria toda a construção normativa quanto à definição de propósitos.

O que o inciso II da LGPD propõe é o reforço da ideia de que a finalidade do tratamento deve ser estritamente observada e respeitada, de modo que, observado e avaliado o contexto concreto, o tratamento não pode ser realizado para propósitos outros que não aqueles informados ao titular do dado, sob pena de violação clara da relação de confiança estabelecida com a informação prévia, esvaziando-se esta última. A finalidade real ou do dia a dia deve corresponder à finalidade informada ao titular.

A inadequação ou a incompatibilidade, assim, entre a finalidade informada e o real motivo do tratamento que é realizado, revela que a transparência anterior foi meramente formal, falseada da realidade. O princípio da adequado tem a função, assim, de reforçar o caráter material da finalidade e de sua informação ao titular, reiterando o conteúdo de que o tratamento deve estar vinculado ao propósito levado a conhecimento do titular, sob pena de ilegalidade.

7.8 PRINCÍPIO DA NECESSIDADE OU DA MINIMIZAÇÃO DOS DADOS

Previsto no artigo 6º, III, da LGPD e corolário do princípio da finalidade, o princípio da necessidade representa claro vetor contrário ao uso indiscriminado, inconsciente e despreocupado de dados pessoais. Identificado o propósito da operação dos dados pessoais (*v.g.*, coleta, compartilhamento, armazenamento, transferência internacional etc.), determina que apenas os dados pessoais pertinentes, proporcionais e não excessivos devem ser envolvidos nessa operação. Circunstâncias estas que devem ser avaliadas concretamente de acordo com o contexto da relação, tratamento e finalidade. O princípio da necessidade, assim e *a priori*, torna ilícitas posturas contrárias às melhores práticas de privacidade, como aquelas que simplesmente adotam a retenção total ou inconsciente de dados pessoais.

Traz a ideia de *data minimisation*, de modo que o tratamento de dados deve se limitar ao mínimo necessário para a realização da sua finalidade. Portanto, é imprescindível a identificação de quais dados pessoais são necessários, para que se trabalhe estritamente com estes. A mesma avaliação deve ser em relação às espécies de dados necessários, evitando-se, por exemplo, a utilização de um dado sensível se este não se faz necessário ou um dado biométrico se outro dado sensível já atenda à finalidade definida.

A necessidade passa então por avaliações da qualidade dos dados pessoais envolvidos e da quantidade, devendo o agente de tratamento sempre se perguntar se não há outro modo de atingir a mesma finalidade pretendida, seja utilizando dados de menor risco (dados não sensíveis, por exemplo) ou em menor volume.

Ainda, em outra perspectiva, o princípio da necessidade e da minimização de dados revela uma preocupação com uma menor exposição dos dados pessoais e dos direitos fundamentais do titular a riscos, como no caso de incidente de segurança de dados pessoais em que dados que sequer eram necessários para finalidade venham ser publicizados. A proposta é reduzir os riscos a um mínimo razoável e necessário, de modo que o agente de tratamento apenas opere com os dados pessoais estritamente necessários às finalidades, ficando apenas e tão-somente estes como objeto de proteção e de medidas técnicas e administrativas de segurança e prevenção.

7.9 PRINCÍPIO DO LIVRE ACESSO

Previsto no artigo 6º, IV, da LGPD e sustentado na ideia de existência de confiança entre os agentes de tratamento e o titular, o princípio do livre acesso é inerente à própria existência de um regime legal de proteção de dados pessoais. Como visto, institui-se um regime de proteção de dados pessoais, objetivando a promoção dos direitos de liberdade, de privacidade e de personalidade. Para tanto, as normas jurídicas, como ramificações de um mesmo tronco central, derivam de uma necessária relação de transparência e de confiança entre os sujeitos envolvidos na relação.

Assim, para que essa dinâmica funcione de forma virtuosa, é imprescindível a determinação de que o titular possa ter todas as informações necessárias sobre o tratamento dos seus dados. Esse me parece ser o conteúdo do princípio do livre acesso: a promoção pela busca constante de um estado ideal das coisas em que seja garantido ao titular o acesso às informações sobre como o tratamento é feito (os dados pessoais, as finalidades, todas as operações envolvidas e circunstâncias) e por quanto tempo o tratamento é realizado.

Além disso, a fim de afastar as circunstâncias que possam prejudicar o acesso às informações e gerar situações práticas de um acesso difícil ou não livre, determina que a consulta às informações seja facilitada e gratuita. Quer dizer, considerando a situação concreta, o contexto do tratamento e o perfil dos titulares, deve o controlador adotar as medidas que mais facilitem o acesso às informações. Por exemplo, caso o controlador possa identificar que grande parte dos seus titulares são idosos, deve desenvolver uma consulta ajustada a esse perfil. Além disso, a consulta não pode ter qualquer custo direto ou indireto envolvido. É ilegal a cobrança direta pelo serviço ou por um serviço mais facilitado que outro, ou mesmo a vinculação de qualquer remuneração indireta, como, *v.g.*, o repasse pelo custo do canal, a concessão de descontos a titulares que dispensem a consulta ou, ainda mais sútil, mas nem por isso indigno de nota, a monetização da consulta como com o recebimento por parte do controlador por anúncios patrocinados na página de acesso ou com qualquer forma de comercialização indevida dos dados ali coletados. Nessa lógica, ganha especial relevância a estruturação, pelo controlador, de um canal de atendimento aos direitos dos titulares.

Vale também mencionar o artigo 19 da LGPD, que traça requisitos sobre a forma da confirmação da existência ou do acesso a dados pessoais, de modo que estes serão providenciados, a saber:

> I – em formato simplificado, imediatamente; ou II – por meio de declaração clara e completa, que indique a origem dos dados, a inexistência de registro, os critérios utilizados e a finalidade do tratamento, observados os segredos comercial e industrial, fornecida no prazo de até 15 (quinze) dias, contado da data do requerimento do titular.

7.10 PRINCÍPIO DA QUALIDADE DOS DADOS

A previsão do princípio da qualidade dos dados pessoais no artigo 6º, V, da LGPD reconhece a realidade de riscos e possíveis prejuízos que os titulares de dados pessoais possam sofrer pelo tratamento de dados pessoais errados, imprecisos, confusos ou desatualizados. Inclusive, a depender do contexto, os riscos e prejuízos estão verdadeiramente associados aos direitos fundamentais do titular. Adota, em outra perspectiva adicional, um dos pilares básicos de governança dos dados que reconhece, na manutenção da qualidade destes, o potencial informacional e utilidade que podem ter.

Como já tratado, os dados pessoais são uma das manifestações da personalidade do indivíduo, devendo, portanto, refletir ao máximo a sua realidade, suas características reais perante terceiros e como ele se entende como pessoa. O princípio da qualidade dos dados propõe essa relação de correspondência entre o tratamento e a realidade a fim de mitigar riscos e evitar prejuízos decorrentes de uma divergência nesse aspecto. Os exemplos são muitos: (i) a imprecisão quanto à condição econômica do indivíduo; (ii) se ele arca ou não com seus compromissos financeiros; (iii) se possui ou não antecedentes criminais; (iv) se é filiado ou não a determinado partido político; e (v) se goza ou não de alguma condição de saúde específica (*v.g.*, portador de uma doença ou não).

7.11 PRINCÍPIO DA TRANSPARÊNCIA

Assim como no caso do princípio do livre acesso, o ideal de transparência, traduzido em norma principiológica, decorre da própria existência de um regime legal de proteção de dados pessoais que objetiva a promoção dos direitos de liberdade, de privacidade e de personalidade.

A tutela desses direitos fundamentais depende diretamente de uma atividade de tratamento que goze da máxima transparência possível, ou seja, que seja capaz, em todas as etapas em que isso for pertinente, de levar ao titular dos dados o conhecimento sobre quem é ou são os agentes de tratamento envolvidos e as características das operações. É essa transparência que permite o titular entender a legalidade, a legitimidade, a finalidade e a segurança do tratamento dos seus dados, com eventuais opacidades ou falta de clareza, apenas presentes nas situações estritamente justificáveis, como no caso de segredos comerciais ou industriais.

Este é o conteúdo do princípio da transparência: a promoção de um estado ideal das coisas em que o máximo das informações possíveis sobre o tratamento dos dados pessoais seja passado ao titular do dado, de forma clara, precisa e acessível, sendo permitido um espaço de ausência de informação ao titular apenas nos casos de segredo comercial ou industrial ou nos casos em que, tomando por base a realidade e o contexto do tratamento, isso não se mostre possível mesmo com esforços demonstrados do agente de tratamento e sua boa-fé. A LGPD também detalha esse conteúdo em alguns de seus dispositivos que acabam por servir de verdadeiros guias iniciais de como, sobretudo o controlador, pode traduzir o princípio da transparência da prática. A transparência exigida pela LGPD, assim, passa por cumprir os requisitos de forma atenta.

Igualmente, como mais uma manifestação da realidade contextual da atividade e sua fiscalização, é sempre importante considerar os critérios de proporcionalidade e efetividade. O grau de transparência deve ser adotado e avaliado de forma proporcional ao tratamento dos dados pessoais (o que é tratado, para qual finalidade, quais os riscos envolvidos, qual o volume de dados etc.). Não é possível entender que, em termos práticos, a transparência em relação ao tratamento de dados pessoais e ao tratamento de dados pessoais sensíveis será a mesma, considerando a sensibilidade e os riscos envolvidos. Além disso, é importante que se busque a máxima efetividade no acesso às informações, considerando o contexto do tratamento e, sobretudo, o perfil do titular do dado público destinatário das mensagens.

Além disso, o princípio da transparência deve se manifestar em posturas proativas do controlador ou em resposta a solicitações que receba. Assim, o controlador não só deve se adiantar, disponibilizando um aviso de privacidade que transpareça todas as informações do tratamento de dados pessoais, como também deve se portar com o máximo de transparência diante das requisições de titulares (art. 18) ou de autoridades (ANPD, Senacon, Ministério Público etc.) nos procedimentos pertinentes. Ressalvam-se, mais uma vez, os casos de segredo comercial ou industrial ou nos casos em que, tomando por base a realidade e o contexto do tratamento, isso não se mostre possível mesmo com esforços demonstrados do agente de tratamento e sua boa-fé.

7.11.1 Aviso de privacidade

Para implementação prática do princípio da transparência, ganha especial relevância o documento conhecido como Aviso de Privacidade (*Privacy Notice*), por meio do qual todas as informações possíveis sobre os tratamentos realizados pelo agente de tratamento serão externalizadas para o público geral e, especialmente, aos titulares de dados pessoais.

Justamente por isso, é um dos principais documentos a ser elaborado pelo agente de tratamento e deve ser objeto de trabalho dedicado, cuidadoso e focado, especialmente, no equilíbrio entre ser completo, customizado para o seu público destinatário (a identificação do "homem médio" no público titular de dados é essencial) e visualmente amigável e navegável. Aqui, a implementação de técnicas de *Legal Design*, *Visual Law* e *User Experience* (UX) são fundamentais[10]. Vídeos, imagens, seções específicas de navegação, esquema específico de cores, opções diferentes, *layouts* estruturados, *links* navegáveis entre si, entre outras, são todas técnicas bem-vindas.

Textos robustos e completos, mas que geram uma experiência de leitura ruim ou densa ao público não são adequados, pois, como sabemos, não serão lidos. Por outro

---

[10] A ideia de *Legal Design* se traduz na aplicação de técnicas de *design* focadas no ser humano para o direito, de modo a tornar os documentos e serviços jurídicos mais úteis, amigáveis e satisfatórios. É trazer o *design*, na sua melhor concepção contemporânea, para as atividades jurídicas. Como uma subárea, espécie ou manifestação da aplicação do *design* às atividades jurídicas (*Legal Design*), pode ser identificado com o *Visual Law*. Ligado à comunicação jurídica, representa uma espécie de última fase de um processo de *Legal Design* com a utilização estratégica de elementos visuais (concebidos nas etapas anteriores de *design* e não à mera utilização de imagens e símbolos) para melhor compreensão dos documentos jurídicos, ou seja, dos documentos utilizados e presentes na realidade das atividades jurídicas como contratos, políticas, peças judiciais (petições, recursos, decisões judiciais, memoriais etc.) e os documentos associados à privacidade. A ideia é tornar todos esses documentos mais claros e compreensíveis. Nessa perspectiva, considerando o perfil do princípio da transparência e das características necessárias do aviso de privacidade e demais documentos que atendam à LGPD (termos de consentimento etc.), tem-se o *Legal Design* e o *Visual Law* como técnicas cada vez mais importantes para que as informações sobre o tratamento de dados pessoais sejam levadas da forma mais clara, compreensível, amigável e completa possível, focando na melhor experiência de entendimento do titular do dado pessoal.

lado, avisos puramente visuais, mas que pecam pela transparência ou completude também não atendem à LGPD. Se o aviso de privacidade for incompleto, confuso, de difícil entendimento ou não convidativo ao público, acabará por ser um péssimo cartão de visitas sobre os tratamentos realizados. Por outro lado, se equilibrado, o documento representa um passo essencial de confiabilidade e de boa imagem das operações realizadas pelo agente de tratamento.

Por fim, vale dizer que, não raras vezes, pode haver a confusão prática entre o Aviso de Privacidade e a Política de Privacidade (*Privacy Policy*). A Política de Privacidade, porém, é documento interno das empresas em relação à organização sobre o tratamento de dados pessoais. É o documento que governa os objetivos de privacidade do agente de tratamento e direciona as estratégias para proteção de dados pessoais. Espera-se do documento, assim, seu propósito, seu escopo, sua aplicabilidade, os papéis e responsabilidades das pessoas envolvidas, a determinação de cumprimento e as consequências em caso de não cumprimento. De todo modo, embora diferentes conceitualmente e o ideal seja a adoção do Aviso de Privacidade para o público geral, se o agente de tratamento atender completamente ao princípio da transparência e ao que o Direito da Proteção de Dados Pessoais dispõe, ainda que sob a denominação do documento como política, não haverá desconformidade.

7.11.1.1 Requisitos do aviso de privacidade

Além das considerações já trazidas e da concepção de que o agente de tratamento, como princípio, deve buscar a transparência e uma relação de confiabilidade com os titulares de dados pessoais, o Direito da Proteção de Dados Pessoais tem, no artigo 9º da LGPD, os requisitos obrigatórios a serem seguidos.

Neste sentido, tal artigo apresenta um rol mínimo de informações que precisam ser disposições. Embora o *caput* do dispositivo não traga uma abertura textual expressa a levar à compreensão de que se trata de um rol marcantemente exemplificativo, me parece que outras informações possam ser trazidas em regulamentação, até como próprio conteúdo dos princípios do livre acesso e transparência. As informações mínimas trazidas pelo legislador e que devem estar contempladas no documento são: (i) a finalidade específica do tratamento de dados; (ii) a forma e duração do tratamento, observados os segredos comercial e industrial; (iii) a identificação do controlador; (iv) informações de contato do controlador; (v) informações acerca do uso compartilhado de dados pelo controlador e a finalidade; (vi) responsabilidades dos agentes que realizarão o tratamento; e (vii) os direitos dos titulares, com menção explícita àqueles listados no artigo 18 da LGPD.

Aliás, pelo papel assumido pelo controlador, na dinâmica posta pela LGPD, seria natural e mais lógico entender que compete a este garantir a disponibilização das informações. De fato, ele é o grande e principal destinatário do dispositivo. Porém, é possível entender, assim e até pela aplicabilidade ampla dos princípios do livre acesso e da transparência, que, nos contextos em que for possível e preservados os segredos comerciais e industriais, o operador também traga informações sobre os tratamentos que realiza.

Quanto onde as informações podem ser disponibilizadas ou o Aviso de Privacidade posicionado, não há uma definição expressa de onde as informações devem ser disponibilizadas pelo controlador. O importante é que as informações, conforme características comentadas no item a seguir, sejam dispostas de forma clara, adequada e ostensiva. Por deveres de livre acesso e transparência, bem como respeitando tais características, recomenda-se que, em toda oportunidade de contato com o titular, o tratamento possa ser tema e que informações a seu respeito sejam ser fornecidas, sempre observando o contexto do diálogo e a viabilidade prática (*v.g.*, contratos, termos, *e-mails*, formulários, *site* etc.), até por demonstração de boa-fé do agente de tratamento. Além disso, as melhores práticas têm recomendado que as informações estejam concentradas em Aviso de Privacidade completo, disposto no *site* do agente de tratamento de forma clara e de fácil acesso. Aliás, não por outra razão, o legislador determinou que o *site* do controlador é o lugar em que devem estar os dados de contato do encarregado (art. 41, § 1º, LGPD).

Dito isso, como visto, o Direito determina que as finalidades dos tratamentos realizados devem ser informadas pelo agente de tratamento. A informação deve, ainda, ser específica, ou seja, a finalidade de cada operação com os dados pessoais deve ser informada ao titular. Igualmente, o titular tem de receber ou ter acesso a como o tratamento é realizado e por quanto tempo, preservados os segredos comerciais e industriais. É recomendável que a decisão sobre o que e como revelar, em especial em relação aos segredos do agente de tratamento, se dê com base em análise interna, prévia e criteriosa, evitando a utilização genérica e exagerada de tais exceções. Documentação dessa natureza será importante, inclusive, em eventuais fiscalizações, oportunidades em que o agente poderá demonstrar sua diligência e as avaliações feitas.

O controlador precisa ser identificado de forma clara e completa, sobretudo para que o titular do dado saiba quem é responsável pelas decisões sobre o tratamento dos seus dados e possa endereçar seus questionamentos e exercícios de direitos. Para que a informação seja precisa a fim de mitigar o risco de confusões, é recomendável que (i) no caso de pessoa jurídica, sejam informados, no mínimo, o nome empresarial, o nome fantasia (se existir), o número de inscrição CNPJ, o endereço da principal sede no País e endereço de contato eletrônico; e (ii), no caso de pessoa física, sejam informados, no mínimo, o nome completo, número de inscrição CPF, endereço comercial e endereço eletrônico. Além das informações que identificam o controlador, como visto, devem ser apresentadas as suas informações de contato, como o endereço físico e eletrônico.

Nos casos em que o controlador compartilhar os dados pessoais com terceiros (operadores ou cocontroladores), esse compartilhamento deve ser mencionado expressamente, bem como a finalidade ou o porquê que esse compartilhamento é feito. E, nas situações em que existir mais de um agente envolvido no tratamento dos dados (controladores, cocontroladores e/ou operadores), o titular deve ter acesso e ser informado de quem são esses agentes e quais os papéis de cada um deles nas operações. Esse é o sentido que me parece ter o termo "responsabilidades", usado no artigo 9º da LGPD: explicar quem faz o que com os dados pessoais.

Por fim, os titulares de dados pessoais também devem ter ciência e serem informados dos seus direitos, para que possam conhecê-los e exercê-los, especialmente aqueles relacionados de forma expressa no artigo 18 da LGPD. Fez bem o legislador nesse ponto, reconhecendo que o titular, na quase totalidade das vezes, está em posição de vulnerabilidade jurídico-técnica e sem conhecimento completo da lei.

7.11.1.2 Norma ISO/IEC 29184:2021

Sendo o Direito da Proteção de Dados Pessoais um Direito cujo cumprimento das normas depende diretamente das (boas) práticas adotadas pelos agentes, frequentemente é recomendável a consulta e adoção de parâmetros, protocolos e *frameworks* definidos em mercado ou por entidades especializadas. Também é o caso aqui.

A Norma ISO/IEC 29184:2021 – *Information Technology – Online privacy notices and consent*[11] "especifica os controles que formatam o conteúdo e a estrutura dos avisos de privacidade *online*, bem como o processo de solicitação de consentimento para coletar e tratar dados pessoais (DP) de titulares de DP"[12] e tem como objetivo geral: "permitir que titulares de DP compreendam e ajam de acordo com as implicações dos tratamentos de DP, como a probabilidade e severidade de qualquer potencial impacto que o tratamento possa ter, assim como as consequências diretas e/ou indiretas do tratamento"[13]. Pode, então, ser considerada no desenvolvimento de um Aviso de Privacidade que atenda às melhores práticas e seja eficiente.

Segundo o documento, o aviso deve fornecer as informações a todas as partes interessadas, "incluindo de fora da organização, as práticas de privacidade da organização, bem como outras informações relevantes, como detalhes de contato, incluindo a identidade e o endereço do controlador de DP, e pontos de contato dos quais titulares de DP possam obter informações adicionais"[14]. O aviso deve ser facilmente legível e em linguagem concisa de modo que "uma pessoa sem qualquer formação jurídica ou técnica possa razoavelmente compreender"[15]. Em relação à utilização de mais de um idioma, a organização deve assim entender "de acordo com as expectativas de idioma do titular visado"[16].

Quanto aos locais mais apropriados para a posição do aviso, recomenda o documento que:

---

[11] ISO/IEC 29.184:2021.
[12] Ibidem.
[13] Ibidem.
[14] Ibidem.
[15] Ibidem.
[16] Ibidem.

> [...] a organização deve fornecer avisos de maneira apropriada para o produto ou serviço em questão, de forma que os titulares de DP possam encontrar e acessar os avisos eletronicamente e facilmente, inclusive em locais *online*. Os locais *online* apropriados podem incluir, sem se limitar a, páginas iniciais da organização em seus *websites* ou na página de destino, a página inicial de aplicativos móveis, formulários *online* ou em portais de captura[17].

Em relação ao conteúdo, o documento está alinhado com o conteúdo disciplinado pelos incisos do artigo 9º da LGPD:

> A organização deve assegurar que o aviso inclua informações sobre a(s) finalidade(s) para as quais os DP serão tratados. É importante que os titulares de DP compreendam as finalidades do tratamento dos DP coletados para que possam fornecer consentimento consciente. Para abreviar o aviso, um nome ou frase curta para cada finalidade pode ser usado, mas convém que seja possível (por exemplo, por meio de um *hiperlink*) associar esse nome ou frase a uma visão geral da finalidade suficiente para que os titulares de DP forneçam consentimento consciente[18].

As finalidades também deverão ser descritas, de modo que a organização "deve especificar as finalidades relacionadas à coleta de cada elemento de DP e informações adequadas sobre o risco plausível do tratamento, em uma ordem de acordo com a avaliação geral do risco"[19].

O aviso deve contar também com as informações relevantes de identificação do controlador que "é normalmente feita pelo nome da empresa, mas também pode envolver a exibição do número da empresa, da sede/endereço operacional e (se apropriado) das informações departamentais". Quanto à coleta de dados, "a organização deve fornecer informações que permitam que os titulares de DP entendam quais elementos de DP estão sendo coletados, mesmo quando a coleta de elementos particulares de DP é óbvia. Além de usar uma linguagem genérica, como "Coletamos suas informações pessoais", quando apropriado, com base no impacto determinado na avaliação descrita em 5.3.3, convém que a organização forneça a lista de elementos específicos de DP que são coletados (por exemplo, "Coletamos seu nome, endereço e número de telefone"), mesmo que seja óbvio quais são as informações coletadas"[20].

Explicações claras sobre o método, momento e localização da coleta de dados pessoais também devem ser fornecidas. Além disso, o documento traz como relevante que as organizações detalhem os métodos de uso dos dados pessoais, a localização geográfica de armazenamento e tratamento, a transferência dos dados pessoais para terceiros, o período de retenção e um cronograma de descarte.

---

[17] Ibidem.
[18] Ibidem.
[19] Ibidem.
[20] Ibidem.

Quanto aos direitos dos titulares de dados pessoais, entre outros detalhes, "a organização deve fornecer informações sobre os direitos do titular de DP (por exemplo, acesso, retificação, exclusão, objeção, restrição, portabilidade de dados, retirada de consentimento etc.) para acessar seus DP, bem como seus direitos de corrigir ou excluir seus DP"[21]. A organização deve fornecer informações sobre:

> [...] os dados de contato para consultas sobre o tratamento de DP indicado no aviso e sobre o direito de apresentar uma reclamação a uma autoridade de supervisão. As informações de contato consistem em, mas não se limitam a, números de telefone, websites, endereços de *e-mail* e localizações físicas para onde as consultas podem ser direcionadas[22].

Por fim, "a organização deve assegurar que o aviso inclua informações sobre a base pela qual os DP serão tratados"[23] e, também:

> [...] convém que a organização forneça informações específicas sobre riscos plausíveis para os titulares de DP, onde o impacto de privacidade e a probabilidade de ocorrência (após as mitigações serem consideradas) sejam altos ou esses riscos não possam ser inferidos de outras informações fornecidas ao titular de DP[24].

7.11.1.3 *Cookies*

Em relação aos *cookies*, seja pelo perfil técnico, seja pela menor visibilidade com a qual o tratamento de tais dados ocorre, o princípio da transparência ganha especial relevância. Assim, é importante que os Avisos de Privacidade do controlador de dados também contemplem as informações referentes sobre os *cookies* coletados.

Neste contexto, como esperado, em seu *Guia orientativo – cookies e proteção de dados pessoais*, a ANPD recomenda que seja feita uma "declaração pública que disponibilize informações aos usuários", seja do *site*, seja do aplicativo, sobre a utilização de *cookies*. Pode ser na forma de uma Política de *Cookies* ou documento equivalente, por exemplo, em seção específica e de fácil localização no Aviso de Privacidade disponibilizado aos usuários. O documento deve apresentar "informações sobre as finalidades específicas que justificam a coleta de dados pessoais por meio de *cookies*, o período de retenção e se há compartilhamento com terceiros, entre outros aspectos indicados no art. 9º da LGPD"[25].

De forma elogiável, a ANPD foca na mensagem e não na forma, sinalizando que:

> Desde que as informações essenciais sejam apresentadas ao titular, todas essas opções são legítimas, de modo que a Política de *Cookies* pode ser apresentada: (i) como uma seção específica do Aviso de Privacidade; (ii) em um local específico e separado; ou (iii) no próprio *banner* de *cookies*. Ou seja, independentemente do mecanismo adota-

---

[21] Ibidem.
[22] Ibidem.
[23] Ibidem.
[24] Ibidem.
[25] ANPD. *Guia orientativo – cookies e proteção de dados*, p. 28.

do, o importante é que sejam disponibilizadas informações claras, precisas e facilmente acessíveis sobre o uso de *cookies* e a coleta de dados pessoais quando o titular acessa uma determinada página eletrônica, serviço ou aplicativo, em conformidade com os princípios da transparência e do livre acesso e com o art. 9º da LGPD[26].

7.12 PRINCÍPIO DA SEGURANÇA

O princípio da segurança tem, como uma das principais funções normativas, estabelecer a base de conexão entre o Direito da Proteção de Dados Pessoais e a Segurança da Informação. É, a meu ver, a principal norma que traz para dentro do espectro jurídico de proteção aos dados as regras e práticas de segurança da informação. Com base em tal princípio, sobretudo, passa a existir, a todos que lidam com dados pessoais, a obrigação (agora também jurídica) de seguir as práticas de segurança da informação aplicáveis, proporcionais e razoáveis às suas atividades e aos tratamentos dados.

Segurança da Informação é a disciplina direcionada, como o nome sugere, para proteger as informações, mitigando riscos, potencializando o retorno de investimentos e a manutenção da continuidade dos negócios. Portanto, traz pilares voltados para a proteção das informações nas suas mais diversas formas: física, digital, verbal ou escrita.

Logo, com base em tal princípio, preconiza-se um estado ideal das coisas a ser constantemente buscado em que os três pilares fundamentais da segurança da informação estão presentes em relação ao uso dos dados pessoais. São eles: (i) preservação da confidencialidade da informação que traduz a ideia do *need to know*, ou seja, que as informações apenas sejam conhecidas e acessadas por quem realmente precise para execução de suas atividades; (ii) preservação da disponibilidade da informação, de modo que essa fique disponível ou acessível nas oportunidades em que o exercício das atividades for necessário; e (iii) a preservação da integridade da informação, de modo que essa não venha a sofrer nenhuma alteração inesperada ou indevida, ou mesmo não venha ser perdida ou destruída.

O conteúdo do princípio da segurança, portanto, determina a existência da máxima maturidade da organização na disciplina da segurança da informação e que os agentes de tratamento adotem as medidas técnicas (infraestruturas e soluções técnicas de proteção e segurança) e administrativas (providências de organização e governança) para proteger o tratamento de qualquer situação de insegurança. Por isso, considera o tratamento sem a adoção de tais medidas, como um tratamento irregular (art. 44, *caput*, LGPD), gerando a responsabilidade do agente.

7.13 PRINCÍPIO DA PREVENÇÃO

O princípio da prevenção tem relação direta com a ideia de segurança e reforça a determinação de que os agentes de tratamento têm o dever legal de adotar todas as

---

[26] Ibidem.

posturas, diretrizes, medidas e comportamentos para prevenir e evitar ao máximo que os titulares sofram danos em seus direitos por decorrência do tratamento incorreto de dados pessoais. Isso deve ser feito desde a concepção das atividades que envolvem o tratamento até o seu final, aplicando-se aqui plenamente as ideias de *Privacy by Design* e *Privacy by Default*, exploradas mais detidamente em capítulo próprio.

7.14 PRINCÍPIO DA NÃO DISCRIMINAÇÃO ABUSIVA OU ILÍCITA

Se, por um lado, as variadas operações de tratamento de dados pessoais têm proporcionado o desenvolvimento e o crescimento profícuo da economia e dos negócios, por outro, podem viabilizar atividades discriminatórias ilícitas e abusivas.

O risco se perfaz, sobretudo, pela obtenção de dados em número cada vez maior de fontes, pela velocidade também cada vez maior de processamento e cruzamento desses dados e pelo volume de informações tratadas cada vez mais crescente. Esse cenário possibilita atividades e resultados de estigmatização (colocação de estigmas em pessoas específicas ou grupos específicos) ou discriminatórias. Isso pode ocorrer, por exemplo, (i) pela criação ou atribuição de estereótipos (classificação de pessoas), ou (ii) pela limitação ou restrição de direitos (segregação de pessoas).

Tema, inclusive, dos mais pertinentes é justamente a chamada discriminação algorítmica, que pode ser também (ou não) abusiva ou ilícita. Assim será se a metodologia pecar nos níveis de transparência e *accountability* e se os resultados, de alguma forma, infringirem normas de Direito material, como nos casos mais conhecidos em que consumidores, empregados ou grupos minoritários são impactados. Por esta razão, também por conformidade com o Direito da Proteção de Dados Pessoais, passa a ser fundamental a estruturação de governança que estabeleça e promova o uso ético de sistemas de inteligência artificial. Mas não uma ética etérea ou pretensamente subjetiva, mas que enderece de forma objetiva e pragmática os principais desafios de conformidade, quais sejam os vieses negativos, a falta ou deficiência de explicabilidade e o desrespeito à privacidade e à proteção de dados pessoais. *Frameworks* específicos sobre o tema podem ser muito úteis, a exemplo do previsto nas normas ISO/IEC 24027:2021 e 42001:2023.

O conteúdo do princípio da não discriminação, assim, determina a busca por um estado ideal das coisas da plena ausência de tratamento de dados pessoais, automatizados ou não, que objetivem ou ainda que, de forma não intencional, resultem na discriminação, tornando ilegais os tratamentos com esse perfil.

Cumpre grifar que as discriminações vedadas são aquelas ilícitas ou abusivas, quer dizer, aquelas que, em linhas gerais, contrariem o ordenamento jurídico. Isso deve ser identificado com base na análise cuidadosa do contexto do tratamento realizado. Não são vedadas pelo Direito da Proteção de Dados Pessoais as práticas discriminatórias positivas cuja classificação de sujeitos pelo tratamento, por exemplo, têm por finalidade a promoção da igualdade material, como já admite nosso ordenamento, inclusive com posição firme do STF.

Além disso, também parece ser importante admitir um diálogo positivo e coerente entre a LGPD e outros textos normativos do País que admitem a coleta de dados que possam, a depender do contexto do tratamento, resultar em situações discriminatórias. É o caso, por exemplo, de situações que podem impactar diretamente em prejuízos aos empregados sem o mútuo consentimento em decorrência do tratamento de dados pessoais destes (art. 468, CLT).

O conteúdo material do que será discriminatório abusivo ou ilícito depende também diretamente das normas extraídas em diálogo com o Direito brasileiro, de modo que a proibição contida neste princípio propõe principalmente a vedação do uso instrumental dos dados pessoais para que, a partir das informações extraídas e inferências, se chegue à dita discriminação com abusividade ou ilicitude.

7.15 PRINCÍPIO DA RESPONSABILIZAÇÃO E PRESTAÇÃO DE CONTAS

O princípio da responsabilização e prestação de contas é um pilar jurídico do perfil regulatório de nosso tempo no qual, diante da complexidade das relações humanas, o Estado passa ao particular a obrigação de, além de cumprir com a legislação, estar pronto para comprovar que é diligente e para prestar contas da legalidade e correção de suas atividades.

Assim, seu conteúdo determina que não basta o agente de tratamento buscar seguir a legislação ou adotar procedimentos meramente formais, ele será fiscalizado, cobrado e responsabilizado (no caso de descumprimento) se não adotar medidas materialmente efetivas ou se não conseguir demonstrar tal efetividade quanto à responsabilidade civil. A ideia aqui é justamente o paradigma de *accountability*, não bastando que o agente esteja *compliant* com a legislação de proteção de dados, mas também apto a demonstrar como está *compliant*. Por isto, é fundamental a produção do máximo de documentos e conformidade.

Capítulo 8
BASES LEGAIS DE TRATAMENTO – PARTE I: CONSENTIMENTO

8.1 NOTA INTRODUTÓRIA: A DINÂMICA DAS BASES LEGAIS DE TRATAMENTO DE DADOS PESSOAIS

O Direito da Proteção de Dados Pessoais, por meio da LGPD, adota um sistema de Bases Legais de Tratamento de Dados Pessoais que se desenvolvem em ecossistema. Estas bases legais de tratamento são os porquês, motivações legais ou motivos legitimantes, que autorizam, no Direito brasileiro, o tratamento de dados pelo agente, e tal ecossistema objetiva dar conteúdo e traduzir, em fins prático-jurídicos, os ideais de autodeterminação informativa e de liberdade positiva da proteção de dados pessoais do titular, com seu controle e poder de decisão sobre tais informações, pois representam a manifestação da sua personalidade.

O consentimento é o grande instituto jurídico que permite esse controle e poder de decisão, até por isso são previstos requisitos legais para que sua verificação prática seja confirmada e se tenha a segurança da manifestação positiva do titular, concorda ou consente com o tratamento, sua finalidade e circunstâncias. Porém, o regime legal, de forma realista, bem reconhece outras bases ou justificativas que legitimam o tratamento (as operações) com dados pessoais, ainda que o consentimento não tenha sido obtido.

Assim, ou se identifica alguma motivação legal que autorize o agente de tratamento a operar o dado sem o consentimento do titular ou tal autorização precisará ser buscada. Na ausência de base legal de tratamento, as operações serão ilícitas, seja porque o titular não concordou (ausência ou falha no consentimento) seja porque nenhuma das hipóteses que dispensava sua concordância (demais bases legais) está presente. A ilegalidade do tratamento no sistema de bases legais adotado pelo Direito brasileiro, assim, confirma a proteção à liberdade positiva e à ideia de controle. Em outras palavras, exige-se a identificação de uma base legal, sob pena da ilicitude do tratamento, porque o titular deve estar no controle de seus dados. Além disso, concernente à própria lógica conjunta trazida pelos princípios da finalidade e da adequação, identificada a base legal, o tratamento deve ser realizado de forma vinculada e adequada à tal justificativa.

Em alguns casos, há a possibilidade de que mais de uma base legal possa ser associada ao tratamento do dado pessoal, como comumente acontece na coleta de dados dos colaboradores para cumprimento de obrigação legal ou regulatória (art. 7º, II, LGPD) e para executar o próprio contrato de trabalho (art. 7º, V, LGPD).

Embora isso possa ocorrer e demonstrar uma dupla ou tripla motivação para a operação dos dados pessoais, isso não é uma situação necessária. Basta a identificação de uma base legal.

Nessa lógica, são quatro as situações possíveis, três legais e ajustadas à liberdade positiva e uma não: (i) o titular, que tem de estar no controle dos dados, não consentiu, mas o tratamento não é realizado (legalidade pela ausência de tratamento); (ii) o titular, que tem de estar no controle dos dados, consentiu com o tratamento nos termos legais (legalidade pelo consentimento); (iii) o titular, que tem de estar no controle dos dados, não consentiu, mas está presente outra base legal (legalidade pela excepcionalidade das demais bases legais que autorizam o tratamento sem o consentimento do titular); e (iv) o titular, que tem de estar no controle dos dados, não consentiu, não estão presentes outras bases legais e o tratamento é realizado (ilegalidade por violar o controle dos dados pelo titular e sua liberdade positiva, sem hipóteses excepcionais de autorização – demais bases legais de tratamento). Cruzando as possibilidades práticas, portanto, verifica-se que a ilegalidade está na violação do exercício de controle dos dados pessoais pelos seus titulares.

Cumpre dizer, também, que, considerando a dinâmica posta, em que a autodeterminação informativa e a liberdade positiva do titular são as premissas e que o regime de proteção de dados pessoais se estabelece com a previsão legal de motivos legitimantes para o tratamento, sobretudo, com nove deles excepcionando o consentimento e o controle do titular, o rol das bases legais de tratamento é taxativo.

Por um lado, como visto no item precedente, isso significa que o tratamento de dados pessoais será ilícito se nenhuma das situações estiver presente. Por outro lado, embora a taxatividade impeça que outras hipóteses além das elencadas possam ser utilizadas para autorizar operações com dados pessoais, essa mesma taxativa não impede a interpretação adequada, extensiva e proporcional (princípio da proporcionalidade) de cada uma das hipóteses que, como se observa, tem conteúdos mais abertos muitas vezes. A presença ou não do motivo legitimante deve se dar de forma contextual e concreta.

8.2 CONSENTIMENTO

O consentimento parece ser a ideia que melhor traduz, em termos práticos, os direitos de autodeterminação informativa e liberdade positiva do titular de dados pessoais, ou seja, o exercício do controle sobre seus dados pessoais e, por isso, de sua esfera privada. A ideia é que o titular consinta e autorize determinado tratamento com seus dados, tendo a manifestação de vontade plena de controle a esse respeito. Até por isso, caso obtido da forma correta, pode ser tido como soberano. É base legal para tratamento de dados pessoais não sensíveis (art. 7º, I, LGPD), para tratamento de dados pessoais sensíveis (art. 11, I, LGPD) e para o tratamento de dados pessoais de crianças (não mais como base exclusiva como se verá – art. 14, § 1º, LGPD).

Isto, como visto, não torna o consentimento a única forma autorizativa legal (base legal de tratamento) a permitir que o tratamento de dados pessoais seja realizado. Além do consentimento, há outras dez bases legais que permitem ao agente de tratamento operar com dados pessoais. Como já sinalizado, o ecossistema de bases legais de tratamento reforça a liberdade positiva, seja via consentimento, seja via identificação de outra justificativa legal que permita o tratamento dos dados ainda que o titular não consinta. Isso é elogiável, ao passo que mantém o Direito da Proteção de Dados Pessoais dentro da realidade. Aliás, é preciso ser pragmático e reconhecer que, muitas vezes, na prática, seria muito difícil obter o consentimento na forma em que esse se mostre verdadeiramente presente ou mesmo fazê-lo efetivamente válido. O consentimento será necessário se o ajuste nas demais motivações legais não for possível.

Também cumpre citar a referência a posicionamentos recentes dando conta de um mito ou fadiga do consentimento. Posiciona, entre outras percepções, a ideia de uma possível ficção de que o consentimento concedido pelo titular é capaz de conferir legitimidade ao tratamento de dados. Entre os defensores desta posição, destacam-se os textos de Daniel Solove[1].

8.2.1 Requisitos do consentimento

Para que o consentimento seja válido e possa sustentar e dar respaldo à utilização dos dados pessoais pelo agente de tratamento, deve respeitar uma série de requisitos. Conforme conceito legal de consentimento posto pelo artigo 5º da LGPD (inc. XII), o consentimento é caracterizado como a "manifestação livre, informada e inequívoca pela qual o titular concorda com o tratamento de seus dados pessoais para uma finalidade determinada", conceito do qual me parece ser possível extrair os principais requisitos. Passo, então, a trabalhá-los.

8.2.1.1 Manifestação livre

Manifestação de vontade livre é aquela em que se verifica a garantia de opção e liberdade de escolha por parte do titular. Embora não tenha regulado estritamente o tema, é isto que diz a ANPD em seu *Guia orientativo – cookies e proteção de dados*, em que define que o consentimento será livre "quando o titular realmente tiver o poder de escolha sobre o tratamento de seus dados pessoais".

Cabe apenas a ele decidir pelo sim ou pelo não, se concorda ou não com o tratamento de seus dados para a finalidade determinada, sem que sua manifestação seja viciada de qualquer forma, aplicando-se aqui a lógica dos vícios de vontade do CC (arts. 104 e ss.). A presença de erro, dolo, coação, estado de perigo e lesão, nos perfis caracterizados da lei civil e avaliada concretamente, pode caracterizar a ausência da

---

[1] SOLOVE, D. J., Murky Consent: an Approach to the Fictions of Consent in Privacy Law (August 20, 2023). *104 Boston University Law Review*. GWU Legal Studies Research Paper n. 2023-23, GWU Law School Public Law Research Paper n. 2023-23. Disponível em: https://ssrn.com/abstract=4333743. Acesso em: 28 abr. 2024.

manifestação livre. Assim, *a contrario sensu*, se necessário o consentimento do titular (se não aplicáveis as demais bases legais), o controlador deve pautar sua obtenção, garantindo ao máximo que nenhum desses vícios esteja presente. Inclusive, é esta a determinação expressa do artigo 8º, § 3º, da LGPD, segundo o qual "É vedado o tratamento de dados pessoais mediante vício de consentimento".

Segundo as *Guidelines* n. 5/2020 do EDPB, consentimento livre é aquele que resulta de uma escolha verdadeira e controlada do titular dos dados pessoais[2]. A ideia é que se o titular do dado pessoal não teve uma chance concreta e prática de escolha, e se sentiu obrigado a consentir o induzido de alguma forma a tanto ou vier a sofrer consequências negativas severas se não consentir, o consentimento será considerado não livre. Também não será livre o consentimento vinculado a termos de uso ou contratos de adesão não negociáveis. Deve ser independente, inclusive com sua estruturação formal autônoma, conforme determina o artigo 8º, § 1º, da LGPD: "Caso o consentimento seja fornecido por escrito, esse deverá constar de cláusula destacada das demais cláusulas contratuais".

Ainda, também não será livre o consentimento se o titular não puder recusá-lo ou retirá-lo sem prejuízos. Por fim e em suma, será inválido o consentimento se estiver presente qualquer elemento de pressão ou influência inapropriada sobre o titular do dado pessoal (sobre qualquer forma) que o impeça de exercer sua liberdade de manifestação em concordância ou discordância.

O documento traz interessante exemplo dessas situações: os aplicativos de celular para edição de fotos que exigem, para seu funcionamento, que a geolocalização por GPS fique ativada, e que ainda informam os usuários que irão coletar dados de comportamento para fins de *marketing*. Nenhuma das duas medidas são necessárias ou ligadas diretamente à finalidade de edição de fotos. Assim, tal vinculação, gerando uma influência inapropriada ao titular de que, se ele quiser usar a funcionalidade de edição, terá de aceitar o pacote de tratamentos, torna o consentimento inválido, pois não livre.

8.2.1.1.1 Situações de desequilíbrio de poder ou de desvantagem fático-jurídica entre o titular e o controlador

Também são importantes para a análise do consentimento, na sua feição e requisito enquanto manifestação de vontade livre, as situações de desequilíbrio de poder entre o titular e o controlador em que há uma posição de desvantagem fático-jurídica entre eles, como, por exemplo, nos casos em que o Poder Público é o próprio controlador ou nas relações de emprego entre os empregados e o empregador. Em situações como essas, o consentimento não está afastado, mas a chance de se obter uma manifestação livre do titular é menor, justamente em razão do desequilíbrio. Por isso, inclusive com base no que dizem as próprias *Guidelines* n. 5/2020,

---
[2] *Guidelines 05/2020 on consent under regulation 2016/679*, p. 7. Disponível em: https://www.edpb.europa.eu/sites/default/files/files/file1/edpb_guidelines_202005_consent_en.pdf. Acesso em: 28 abr. 2024.

recomenda-se a identificação de outra base legal de tratamento nos casos em que o consentimento livre estiver em risco.

As *Guidelines* trazem alguns exemplos interessantes. Quanto ao Poder Público, o documento traz o exemplo elucidativo em que o poder público municipal planeja a realização de obras em determinada via e questiona moradores da região se eles gostariam de fornecer seus *e-mails* para, exclusivamente, receber a previsão de conclusão das obras e eventuais situações diárias de atraso. Ao mesmo tempo, essas mesmas informações estão no *site* da própria prefeitura. O consentimento nesse caso seria possível e livre. Do contrário, caso apenas os moradores que fornecessem o *e-mail* tivessem essas informações, estar-se-ia diante de uma influência negativa na liberdade de concordância, pois ficariam compelidos a consentir com o fornecimento do *e-mail* para obter a informação. Nesse último caso, sugere-se que a administração pública busque se respaldar em outra base legal de tratamento. No outro exemplo, em que uma escola pública solicita o consentimento dos alunos para utilização de suas imagens em uma revista publicitária, na ausência de qualquer risco na prestação de serviços para os alunos concordantes e alunos discordantes, o consentimento pode, sim, ser utilizado.

Igualmente, na relação de emprego, há uma clara situação de desequilíbrio e sujeição do empregado em relação ao empregador. Isso faz com que, na prática, muito dificilmente o empregado negará o consentimento sobre tratamento de dados pessoais que lhe for solicitado, como no caso de monitoramento por imagens em ambiente de trabalho. Na maioria das situações, é recomendável que se evite a escolha do consentimento como base, justamente porque seu componente de liberdade estaria comprometido. Isso, porém, não afasta por completo o consentimento enquanto base, desde que, de fato e no contexto, fique claro que a liberdade de escolha foi preservada. As *Guidelines* trazem o exemplo em que o empregador irá realizar filmagens no ambiente de trabalho e busca o consentimento dos empregados para que figurem no plano de fundo das imagens. Se eles não vierem a sofrer nenhuma sanção negativa ou incentivo pela participação, o consentimento será livre.

8.2.1.1.2 Não condicionamento

Também há risco à manifestação livre nas situações em que o consentimento quanto ao fornecimento dos dados pessoais está vinculado ou atrelado à contratação do titular com o controlador e esses dados não são estritamente necessários para o cumprimento do mesmo contrato. Ou, em outras palavras, se o controlador condiciona a contratação ao fornecimento do consentimento sobre dados pessoais que não são necessários para as obrigações contratuais ou condiciona ao consentimento para finalidades adicionais e que extrapolam o objeto contratual. Se os dados, porém, são necessários para a execução do contrato, a situação de preocupação não se aplica. Por isso, é absolutamente fundamental que os contratos delimitem adequadamente seus escopos e dados necessários para execução da respectiva finalidade.

Se o titular consente sobre dados pessoais não necessários para o exercício do contrato, mas assim o faz apenas porque isso está vinculado ou atrelado automaticamente ao contrato, esse consentimento pode não ser considerado livre. A preocupação de evitar essas práticas está, justamente, em evitar que o consentimento e o tratamento de dados pessoais não necessários sirvam de contrapartida contratual, ainda que indiretamente.

As *Guidelines* n. 5/2020 trazem outro bom exemplo. Uma empresa questiona seus clientes se concordam ou não que terceiros tenham acesso aos seus dados pessoais comportamentais para direcionamento de publicidade. Essa finalidade não é necessária para a execução dos contratos bancários. Nesse caso, se esse vier a ser condicionado à contratação ou algum cliente tiver prejuízos nas execuções dos serviços (*v.g.*, fechamento de contas, taxas mais altas etc.), o consentimento não poderá ser considerado livre.

8.2.1.1.3 Ausência de prejuízo

A existência de um consentimento livre também passa pela ausência de prejuízos ao titular que não consente com o tratamento de dados pessoais. É importante que o controlador dos dados pessoais assegure e demonstre ao titular que, caso ele não consinta com determinado tratamento, não terá nenhum prejuízo, como, por exemplo, com um serviço prestado em condições piores.

8.2.1.1.4 Granularidade

Nas situações em que os dados pessoais são tratados para diferentes finalidades e a base legal para esses tratamentos é o consentimento, o ideal é que a manifestação de vontade seja obtida de forma granular, ou seja, em relação a cada uma das finalidades, de modo separado.

Aqui se aplica a ideia de se obter o *opt-in* ou "de acordo" ou o *ok* para cada uma das finalidades. Um dos exemplos mais interessantes é a disposição de pequenos botões, caixas ou boxes de aceite no momento do consentimento, possibilitando que o titular os marque e os desmarque de acordo com cada finalidade individualizada. O consentimento conjunto e de forma unificada para todas as finalidades, que impede a avaliação da manifestação individualizada para cada uma delas em razão de um "aceite geral", pode ser considerado como não livre.

De forma equilibrada, porém, deve se procurar evitar a granularidade excessiva em que, ainda que na boa intenção de detalhar todas as finalidades, o número grande de opções de aceite ou rejeição leve a experiência do usuário ao cansaço, prejudicando-o na tarefa da leitura adequada das informações e de manifestar sua vontade. O nível de detalhe excessivo, assim, pode prejudicar a interação com o titular e sua avaliação no ato de consentir.

É de se reparar, aliás, que a ANPD guarda esta preocupação ao tratar do consentimento sobre *cookies* em seu *Guia* sobre o tema. A Autoridade desaconselha a apresentação de lista de *cookies* "demasiadamente granularizada, gerando uma quantidade excessiva de informações, o que dificulta a compreensão e pode levar ao efeito de fadiga, não permitindo a manifestação de vontade clara e positiva do titular".

8.2.1.2 Manifestação informada

Também é necessário assegurar a manifestação de vontade informada, que é aquela em que o titular recebeu todas as informações necessárias para poder decidir se concorda ou não com o tratamento de dados pessoais e com o que está concordando. A ausência de manifestação informada acaba por resultar, em termos práticos, em um controle ilusório do titular sobre seus dados que não reflete a realidade, razão pela qual o consentimento nessas condições não pode ser considerado válido. Mais uma vez a ANPD, em seu *Guia orientativo – cookies e proteção de dados*, serve de referência, dizendo a autoridade que o consentimento informado é aquele em que são "apresentadas ao titular todas as informações necessárias para uma avaliação e uma tomada de decisão consciente a respeito da autorização ou recusa".

8.2.1.3 Manifestação inequívoca

Manifestação de vontade inequívoca, por sua vez, pode ser entendida em duas acepções, cumprindo o controlador buscá-las concomitantemente por cautela.

Por um lado, a manifestação inequívoca pode ser entendida como aquela manifestação não equivocada, quer dizer, aquela em que fique claro que o titular não tinha qualquer dúvida sobre o que consentiu, passando pelas garantias anteriores de que a manifestação foi livre e informada. Posturas negativas ou omissivas do titular em que ele simplesmente não questiona o tratamento ou em que não altera configurações de concordância pré-aprovadas não podem ser consideradas como consentimento.

Inferências ou alegações de que o titular tacitamente teria consentido não são aceitas. Aliás, considerando a característica de "informada" posta antes do texto do inciso XII da LGOD, e a própria ideia de um consentimento não ambíguo trazido pelo(a) GDPR, é provável que o legislador não tenha desejado ser redundante e tenha, de fato, adotado apenas a acepção de "inequívoca" enquanto manifestação positiva, dado que uma manifestação inequívoca é aquela também livre de dúvidas. Essa impressão é confirmada pela ANPD, no seu referido guia sobre *cookies*, em que adota esta acepção: "o consentimento deve ser inequívoco, o que demanda a obtenção de uma manifestação de vontade clara e positiva do titular dos dados, não se admitindo a sua inferência ou a obtenção de forma tácita ou a partir de uma omissão do titular".

Por outro lado e por cautela, a manifestação inequívoca pode ser entendida como aquela em que há certeza plena e de forma clara que o titular autorizou o tratamento, não restando dúvidas se o consentimento existiu ou não. Caracteriza-se, nessa perspectiva, pela manifestação positiva do titular, cumprindo ao controlador manter os registros probatórios de que essa postura positiva de concordância foi obtida, como, por exemplo, declarações por escrito, assinaturas em termos de consentimento, sinalizações positivas em botões ou *links* nas páginas de internet, *e-mails* de resposta, preenchimento de formulários etc. Posturas negativas ou omissivas do titular em que ele simplesmente não questiona o tratamento ou em que não altera configurações de concordância pré-aprovadas não podem ser consideradas como consentimento.

8.2.1.4 Finalidade determinada

O consentimento só pode ser considerado obtido e válido se a concordância do titular foi dada em relação a uma finalidade determinada ou em relação a cada uma das finalidades envolvidas no tratamento. Tendem a não ser considerados válidos os consentimentos genéricos, imprecisos ou abertos. É, aliás, o que prevê o artigo 8º, § 4º: "O consentimento deverá referir-se a finalidades determinadas, e as autorizações genéricas para o tratamento de dados pessoais serão nulas".

8.2.1.5 Atualização

O consentimento válido é aquele atualizado em relação àquilo que se consente. Uma vez alterada a finalidade e outras circunstâncias afetas ao tratamento de dados pessoais, o consentimento deve ser novamente obtido renovando-se a manifestação de vontade no sentido de que o titular concorda com este novo quadro posto. É o que se afere do § 6º do artigo 8º, da LGPD, segundo o qual: "Em caso de alteração de informação referida nos incisos I, II, III ou V do art. 9º desta Lei, o controlador deverá informar ao titular, com destaque de forma específica do teor das alterações, podendo o titular, nos casos em que o seu consentimento é exigido, revogá-lo caso discorde da alteração".

8.2.2 Forma de obtenção do consentimento

8.2.2.1 Consentimento escrito ou por outro meio que demonstre a manifestação de vontade do titular

Reforçando a preocupação com o consentimento, a LGPD dedica um artigo especificamente sobre a forma pela qual o consentimento é obtido, explicando seu conceito, conforme anteriormente tratado aqui, mas também trazendo perspectivas formais específicas. A lei determina que sua obtenção deve ter uma forma específica, de modo a certificar ao máximo que a manifestação de vontade do titular foi pela concordância com o tratamento dos seus dados pessoais.

O consentimento, assim, para ser válido enquanto base legal de tratamento, deve ser obtido por escrito ou por outro meio que demonstre essa manifestação de concordância do titular (livre, informada e inequívoca). São admitidos mecanismos mais clássicos ou tradicionais como a assinatura de termos escritos, contratos ou formulários, como também qualquer instrumento inovador e digital que demonstre a vontade do titular, como o uso de assinaturas eletrônicas ou digitais, preenchimento de formulários eletrônicos, resposta a *e-mails*, botões, caixas ou boxes, aceite, confirmação por voz ou por vídeo, uso de biometria etc. Mais do que como, o importante e decisivo é demonstrar a manifestação positiva e ativa do titular, a demonstração de seu *opt-in* para o tratamento dos seus dados pessoais.

8.2.2.2 Consentimento dado pelo próprio titular ou por seu representante legal

É muito importante observar a exigência, natural e lógica, de que o consentimento seja dado pelo próprio titular dos dados pessoais ou por quem o represente (no caso de absoluta incapacidade, nos termos da lei civil) ou no caso de dados pessoais de crianças, conforme previsão do artigo 14, § 1º, da LGPD. Assim, o controlador tem duas preocupações: assegurar que o consentimento foi obtido nos termos legais e que foi obtido do titular dos dados pessoais ou de quem, por lei, poderia manifestar-se favoravelmente ao tratamento. Deve, assim, adotar as medidas para demonstrar ambas as condições na prática de modo a garantir sua conformidade e estar apto a prestar contas da legalidade e completude formal do consentimento obtido.

8.2.2.3 Norma ISO/IEC 29184:2021

Assim, tanto em relação ao Aviso de Privacidade tratado quanto do estudo do Princípio da Transparência, também como referência muito importante na obtenção do consentimento é a Norma ISO/IEC 29184:2020 *Information Technology – Online privacy notices and consent* aplicável aos consentimentos obtidos de forma *online*.

Diz o documento que "a organização deve fornecer detalhes suficientes sobre o tratamento de DP para que o titular de DP possa dar consentimento para o tratamento de forma livre, específica e com conhecimento, e possa acessar, modificar e/ou retirar facilmente esse consentimento"[3]. Segundo a norma, o consentimento só "é considerado informado se houver evidência de que o titular de DP recebeu um aviso claro e compreensível. O consentimento precisa ser dado livremente, sem que o titular de DP perceba qualquer forma de coerção ou compulsão"[4].

Para tanto, é importante a identificação de uma ação intencional do titular, sendo esta, segundo o documento:

> Ação que está inequivocamente associada à própria intenção do titular de DP. Por exemplo, ações da interface do usuário, como clicar em uma caixa de seleção, pressionar um botão ou deslizar uma barra podem ser consideradas como formando uma ação intencional. Se a tela para exibir o aviso e a tela para executar a ação estiverem separadas, os titulares de DP podem ficar confusos sobre o que estão prestes a fazer. Portanto, é melhor exibir o aviso na mesma tela daquela que obtém o consentimento. Quando não for viável exibir o aviso e a solicitação de consentimento na mesma tela, convém que as organizações tomem medidas adicionais (como um resumo dos pontos-chave do aviso) para assegurar que o titular de DP compreenda claramente o que está consentindo[5].

---

[3] ISO/IEC 29184:2020.

[4] Ibidem.

[5] Ibidem.

Além disso, nos casos em que uma organização possa interagir com o titular por mais de uma conta, recomenda-se que seja informada em relação a qual conta o consentimento é solicitado:

> Um titular de DP pode ter mais de uma conta *online* no controlador DP. Por exemplo, o titular de DP pode ter sessões de navegador para um serviço com sua conta de trabalho e sua conta privada. Outro exemplo comum é um caso em que membros de uma família estão compartilhando o mesmo PC e o navegador da *web* está mantendo as sessões para todos eles e o usuário pode selecionar a conta em um menu suspenso. Convém que as organizações exibam a conta do usuário ou identidade que está sendo usada para dar consentimento da maneira que o titular de DP está acostumado ao usar o sistema[6].

O documento também pondera que o consentimento:

> [...] para questões relacionadas à privacidade, separadamente do consentimento para outras questões não relacionadas à privacidade. Convém que o consentimento para uso, coleta e tratamento de DP seja claramente diferenciado dos Termos de Uso. Combinar o aviso relacionado à privacidade com outros assuntos pode obscurecer o aviso e potencialmente ter um impacto negativo sobre a compreensibilidade do aviso. Convém que as organizações obtenham consentimento por meio de uma ação independente do consentimento para quaisquer outros termos não relacionados à privacidade (por exemplo, termos e condições contratuais)[7].

O consentimento também deve estar separado dos elementos necessários e opcionais de dados pessoais, de modo que, a saber: "a organização deve permitir que o titular de DP reconheça os elementos necessários (obrigatórios) e opcionais de DP para cada finalidade identificada. [...] Convém que a organização possibilite que o titular de DP forneça consentimento separadamente sobre os elementos necessários de DP e os elementos opcionais de DP"[8].

No mais, pondera o documento que "a organização deve procurar confirmar o consentimento existente ou obter o novo consentimento de um titular de DP em um intervalo apropriado"[9], avisando o titular quando o conteúdo do aviso de privacidade for atualizado, por exemplo, nas situações em que há a alteração dos dados de contato do controlador, a alteração dos detalhes do ponto de contato, alterações dos destinatários ou categorias de destinatários, ou alterações no período de retenção dos dados pessoais. Ainda, a "organização deve obter um novo consentimento do titular de DP quando as condições mudarem, e não efetuar tais mudanças para o titular de DP até que o novo consentimento seja obtido, especialmente em circunstâncias em que o titular de DP possa ser impactado negativamente"[10].

---

[6] Ibidem.

[7] Ibidem.

[8] Ibidem.

[9] Ibidem.

[10] Ibidem.

8.2.3 Ônus da prova

De forma esperada e coerente com as demais previsões legais, tem o controlador dos dados pessoais o ônus de demonstrar que o consentimento foi obtido de acordo com as previsões e requisitos do Direito da Proteção de Dados Pessoais. Significa que o controlador, se quiser se valer do consentimento como base ou desse depender além da demonstração da obtenção do consentimento em si considerada, tem o encargo de reunir todas as provas, documentos e registros aptos a demonstrar que o consentimento foi corretamente obtido, em sua tarefa de prestação de contas. Veja, assim, como o uso do consentimento como base legal é deveras oneroso, pois, além das observâncias primárias (requisitos do consentimento em si), tem o controlador obrigações acessórias a exemplo de ter de fazer a gestão e prova de que o consentimento foi legitimamente obtido e não fora revogado em qualquer momento.

8.2.4 *Cookies*

O consentimento é uma das bases legais a serem consideradas pelo controlador de dados pessoais na coleta de *cookies*. Todos? Não. O consentimento será mais apropriado para a coleta de *cookies* não necessários, ou seja, aqueles cuja desabilitação não impede o funcionamento adequado do *site* ou aplicação (rastreabilidade, verificação de comportamento, verificação do desempenho do *site* ou aplicação ou exibir anúncios ou outros conteúdos incorporados. O consentimento e a sua deve ser construído em cima de uma opção genuína para o usuário poder aceitar ou recusar a instalação de *cookies* em relação a cada finalidade definida pelo controlador no uso de tais ferramentas.

Assim, para o correto e válido consentimento, conforme definido pela ANPD em seu *Guia orientativo – cookies e proteção de dados pessoais*, algumas práticas devem ser adotadas nos *banners* de *cookies* disponibilizados pelo controlador: (i) para os *banners* de primeiro nível (os primeiros que aparecem para o usuário, normalmente se este acessa ao *site* pela primeira vez ou em modo de navegação anônima por exemplo) "disponibilizar botão que permita rejeitar os *cookies* não necessários, de fácil visualização" e "fornecer um *link* de fácil acesso para que o titular possa exercer os seus direitos, que pode incluir, por exemplo, saber mais detalhes sobre como seus dados são utilizados e sobre o período de retenção, além de solicitar a eliminação dos dados, opor-se ao tratamento ou revogar o consentimento"; (ii) para os *banners* de segundo nível (aqueles que aparecem na sequência em que o usuário clica em botões de configuração dispostos no *banner* de primeiro nível) "Classificar os *cookies* em categorias"; "Descrever as categorias de *cookies* de acordo com seus usos e finalidades"; "Apresentar descrição e informações simples, claras e precisas quanto a essas finalidades"; "Permitir a obtenção do consentimento para cada finalidade específica, de acordo com as categorias identificadas no *banner*"; "Desativar *cookies* baseados no consentimento por padrão"; e "Disponibilizar informações sobre como realizar o bloqueio de *cookies* pelas configurações do navegador".

A ANPD também traz as seguintes recomendações sobre o que os controladores de dados pessoais devem evitar:

> Utilizar um único botão no *banner* de primeiro nível, sem opção de gerenciamento no caso de utilizar a hipótese legal do consentimento ('concordo', 'aceito', 'ciente' etc.); dificultar a visualização ou compreensão dos botões de rejeitar *cookies* ou de configurar *cookies*, e conferir maior destaque apenas ao botão de aceite; impossibilitar ou dificultar a rejeição de todos os *cookies* não necessários; apresentar *cookies* não necessários ativados por padrão, exigindo a desativação manual pelo titular; não disponibilizar *banner* de segundo nível; não disponibilizar informações e mecanismo direto, simplificado e próprio para o exercício dos direitos de revogação do consentimento e de oposição ao tratamento pelo titular (além das configurações de bloqueio do navegador); dificultar o gerenciamento de *cookies* (exemplo: não disponibilizar opções específicas de gerenciamento para *cookies* que possuem finalidades distintas); apresentar informações sobre a política de *cookies* apenas em idioma estrangeiro; apresentar lista de *cookies* demasiadamente granularizada, gerando uma quantidade excessiva de informações, o que dificulta a compreensão e pode levar ao efeito de fadiga, não permitindo a manifestação de vontade clara e positiva do titular; e ao utilizar o consentimento como hipótese legal, vincular a sua obtenção ao aceite integral das condições de uso de *cookies*, sem o fornecimento de opções efetivas ao titular.

Capítulo 9
BASES LEGAIS DE TRATAMENTO – PARTE II: LEGÍTIMO INTERESSE

9.1 NOTA INTRODUTÓRIA E PRIMEIRAS CONSIDERAÇÕES SOBRE O LEGÍTIMO INTERESSE

Embora a Base Legal do Legítimo Interesse não esteja topograficamente na LGPD na imediata sequência do consentimento, e sim no inciso IX do artigo 7º (o que sugeriria estudá-la após outras bases), prefiro antecipar sua análise.

Assim proponho por duas razões principais. Uma de natureza normativa, justamente porque, assim como o consentimento, o legítimo interesse apresenta maiores nuances de interpretação. Inclusive, se pensarmos de forma dedicada, a figura do consentimento é muito mais própria do habitat jurídico brasileiro, seja nesse formato (a exemplo das discussões associadas ao Código de Defesa do Consumidor e do próprio Marco Civil da Internet), seja no formato próprio do conhecido estudo e aplicação das estruturas associadas à manifestação de vontade de contratação. Outra razão de ordem prática. O dia a dia dos desafios de cumprimento e conformidade com o Direito da Proteção de Dados Pessoais tem no consentimento e no legítimo interesse as maiores questões práticas, o que, a meu ver, parece justificar a antecipação do estudo.

Feita essa breve introdução, cumpre dizer que o legítimo interesse é a base legal de conteúdo mais aberto e subjetivo prevista na lei e, por conta disso, a mais dependente de atualizações práticas e do acompanhamento constante e cuidadoso dos posicionamentos da ANPD, das Cortes Brasileiras e dos demais órgãos de controle se chamados a atuar no tema (*v.g.*, Ministério Público) sobre as situações em que o legítimo interesse estará ou não caracterizado. Mesmo o artigo 10 da LGPD não limita completamente seu conceito, optando o legislador por não trazer uma definição estanque. Traz duas possibilidades indicativas em seus incisos I e II, mas em rol aberto e exemplificativo.

Neste momento, então, é importante tentar encontrar quais as principais balizas ou requisitos possíveis (na lei e na prática) para definir, ao máximo, o conteúdo da motivação legitimante que autoriza o controlador a tratar os dados pessoais independentemente de qualquer outra das bases relacionadas no Direito da Proteção de Dados Pessoais, o que se tentará fazer nos itens a seguir. O fato de o conteúdo da base legal ser aberto não a torna completamente irrestrita a autorizar, de qualquer forma, o tratamento dos dados pessoais. Com as balizas ou requisitos propostos, parece ser possível, ao menos, colocar o conteúdo do legítimo interesse em um quadro mínimo do que deve ser observado. Há um espaço contextual de liberdade, mas, repisa-se, não irrestrito. Há um quadro normativo branco a ser preenchido pelas cores daquilo que é legítimo ao controlador de dados fazer, mas, ainda assim, é uma tela limitada em suas bordas.

Justamente em razão da amplitude do conteúdo da base legal, o que, por natureza, pode significar um maior risco ao tratamento de dados pessoais envolvidos, o Direito espera do agente de tratamento um cuidado e uma postura diligente ainda maior quanto às operações que realiza. Isso é aferido, sobretudo, da previsão do artigo 37 da LGPD, segundo o qual: "Art. 37. O controlador e o operador devem manter registro das operações de tratamento de dados pessoais que realizarem, especialmente quando baseado no legítimo interesse". O *Guia orientativo* da ANPD sobre o tema, detalhado em item adiante, reforça esta necessidade de diligência:

> [...] é preciso que sua adoção seja precedida de uma análise cuidadosa e individualizada do caso em questão, a fim de avaliar se o tratamento de dados, com base no legítimo interesse do controlador ou de terceiros, atende aos requisitos definidos na legislação, e se, no caso concreto, prevalecem os direitos e as liberdades fundamentais dos titulares[1].

Inclusive, de certa forma, pode-se dizer que a base legal do legítimo interesse talvez seja a que mais represente a ideia do Direito da Proteção de Dados Pessoais de estabelecer, na medida do possível, uma dinâmica de regulação equilibrada entre a ausência completa de regulação e uma regulação sufocante que impeça o desenvolvimento dos negócios. A identificação cuidadosa e responsável do legítimo interesse, por meio das balizas discorridas nos próximos itens, revela uma possibilidade de desenvolvimento equilibrado das atividades em proteção aos direitos fundamentais envolvidos.

9.2 O LEGÍTIMO INTERESSE NA UNIÃO EUROPEIA

A análise do legítimo interesse previsto no Direito da Proteção de Dados Pessoais passa necessariamente pelo estudo e lembrança de sua evolução enquanto conceito na União Europeia, seja pela inspiração da LGPD na GDPR, seja pelo fato da ANPD elogiavelmente aproveitar os materiais produzidos na Europa após anos de densa evolução.

Embora a OCDE já tenha, em 1980, mencionado a possibilidade de tratamento de dados pessoais por outras razões que não consentimento[2], e a Convenção de Estrasburgo n. 108 (1981) tenha respaldado de forma vinculante que as operações com dados pessoais devem estar respaldadas em situações legais e leais[3], foi a Diretiva Europeia 95/46 que estabeleceu, de forma consistente e expressa, a possibilidade de

---

[1] ANPD. *Guia orientativo – hipóteses legais de tratamento de dados pessoais – legítimo interesse*. Disponível em: https://www.gov.br/anpd/pt-br/documentos-e-publicacoes/guia_legitimo_interesse.pdf. Acesso em: 13 maio 2024.
[2] OCDE. *Diretrizes sobre proteção da privacidade e fluxos transfronteiriços de dados pessoais*, 1980. O documento, embora não tratasse expressamente da expressão legítimo interesse, em vários momentos fez referência à ideia de ponderação de interesses contrapostos. Ideia esta que é englobada pela *General Data Protection Regulation* europeu.
[3] CONSELHO DA EUROPA. *Convenção de Estrasburgo n. 108 de 1981*, 1981.

tratamento de dados pessoais com base em interesse próprio ou de terceiro. Destaca-se, nesse sentido, o artigo 7º da Diretiva, que lista as bases legais de tratamento pertinentes à época e que vieram a ser incorporadas, em grande parte, pela GDPR. Em especial, a hipótese da alínea *f*, segundo a qual o tratamento de dados pessoais era possível se "necessário para prosseguir interesses legítimos do responsável pelo tratamento ou do terceiro ou terceiros a quem os dados sejam comunicados, desde que não prevaleçam os interesses ou os direitos e liberdades fundamentais da pessoa em causa".

Surge, já ali, três requisitos fundamentais para caracterização do legítimo interesse, com ressonância no próprio texto da LGPD e, consequentemente, aplicação ao Direito brasileiro, bem como que, em termos práticos, passaram a demandar diligência das empresas (agentes de tratamento) na identificação de tal base legal, inclusive com: (i) legitimidade do interesse; (ii) necessidade do tratamento de dados pessoais; e (iii) não prevalência de interesses ou direitos fundamentais dos titulares de dados pessoais (demandando, este, particularmente, um exercício documentado de ponderação dos interesses envolvidos).

Ainda sob vigência da Diretiva, cumpre mencionar a atuação consistente do *The Article 29 Working Party*, grupo dedicado à emissão de diretrizes e orientações sobre sua aplicação e que, com a publicação da GDPR, veio a ser englobado pela EDPB, entidade que assumiu esse papel e manteve entendimentos sobre o tema emitido anteriormente. Nesse contexto, destaca-se a Opinião n. 6/2014, em que o grupo reafirma os três requisitos e explora a noção de legítimo interesse conforme previsto no artigo 7º, *f*, da Diretiva 95/46[4].

Segundo o documento, a utilização do legítimo interesse como base legal de tratamento demanda, também, a realização de "teste de balanceamento" entre os interesses envolvidos, como forma de ponderação. Expressão esta que tem sido repetida e adotada desde então em muitos momentos, a exemplo da regulação em curso pela ANPD, conforme comentários adiante em item próprio.

Após, consolidado o tema no âmbito da União Europeia, a GDPR reafirma os documentos e opiniões estabelecidos anteriormente, prevendo o legítimo interesse como base legal de tratamento de dados pessoais se: "o tratamento for necessário para efeito dos interesses legítimos prosseguidos pelo responsável pelo tratamento ou por terceiros, exceto se prevalecerem os interesses ou direitos e liberdades fundamentais do titular que exijam a proteção dos dados pessoais, em especial se o titular for uma criança". Uma vez mais, os três requisitos estão presentes.

Inclusive, o Considerando 40 da GDPR admite a possibilidade de tratamento com base em outros motivos legítimos que não o consentimento, ou, ainda, no seu Considerando 47, por exemplo, reafirma que o legítimo interesse pode respaldar o tratamento de dados pessoais, desde que em respeito aos direitos e liberdades funda-

---

[4] Disponível em: https://ec.europa.eu/justice/article-29/documentation/opinion-recommendation/files/2014/wp217_en.pdf. Acesso em: 13 maio 2024.

mentais dos titulares de dados. Aliás, o Considerando 47 acrescenta um ponto que veio a ser repetido no artigo 10, II, da LGPD: o conceito de razoável expectativa do titular. Pondera que, na determinação do legítimo interesse como base legal, devem se levar em conta as expectativas que o titular tenha em relação a tal operação específica, recomendando a condução de avaliação ou *assessment* dedicado a identificar se os titulares de dados pessoais poderiam esperar que tal operação poderia ser realizada.

9.3 DADOS PESSOAIS NÃO SENSÍVEIS

Embora seja uma aferição quase óbvia decorrente da leitura conjunta dos artigos 7º e 11 da LGPD, o legítimo interesse não pode ser utilizado como base legal de tratamento para dados pessoais sensíveis (conforme definição e separação objetiva feita pelo legislador).

Pondera-se aqui, uma vez mais, o caráter contextual da lei e suas definições, especialmente diante dos riscos de sensibilidade decorrentes das inferências possíveis. Assim, embora em um primeiro momento o fato de que dados sensíveis não podem estar presentes beire a obviedade, estar-se-á o controlador de dados sempre diante do desafio de certificar com acuracidade a ausência de tratamento de dados pessoais sensíveis, ainda que por inferência (especialmente no tratamento automatizado de dados pessoais). Além disso, além de certificar a ausência de dados sensíveis, recai sobre o controlador a expectativa de que este documente suficientemente tal análise, estando apto a prestar contas de sua avaliação com transparência. O Teste de Balanceamento de Legítimo Interesse (tratado em item próprio), a princípio, é o documento de vocação primária para tanto, mas documentos adicionais podem ser úteis a depender de como os dados sejam tratados, a exemplo dos *assessments* específicos de sistemas de Inteligência Artificial, que podem ser apresentados de forma complementar no caso de processamento de dados por algoritmos.

9.4 REQUISITOS DO LEGÍTIMO INTERESSE

9.4.1 O que parece ser "interesse"?

Não se ignora que o termo "interesse" guarda certo grau de amplitude semântica ou até mesmo subjetividade. Porém, nesse contexto, pode ser entendido como o benefício ou o resultado buscado pelo controlador ou para terceiro em decorrência da atividade de tratamento de dados pessoais. Em linha similar, a Opinião n. 6/2014 do *The Article 29 Working Party*, já mencionada, reconhece que o conceito de interesse é muito próximo à concepção de propósito ou finalidade pela qual os dados serão tratados, porém se caracteriza mesmo como os benefícios diretos e indiretos decorrentes da operação[5]. Assim, além da finalidade ser aceita ou legítima, conforme próximo item, os benefícios buscados também devem sê-los. Os porquês devem ser legítimos.

---

[5] Disponível em: https://ec.europa.eu/justice/article-29/documentation/opinion-recommendation/files/2014/wp217_en.pdf. Acesso em: 13 maio 2024.

O interesse, benefício ou atividade deve ser específico e bem determinado, na linha, inclusive, do que explora o *Guia orientativo* da ANPD e com a ideia contida na expressão "interesse específico"[6]. A ideia é que eventual vagueza ou amplitude do motivo pelo qual o tratamento será realizado pode prejudicar a correta ponderação dos interesses dos titulares relacionados e a avaliação dos dados em si e salvaguardas relacionadas:

> O interesse deve ter ainda lastro em situações concretas, isto é, situações reais e presentes, o que afasta interesses considerados a partir de situações futuras, abstratas ou meramente especulativas. Nesse sentido, o art. 10 da LGPD estabelece que o legítimo interesse somente poderá fundamentar o tratamento de dados pessoais para finalidades legítimas, "consideradas a partir de situações concretas". Por isso, não são considerados legítimos os interesses que não sejam associados às atividades atuais do controlador[7].

9.4.1.1 Interesse do controlador ou de terceiro

A LGPD apresenta uma divergência textual entre o inciso IX do artigo 7º e o *caput* do artigo 10. No inciso IX, fala em legítimo interesse do controlador ou de terceiro. No artigo 10, por sua vez, há a supressão da menção ao terceiro. Superada essa diferença formal, admite-se, então, que o tratamento de dados pessoais seja feito para perseguir interesse do próprio controlador ou de terceiro, quer dizer, para respaldar benefícios para o próprio agente que realiza o tratamento de dado pessoais ou de terceiros, que podem ser os próprios titulares, parceiros do controlador, a sociedade em geral ou mais de uma dessas categorias ao mesmo tempo.

9.4.2 Propósito legítimo

Requisito aferível da própria denominação adotada pelo Direito da Proteção de Dados Pessoais, mas também por interpretação de coerência e sistemática da própria LGPD, é a legitimidade da finalidade ou do propósito para o qual o tratamento é realizado.

Exige-se, assim, e com base no contexto, que o legítimo interesse contenha, em si mesmo, a observância do ordenamento jurídico brasileiro e da própria LGPD. Pode ser meramente comercial, mas desde que respeite tais premissas. Como grifa a ANPD no *Guia orientativo*:

> A compatibilidade com o ordenamento jurídico pressupõe que o interesse seja compatível com princípios, normas jurídicas e direitos fundamentais. Assim, o tratamento dos dados pessoais não deve ser vedado pela legislação vigente e nem pode, direta ou indiretamente, contrariar disposições legais nem os princípios aplicáveis ao caso[8].

---

[6] Op. cit., p. 16.
[7] Ibidem.
[8] Ibidem.

Pode ser social ou coletivo (como no caso em que empresa de aplicativo de entrega compartilha dados com a Secretaria de Segurança Pública para auxiliar a repressão estatal a crimes). Propósitos ilegais ou ímprobos não podem ser admitidos, sob pena de se comprometer toda a lógica do sistema. Aplicam-se, aqui, as próprias considerações feitas sobre o princípio da finalidade. Tem-se uma avaliação de caráter mais objetivo antes de qualquer coisa: a leitura contextual se o tratamento de dados pessoais preserva o ordenamento jurídico ou lhe é contrário.

9.4.3 Propósito específico, explícito e informado ao titular

Igualmente por coerência de aplicação legal, o legítimo interesse poderá ficar caracterizado se o propósito também for específico, explícito e informado. O conteúdo do princípio da finalidade, como os demais, também informa a possibilidade ou não de identificação do legítimo interesse como base legal. Pensar o contrário, seria entender que tal base legal serviria como janela de não aplicação de tais princípios, o que não poderia ser o caso. Com didática, ressalta a ANPD no seu *Guia orientativo*:

> A terceira condição a ser demonstrada é a vinculação do tratamento a finalidades legítimas, específicas e explícitas. Embora possa se confundir com o próprio interesse que justifica o tratamento, a finalidade constitui o propósito específico que se pretende alcançar com a realização do tratamento, que deve ser considerado a partir de situações concretas, com o uso de dados pessoais estritamente necessários para a finalidade pretendida. Além disso, as finalidades devem ser descritas de forma clara e precisa, com as informações necessárias para delimitar o escopo do tratamento e viabilizar a realização da ponderação dos interesses do controlador ou de terceiros com os direitos e as legítimas expectativas dos titulares. A delimitação objetiva das finalidades e dos interesses que justificam o tratamento também é uma importante ferramenta de transparência, na medida em que amplia as possibilidades de compreensão do tratamento pelo titular[9].

9.4.4 Dados pessoais estritamente necessários para a finalidade

O uso da expressão "quando necessário" pelo inciso IX e a previsão do § 1º do artigo 10 da LGPD revelam mais uma premissa: apenas poderão ser utilizados os dados pessoais necessários para a finalidade eleita. Não só se aplica aqui o princípio da necessidade, como tal premissa parece mostrar a preocupação do legislador no sentido de que, sim, o legítimo interesse é uma base legal necessária, mas deve ser adotada com muita cautela, vinculando o mínimo dos dados possíveis (*data minimization*).

9.4.5 Situações concretas

Conforme texto do artigo 10, *caput*, da LGPD ("Art. 10. O legítimo interesse do controlador somente poderá fundamentar tratamento de dados pessoais para finalida-

---
[9] Idem, p. 17.

des legítimas, consideradas a partir de situações concretas"), a avaliação da utilização do legítimo interesse deve se dar de forma concreta e contextual, de modo que se assegure ao titular o fato de que tal base legal será utilizada para validar tratamentos concretos e específicos. A ideia, mais uma vez, parece ser evitar que o legítimo interesse seja utilizado de forma genérica, mas apenas nas situações em que tal base se mostrar necessária por equilíbrio e aderência à realidade. Propõe, assim, que o controlador e quem o fiscalize avalie o uso de tal base da forma mais pontual possível, em relação a cada um dos tratamentos de dados pessoais feitos. Como já ressaltado, as situações têm de ser específicas e delimitadas.

9.4.6 Expectativas legítimas do titular de dados pessoais e critérios para sua identificação

Outro pilar de sustentação muito importante, incorporado pelo artigo 10, II, da LGPD, está na verificação se a finalidade eleita pelo controlador e que respalda, na sua avaliação, o seu alegado legítimo interesse corresponde às legítimas expectativas do titular dos dados. Vejamos o que diz o referido inciso II: "II – proteção, em relação ao titular, do exercício regular de seus direitos ou prestação de serviços que o beneficiem, respeitadas as legítimas expectativas dele e os direitos e liberdades fundamentais, nos termos desta Lei".

Em outras palavras, se o legítimo interesse e o propósito legítimo do controlador estão dentro do que o titular espera na sua relação com controlador ou dentro do que o titular espera do uso de seus dados pessoais. Assim, por exemplo, parece o titular esperar que o controlador trate seus dados também para prevenir fraudes, podendo essa motivação figurar como legítimo interesse, ou, então, o legítimo monitoramento dos dispositivos corporativos pelo empregador, se os colaboradores têm ciência dessa e de outras práticas de segurança da informação adotadas. Conforme diz a ANPD em seu *Guia orientativo*: "o controlador deve avaliar e ser capaz de demonstrar que o tratamento dos dados pessoais para a finalidade pretendida é, razoavelmente, o esperado pelos titulares naquele contexto. A análise não precisa considerar um titular específico, mas, sim, o que poderá ser admitido ou considerado aceitável na situação concreta do tratamento"[10].

Tal critério parece pouco palpável muitas vezes, beirando a subjetividade e a insegurança jurídica. De forma a mitigar esse possível dilema, alguns fatores e critérios podem ser avaliados para responder se o titular espera aquilo que será feito com seu dado pessoal e auxiliar o controlador de dados na documentação da avaliação (critérios estes que são mencionados, aliás, expressamente pela ANPD[11]): (i) a existência ou não de uma relação entre o titular de dados e o controlador de dados, e o perfil dessa relação; (ii) as fontes públicas e privadas dos dados utilizados e como são coletados, se

---

[10] Idem, p. 23.
[11] Ibidem.

diretamente dos titulares de dados ou mediante serviços de terceiros (públicos ou privados); (iii) o contexto de coleta e uso dos dados; e (iv) a comparação entre a finalidade original e a atual finalidade relacionada à identificação do legítimo interesse, com especial exemplo e atenção para os dados pessoais publicamente acessíveis e sua finalidade originária (art. 7, § 3º, LGPD). Consigna a ANPD, expressamente, que: "É necessário compreender que a legítima expectativa do titular está relacionada com a boa-fé e os princípios da proteção de dados, merecendo especial atenção do controlador ao se amparar na hipótese legal do legítimo interesse. Dessa forma, o titular deve ter elementos disponibilizados pelo controlador, para avaliar se o tratamento de dados atende às suas legítimas expectativas"[12].

9.4.7 Prevalência dos direitos e liberdades fundamentais do titular

Mais um requisito é a prevalência dos direitos e liberdades fundamentais do titular de dados pessoais. Conforme prevê do inciso IX, do artigo 7º, da LGPD, o legítimo interesse não poderá servir de base legal nas situações concretas e contextuais em que for identificada a necessária prevalência de direitos e liberdades fundamentais do titular em relação ao tratamento de dados.

Assim, é recomendável que seja feita uma avaliação de proporcionalidade e ponderação, de preferência documentada, ponderando todas as premissas colocadas e os riscos concretos aos direitos e liberdades fundamentais do titular. Ao se falar em ponderação e exame de proporcionalidade, a proposta é que o estudo de legítimo interesse seja capaz de demonstrar o quanto o tratamento dos dados preserva ou viola tais direitos, demonstrando em termos práticos se pode ou não ser feito.

Nesse sentido, diz a ANPD em seu *Guia orientativo*:

> O tratamento de dados pessoais com base na hipótese legal do legítimo interesse pressupõe a identificação e a mitigação de riscos aos direitos e liberdades fundamentais dos titulares. Nesse sentido, como parte do teste de balanceamento, os controladores devem avaliar se os impactos causados são proporcionais e compatíveis com esses direitos e quais salvaguardas devem ser adotadas no caso concreto. [...] Um ponto central a ser considerado é a autodeterminação informativa, direito que garante que o titular tenha protagonismo quanto ao uso de seus dados pessoais e obriga que os controladores atuem de maneira responsável. Trata-se, portanto, de garantir ao titular a capacidade de conhecer e de participar de forma ativa das decisões referentes ao tratamento de seus dados, incluindo a possibilidade efetiva de se opor à operação realizada com base no legítimo interesse. Por isso, é importante que os controladores disponibilizem canais de fácil atendimento aos titulares, por meio dos quais estes possam exercer os seus direitos e solicitar a adoção de medidas como o término do tratamento e a eliminação de seus dados pessoais, quando couber. Nesse sentido, a prevalência de direitos e liberdades fundamentais do titular é condição essencial a ser observada pelos controladores, que deve permear toda a avaliação para adoção da hipótese legal do legítimo interesse. Em outras palavras, o le-

---
[12] Ibidem.

gítimo interesse não poderá ser avaliado isoladamente, pois, nos termos da LGPD, deverá ser aplicado tão-somente se não prevalecerem direitos e liberdades fundamentais do titular, os quais atuam como um limite à liberdade do controlador. Assim, o legítimo interesse do controlador ou de terceiro não pode ser usado como uma justificativa ampla e indefinida para condutas abusivas no tratamento de dados pessoais, que resultem em impactos excessivos e desproporcionais aos direitos dos titulares, sem as salvaguardas apropriadas. Em suma, é necessário que sejam equilibrados os interesses dos titulares e do controlador, levando em consideração seus direitos e liberdades fundamentais[13].

9.5 TESTE DE BALANCEAMENTO DE LEGÍTIMO INTERESSE

O Teste de Balanceamento de Legítimo Interesse, *Legitimate Interest Assessment – LIA* ou Teste de Legítimo Interesse pode ser entendido como um estudo faseado e decisório em que todas as premissas anteriores sejam ponderadas, balanceadas e, sobretudo, documentadas. É por ele que o controlador de dados construirá o encadeamento lógico de suas avaliações e microdecisões acerca de cada um dos requisitos do legítimo interesse rumo à sua decisão final se o legítimo interesse poderá ou não ser a base legal de tratamento de dados para a finalidade específica avaliada. Bem como é por meio desse teste que o controlador fará valer sua prestação de contas de conformidade de sua decisão em se valer dessa base legal.

Considerando as várias parametrizações trazidas em lei e a obrigatoriedade do registro das atividades de tratamento (art. 37, LGPD), bem como considerando a experiência estrangeira anterior (em especial na Europa), é possível que se entenda que tal estudo seja obrigatório, embora isso, naturalmente, possa demandar bastante trabalho prático e que pode, muitas vezes, parecer desnecessário diante de situações simples e de menores riscos.

Essa obrigatoriedade será confirmada se mantida a posição atual da ANPD em seu *Guia orientativo*, segundo o qual:

> […] o tratamento de dados com respaldo no legítimo interesse deve ser precedido de um teste de balanceamento que considere, de um lado, os interesses do controlador (ou de terceiro) e, de outro, os direitos e liberdades fundamentais dos titulares. Assim, o teste de balanceamento constitui uma avaliação da proporcionalidade com base no contexto e nas circunstâncias específicas do tratamento de dados, levando em consideração os impactos e os riscos aos direitos e liberdades dos titulares[14].

Além disso, afirma a ANPD que:

> O teste de balanceamento deve ser aplicado para cada finalidade específica e envolve a realização de uma ponderação que leva em consideração a legitimidade do interesse, a necessidade do tratamento, os impactos sobre os direitos dos titulares e suas legítimas

---

[13] Idem, p. 21-22.
[14] Idem, p. 46.

expectativas em comparação com os interesses envolvidos. Desta forma, caso haja o uso dos dados pessoais para outra finalidade, legítima e concreta, o controlador deverá reavaliar qual a hipótese legal adequada para fundamentar o tratamento de dados para essa nova finalidade. Caso o controlador decida utilizar a hipótese do legítimo interesse, ele deverá elaborar outro teste de balanceamento para a nova finalidade. O controlador não deve realizar o tratamento com base na hipótese legal do legítimo interesse caso o teste de balanceamento conclua pela prevalência dos direitos e liberdades fundamentais e legítimas expectativas dos titulares"[15].

Em síntese, o controlador de dados deve realizar um estudo detalhado sobre sua avaliação acerca dos interesses e requisitos presentes na situação concreta, passando essencialmente pela (i) identificação dos interesses; (ii) legitimidade destes; (iii) finalidade; (iv) necessidade; (v) balanceamento e salvaguardas.

---

[15] Idem, p. 29.

Capítulo 10
BASES LEGAIS DE TRATAMENTO – PARTE III: DEMAIS BASES

10.1 NOTA INTRODUTÓRIA

Tratadas as bases do consentimento e do legítimo interesse, passo neste capítulo a tratar das demais bases. Como parte delas abrange o tratamento de dados pessoais gerais e sensíveis, a estruturação acontece não pelo tipo de dado, mas pelas bases, com as nuances devidamente comentadas.

10.2 CUMPRIMENTO DE OBRIGAÇÃO LEGAL OU REGULATÓRIA

Presente em grande parte das situações, em especial pelo pródigo ecossistema regulatório nacional, essa base legal autoriza o controlador e o operador a seu serviço a tratarem dados pessoais se a finalidade do tratamento for para atendimento de determinação legal (leis federais, estaduais ou municipais) ou regulatória (textos normativos de regulação administrativa: decretos, resoluções, instruções normativas, comunicados, atos de agentes administrativos, circulares, comunicados etc.). A base se repete para os dados pessoais gerais (art. 7º, II, LGPD) e para os dados pessoais sensíveis (art. 11, II, *a*, LGPD).

Como acontece em relação a todas as bases legais, a autorização para o tratamento está condicionada à vinculação do tratamento de dados pessoais à finalidade específica de cumprimento legal ou regulatório. Qualquer desvio dessa finalidade ou ampliação indevida do que precisa ser cumprido ou do que a lei ou a regulação determina torna o tratamento descoberto por essa base. Isso, porém, deve ser avaliado contextualmente.

10.2.1 Cumprimento de instrumentos normativos estrangeiros

São possíveis questionamentos sobre se o cumprimento de instrumentos normativos estrangeiros é apto para caracterizar a referida base legal. Três situações parecem ser possíveis.

A *primeira delas*, em relação aos instrumentos normativos incorporados legalmente ao ordenamento jurídico brasileiro, parece não haver maiores discussões, porque ocuparão o devido lugar no ecossistema legal nacional, caracterizando a base legal.

A *segunda delas*, em relação aos instrumentos normativos que, por deliberação do Congresso Nacional, não foram incorporados ao ordenamento jurídico brasileiro, ou seja, em razão dessa manifestação expressa, o texto normativo foi expressamente negado. *A priori*, parece ser incongruente admitir o cumprimento de um documento que não integra o ordenamento jurídico a ponto de admiti-lo como legitimador do tratamento de dados pessoais. De todo modo, igualmente, parece ser recomendável que a situação concreta seja verificada de forma cuidadosa, sobretudo nos casos em que a negativa de incorporação nada tenha a ver com riscos à privacidade, inexistindo, por exemplo, e nesse caso, risco à admissão do tratamento de dados pessoais.

Essa verificação abstrata e genérica em relação à condição do documento de poder respaldar ou não tal base legal parece ser feita pela ANPD, considerando, por analogia, seu papel legal de verificar padrões internacionais de privacidade na autorização do tratamento de dados. Por sua vez, nas situações concretas de questionamento de tratamentos determinados, parece que os riscos à privacidade precisarão ser avaliados por quem isso competir no caso concreto, como a própria ANPD em procedimento específico ou, por exemplo, pelo próprio Poder Judiciário, se demandado para tanto.

A *terceira situação* diz respeito aos instrumentos normativos em relação aos quais ainda não houve qualquer manifestação positiva ou negativa conclusiva por parte do Congresso Nacional. Nesse caso, assim como na segunda situação, parece que apenas uma avaliação concreta, contextual e cuidadosa sobre o documento estrangeiro poderá dizer se ele é apto a respaldar o tratamento de dados pessoais. A verificação abstrata e genérica também deverá ser feita pela ANPD, e nos casos concretos a quem isso competir.

Embora a Base Legal do Legítimo Interesse não esteja topograficamente na LGPD na imediata sequência do consentimento, e sim no inciso IX do artigo 7º (o que sugeriria estudá-la após outras bases), prefiro antecipar sua análise.

10.3 EXECUÇÃO DE POLÍTICAS PÚBLICAS

Se a finalidade do tratamento de dados pessoais for a execução de políticas públicas, tanto para dados pessoais gerais como para dados pessoais sensíveis, a Administração Pública poderá tratar dados pessoais ou compartilhá-los com terceiros. Apenas a própria Administração Pública poderá se valer dessa base na posição de controladora dos dados pessoais. Outros pontos sobre o tratamento de dados pessoais pelo Poder Público estão em parte específica desta obra.

10.4 REALIZAÇÃO DE ESTUDOS POR ÓRGÃO DE PESQUISA

Para qualquer espécie de dados pessoais, a realização de estudos por órgão de pesquisa é admitida. Órgão de pesquisa, conforme definição do artigo 5º da LGPD, é o órgão ou entidade pública ou privada, regularmente constituída e com sede no País, sem fins lucrativos e que tenha como objetivo institucional ou social a realização de pesquisa básica ou aplicada de caráter histórico, científico, tecnológico ou estatístico.

Define a ANPD, em seu *Guia orientativo – tratamento de dados pessoais para fins acadêmicos e para a realização de estudos e pesquisas*[1], que o órgão de pesquisa seria o órgão ou entidade da administração pública direta ou indireta ou, ainda, pessoa jurídica de direito privado sem fins lucrativos legalmente constituída sob as leis brasileiras, com sede e foro do País, devendo o agente de tratamento possuir entre suas missões institucionais ou em seu objeto social ou estatutário a pesquisa básica ou aplicada, para fins históricos, científicos, tecnológicos ou estatísticos.

Ressalta a ANPD, ainda, que:

> A LGPD não incluiu as pessoas jurídicas de direito privado com fins lucrativos no rol de agentes de tratamento que podem recorrer à hipótese legal de realização de estudos por órgãos de pesquisa. Isso significa que, mesmo detendo entre suas finalidades constitutivas a realização de pesquisa, não se torna possível a utilização dessa hipótese legal específica por essas organizações. Para tais agentes, o tratamento de dados pessoais para fins de estudos e pesquisas deverá ser realizado com amparo em outras hipóteses legais, a exemplo do consentimento ou do legítimo interesse. Outro aspecto que deve ser considerado é que a definição de órgãos de pesquisa alcança apenas os órgãos e instituições que tenham sido constituídos para, entre outras atividades, a realização de pesquisa básica ou aplicada, conforme definido em seu ato de instituição, a exemplo de leis, regulamentos e estatutos sociais. Portanto, ainda que possuam natureza pública ou privada sem fins lucrativos, não estão abrangidos pela definição de órgão de pesquisa contida na LGPD, os órgãos e instituições que realizem atividades de estudos e pesquisa de forma eventual ou acessória e que não tenham sido constituídos para esta finalidade. Neste caso, o agente de tratamento deve fundamentar o tratamento de dados pessoais para fins de estudos e pesquisas em outra hipótese legal[2].

Assim, qualquer estudo de pesquisa básica ou aplicada está autorizado por meio dessa base, da qual apenas pode se valer o próprio órgão de pesquisa como controlador dos dados pessoais.

Sempre que possível, a LGPD prevê que os dados sejam anonimizados de modo que não possam mais identificar imediata ou mediatamente alguém, especialmente no caso de dados pessoais sensíveis (art. 11, II, *c*). Pela locução, sempre que possível a recomendação deve ser entendida no sentido de que os dados devem ser mantidos como pessoais apenas nas situações em que essa condição for imprescindível para a pesquisa, ou seja, esta não pode ser feita de outra forma ou terá grandes prejuízos em seus resultados se os sujeitos não forem individualizados. Em muitas oportunidades, por exemplo, verifica-se que levantamentos estatísticos são suficientes para a pesquisa.

---

[1] ANPD. *Guia orientativo – tratamento de dados pessoais para fins acadêmicos e para a realização de estudos e pesquisas*. Disponível em: https://www.gov.br/anpd/pt-br/documentos-e-publicacoes/documentos-de-publicacoes/web-guia-anpd-tratamento-de-dados-para-fins-academicos.pdf. Acesso em: 13 maio 2024.
[2] Ibidem.

10.5 EXECUÇÃO DE CONTRATO

Se o tratamento dos dados pessoais for necessário para o cumprimento de obrigações contratuais firmadas com o próprio titular dos dados pessoais, o controlador poderá fazê-lo de forma autorizada por essa base legal de tratamento de dados. Se aplica em hipótese específica da LGPD para dados pessoais gerais (art. 7º, V) e em trecho para o uso de dados pessoais sensíveis (art. 11, II, *d*, identificada pela expressão "inclusive em contrato").

Permite-se o tratamento dos dados pessoais justamente porque esses são necessários para que as obrigações contratuais de ambas as partes possam ser cumpridas (de qualquer natureza) ou, em outras palavras, tais obrigações não podem ser viabilizadas, em termos práticos, sem tais dados (os dados são estritamente necessários para cumprimento das obrigações). Assim, passa a ser cada vez mais relevante que os contratos definam seus escopos com clareza e, também, na medida do possível, definam os dados necessários. Se ficar demonstrado contextualmente que há o tratamento de dados pessoais excessivos a essa finalidade, o tratamento pode ser considerado como inadequado (vale aqui a lógica dos princípios da finalidade, da adequação e da necessidade). Cada obrigação que envolva a troca ou o compartilhamento de dados pessoais precisa ser precisamente avaliada a fim de verificar seu alcance e a proporcionalidade dos dados coletados.

Sem a compreensão adequada do conteúdo da obrigação ou cláusulas de redação imprecisa, fica essencialmente difícil ser assertivo quanto à caracterização dessa base legal e, ainda, estar preparado para prestar contas da sua seleção como motivação legitimante do tratamento de dados pessoais correlato.

Vale dizer que a ANPD, por meio de sua Coordenação-Geral de Fiscalização, já se manifestou sobre o tema em mais de uma oportunidade. Quando da emissão das Notas Técnicas n. 49/2022 e n. 6/2023, afirmou a Autoridade que "hipótese legal apenas é aplicável quando (i) o titular for parte do contrato e (ii) o tratamento for necessário para a execução do contrato. O controlador pode se valer dessa hipótese apenas quando o tratamento de dados pessoais for essencial para cumprimento do núcleo do objeto do contrato, ou seja, prestação dos serviços ofertados pelo controlador"[3].

Essa mesma ideia se aplica em relação aos procedimentos preliminares de tal contrato, ainda que este não venha a ser firmado. São variadas as situações em que é necessário o tratamento de dados pessoais antes da contratação, ficando autorizadas as operações com dados pessoais que sejam efetivamente necessários para tais etapas preliminares. Nesse caso, também, o excesso pode, contextualmente, significar a inadequação.

Um dos principais exemplos é o processo seletivo para contratação de novos empregados, caracterizando tal etapa preliminar para o qual pode ser aplicada tal base.

---

[3] ANPD. Nota Técnica n. 6/2023, p. 5-6. Disponível em: https://www.gov.br/anpd/pt-br/documentos-e-pub licacoes/tiktok-nota_tecnica_6_versao_publica_ret-1.pdf. Acesso em: 13 maio 2024.

Há, porém, a necessidade de uma avaliação precisa sobre quais etapas do processo estão vinculadas. A Information Comissioner's Office do Reino Unido pondera[4], por exemplo, que a execução do contrato pode respaldar a coleta de dados do candidato para confecção do próprio contrato de trabalho ou se o candidato se manifestou favoravelmente para etapas específicas antes de contratar com a empresa, como no caso em que o candidato aceitou uma oferta de emprego. Entende a autoridade que a base legal só se aplica após a oferta concreta de uma vaga de emprego ao candidato, etapas anteriores de recrutamento não estariam contempladas (listas de candidatos a serem entrevistados, avaliações, entrevistas etc.)

A construção de bancos de talentos, também, pode ser considerada excessiva para o conteúdo de tal base legal, sendo possível, mas sob o fundamento do legítimo interesse do agente de tratamento contratante. A coleta de dados pessoais sensíveis no processo seletivo, como no caso de ações afirmativas a serem promovidas pela empresa (dados de origem racial, sobre condições de saúde dos indivíduos entre outros), não é possível por tal base ou pelo legítimo interesse, recaindo a necessidade de coleta de consentimento dos candidatos.

Ainda, é fundamental que o agente de tratamento seja diligente com situações e tratamentos de dados pessoais que, a depender do contexto, podem demonstrar desvio da finalidade primária de uso dos dados, mesmo em processo seletivo. Assim, por exemplo, já decidiu a *Garante per la Protezione dei Dati Personali – DPDP italiana* (Provvedimento del 23 marzo 2023 – 9888096) que o controlador de dados não está autorizado a divulgar o *ranking* de participantes em processo seletivo, salvo se demonstrar base legal específica para tanto.

10.5.1 Incapacidade civil do titular de dados pessoais

Nos casos em que o titular é incapaz civilmente (por uma causa temporária ou definitiva), mas ainda assim seja parte das obrigações contratuais, a base legal também se aplica. Por exemplo, são os casos de dependentes em contratos de plano de saúde ou na contratação de cursos escolares feitos pelos pais para seus filhos.

10.6 EXERCÍCIO REGULAR DE DIREITOS

A LGPD permite que os dados pessoais sejam tratados (coletados, armazenamentos, compartilhados com entidades públicas ou privadas etc.) se a finalidade desse tratamento for o exercício regular de direitos do agente de tratamento (controlador ou operador), seja em processo judicial, administrativo ou arbitral. Os limites mais difíceis de identificar na prática estão justamente no entendimento do que seria regular ou *exercício irregular de direito*. Entendo que isso só é possível na avaliação concreta de cada situação, ficando o *exercício irregular* caracterizado se o agente de tratamento

---

[4] Disponível em: https://ico.org.uk/for-organisations/uk-gdpr-guidance-and-resources/employment/recruitment-and-selection/data-protection-and-recruitment/#whatlawfulbases. Acesso em: 13 maio 2024.

não tiver o direito alegado ou, ainda que o tiver, atue em abuso de direito (art. 187, CC), o que será verificado a partir do estudo concreto de ponderação em relação a direitos de terceiros e, em especial, dos titulares de dados.

Especial interesse parece haver no uso da base legal do exercício regular de direitos para o tratamento de dados pessoais sensíveis, como é aferível do artigo 11, II, *d*, da LGPD, em especial pela expressão "inclusive". Nesse caso, parece que a lei autoriza o uso de tal base, mas isso deve ser feito e avaliado de forma harmoniosa com o texto da própria lei. Assim, a meu ver, seriam necessários dois requisitos cumulados: (i) a "regularidade" do exercício, de modo que estariam ilegais os exercícios ilícitos ou abusivos; e (ii) o fato do direito do agente de tratamento a ser exercido seja proporcional ao uso dos dados sensíveis, isto é, o uso dos dados sensíveis é necessário para atendimento de tal direito, o qual não pode ser exercido de qualquer outra forma. Do contrário, o princípio da necessidade (em razão da não necessidade dos dados) afastaria a possibilidade de uso de tal base legal. O mesmo se aplica, inclusive, para o exercício regular de direitos que envolva quaisquer dados de natureza diferenciada, como no caso de dados de crianças e adolescentes.

10.7 PROTEÇÃO DA VIDA OU DA INCOLUMIDADE FÍSICA DO TITULAR OU DE TERCEIRO

Ponderando os valores e direitos em jogo, o Direito da Proteção de Dados Pessoais permite que os dados pessoais sejam tratados se esse tratamento for necessário para a proteção da vida ou da incolumidade física do titular ou de terceiros (*v.g.*, dados da mãe necessários para a proteção da vida do filho). São hipóteses excepcionais, de modo que a base de dados deve ser utilizada apenas nas situações que de fato forem verificadas. Exemplo interessante e didático foi constatado durante a pandemia da Covid-19, em que era necessário, em situações sem obrigação legal, exigir o comprovante de vacinação com dados sensíveis de saúde de pessoas para assegurar a incolumidade de terceiros que frequentavam o mesmo espaço físico.

10.8 TUTELA DA SAÚDE

Para qualquer espécie de dados pessoais, o Direito brasileiro, mais uma vez ponderando os valores e direitos em jogo, autoriza o uso dos dados para tutela da saúde do titular, ou seja, para os procedimentos necessários para a proteção da saúde dos titulares ou de terceiros e que impliquem o tratamento de dados para essa exclusiva finalidade, realizados por profissionais de saúde, em serviços de saúde ou por autoridade sanitária.

Hoje a tutela ou proteção da saúde, inclusive, parece-me que pode ser interpretada em íntima relação com a definição de "dado de saúde" da Portaria GM/MS n. 3.232/2024 do Ministério da Saúde instituindo o Programa SUS Digital em relação à "dado pessoal sensível de saúde" sendo o "dado relativo à saúde de um titular de dados ou à atenção à saúde a ele prestada que revele informações sobre sua saúde física ou mental no presente, passado ou futuro". Assim, a *tutela da saúde* pode ser entendida como procedimentos associados à saúde do titular ou à atenção desta.

A configuração da base legal e sua utilização como *motivo legitimante* do tratamento de dados pessoais dependem da presença, cumulativa, de dois requisitos: (i) que os dados sejam necessários para o procedimento de tutela da saúde, quer dizer, esse procedimento não pode ser feito ou atingir os mesmos resultados sem os dados; *e* (ii) o procedimento é feito por profissionais da área da saúde ou autoridades sanitárias (médicos, enfermeiros, farmacêuticos, médicos veterinários, educadores físicos, fisioterapeutas, terapeutas ocupacionais etc.) ou para serviços de saúde (estabelecimentos destinados a promover a saúde do indivíduo, protegê-lo de doenças e agravos, prevenir e limitar os danos a ele causados e reabilitá-lo quando sua capacidade física, psíquica ou social for afetada).

10.8.1 Vedação do tratamento de dados para seleção de riscos

Adicionalmente, o Direito da Proteção de Dados Pessoais também veda o tratamento de dados pessoais para seleção de riscos na contratação de qualquer modalidade de plano de assistência à saúde, inclusive de forma automatizada, pelas operadoras. O texto legal incorpora a Súmula Normativa n. 27 de 2015 da ANS, que já vedava tal prática.

10.8.2 Vedação da comunicação ou compartilhamento de dados sensíveis relativos à saúde

Seguindo a lógica do maior risco e da regulamentação mais restritiva quanto ao tratamento de dados pessoais sensíveis, diz a LGPD (art. 11, § 3º) que a ANPD poderá vedar ou regulamentar determinadas atividades de comunicação ou compartilhamento de dados sensíveis entre controladores (e não entre controladores e operadores) e que tenham o objetivo de obter vantagem econômica. A condição de legalidade é que a ANPD consulte, antes da decisão, os órgãos setoriais envolvidos e que poderão, por sua atuação e dentro de sua experiência, opinar e contribuir com a medida adotada.

Avançando ainda mais na restrição apresentada, a LGPD veda, como regra, a comunicação ou o compartilhamento de dados sensíveis relativos à saúde entre controladores (e não entre controladores e operadores) com objetivo de obter vantagem econômica, seja de forma direta ou indireta (art. 11, § 4º), exceto para a prestação dos serviços indicados. Seus incisos, porém, relativizam ainda mais essa vedação.

10.9 PROTEÇÃO DO CRÉDITO

Base legal exclusiva para o tratamento de dados pessoais gerais e não sensíveis, a finalidade de proteção do crédito é fundamental para o sistema econômico brasileiro. O tratamento de dados pessoais é cada vez mais importante para o sistema de proteção de crédito, inclusive com a utilização de soluções automatizadas. Dados financeiros ou com informações do histórico de adimplemento e inadimplemento têm sido decisivos em avaliações e análises de crédito mais precisas e, sobretudo, na manutenção de um ecossistema saudável e funcional. Fez bem a LGPD, então, em prever a proteção do crédito como base legal, autorizando o tratamento de dados para essa estrita finalidade. Além disso, deve ser observada a legislação específica, no caso, com destaque para a Lei de Cadastro Positivo (Lei Federal n. 12.414/2011) e o próprio CDC.

10.10 PREVENÇÃO À FRAUDE E PROTEÇÃO DA SEGURANÇA DO TITULAR DE DADOS

Nos casos em que o tratamento de dados pessoais sensíveis for indispensável para prevenir fraudes e riscos à segurança ao titular, o tratamento poderá ser feito. Um exemplo recorrente é a coleta de dados faciais biométricos como mecanismo de autenticação em aplicativos bancários ou de dados biométricos digitais para acesso a espaços específicos. Em relação à segurança, não são apenas as situações de segurança financeira, mas também qualquer situação que possa expor o titular a situações inseguras, como no caso da necessária coleta de dados sensíveis para o controle sanitário de distanciamento social em eventos.

10.11 UTILIZAÇÃO DE DADOS PESSOAIS JÁ PUBLICAMENTE ACESSÍVEIS

O Direito da Proteção de Dados Pessoais também se preocupa com o tratamento de dados pessoais acessíveis publicamente, ou seja, dados pessoais que estão públicos ou foram publicizados por uma razão inicial e, nessa premissa de disponibilidade técnica, podem ser acessados e coletados por agentes de tratamento. Lembrando aqui, conforme tratado no capítulo dedicado aos dados abertos, que a Proteção de Dados Pessoais é uma das restrições legítimas à reutilização de dados abertos.

É ponto de fundamental conhecimento e avaliação tendo em vista a quantidade imensa e cada vez mais interessante de produtos, soluções e serviços que se valem de dados disponíveis, inclusive valendo-se do ideal de dados abertos. O Direito da Proteção de Dados Pessoais, por meio do § 3º do artigo 7º da LGPD, traz, então, um perfil específico dessa proteção, ou seja, como a privacidade dos dados pode ser preservada ou protegida nesse caso.

Assim, devem ser sempre avaliados: (i) a finalidade que justificou a publicidade prévia dos dados, de modo que o tratamento futuro avaliado deve ser contextualmente analisado no sentido se conserva/promove essa finalidade ou não; (ii) a boa-fé objetiva do agente de tratamento que se utiliza dos dados pessoais disponíveis publicamente, sobretudo de modo a evitar que as expectativas legítimas anteriores dos titulares dos dados não sejam comprometidas; e (iii) se há e qual o grau de interesse público envolvido na publicidade anterior dos dados.

Na prática, vista com cautela a afirmação, o dispositivo acaba por trazer uma espécie de nova base legal que autoriza o tratamento de dados pessoais se tais requisitos forem observados. A acessibilidade pública dos dados, assim feita pelo próprio titular (art.

7º, § 4º, LGPD) ou por terceiros, é também motivo legitimador do tratamento se observada a fórmula triangular de finalidade, boa-fé e interesse público. Em contrapartida, observada com cautela tal fórmula e preparada a documentação de prestação de contas e diligência do agente de tratamento, o § 3º assume outro prisma não limitador: confere verdadeiro direito subjetivo ao agente de tratamento de utilizar os dados coletados.

10.11.1 Análise diligente de fontes consultadas

Parte fundamental dos trabalhos de diligência necessários para demonstração da legalidade da coleta e uso dos dados publicamente acessíveis é análise diligente das fontes publicamente acessíveis de dados pessoais consultadas pelo agente. Inclusive, em alguns casos, isso terá relação direta com outros *assessments* de privacidade, a exemplo das situações em que o uso de fontes consultadas fornece dados cujo tratamento pelo controlador se dará com base no legítimo interesse, hipótese na qual a análise das fontes precisará ser considerada no teste de balanceamento.

Pondera-se, também, que muitas vezes a própria legalidade dos produtos e serviços estará diretamente atrelada à legalidade da fonte e da forma de coleta dos dados pessoais. Estes, como insumo do negócio algorítmico desenvolvido, podem conferir legalidade ou ilegalidade ao desenvolvimento do serviço, razão pela qual o valor agregado do que se faz estará, por força deste § 3º, diretamente atrelado à finalidade de publicização dos dados pessoais. E aqui está uma percepção essencial, a meu ver, para o negócio. O valor deste depende da qualidade e legalidade do insumo que utiliza, para qualquer fim, seja na comercialização da solução direta para clientes (que avaliarão a legalidade do serviço e endereçarão o tema em contrato), seja em operações específicas envolvendo o negócio em si (operações de M&A, por exemplo).

Recomenda-se, assim, um controle cuidadoso sobre todas as fontes consultadas, o que inclui, entre outras tarefas: (i) a identificação e listagem das fontes utilizadas, inclusive com bom nível de granularidade e identificação das URLs específicas; (ii) análise das políticas/avisos de privacidade e termos de uso de cada fonte, a fim de identificar fatores impeditivos ou restritivos de coleta, como a necessidade de autorizações específicas, restrições à coleta automatizada (com o uso de *web crawlers*) ou restrições atreladas à propriedade intelectual; (iii) a revisão periódica das análises, considerando a frequente atualização de documentos e termos deste perfil; e (iv) a documentação clara e detalhada para *accountability* sobre tais tratamentos de dados pessoais.

Capítulo 11
BASES LEGAIS DE TRATAMENTO – PARTE IV: TRANSFERÊNCIA INTERNACIONAL DE DADOS

11.1 NOTA INTRODUTÓRIA E O CONCEITO DE TRANSFERÊNCIA INTERNACIONAL DE DADOS

A transferência internacional de dados pessoais é uma das operações possíveis com os dados pessoais e é destacada pelo Direito da Proteção de Dados Pessoais, nos artigos 5º e nos artigos 33 a 36 da LGPD, justamente pela existência de um risco adicional específico: a possibilidade de que os dados pessoais sejam tratados em território de país estrangeiro ou por organismo internacional sem o mesmo nível de proteção dado pelo Direito brasileiro. Como qualquer operação de tratamento, para fins legais, só será assim considerada se envolver dados pessoais. Não se aplica a LGPD à transferência de dados anônimos ou anonimizados.

Trata-se de matéria absolutamente relevante e que, não comumente, recebe a devida atenção. Em um cenário econômico globalizado, de integração notória, o tráfego de dados tem protagonismo no desempenho dos negócios.

Conceitualmente, transferência internacional de dados é aquilo que o artigo 5º da LGPD (inc. XV) diz. Isto é, "transferência de dados pessoais para país estrangeiro ou organismo internacional do qual o país seja membro". A Resolução CD/ANPD n. 19/2024 da ANPD regula o tema e repete esse conceito em seu artigo 3º, IV.

O uso do termo direcional "para" sinaliza que o Direito considera como transferência internacional a operação de movimentação dos dados a partir do território nacional e não a operação em que o dado pessoal é aqui recebido. A lógica é simples. Se a disciplina da transferência se dá pela preocupação com o nível de proteção fora do território nacional, não há razão separar em categoria e disciplina própria a operação de recebimento de dados no País, a qual é regulada pelo Direito como qualquer operação em que a sua eficácia material se aplica.

Ainda, é interessante notar a previsão do referido texto de que a transferência internacional é assim considerada se feita para território de país estrangeiro ou para organismo internacional do qual o país seja membro. Resta, então, a possível dúvida em relação aos organismos internacionais de que o Brasil não seja membro, alguns de enorme relevância, como a OCDE. Seria tal transferência permitida sem o atendimento dos requisitos específicos ou a omissão fora proposital, sendo tais operações internacionais vedadas? Parece que a primeira opção seria a mais adequada, devendo ser entendida a adjetivação "seja membro" como uma lembrança associada à existência de motivos frequentes em que se justifica a transferência de dados a partir do Brasil e não uma adjetivação impeditiva. Além disso, excluindo hipóteses restritas de territórios internacionais, na enorme maioria das vezes a transferência acabará direcionada para país estrangeiro, superando tal lacuna.

11.2 ECOSSISTEMA DE BASES LEGAIS PARA A TRANSFERÊNCIA INTERNACIONAL DE DADOS PESSOAIS

Feitas essas considerações, em razão de tais riscos, o Direito trabalha com bases legais específicas a autorizarem a transferência dos dados para fora do território brasileiro. Ou, em outras palavras, as motivações legitimantes que validam como lícita, nos termos do Direito da Proteção de Dados Pessoais, a movimentação de saída do dado pessoal, ainda que temporária. São os mecanismos que autorizam o agente de tratamento a enviar os dados pessoais para território estrangeiro ou se valer de qualquer serviço localizado fora do território nacional para o tratamento dos dados.

Têm dois principais objetivos: (i) evitar uma desproteção de dados pessoais com a presença dos dados pessoais em território estrangeiro, dado que ausência de um mesmo nível de proteção resultaria em maior risco; e (ii) evitar qualquer espécie de decisão comercial ou manobra no intuito de utilizar serviço estrangeiro por conta de uma regulação mais fraca ou inexistente.

Como estabelecem as Diretrizes da Resolução n. 19/2024 da ANPD:

Art. 2º A transferência internacional de dados será realizada em conformidade com o disposto na Lei n. 13.709, de 14 de agosto de 2018, e neste Regulamento, observadas as seguintes diretrizes:

> I – garantia de cumprimento dos princípios, dos direitos do titular e de nível de proteção equivalente ao previsto na legislação nacional, independentemente do país onde estejam localizados os dados pessoais objeto da transferência, inclusive após o término do tratamento e nas hipóteses de transferências posteriores;
>
> II – adoção de procedimentos simples, preferencialmente interoperáveis, e compatíveis com normas e boas práticas internacionais;
>
> III – promoção do livre fluxo transfronteiriço de dados com confiança e do desenvolvimento social, econômico e tecnológico, com observância aos direitos dos titulares;
>
> IV – responsabilização e prestação de contas, mediante a adoção de medidas eficazes e capazes de comprovar a observância e o cumprimento dos princípios dos direitos do titular e do regime de proteção de dados pessoais previstos na Lei n. 13.709, de 14 de agosto de 2018, inclusive, da eficácia dessas medidas;
>
> V – implementação de medidas efetivas de transparência, que assegurem o fornecimento aos titulares de informações claras, precisas e facilmente acessíveis sobre a realização da transferência, observados os segredos comercial e industrial; e
>
> VI – adoção de boas práticas e de medidas de prevenção e segurança apropriadas e compatíveis com a natureza dos dados pessoais tratados, a finalidade do tratamento e os riscos envolvidos na operação.

Seguindo a mesma lógica dos demais ecossistemas de bases legais, as hipóteses estão elencadas no artigo 33 da LGPD. São alternativas, de modo que basta a verificação concreta de uma delas para que a transferência internacional seja considerada em ajuste com a lei brasileira. Além disso, da leitura delas, com exceção do consentimento (autorização mais robusta por excelência e, por isso, de difícil obtenção), todas as outras têm em si uma justificativa legítima a autorizar a transferência ou, pelo seu conteúdo, apresentam, de alguma forma, uma maior segurança quanto ao nível de proteção de dados pessoais realizado no território estrangeiro.

A seguir, passo a tratar individualmente de cada uma das bases, com mais detalhes de operacionalização prática de cada uma delas no item 11.3, especificamente relacionado à Resolução CD/ANPD n. 19/2024.

11.2.1 Países ou organismos internacionais que proporcionem grau de proteção de dados pessoais adequado ao previsto no Direito da Proteção de Dados Pessoais

Esta é certamente a hipótese que mais reflete o espírito de regulação específica do tema da transferência internacional de dados pessoais: justamente buscar o mesmo nível de proteção de dados pessoais, seja em normas ou em regulações setoriais. Vale dizer que essa dinâmica representa mais uma influência clara do modelo europeu, em especial da GDPR.

Essa avaliação sobre o grau adequado de proteção será feita pela ANPD, seguindo os critérios do artigo 34 da LGPD, quais sejam:

I – as normas gerais e setoriais da legislação em vigor no país de destino ou no organismo internacional;

II – a natureza dos dados;

III – a observância dos princípios gerais de proteção de dados pessoais e direitos dos titulares previstos nesta Lei;

IV – a adoção de medidas de segurança previstas em regulamento;

V – a existência de garantias judiciais e institucionais para o respeito aos direitos de proteção de dados pessoais; e

VI – outras circunstâncias específicas relativas à transferência.

11.2.2 Garantias apresentadas pelo controlador

Enquanto na hipótese anterior trata de um reconhecimento amplo e genérico do nível de proteção pela ANPD, essa hipótese é considerada concretamente conforme demonstrado pelo próprio controlador de dados em sua prestação de contas também em relação aos processos nos quais realiza a transferência internacional de dados.

A primeira forma de o controlador comprovar garantia de cumprimento ao Direito da Proteção de Dados Pessoais é por meio de cláusulas contratuais específicas que disciplinem a transferência de dados pessoais. O conteúdo e a forma de validação e revalidação (em caso de alteração posterior) estão definidos na Resolução

CD/ANPD n. 19/2024. A LGPD apenas traz balizas amplas e genéricas que tais cláusulas devem respeitar os princípios, os direitos do titular e o regime de proteção de dados previstos na lei.

A segunda forma é por meio das chamadas cláusulas-padrão contratuais. São cláusulas-modelo preparadas e pensadas pela própria ANPD ou adotadas por esta em importação de experiências estrangeiras, a exemplo do que faz em sua Resolução CD/ANPD n. 19/2024, ao instituir três categorias de cláusulas: Cláusulas-Padrão Contratuais, Cláusulas-Padrão Contratuais Equivalentes e Cláusulas Contratuais Específicas. Nesse ponto, a experiência europeia deve ser, mais uma vez, de grande influência. No Direito Europeu, tais cláusulas recebem a denominação de *Standard Contractual Clauses – SCCs* e são disponibilizadas de forma *online*. A exemplo, recentemente a Comissão Europeia emitiu novo documento com tais cláusulas. Outra diretriz relevante é que, provavelmente, a ANPD irá determinar que essas cláusulas-modelo deverão ser adotadas de forma integral pelo controlador e que esse pode acrescentar outras disposições de ordem comercial, desde que coerentes e em respeito com as cláusulas definidas pela autoridade.

A terceira forma de o controlador garantir o nível de proteção é por meio de normas corporativas globais ou, como chamadas no Direito Europeu, as *Binding Corporate Rules – BCRs*, lá pensadas para empresas do mesmo grupo econômico. Essa ideia deve ser replicada também no Brasil. O tema também será objeto de regulação pela ANPD, mas no regime do GDPR, se uma empresa do mesmo grupo consegue aprovação da cláusula perante a Autoridade que se submete, pode então transferir dados entre empresas do mesmo grupo. Assim como nas hipóteses anteriores, qualquer alteração da norma aprovada, espera-se que a ANPD defina a necessidade de revalidação.

A quarta forma é a apresentação de certificações apresentadas à ANPD e entendidas, por esta, como adequada. Esses parâmetros ainda não foram definidos e serão objeto de regulação, mas a ideia é trazer uma espécie de presunção de proteção adequada nos casos em que o controlador no Brasil e o agente de destino dos dados em território estrangeiro tenham as certificações reconhecidas pela autoridade.

11.2.3 Transferência necessária para a cooperação jurídica internacional

Se a transferência internacional de dados pessoais for necessária para tal cooperação entre órgãos públicos de inteligência, de investigação e de persecução, o Direito brasileiro busca não inviabilizar tais atividades e permite a movimentação de dados pessoais para território estrangeiro. Como nas demais hipóteses, a transferência nesse caso deve ter aderência estrita às finalidades de tais órgãos.

11.2.4 Proteção da vida e da incolumidade física do titular ou de terceiro

Assim como nas bases legais de tratamento, a proteção da vida e da incolumidade física ganham importante relevância na situação de transferência internacional de dados pessoais, permitindo que esta ocorra se necessária para tanto em razão dos bens jurídicos envolvidos. Basta imaginar o exemplo em que a transferência internacional se faz necessária para localizar pessoa desaparecida durante viagem de turismo.

11.2.5   Autorização específica da ANPD

A hipótese é aberta e permite de forma ampla a avaliação e autorização da ANPD em relação a transferências internacionais específicas. Uma vez mais, a regulação pela autoridade será importante não só para entender o alcance de tal possibilidade, como também a forma de a exercer. Além disso, se seguir a experiência do direito europeu e o regime da GDPR, faz sentido aplicá-la como uma possibilidade em situações excepcionais ou não habituais até para não a tornar como hipótese de regra.

11.2.6   Acordo de cooperação internacional

De forma específica, também é autorizada a transferência internacional de dados pessoais se esta resultar, direta ou indiretamente, de compromisso assumido em cooperação internacional.

11.2.7   Transferência necessária para a execução de política pública ou atribuição legal

Se a transferência internacional constituir operação necessária para a execução de política pública ou atribuição legal, está autorizada.

11.2.8   Consentimento

Caso o titular de dados pessoais consinta de forma específica com a transferência internacional de dados pessoais, esta poderá ser realizada, ainda que as demais hipóteses não estejam caracterizadas. Para tanto, o consentimento deve atender a todos os requisitos e observar todas as características anteriormente tratadas nesta obra.

11.3   RESOLUÇÃO CD/ANPD N. 19/2024

De forma fundamental, considerando a relevância do tema, a ANPD regula a transferência internacional de dados, como visto, por meio de sua Resolução CD/ANPD n. 19/2024. O documento, de consulta obrigatória, detalha a regulação sobre as bases legais de tratamento, estabelece definições essenciais e traça a regulamentação específica para que os agentes de tratamento operacionalizem a transferência internacional de dados.

Como se vê de seu artigo 1º, não regula totalmente o tema, sendo pertinente a dois grupos de bases legais apenas entre todas listadas a partir do artigo 33 da LGPD: (i) o nível adequado dos países e organismos internacionais; e (ii) mediante o oferecimento de garantias adequadas pelo controlador de dados pessoais:

> Art. 1º Este Regulamento estabelece os procedimentos e as regras aplicáveis às operações de transferência internacional de dados:

I – para países ou organismos internacionais que proporcionem grau de proteção de dados pessoais adequado ao previsto na Lei n. 13.709, de 14 de agosto de 2018, mediante reconhecimento da adequação pela ANPD; ou

II – quando controlador oferecer e comprovar garantias de cumprimento dos princípios, dos direitos do titular e do regime de proteção de dados previstos na Lei n. 13.709, de 14 de agosto de 2018, na forma de:

    a) cláusulas contratuais específicas para determinada transferência;

    b) cláusulas-padrão contratuais; ou

    c) normas corporativas globais.

Inclusive, o Regulamento é expresso em ressalvar a possibilidades de outras bases no parágrafo único do mesmo artigo 1º.

Nas definições, o Regulamento procura posicionar e melhor detalhar o perfil dos agentes de tratamento e das operações nesse contexto. Assim, estabelece seu artigo 3º os seguintes conceitos de conhecimento obrigatório para bom mapeamento e aplicação de governança pelo agente de tratamento:

I – exportador: agente de tratamento, localizado no território nacional ou em país estrangeiro, que transfere dados pessoais para importador;

II – importador: agente de tratamento, localizado em país estrangeiro ou que seja organismo internacional, que recebe dados pessoais transferidos por exportador;

III – transferência: operação de tratamento por meio da qual um agente de tratamento transmite, compartilha ou disponibiliza acesso a dados pessoais a outro agente de tratamento;

IV – transferência internacional de dados: transferência de dados pessoais para país estrangeiro ou organismo internacional do qual o país seja membro;

V – coleta internacional de dados: coleta de dados pessoais do titular efetuada diretamente pelo agente de tratamento localizado no exterior;

VI – grupo ou conglomerado de empresas: conjunto de empresas de fato ou de direito com personalidades jurídicas próprias, sob direção, controle ou administração de uma pessoa natural ou jurídica ou ainda grupo de pessoas que detêm, isolada ou conjuntamente, poder de controle sobre as demais, desde que demonstrado interesse integrado, efetiva comunhão de interesses e atuação conjunta das empresas dele integrantes;

VII – entidade responsável: sociedade empresária, com sede no Brasil, que responde por qualquer violação de norma corporativa global, ainda que decorrente de ato praticado por um membro do grupo ou conglomerado de empresas com sede em outro país;

VIII – mecanismos de transferência internacional de dados: hipóteses previstas nos incisos I a IX do art. 33 da Lei n. 13.709, de 14 de agosto de 2018, que autorizam uma transferência internacional de dados;

IX – organismo internacional: organização regida pelo direito internacional público, incluindo seus órgãos subordinados ou qualquer outro órgão criado mediante acordo firmado entre dois ou mais países; e

X – medidas de segurança: medidas técnicas e administrativas adotadas para proteger os dados pessoais de acessos não autorizados e de situações acidentais ou ilícitas de destruição, perda, alteração, comunicação ou difusão.

Reafirma, nessa linha, que a transferência internacional de dados é caracterizada quando o exportador transferir dados para o importador e não o contrário. Ou seja, necessariamente, o agente de tratamento (tanto faz se controlador ou operador) precisa enviar os dados pessoais localizados no território nacional para fora (art. 5º). O artigo 6º, ainda, é expresso em sinalizar que "A coleta internacional de dados não caracteriza transferência internacional de dados", mas deve respeitar igualmente a LGPD se inserida no contexto de eficácia material e territorial da lei. Ou seja, o agente de tratamento pode coletar dados localizados fora do território nacional e seguirá, normalmente, o Direito da Proteção de Dados Pessoais, sem que isso se caracterize como transferência internacional de dados.

O artigo 8º do Regulamento é ainda mais claro nesse sentido, ao estabelecer de forma expressa e ainda mais detalhada ao que consta na LGPD que:

> Art. 8º Aplica-se a Lei n. 13.709, de 14 de agosto de 2018, aos dados pessoais provenientes do exterior sempre que estes sejam objeto de tratamento no território nacional.
>
> § 1º A Lei n. 13.709, de 14 de agosto de 2018, não se aplica aos dados pessoais provenientes do exterior somente quando ocorrer:
>
> I – trânsito de dados pessoais, sem a ocorrência de comunicação ou uso compartilhado de dados com agente de tratamento situado em território nacional; ou
>
> II – retorno dos dados pessoais, objeto de tratamento no território nacional, exclusivamente ao país ou organismo internacional de proveniência, desde que:
>
> a) o país ou organismo internacional de proveniência proporcione grau de proteção de dados pessoais adequado, reconhecido por decisão da ANPD;
>
> b) a legislação do país ou as normas aplicáveis ao organismo internacional de proveniência se apliquem à operação realizada; e
>
> c) a situação específica e excepcional de não aplicação da Lei n. 13.709, de 14 de agosto de 2018, esteja expressamente prevista na decisão de adequação referida na alínea *a*.

Avançando, o Regulamento trata especificamente da chamada "Decisão de Adequação", mecanismo específico conferido pelo Direito brasileiro, como visto, que permite a ANPD reconhecer expressamente que país ou organismo estrangeiro guarda equivalência do nível de proteção de dados pessoais com a legislação brasileira. Os critérios e como isso é feito pela autoridade constam dos artigos 11 a 14. Trata-se de importante mecanismo que facilita muito a governança do controlador, à medida que retira deste a obrigação de consolidação de outras bases legais para a realização da operação. Confere à autoridade, como premissa, a adequação do destino ao nível de proteção.

As cláusulas-padrão contratuais, elaboradas e aprovadas pela ANPD na forma do Anexo II, "estabelecem garantias mínimas e condições válidas para a realização de transferências internacionais de dados". E, ainda, "visam garantir a adoção das salvaguardas adequadas para o cumprimento dos princípios, dos direitos do titular e do regime de proteção de dados previstos na Lei n. 13.709, de 14 de agosto de 2018, incluindo as determinações da ANPD".

Para que a transferência internacional seja válida com base nessas cláusulas, o agente de tratamento deve adotar integralmente o conteúdo e as opções do Anexo II do Regulamento, seja em: "I – contrato celebrado para reger especificamente transferências internacionais de dados; II – contrato com objeto mais amplo, inclusive mediante a assinatura de termo aditivo pelo exportador e pelo importador envolvidos na operação de transferência internacional de dados".

O Regulamento, ainda, reforça as medidas de transparência para com os titulares de dados pessoais em relação à utilização dessas cláusulas. Segundo o Artigo 17:

> Art. 17. O controlador deverá disponibilizar ao titular, em caso de solicitação, a íntegra das cláusulas utilizadas para a realização da transferência internacional de dados, observados os segredos comercial e industrial.
>
> § 1º O prazo para atendimento da solicitação é de 15 (quinze) dias, ressalvada a hipótese de prazo distinto estabelecido em regulamentação específica da ANPD.
>
> § 2º O controlador deverá ainda publicar em sua página na Internet documento contendo informações em língua portuguesa, em linguagem simples, clara, precisa e acessível sobre a realização da transferência internacional de dados, incluindo, pelo menos, informações sobre:
>
> I – a forma, a duração e a finalidade específica da transferência internacional;
>
> II – o país de destino dos dados transferidos;
>
> III – a identificação e os contatos do controlador;
>
> IV – o uso compartilhado de dados pelo controlador e a finalidade;
>
> V – as responsabilidades dos agentes que realizarão o tratamento e as medidas de segurança adotadas; e
>
> VI – os direitos do titular e os meios para o seu exercício, incluindo canal de fácil acesso e o direito de peticionar contra o controlador perante a ANPD.
>
> § 3º O documento referido no § 2º poderá ser disponibilizado em página específica ou integrado, de forma destacada e de fácil acesso, à Política de Privacidade ou a instrumento equivalente.

De forma a conferir adesão à realidade negocial, bem fez a ANPD ao estabelecer a possibilidade de reconhecer a validade de Cláusulas-padrão contratuais equivalentes. Isto é, "reconhecer a equivalência de cláusulas-padrão contratuais de outros países ou de organismos internacionais com as cláusulas previstas no Anexo II" (art. 18). Estabelece procedimento próprio para tal reconhecimento.

Seguindo, também com ótima feição de adesão à realidade e à autorregulação de mercado, a ANPD permite que o controlador solicite "a aprovação de cláusulas contratuais específicas, que ofereçam e comprovem garantias de cumprimento dos princípios, dos direitos do titular e do regime de proteção de dados previstos na Lei n. 13.709, de 14 de agosto de 2018, e neste Regulamento" (art. 21), sendo estas chamadas de Cláusulas Contratuais Específicas. Trata-se de aplicação subsidiária, ao passo que a ANPD expressamente estabelece que "As cláusulas contratuais específicas somente serão aprovadas quando a transferência internacional de dados não puder ser realizada por meio das cláusulas-padrão contratuais, em razão de circunstâncias excepcionais de fato ou de direito, devidamente comprovadas pelo controlador" (art. 21, § 1º). No mais, traz o procedimento específico para obtenção da aprovação pelo controlador junto à ANPD.

Por fim, o Regulamento dispõe sobre a possibilidade do agente de tratamento assegurar a legalidade da transferência internacional mediante normas corporativas globais (arts. 25 a 28). Aqui, é a situação em que a transferência internacional se dá entre organizações do mesmo grupo ou conglomerado de empresas, possuindo caráter vinculante aos membros que as subscreverem. Segundo o próprio Regulamento, tal grupo ou conglomerado se define como:

> [...] conjunto de empresas de fato ou de direito com personalidades jurídicas próprias, sob direção, controle ou administração de uma pessoa natural ou jurídica ou ainda grupo de pessoas que detêm, isolada ou conjuntamente, poder de controle sobre as demais, desde que demonstrado interesse integrado, efetiva comunhão de interesses e atuação conjunta das empresas dele integrantes.

Tais normas devem atender aos requisitos específicos do artigo 27 e ser expressamente aprovadas pela ANPD, conforme artigo 28, em tramitação de procedimento administrativo próprio do Regulamento.

Capítulo 12
TRATAMENTO DE DADOS PESSOAIS DE CRIANÇAS E ADOLESCENTES

12.1 CRIANÇAS E ADOLESCENTES

Para definição de crianças e adolescentes, atraindo a aplicação do Direito da Proteção de Dados Pessoais, deve ser considerada a legislação pertinente, no caso do Brasil, o Estatuto da Criança e do Adolescente – ECA, Lei Federal n. 8.069/1990, conforme dicção do artigo 14 da LGPD: "O tratamento de dados pessoais de crianças e de adolescentes deverá ser realizado em seu melhor interesse, nos termos deste artigo e da legislação pertinente". Assim, nos termos do seu artigo 2º, criança é a pessoa natural de até 12 anos de idade incompletos e adolescente a pessoa natural entre 12 anos completos e 18 anos de idade.

12.2 MELHOR INTERESSE DA CRIANÇA E DO ADOLESCENTE

O Direito da Proteção de Dados Pessoais, como já tratado em outras oportunidades, trabalha no terreno fértil da interdisciplinaridade. Assim, determina o artigo 14 da LGPD que qualquer tratamento de dados pessoais cujos titulares sejam crianças ou adolescentes deverá ser realizado "em seu melhor interesse".

Estabelece a observância mandatória do princípio do melhor interesse da criança e do adolescente para todo e qualquer agente de tratamento de dados. Trata-se de regra de orientação, de modo a determinar o vetor por meio do qual os agentes de tratamento, e especialmente, o controlador de dados pessoais, devem necessariamente passar.

Seria possível delimitar mais o conteúdo do que significa respeitar o melhor interesse? Parece que sim. A literatura jurídica é vasta no tema. Porém, de modo a objetivá-lo e em prestígio ao excelente Estudo Preliminar da ANPD sobre as hipóteses legais aplicáveis ao tratamento de dados pessoais de crianças e adolescentes[1], parece muito útil mencionar a referência feita pela Autoridade em tal documento em relação ao Comentário Geral n. 14 de 2013 do Comitê dos Direitos da Criança da ONU[2], que estabelece o melhor interesse como algo tridimensional, sendo duas dimensões materiais e uma de ordem processual.

---

[1] ANPD. *Estudo preliminar – hipóteses legais aplicáveis ao tratamento de dados pessoais de crianças e adolescentes*. Disponível em: https://www.gov.br/anpd/pt-br/documentos-e-publicacoes/estudo-preliminar-tratamento-de-dados-crianca-e-adolescente.pdf. Acesso em: 15 maio 2024.

[2] ONU. *Comentário Geral n. 14, de 2013, do Comitê dos Direitos da Criança*. Disponível em: https://www2.ohchr.org/english/bodies/crc/docs/gc/crc_c_gc_14_eng.pdf. Acesso em: 15 maio 2024.

Segundo o documento, o melhor interesse representa

> Um direito substantivo: o direito das crianças a que o seu interesse superior seja avaliado e constitua uma consideração primacial quando estejam diferentes interesses em consideração, bem como a garantia de que este direito será aplicado sempre que se tenha de tomar uma decisão que afete uma criança, um grupo de crianças ou as crianças em geral.

Representa também

> Um princípio jurídico fundamentalmente interpretativo: se uma disposição jurídica estiver aberta a mais do que uma interpretação, deve ser escolhida a interpretação que efetivamente melhor satisfaça o interesse superior da criança. Os direitos consagrados na Convenção e nos seus Protocolos Facultativos estabelecem o quadro de interpretação.

E, ainda,

> Uma regra processual: sempre que é tomada uma decisão que afeta uma determinada criança, um grupo de crianças ou as crianças em geral, o processo de tomada de decisão deve incluir uma avaliação do possível impacto (positivo ou negativo) da decisão sobre a criança ou das crianças envolvidas. A avaliação e a determinação do interesse superior da criança requerem garantias processuais. Para além disso, a fundamentação de uma decisão deve indicar que direito foi explicitamente tido em conta. A este respeito, os Estados-partes deverão explicar como é que o direito foi respeitado na decisão, ou seja, o que foi considerado como sendo do interesse superior da criança; em que critérios se baseia a decisão; e como se procedeu à ponderação do interesse superior da criança face a outras considerações, sejam estas questões gerais de políticas ou casos individuais.

Da mesma forma, o mesmo Estudo Preliminar da Autoridade refere-se ao mais recente Comentário Geral n. 25 de 2021 também do Comitê dos Direitos da Criança[3], segundo o qual:

> O melhor interesse da criança constitui um conceito dinâmico que exige uma avaliação adequada em cada contexto específico. O ambiente digital não foi originalmente concebido para crianças e, no entanto, desempenha um papel importante nas vidas destas. Os Estados-partes devem garantir que, em todas as ações relativas à disponibilização, regulação, *design*, gestão e utilização do ambiente digital, o melhor interesse da criança constitui uma consideração primordial. Os Estados-partes devem envolver em tais ações os organismos nacionais e locais que supervisionam a realização dos direitos da criança. Ao considerar o interesse superior da criança, devem ter em conta todos os direitos da criança, incluindo os seus direitos a procurar, receber e partilhar informação, a ser protegidas de danos e a que as suas opiniões sejam devidamente consideradas, e garantir transparência no processo de avaliação do melhor interesse da criança e critérios aplicados.

Assim, é esperado que o controlador de dados, entre outras coisas, na prática, priorize a proteção dos menores e seus interesses em relação a qualquer outro, sendo

---

[3] ONU. *Comentário Geral n. 25, de 2021, do Comitê dos Direitos da Criança*. Disponível em: https://alana.org.br/wp-content/uploads/2022/04/CG-25.pdf. Acesso em: 15 maio 2024.

a priorização do interesse do titular menor uma premissa para que o tratamento de dados pessoais seja realizado. Isso deve influenciar diretamente as decisões sobre os tratamentos de dados: seguir ou não com o projeto; como seguir; quais dados tratar; quais as finalidades; período de tratamento; salvaguardas adotadas etc.

12.3 BASES LEGAIS DE TRATAMENTO DE DADOS DE CRIANÇAS E O ENUNCIADO CD/ANPD N. 1/2023

Textualmente, o Direito da Proteção de Dados Pessoais, por meio do § 1º do artigo 14 da LGPD, prevê que o tratamento de dados pessoais de titulares crianças (até 12 anos incompletos), dependia necessariamente do consentimento específico e, em destaque, de ao menos um dos pais ou daquele que, por lei, esteja na condição de responsável legal, exigindo-se do controlador a adoção de esforços razoáveis para comprovar essa condição.

Essa disposição foi uma das mais discutidas do texto da lei desde sua edição e com razão. São muitas as situações rotineiras de tratamento de dados de crianças de bem baixo risco, fazendo com que o consentimento – complexo de ser obtido por natureza – representasse exigência legal desproporcional. Inclusive, existia posicionamento consistente, a exemplo do Enunciado n. 684 da IX Jornada de Direito Civil do CJF em que se definiu que o artigo 14 não excluiria a aplicação de demais bases de tratamento se cabíveis e respeitado o melhor interesse da criança. Não se ignora o quanto a restrição do § 1º é relevante e pode implicar entraves práticos na rotina empresarial, porém, era o texto expresso, de modo que, até a regulação da ANPD, este autor entendia pela necessidade do consentimento específico.

Foi então publicado o Enunciado CD/ANPD n. 1/2023 conferindo interpretação oficial ao artigo 14. Segundo o Enunciado: "O tratamento de dados pessoais de crianças e adolescentes poderá ser realizado com base nas hipóteses legais previstas no art. 7º ou no art. 11 da Lei Geral de Proteção de Dados Pessoais (LGPD), desde que observado e prevalecente o seu melhor interesse, a ser avaliado no caso concreto, nos termos do art. 14 da Lei", texto este que é muito elogiado e decorre do referido Estudo Preliminar mencionado no item anterior. Mais um exemplo ímpar da postura pedagógica e razoável da ANPD na sua tarefa de regulação. Um caso histórico de aplausos e sucesso.

O enunciado, assim, gera duas possibilidades a serem sempre ponderadas pelo controlador de quanto ao tratamento de dados pessoais de crianças.

A um, os tratamentos de dados de crianças feitos entre a vigência da LGPD e a publicação do enunciado (24/05/2023): nesta situação, o consentimento se mostra necessário conforme texto expresso vigente, cumprindo ao controlador realizar a prova de que obteve o consentimento nos termos do Direito Brasileiro. Porém, caso o consentimento não tenha sido obtido, é razoável defender a aplicação retroativa do enunciado, dado seu conteúdo de bom senso e se presente o melhor interesse da criança ou adolescente.

A dois, para tratamentos de dados de crianças realizados de 24/05/2023 em diante: nesta situação, quaisquer das bases legais de tratamento podem ser aplicáveis, desde que (i) presentes os requisitos respectivos da base indicada, e (ii) demonstrada a prevalência do melhor interesse da criança ou adolescente. Ausente o conteúdo de caracterização da base legal, o consentimento será necessário. Ausente o melhor interesse, o tratamento de dados pessoais não poderá ser realizado. Razão pela qual, até para prestação de contas, cumpre ao controlador documentar adequadamente a avaliação de melhor interesse foi feita.

O texto da LGPD também é coerente e mais uma vez preza pela boa razoabilidade e preservação dos interesses relevantes. Assim, o Direito da Proteção de Dados Pessoais traz a possibilidade de que os dados de crianças sejam tratados se (i) se a coleta dos dados pessoais da criança for necessária para contatar os pais ou seu responsável legal, uma única vez e sem armazenamento, quer dizer, o tratamento apenas para viabilizar a comunicação ou localização dos pais ou responsável; e (ii) se a coleta dos dados for para proteção da própria criança (art. 14, § 3º, LGPD). São situações práticas e pontuais, de extrema necessidade, em que a proteção da criança acaba sendo mais relevante que sua própria privacidade, por exemplo, se alguém encontra uma criança desacompanhada de seus pais em espaço público e precisa localizá-los.

12.4 CONTROLE ETÁRIO

Para algumas aplicações e tratamentos de dados pessoais (jogos/games, mídias sociais, aplicações educacionais etc.), ganham especial relevância os filtros de controle de idade de crianças e adolescentes, sobretudo para impedir que crianças e adolescentes tenham acesso a determinados produtos e serviços (conteúdos adultos, por exemplo). Os mecanismos mais comuns e difundidos são a autodeclaração (em que o próprio usuário declara sua idade) e o compartilhamento de dados de credenciais de acesso entre empresas, mas ambos têm apresentado falhas e carecem de diligência e evolução, a exemplo do que reconheceu a Agência Española Protección Datos[4]. É tarefa desafiadora, e a ANPD se mostrou atenta, a exemplo da Nota Técnica n. 6/2023/CGF/ANPD.

12.5 PRINCÍPIO DA NECESSIDADE E JOGOS E APLICAÇÕES

De forma diligente ao perfil específico desses titulares de dados pessoais, o § 4º do artigo 14 da LGPD reforça os princípios da finalidade, adequação e necessidade no caso das crianças. O Direito reconhece a presença consistente dos jogos na realidade de tratamento de dados pessoais desse público e reforça que o fornecimento do pro-

---

[4] Disponível em: https://www.aepd.es/prensa-y-comunicacion/notas-de-prensa/aepd-presenta-sistema-verificacion-edad-para-proteger-a-menores-de-edad#:~:text=adultos%20en%20Internet-,La%20AEPD%20presenta%20un%20sistema%20de%20verificación%20de%20edad%20para,contenidos%20de%20adultos%20en%20Internet&text=(14%20de%20diciembre%20de%202023). Acesso em: 15 maio 2024.

duto ou serviço não será condicionado ao fornecimento dos seus dados, devendo ser tratados apenas aqueles estritamente necessários para o desenvolvimento do mesmo produto ou serviço.

12.6 COMPROVAÇÃO DA CONDIÇÃO DE PAI OU RESPONSÁVEL LEGAL

Pautado mais uma vez no contexto, o Direito da Proteção de Dados Pessoais (art. 14, § 5º, LGPD) passa ao controlador a responsabilidade de se certificar da condição de pai ou responsável legal de quem fornece o consentimento.

A principal questão é entender o que seriam esforços razoáveis do controlador. De fato, é conceito amplo, aberto e, sobretudo, contextual. Até que posicionamentos de regulação e jurisprudenciais sejam consistentes para a verificação de balizas firmes, pode-se dizer que razoáveis seriam aqueles esforços que, no contexto, eram possíveis e de baixa ou média complexidade por parte do controlador. O que não pode ser verificado de nenhuma forma é que ele, por algum motivo, simplesmente não se preocupou em confirmar tal condição. Por exemplo, é razoável exigir que uma escola confira se quem consentiu com o tratamento é o pai ou responsável identificado no contrato de ensino, inclusive com o cruzamento da documentação.

Capítulo 13
TRATAMENTO DE DADOS PESSOAIS PELO PODER PÚBLICO

13.1 NOTA INTRODUTÓRIA

Na adequada linha de contextualização da norma, o Direito da Proteção de Dados Pessoais, via LGPD, mais uma vez, aborda um tema de alta importância de forma específica: o tratamento de dados pessoais pelo Poder Público.

13.2 O TRATAMENTO DE DADOS PESSOAIS PARA O DESEMPENHO DAS FINALIDADES PÚBLICAS

O Direito da Proteção de Dados Pessoais autoriza o Poder Público a tratar os dados pessoais diretamente ou de forma compartilhada, inclusive com particulares nos regimes normativos permitidos. É o que trata de forma específica o artigo 23 da LGPD:

> O tratamento de dados pessoais pelas pessoas jurídicas de direito público referidas no parágrafo único do art. 1º da Lei n. 12.527, de 18 de novembro de 2011 (Lei de Acesso à Informação – LAI), deverá ser realizado para o atendimento de sua finalidade pública, na persecução do interesse público, com o objetivo de executar as competências legais ou cumprir as atribuições legais do serviço público.

Segundo o referido dispositivo da LAI, são pessoas jurídicas de direito público que devem seguir esse regime típico de normatização do tratamento de dados:

> [...] os órgãos públicos integrantes da administração direta dos Poderes Executivo, Legislativo, incluindo as Cortes de Contas, e Judiciário e do Ministério Público; e as autarquias, as fundações públicas, as empresas públicas, as sociedades de economia mista e demais entidades controladas direta ou indiretamente pela União, Estados, Distrito Federal e Municípios.

Segundo a ANPD, em seu *Guia orientativo – tratamento de dados pessoais pelo poder público*[1]:

> O termo 'Poder Público' é definido pela LGPD de forma ampla e inclui órgãos ou entidades dos entes federativos (União, Estados, Distrito Federal e Municípios) e dos

---

[1] ANPD. *Guia orientativo – tratamento de dados pessoais pelo poder público*, p. 7. Disponível em: https://www.gov.br/anpd/pt-br/documentos-e-publicacoes/documentos-de-publicacoes/guia-poder-publico-anpd-versao-final.pdf. Acesso em: 15 maio 2024.

três Poderes (Executivo, Legislativo e Judiciário), inclusive das Cortes de Contas e do Ministério Público. Assim, os tratamentos de dados pessoais realizados por essas entidades e órgãos públicos devem observar as disposições da LGPD, ressalvadas as exceções previstas no art. 4º da lei. Também se incluem no conceito de Poder Público: (i) os serviços notariais e de registro (art. 23, § 4º); e (ii) as empresas públicas e as sociedades de economia mista (art. 24), neste último caso, desde que (ii.i.) não estejam atuando em regime de concorrência; ou (ii.ii) operacionalizem políticas públicas, no âmbito da execução destas.

Assim, se no regime de direito privado, os agentes de tratamento privados têm liberdade para definir as finalidades para as quais tratarão os dados pessoais, no alcance de sua livre-iniciativa e no limite do princípio da finalidade (propósitos legítimos, específicos, explícitos e informados), o Poder Público não goza de mesma liberdade em seu regime: de forma restritiva, só está autorizado a tratar os dados pessoais se for para cumprir as finalidades e competências públicas que justificam sua existência, calcadas no regime público absoluto de legalidade.

Como reconhece a ANPD[2]:

> O tratamento de dados pessoais pelo Poder Público possui muitas peculiaridades, que decorrem, em geral, da necessidade de compatibilização entre o exercício de prerrogativas estatais típicas e os princípios, regras e direitos estabelecidos na Lei Geral de Proteção de Dados Pessoais. Diante desse cenário, o desafio posto é o de estabelecer parâmetros objetivos, capazes de conferir segurança jurídica as operações com dados pessoais realizadas por órgãos e entidades públicos. Trata-se de assegurar a celeridade e a eficiência necessárias à execução de políticas e à prestação de serviços públicos com respeito aos direitos à proteção de dados pessoais e à privacidade.

Como exemplo de tais peculiaridades, é esperado, ainda, que o Poder Público adote todas as medidas organizacionais e técnicas para proteger a segurança da informação dos dados pessoais. A ANPD, inclusive, ao fiscalizar incidente associado às atividades da Secretaria de Estado da Saúde de Santa Catarina, enfatizou: "A obrigação de observar os requisitos de segurança nos sistemas utilizados pelo Estado é ainda mais severa, tendo em vista que os dados pessoais dos titulares afetados são tratados de forma compulsória. O não tratamento de dados pela SES/SC na lista de espera SUS tem como consequência a inviabilidade da garantia do direito à saúde ao cidadão. Logo, o Estado, respeitados os critérios do caso concreto, possui ônus de utilizar sistemas em acordo com o previsto na LGPD" (Relatório de Instrução n. 4/2023/FIS/CGF/ANPD).

Em relação às bases legais de tratamento, estas não estão limitadas a determinadas situações, podendo ser caracterizadas quaisquer das bases previstas em lei desde que circunscritas na persecução da finalidade pública.

---

[2] Idem, p. 6.

Além disso, o mesmo artigo 23 da LGPD reforça que o desempenho das finalidades públicas, embora autorize a execução das medidas de tratamento, não afasta a necessidade de que o Poder Público cumpra integralmente o Direito da Proteção de Dados Pessoais naquilo que lhe é pertinente. Assim, os incisos do artigo 23 reforçam que:

> [...] sejam informadas as hipóteses em que, no exercício de suas competências, realizam o tratamento de dados pessoais, fornecendo informações claras e atualizadas sobre a previsão legal, a finalidade, os procedimentos e as práticas utilizadas para a execução dessas atividades, em veículos de fácil acesso, preferencialmente em seus sítios eletrônicos; e III – seja indicado um encarregado quando realizarem operações de tratamento de dados pessoais.

13.3 EMPRESAS PÚBLICAS E SOCIEDADES DE ECONOMIA MISTA

Para as empresas públicas e sociedades de economia mista, seguindo a lógica do regime de direito privado a elas aplicáveis, o Direito da Proteção de Dados Pessoais também prevê que elas serão, em regra, consideradas entes privados para fins de regulação do tratamento de dados pessoais (art. 24, p. único).

13.4 INTEROPERABILIDADE

Conforme já mencionado no estudo dos dados abertos, a LGPD traz determinação específica de que o Poder Público busque manter os dados em formato interoperável. Esse formato é aquele que revela a capacidade de sistemas trabalharem em conjunto ou de operarem em conjunto de modo a viabilizar a troca e a gestão conjunta, compartilhada e mais eficiente. A preocupação do dispositivo é evitar a existência de sistemas que não dialogam entre si e que, por isso, venham a prejudicar o desenvolvimento das tarefas. Preza pela eficiência e pela eliminação de sistemas e procedimentos e estruturas incomunicáveis.

Capítulo 14
TÉRMINO DO TRATAMENTO DE DADOS

14.1 NOTA INTRODUTÓRIA

O Direito da Proteção de Dados Pessoais também dedica normas ao final do tratamento de dados pessoais. Ou seja, normas que disciplinam a fase pós-tratamento e o que deve ser feito com os dados pessoais. Assim, explica quais são as situações em que o término de tratamento ocorre e as situações em que, mesmo com o término de tratamento, os dados não precisam ser eliminados – o que seria a regra, já que exauridas as razões pelas quais o tratamento fora realizado. Caracterizado o término do tratamento de dados (conforme lista do artigo 15, LGPD) e ausente qualquer situação de exceção (conforme lista do artigo 16, LGPD), passa o agente de tratamento a incorrer em estado de ilicitude.

14.2 SITUAÇÕES QUE CARACTERIZAM O TÉRMINO DO TRATAMENTO (ART. 15, LGPD)

14.2.1 Cumprimento da finalidade

Pela lógica do regime de proteção do Direito da Proteção de Dados Pessoais e, sobretudo, pelo princípio da finalidade (artigo 6º, I, LGPD) para todo tratamento de dados pessoais deve existir um propósito legítimo e apto a justificá-lo. Uma finalidade pautada em propósitos legítimos, específicos, explícitos e informados. Assim, reforçando tal preceito, a hipótese determina que, alcançada a finalidade, o tratamento de dados deve se encerrar.

Se a finalidade for apresentar característica de continuidade, enquanto ela existir e legitimar o tratamento, o tratamento de dados ainda poderá ocorrer. São as situações, por exemplo, pautadas na execução do contrato com o próprio titular, mantendo-se a finalidade durante toda a relação contratual. Nesse caso, a finalidade só pode ser considerada alcançada se encerrada tal relação.

Finalidades ilícitas não são expressamente mencionadas pelo Direito para essas situações, obviamente. A ideia é de que, se a finalidade eleita pelo controlador está em desacordo com o Direito, o tratamento de dados sequer poderia ter sido iniciado, caracterizada a ilicitude durante todo período em que os dados permaneceram na posse do agente de tratamento. A consequência da finalidade ilícita é a expectativa de eliminação imediata pois não tem o agente de tratamento razão legal que o autorize a tratar os dados pessoais.

Situação diversa está na circunstância em que a finalidade fora lícita em dado momento e, deixou de sê-la. Por exemplo, em situações de mudança de interpretação sobre determinada lei ou revogação legislativa. Não há nesses casos, propriamente, o alcance da finalidade ou seu encerramento, porque ela ainda continua existindo. A diferença agora é que ela passa a estar em desconformidade com o Direito. Nesse caso, o tratamento também deve terminar no instante em que a licitude da finalidade não se sustenta mais.

14.2.2 Fim do período de tratamento

Nas situações em que for determinado um período de tratamento, ou seja, o tempo pelo qual os agentes poderão operar com os dados pessoais – definição esta, normalmente, associada à finalidade eleita –, ao fim desse período, o tratamento dos dados pessoais deve se encerrar.

14.2.3 Comunicação do titular de dados pessoais

Se caracterizado o direito do titular de dados de se opor ou interromper o tratamento de dados, como no caso de revogação do consentimento, por exemplo, o tratamento de dados pessoais deverá ser encerrado, salvo se outra finalidade e motivação legitimante estiver presente, como no caso em que o controlador pode manter os dados pessoais para o exercício dos seus direitos em juízo.

14.2.4 Determinação da ANPD

Nos casos em que a ANPD identificar o descumprimento da lei, mediante procedimento administrativo regular, pode determinar o fim do tratamento e a eliminação dos dados pessoais referentes à infração, conforme sanção prevista no artigo 52, LGPD.

14.2.5 Determinação judicial

Embora não prevista expressamente no texto do artigo 15, LGPD, mas aferível do sistema de responsabilização civil do Direito da Proteção de Dados Pessoais, é possível que ordem judicial também determine o fim do tratamento e a eliminação dos dados pessoais, se o Poder Judiciário entender pelo descumprimento da lei em medida judicial regular e em respeito pleno ao devido processo legal.

Parece ser recomendável, porém, que a ordem judicial de eliminação seja dada apenas em decisões com aptidão de definitividade (sentenças ou acórdãos de mérito), evitando os infortúnios e problemas de várias ordens para o controlador dos dados em caso de reversão. O controlador dos dados, por exemplo, teria de coletar os dados de todos os titulares novamente e que foram eliminados em cumprimento a uma decisão judicial meramente provisória (em tutela antecipada). Em decisões provisórias, o mais recomendável é que seja, ao máximo, determinado o bloqueio do tratamento entendido como irregular, quer dizer, sua suspensão temporária. Em caso de reversão da decisão, bastará desbloquear a operação de tratamento dos dados pessoais. A ideia de que a eliminação seja vinculada às decisões definitivas, assim, é medida de cautela, equilibrada e que em nada prejudica os direitos dos titulares, justamente pois a suspensão pode ser determinada provisoriamente.

14.3 SITUAÇÕES QUE CARACTERIZAM O TÉRMINO DO TRATAMENTO (ART. 16, LGPD)

14.3.1 Cumprimento de obrigação legal ou regulatória pelo controlador

A necessidade de cumprimento de obrigação legal ou regulatória pelo controlador, na essência, não vejo como uma excepcionalidade. Na verdade, há uma transmutação de finalidade. Antes o controlador tratava os dados por outra razão, agora pode mantê-los porque precisa cumprir com obrigação legal ou regulatória.

14.3.2 Manutenção para estudo por órgão de pesquisa

Em vários momentos, o Direito da Proteção de Dados Pessoais se preocupa com a importância dos dados pessoais para a realização de pesquisas, permitindo o tratamento inclusive em se tratando de dados sensíveis. Assim, podem os órgãos de pesquisa manter os dados consigo por tempo indeterminado (mesmo que encerrada a finalidade original), devendo, sempre que possível, assegurar a anonimização, quer dizer, que esses dados perderam a capacidade, ainda que contextual, de identificar alguém direta ou indiretamente. Por óbvio, apenas o órgão de pesquisa pode se fazer valer de tal possibilidade.

Pela locução *sempre que possível*, a recomendação deve ser entendida no sentido de que os dados devem ser mantidos como pessoais apenas nas situações em que essa condição for imprescindível para a pesquisa, ou seja, esta não pode ser feita de outra forma ou terá grandes prejuízos em seus resultados se os sujeitos não forem individualizados. Em muitas oportunidades, por exemplo, verifica-se que levantamentos estatísticos são suficientes para a pesquisa.

14.3.3 Manutenção dos dados pela necessidade de transferi-los a terceiros

Mesmo diante das situações do artigo 15, LGPD, se necessária a manutenção dos dados pessoais para que estes sejam transferidos posteriormente para terceiros, está autorizada a posse dos dados pelo agente de tratamento até a transferência. Seria o caso, por exemplo, em que o titular quer se valer de seu direito à portabilidade, quer dizer, de transferência da posse dos dados de um controlador de dados para outro (art. 18, V, LGPD).

Essa hipótese, porém, a meu ver, deve ser tratada com muito cuidado e cautela, a não permitir, sob pretexto, uma manutenção por tempo indeterminado. Deve ser detalhado e delimitado, ao máximo, para quem a transferência será feita e quanto tempo isso levará, de modo a ser possível a identificação de excessos.

14.3.4 Uso exclusivo e anonimizado pelo controlador

Caracterizada a causa de fim de tratamento e ausentes outras bases legais de tratamento que respaldem a manutenção dos dados na condição de pessoais, pode o controlador manter os dados pessoais consigo, por tempo indeterminado, desde que garantida a anonimização dos dados, ou seja, que, mesmo contextualmente, tenha sido retirada deles a possibilidade de identificar alguém direta ou indiretamente, vedado acesso por qualquer terceiro, isto é, qualquer outro que não sejam empregados ou servidores do próprio controlador.

Capítulo 15
DIREITOS DOS TITULARES DE DADOS PESSOAIS

15.1 NOTA INTRODUTÓRIA

Seguindo o modelo europeu e em diálogo com direitos reconhecidos em outros ecossistemas normativos, o Direito da Proteção de Dados Pessoais brasileiro estrutura uma série de normas dedicadas a direitos que o titular de dados pessoais possui. Ou seja, direitos àquele para quem todo o regime protetivo é estruturado, de modo que ele possa exercer o controle sobre aquilo que é feito sobre os dados que o identificam e sua autodeterminação informativa na prática e no que for possível dentro dos limites legítimos de uso dos seus dados pelos agentes de tratamento.

Respeitando a estrutura posta no Direito Brasileiro a esse respeito e, especialmente, no texto da LGPD que concentra nominalmente os direitos nos seus artigos 18 e 20, este capítulo será dedicado a tal lista e aos deveres conexos relacionados. Porém, pondero que essa relação nominal não pode implicar a ignorância de que a vocação do Direito da Proteção de Dados Pessoais é, justamente municiar o titular de dados pessoais do conhecimento e controle sobre os dados que o identificam e identificam circunstâncias de sua personalidade e vida. Assim, por exemplo, a estruturação da transparência de forma adequada e a adoção das medidas de governança de dados adequadas para proteção destes também podem ser entendidas como providências inseridas no espectro de direitos dos titulares, sem que estejam nominalmente listadas como tal.

Isso confere ao titular uma espécie de carta branca para fazer tudo que seu livre-arbítrio deseja? Não, seja porque o princípio da boa-fé e a ideia de abuso de direito (art. 187, CC) também lhe aplica, seja porque o Direito está estruturado para proteger também os direitos legítimos dos agentes de tratamento. Em suma, penso que a análise deverá ser pontual, concreta e equilibrada.

Quanto à regulação, cumpre dizer que esta se encontra em curso. Além do texto da LGPD, cumpre sinalizar que a ANPD já iniciou a coleta de subsídios para emissão de regulamento específico que avance na ponderação dos principais pontos. Até lá – e mesmo com a regulamentação específica a meu ver – vale bebermos das fontes de inspiração de tais estruturas, principalmente da normatização europeia.

15.2 DIREITOS DOS TITULARES DE DADOS PESSOAIS

15.2.1 Confirmação da existência de tratamento (art. 18, I, LGPD)

A confirmação da existência de tratamento traduz o direito do titular de saber se os seus dados pessoais são ou não tratados, para qualquer finalidade, pelo agente de tratamento. Sem qualquer justificativa, todo titular tem o direito de meramente confirmar a existência de tratamento de seus dados pessoais, o que decorre, sobretudo, dos princípios da transparência e do livre acesso (art. 6º, LGPD).

Trata-se de uma espécie de direito premissa ou direito meio, em que, pelo seu exercício, passa a ser viável o controle sobre os tratamentos de dados pessoais feitos e o exercício de demais direitos. Por essa razão, confere-se ao titular de dados a possibilidade de meramente saber se seus dados são ou não tratados pelo agente.

15.2.2 Acesso aos dados pessoais (art. 18, II, LGPD)

Também é direito do titular ter acesso aos seus dados pessoais, ou seja, acesso aos dados. O agente de tratamento, então, deve fornecer os dados e prestar todas as informações pertinentes ao tratamento (finalidade, categorias, origem, uso compartilhado, duração etc.), preservados apenas os segredos comerciais e industriais. Inclusive, os dados pessoais "serão armazenados em formato que favoreça o exercício" desse direito (cf. art. 19, § 1º, LGPD).

Cumpre ponderar que, embora o Direito Brasileiro e, especialmente, a LGPD não tenham sido específicos, sua maior inspiração legislativa o foi. Assim, as previsões do artigo 15 da GDPR são de fundamental conhecimento, já que ele detalha, na União Europeia, o direito de acesso aos dados. Logo, embora a ANPD ainda não tenha regulado o tema, muito possivelmente o fará em linha com o previsto na GDPR. Vale sinalizar, ainda, que tal artigo 15 trata de quatro direitos de forma conjunta e separados nos incisos I, II, III e VII da LGPD (direitos de confirmação, acesso, retificação e informação). Também, de certa forma, prevê o direito à reclamação ao controlador e à autoridade (o que é incorporado no § 3º. do artigo 18, LGPD).

Inspirar-se no conteúdo do artigo 15 da GDPR, assim, tem se mostrado uma opção, não obrigatória, porém diligente para atender de forma completa e adequada tal direito. Mas o que diz o artigo 15? Estabelece que o titular de dados pessoais tem o direito de obter a confirmação se os seus dados pessoas são ou não tratados pelo agente e, se forem, de ter acesso aos dados em si e às seguintes informações (art. 15 (1) GPDR): (i) as finalidades do tratamento de dados pessoais; (ii) as categorias de dados pessoais tratados; para quem os dados foram compartilhados ou revelados ou para quais categorias de agentes de tratamento para quem houve compartilhamento ou revelação; (iii) quando possível, a delimitação do período durante o qual os dados serão armazenados e, se não for possível delimitá-lo, os critérios utilizados para tanto; (iv) o direito de reclamar diretamente ao controlador e à autoridade supervisão (papel que a ANPD exerce no Brasil no caso); (v) as fontes de onde são coletados os dados se não o foram diretamente do titular; (vi) a existência de decisão automatizada. No caso de transferência internacional (art. 15 (2) GDPR), o titular tem o direito de saber sobre os devidos cuidados e salvaguardas adotados para assegurar a proteção dos dados na transferência.

Ainda sobre o direito de acesso aos dados, recomenda-se a leitura das *Guidelines n. 01/2022* da EDPB[1] sobre o exercício do direito de acesso e cujas ideias podem ser plenamente atraídas para a aplicação do Direito da Proteção de Dados Pessoais brasileiro. Entre as orientações, destaca-se que o direito de acesso deve ser atendido e pensado de acordo com a quantidade de dados e na complexidade do tratamento de dados. De todo modo, recomenda-se uma resposta concisa, transparente, inteligível e facilmente acessível ao titular. O documento confirma também que o direito de acesso é composto pela confirmação se há ou não o tratamento de dados pessoais, pelo acesso aos dados em si e recebimento de informações essenciais sobre o tratamento, como sua finalidade, categoria de dados e duração.

15.2.2.1 Como fornecer o acesso aos dados para o titular e o conceito de "cópia"

Questão das mais tormentosas e que tem reverberado na vida prática é saber como os dados têm de ser fornecidos. Normalmente, o controlador já entendeu que deve dizer as informações relacionadas no item ora mencionado, mas encontra o desafio de saber como fornecê-las e se é necessário fornecer os documentos, em si, que contêm os dados ou não.

A ANPD ainda não regulou esse ponto em específico. Dito isso, resta-nos recorrer a experiências prévias mundo a fora. No já tratado artigo 15 da GDPR, é estabelecida a possibilidade de o controlador fornecer a cópia dos dados pessoais sob tratamento, inclusive podendo cobrar taxas para cópias adicionais (3). Diz, ainda, que o fornecimento de cópias não pode violar direitos e liberdades de terceiros (4). Mesmo a Diretriz n. 64 da GDPR não entra em maior detalhe.

As *Guidelines n. 01/2022*, por sua vez, são mais específicas e nos dão um começo de caminho para resolução do dilema e mais uma vez se reforça e exemplifica o princípio da proporcionalidade. Segundo o documento (p. 3), acertadamente, a forma de fornecer o acesso variará de acordo com a quantidade dos dados tratados e a complexidade das operações envolvidas. Inclusive, se a solicitação do titular não for específica, o controlador deve presumir que todos os dados são solicitados. Se for uma grande quantidade de dados tratados, é admitido que o controlador solicite esclarecimento ao titular sobre quais dados deseja ter acesso.

Aliás, cumpre ao controlador, nesse último ponto, ser diligente sobre as possibilidades e não esperar que o titular, vulnerável técnica e juridicamente em situações como essa, saiba exatamente o que quer. A boa-fé (art. 6º, LGPD) do controlador

---

[1] EDPB. *Guidelines n. 01/2022*. Disponível em: https://www.edpb.europa.eu/our-work-tools/documents/public-consultations/2022/guidelines-012022-data-subject-rights-right_en. Acesso em: 20 maio 2024.

também se verá, a meu ver, no quanto ele contribui/ajuda o titular em saber sobre o uso dos seus dados pessoais – ser solícito, diligente e mostrar cuidado é uma boa postura de mitigação de riscos.

Nessa perspectiva, recomenda o documento que o controlador forneça os dados de forma concisa, transparente, compreensível e de fácil acesso, com linguagem clara e simples. Espera-se que o controlador seja habilidoso em encontrar o equilíbrio entre uma mensagem completa, mas de fácil compreensão e objetiva. Para tanto, identificar o perfil do titular (criança/adolescente representado, idoso, qual o grau de instrução etc.) é fundamental. Técnicas de *visual law* ou *legal design* também são úteis. Ainda, a exemplo do que recomenda a autoridade irlandesa *Data Protection Commision*[2], é válido pensar em responder o titular valendo-se da mesma forma pela qual a solicitação foi feita, pois tende a ser a mais confortável para tanto. Por fim, caso o controlador tenha algum ambiente próprio para receber as solicitações de titulares (um formulário no *site* por exemplo), é recomendável que antecipe tal ponto com um campo específico para que o titular indique como gostaria de receber a resposta.

Quanto a fornecer a cópia dos dados, as *Guidelines* e a prática têm demonstrado que isso é uma possibilidade comum e efetiva. Fornecer cópia dos dados não significa fornecer cópias idênticas dos documentos elaborados ou consultados pelo controlador, distinção esta que é fundamental, sobretudo, para preservar os segredos de negócio e não expor o agente de tratamento. Cumprir o direito de acesso não significa que o controlador deva expor de forma detalhada como faz as coisas. Isso parece ser, inclusive, um dos exemplos mais práticos e verdadeiros da preservação de segredo de negócio ao final do princípio da transparência.

Então o que é fornecer cópia dos dados para fins de atendimento de tal direito? Parece-me que seja disponibilizar a lista escrita dos dados utilizados (uma reprodução fiel dos dados), somada às informações tratadas no item anterior (finalidades etc.). Ou, a exemplo do que se verá logo a seguir (C-487/21), fornecer os extratos necessários para que o titular entenda o tratamento de dados e possa exercer seus direitos, conforme situação concretamente avaliada.

Digo isso pautado, além da prática, no que as *Guidelines* expressamente reconhecem: a obtenção da cópia, em si mesma, não é um direito do titular, mas uma forma de se fazer valer o direito de acesso em termos práticos (p. 12): o fornecimento possível de cópias se refere apenas ao escopo do direito de acesso aos dados que estão sob tratamento e não inclui, necessariamente, a reprodução dos documentos originais do controlador (ou operador em seu nome) em que os dados estão distribuídos. Seria importante que a ANPD seguisse essa premissa também quando da regulação do tema, contribuindo no alcance prático dos limites legais e legítimos da transparência.

---

[2] DATA PROTECTION COMMISION. Data Subject Access Requests – FAQs. Disponível em: https://www.dataprotection.ie/sites/default/files/uploads/2019-10/FAQ%20Guide%20to%20Data%20Subject%20Access%20Requests_Oct19.pdf. Acesso em: 20 maio 2024.

Segundo as *guidelines*, ainda, o fornecimento em formato eletrônico e que permita que o titular tenha acesso ou possa fazer o *download* ou impressão é uma boa opção (*e-mail*, mensagem via aplicativo, PDF, extrato em ambiente controlado por credenciais/*logins* e senhas etc.), com a qual particularmente concordo. Fala-se, porém, em opção, sendo esperado do controlador que saiba quem é seu titular e avalie seu perfil, de modo a identificar como é a melhor forma dele receber os dados (mesmo a forma oral por ligação pode ser admitida se assim melhor funcionar). Recomenda-se, porém, que, independentemente do modo, o controlador tenha sua diligência comprovada em relação ao tema, mantendo registro documentado (cópia do que foi enviado/disponibilizado, gravação etc.) para estar apto a demonstrar sua conformidade com o atendimento a tal direito.

Vale pensar em exemplos práticos. Imaginemos que uma empresa realiza a verificação de antecedentes criminais de candidatos a posições específicas, em alinhamento com o entendimento definido do Tribunal Superior do Trabalho. Para tanto, consulta serviços de *background check* e bases processuais públicas. Caso um candidato não aprovado no processo seletivo exercesse o direito de acesso, seria esperado que a empresa fornecesse os dados pessoais utilizados (incluindo números de processos identificados, nomes de parentes referenciados etc.), mas não é exigível que a empresa forneça a lista dos serviços consultados, critérios de avaliação utilizados e cópias dos documentos e extratos elaborados durante a diligência. Imaginemos, em segundo cenário, o titular que questiona uma instituição financeira após ter um empréstimo ou o aumento de seu limite no cartão de crédito negado. É esperado que a empresa identifique os dados tratados e finalidades, mas não os serviços utilizados, critérios para definição do *score*, cópias de documentos etc.

A forma como os dados devem ser fornecidos será, portanto, definida concretamente. Pensando que o controlador busca atender ao direito em conformidade, o fundamental aqui, a meu ver, é relembrar quais são os objetivos do direito de acesso. São dois principais: (i) informar o titular sobre os dados que são tratados – objetivo imediato ou direto e (ii) viabilizar que o titular possa exercer seus demais direitos (de oposição, retificação, revisão e eliminação se pertinentes) – objetivo mediato ou indireto. O controlador, desse modo, tem de encontrar um formato que seja capaz de atender a tais preceitos e objetivos e que, ao mesmo tempo, mostre sua boa-fé em fornecer os detalhes necessários aos titulares, inclusive com instruções que possam ser úteis ao titular para que este entenda os dados, finalidades e demais contextos de uso.

Nesse sentido, é de fundamental conhecimento a decisão da Corte de Justiça da União Europeia no caso C-487/21 de maio de 2023 que debate o tema de forma precisa. No caso, a Corte foi provocada a se manifestar sobre o alcance do artigo 15 (3) da GDPR sobre o conteúdo da expressão "cópia", e mais especificamente, se a obrigação de fornecimento de uma cópia dos dados é cumprida quando o controlador fornece um quadro sintético com os dados ou se a obrigação implica também o fornecimento de extratos de documentos ou documentos completos e extratos das bases de dados.

Entendeu a Corte que, embora o GDPR não tenha uma definição do conceito de "cópia", deve ser considerado o sentido habitual que lhe é dado: *a reprodução ou transcrição fiel dos dados tratados*. Reconheceu, a exemplo do anteriormente dito, que não há um direito autónomo à obtenção de cópias, mas que o artigo 15 (3) do GDPR reconhece "as modalidades práticas de execução da obrigação que incumbe ao responsável pelo tratamento, especificando, nomeadamente, no seu primeiro período, a forma sob a qual esse responsável deve fornecer os 'dados pessoais em fase de tratamento', designadamente, sob a forma de uma 'cópia'". Continua: "Por conseguinte, o artigo 15º do RGPD não pode ser interpretado no sentido de que consagra, no seu n. 3, primeiro período, um direito distinto do previsto no seu n.º 1. Por outro lado, como referiu a Comissão Europeia nas suas observações escritas, o termo 'cópia' não se refere a um documento enquanto tal, mas aos dados pessoais que contém e que devem estar completos. Por conseguinte, a cópia deve conter todos os dados pessoais em fase de tratamento".

Reafirma, então, os objetivos do direito de acesso: "o direito de acesso previsto no artigo 15º do RGPD deve permitir ao titular dos dados verificar que os dados pessoais que lhe dizem respeito são exatos e que são tratados de forma lícita. [...] Em especial, esse direito de acesso é necessário para permitir ao titular dos dados exercer, se for caso disso, o seu direito à retificação, o seu direito ao apagamento dos dados ('direito a ser esquecido') e o seu direito à limitação do tratamento, que lhe são reconhecidos, respetivamente, pelos artigos 16º, 17º e 18º do RGPD, o seu direito de oposição ao tratamento dos seus dados pessoais, previsto no artigo 21º do RGPD, assim como o seu direito de recurso quando sofra um dano".

De forma específica sobre a "cópia", salienta que o princípio da transparência reforça a importância de que o titular tenha a plena "compreensão das informações que lhe são transmitidas". Decide, então, que a cópia dos dados "deve apresentar todas as características que permitam ao titular dos dados exercer efetivamente os seus direitos ao abrigo deste regulamento e deve, por conseguinte, reproduzir integral e fielmente esses dados".

E o fornecimento de documentos ou extratos/amostras de documentos? Segundo a Corte, estes terão de ser fornecidos se forem indispensáveis para que o titular entenda o tratamento de dados:

> Com efeito, para garantir que as informações assim fornecidas sejam de fácil compreensão, como exige o artigo 12º, n. 1, do RGPD, lido em conjugação com o considerando 58 deste regulamento, a reprodução de extratos de documentos ou mesmo de documentos completos ou ainda de extratos de bases de dados que contenham, nomeadamente, os dados pessoais em fase de tratamento pode revelar-se indispensável, como referiu o advogado-geral nos n. 57 e 58 das suas conclusões, no caso de a contextualização dos dados tratados ser necessária para assegurar a sua inteligibilidade.

O fiel da balança na decisão do controlador em fornecer ou não os documentos em si (ou amostras) está na avaliação e resposta da seguinte pergunta: os documentos em si mesmos são indispensáveis? Ou o controlador consegue assegurar a "fácil compreensão" do titular de outra forma? Se sim para primeira, precisarão ser fornecidos. Se sim para a segunda, não precisarão.

A Corte também reconhece a preservação importante do negócio: "o direito de obter uma cópia a que se refere o n. 3 não deve prejudicar os direitos e as liberdades de terceiros, incluindo o segredo comercial ou a propriedade intelectual, particularmente o direito de autor que protege o *software*".

Por fim, cumpre mencionar a regra específica trazida pelo texto normativo da LGPD em relação ao fornecimento de "cópia eletrônica integral" se o tratamento tiver origem no consentimento do titular (artigo 19, § 3º, LGPD). Entendo que, também em relação a isso, aplica-se às ideias de cópia tratadas acima, observadas, claro, as regulações pertinentes da ANPD.

15.2.3 Correção de dados incompletos, inexatos ou desatualizados (art. 18, III, LGPD)

Diretamente conectado ao princípio da qualidade dos dados, o Direito da Proteção de Dados Pessoais reconhece a realidade de riscos e possíveis prejuízos que os titulares de dados pessoais possam sofrer pelo tratamento de dados pessoais errados, imprecisos, confusos ou desatualizados. Inclusive, a depender do contexto, os riscos e prejuízos estão verdadeiramente associados aos direitos fundamentais do titular. O direito do titular à correção dos dados tratados a seu respeito tem, por objetivo, tentar viabilizar essa noção de exatidão apta a mitigar tais riscos.

O direito de correção pode ser entendido em dois aspectos. Pode ser entendido no seu aspecto objetivo, nas situações em que haja um erro material em relação ao dado e esse possa ser corrigido, como nos casos de nomes ou endereços errados. Por outro lado, pode ser entendido no seu aspecto subjetivo que decorre da avaliação subjetiva do titular sobre os dados e seus direitos fundamentais.

15.2.4 Anonimização, bloqueio ou eliminação de dados (art. 18, IV, LGPD)

Se demonstrada a desnecessidade ou o excesso de algum dado em relação à finalidade do tratamento, ou que o tratamento descumpre de qualquer forma o Direito da Proteção de Dados Pessoais, tem o titular o direito à anonimização, bloqueio ou eliminação dos dados pessoais relacionados à desnecessidade, ao excesso ou à desconformidade.

O exercício de tal direito, portanto, depende da verificação de duas premissas: a confirmação da desnecessidade, do excesso ou da desconformidade; e que o direito só poderá ser exercido em relação aos dados envolvidos nessas condições. Imagine, por exemplo, que para determinado dado pessoal o controlador precise do consentimento para tratá-lo e que possa tratar outros dados em razão de obrigação regulatória. Nesse caso, ausente o consentimento (desconformidade com a lei), apenas em relação ao dado que dessa base legal dependa, poderá ser exigida a anonimização, o bloqueio ou a eliminação.

15.2.5 Portabilidade (art. 18, V, LGPD)

O direito de portabilidade traduz o direito do titular de que seus dados pessoais sejam transferidos de uma organização controladora dos dados para outra, mediante sua requisição expressa e de acordo com a regulamentação que ainda será feita pela ANPD. Revela um elemento importante de competitividade e concorrência entre os agentes, até porque o entendimento pelo melhor serviço do controlador de destino é situação comum, base do pedido do titular pela portabilidade de seus dados (*v.g.* aplicativos com ranqueamento dos usuários, empresas com serviços concorrentes em que importe o histórico do consumidor contratante).

A principal origem da ideia é evitar a prática do *vendor lock-in* ou aprisionamento tecnológico baseada no tratamento de dados pessoais. Trata-se de prática conhecida em que o custo para a transferência do serviço para a próxima empresa é tão alto (custo financeiro, custo prático ou custo emocional) que o beneficiário opta por ficar com o prestador anterior, mesmo insatisfeito. Há situações em que os dados pessoais, o histórico ou compilações feitas anteriormente, possam ser decisivas para manter o titular com a empresa anterior. Com o direito à portabilidade, o Direito da Proteção de Dados Pessoais tenta mitigar o risco que isso aconteça.

Assim como em outras disposições, mesmo no exercício desse direito, a lei conserva a preservação, pelo controlador, dos seus segredos comerciais ou industriais na transferência de dados para quem o titular indicar, de modo a evitar que a prática sirva para fins comerciais ilegítimos (*v.g.*, concorrente paga valor a titular para que este exerça o direito à portabilidade e com isso obtenha informações sobre o negócio do prestador anterior) ou implique a transferência de informações sigilosas sobre o negócio.

É o exemplo dos motoristas ou de entregadores de determinado aplicativo que já têm um histórico de ranqueamento bom na plataforma e, por medo de perdê-lo, deixam de migrar para outro aplicativo que lhes oferece condição mais vantajosa. O direito à portabilidade tenta mitigar os riscos de que essa situação aconteça e que a retenção dos dados pessoais sirva como elemento de redução da competitividade e da livre concorrência de mercado. Porém, a dificuldade está em como estabelecer essa transferência de forma prática e segura, preservando os segredos comerciais ou industriais. Caso essa preservação não ocorra, um dispositivo legal que serviria como antídoto a práticas anticoncorrenciais pode resultar em incentivo a tais situações. Outro exemplo que pode ser cogitado é a portabilidade de dados no contexto do serviço público se um servidor (titular) vinculado a determinado órgão migra para outro órgão da administração pública (em caso de novo concurso, por exemplo). Parece fazer sentido cogitar que seus dados pessoais (histórico, produtividade etc.) sejam migrados. Exemplo adicional, semelhante, seria pensar na transferência de dados de empregado entre empresas. Considerando o avanço da inteligência artificial e dos trabalhos de *data analytics* de monitoramento dos trabalhos, parece fazer sentido iniciar estudos e perspectivas em prol da transferência de dados em benefício do próprio empregado.

Por fim, vale dizer que o direito à portabilidade não alcança dados que já tenham sido anonimizados caso não sejam capazes de identificar qualquer pessoa natural (art. 18, § 7º, LGPD).

15.2.6 Eliminação dos dados pessoais (art. 18, VI, LGPD)

Nos casos em que a base legal que respalda o tratamento de dados pessoais for o consentimento, tem o titular o direito de revogá-lo, ou seja, retirar ou modificar a autorização anteriormente concedida. Representa uma das faces do próprio exercício do consentimento, a de retirar a concordância quando o titular assim entender. Revogado o consentimento, como uma consequência lógica e até óbvia, tem o titular o direito à eliminação dos dados pessoais, ressalvadas as situações previstas no artigo 16 da LGPD que permitem a continuidade do tratamento conforme hipóteses específicas associadas ao término do tratamento de dados.

15.2.7 Informação das entidades públicas e privadas envolvidas no tratamento (art. 18, VII, LGPD)

Mais uma vez o Direito da Proteção de Dados Pessoais reforça a importância da transparência e do fornecimento das informações completas e adequadas sobre o tratamento. Assim, tem o titular do dado o direito a saber com quem e por quais razões o controlador compartilhou seus dados pessoais.

15.2.8 Informação sobre a possibilidade de não fornecer o consentimento (art. 18, VIII, LGPD)

Nas situações em que o tratamento de dados pessoais dependa da obtenção do consentimento do titular, tem este o direito a saber que ele pode não o fornecer, mas também precisa ter a visibilidade de todas as consequências possíveis caso não consinta com o tratamento. É importante notar que é direito do titular a informação sobre a possibilidade e não a possibilidade em si. Compreensão errônea poderia levar ao entendimento de que em todas as situações o tratamento de dados pessoais poderia ser obstado pelo titular, o que só ocorre naqueles casos em que o controlador não tem outra base legal ou motivação legitimante que o autoriza a operar com os dados.

15.2.9 Revogação do consentimento (art. 18, IX, LGPD)

Aquele que pode autorizar, em regra, pode desautorizar ou modificar o autorizado. Essas máximas se aplicam com amplitude no Direito da Proteção de Dados Pessoais. A revogação do consentimento também reflete os direitos de autodeterminação informativa e liberdade positiva, com o controle do titular sobre seus dados pessoais nas situações em que estão ausentes outras bases legais de tratamento que autorizam o uso dos dados pessoais. Nessa perspectiva, acaba por representar uma das faces do próprio exercício do consentimento, a de retirar a concordância quando o titular assim entender.

A revogação do consentimento não pode ter seu exercício condicionado a qualquer remuneração direta ou indireta do controlador. Não pode, assim, ser cobrada ou, por exemplo, o titular vir a receber descontos caso desista de revogar seu consentimento. Igualmente, o procedimento deve ser facilitado, de modo que o controlador evite dificuldades práticas que façam o titular acabar por desistir da revogação.

Condicionamentos como esse, fazendo com que o titular desista de revogar, acaba por significar, na prática, com sua renovação de consentimento pela continuidade do tratamento, algo que não desejara originalmente, viciando a ideia de manifestação de concordância livre. A ideia aqui é de proporcionalidade, de modo que os procedimentos de revogação devem ser tão fáceis e rápidos quanto os procedimentos de obtenção do consentimento.

15.2.10 Oposição (art. 18, § 2º, LGPD)

Nas situações em que os tratamentos de dados forem pautados em outras bases legais que não o consentimento, tem o titular o direito de se opor a que o tratamento seja realizado se identificada alguma desconformidade em relação ao Direito da Proteção de Dados Pessoais. É o que diz o § 2º do artigo 18 da LGPD: "§ 2º O titular pode opor-se a tratamento realizado com fundamento em uma das hipóteses de dispensa de consentimento, em caso de descumprimento ao disposto nesta Lei". Portanto, são duas premissas condicionantes: (i) o tratamento de dados não é baseado no consentimento; e (ii) identifica-se algum desajuste entre as operações feitas e o que a lei determina.

15.2.11 Revisão de decisões automatizadas (art. 20, LGPD)

O desenvolvimento e o uso dos Sistemas de Inteligência Artificial têm assumido cada vez mais protagonismo, sendo o exponencial crescimento da IAs generativas o principal exemplo. Por essa razão, são crescentes as discussões sobre regulação, a exemplo do *EU Act* e dos projetos em lei em curso no Brasil. Considerando que os dados (pessoais ou não) são o principal insumo dos processos envolvidos, naturalmente o uso de tais sistemas passa pela observância estrita da regulação posta na LGPD em relação aos dados pessoais utilizados.

O artigo 20 da LGPD é, certamente, um dos mais discutidos da lei e objeto de intensos debates desde sua origem. Não à toa, sofreu duas alterações antes mesmo da vigência da lei (Medida Provisória n. 869/2018 convertida na Lei Federal n. 13.853/2019). O tema ganha cada vez importância pelo crescimento diário da utilização dos mecanismos automatizados, algoritmos e inteligência artificial nas práticas de mercado.

O principal ponto de divergência dizia respeito à forma como a revisão das decisões seria feita. No texto original, teria o titular o direito de revisão por pessoa natural, quer dizer, alguém precisaria rever decisões tomadas de forma automatizada, pautadas em seus dados pessoais. O texto de hoje, porém, assegura a revisão, mas não necessariamente por uma pessoa natural. O processo automatizado, assim, pode simplesmente ser revisto. A regulação dos Sistemas de Inteligência Artificial tratará especificamente do tema.

15.2.12 Informações claras e adequadas a respeito dos critérios e procedimentos utilizados para a decisão automatizada (art. 20, § 1º, LGPD)

Direito que também deve ser tratado na regulação específica dos Sistemas de Inteligência Artificial, o controlador que se valer de soluções automatizadas, por si mesmo ou mediante a atuação de terceiros (cocontroladores, operadores ou suboperadores), sempre que for solicitado, deverá fornecer ao titular as informações claras e adequadas sobre os critérios e os procedimentos utilizados para a decisão automatizada. Quer dizer, quais foram os dados pessoais utilizados, os porquês e quais as premissas adotadas no estudo automatizado, bem como os passos empregados. Preserva-se, tão somente, o limite dos segredos comerciais e industriais regularmente presentes nessas situações. Basta pensar o quanto é vantajoso para uma empresa, em relação aos seus concorrentes, a utilização de uma solução mais rápida e assertiva nas decisões sobre o crédito por exemplo.

Este direito tem a função de reforçar a necessidade do respeito ao princípio da transparência também no tratamento automatizado de dados com o referido perfil ou relativizar as mazelas do dilema da *black box* no uso de sistemas desta natureza. Naquilo que a prática revelar possível e respeitados os segredos comerciais e industriais, a ideia é que o titular também tenha o máximo de visibilidade sobre o tratamento dos seus dados pessoais, especialmente diante dos riscos à sua personalidade. Busca-se evitar, ao máximo, tratamentos não transparentes ou opacos.

No caso de não oferecimento das informações em razão de segredos comerciais ou industriais, a ANPD "poderá realizar auditoria para verificação de aspectos discriminatórios em tratamento automatizado de dados pessoais" (art. 20, § 2º, LGPD).

15.3 FORMA E PROTOCOLO DE ATENDIMENTO DOS DIREITOS DOS TITULARES

Embora muitos pontos ainda sejam passíveis de regulação pela ANPD, o Direito, por meio da LGPD, traz alguns pontos sobre forma, prazos e protocolos sobre como melhor atender aos direitos dos titulares de dados pessoais. Inclusive, como será tratado de forma específica no capítulo sobre a governança e as boas práticas esperadas, é útil que o controlador de dados tenha um plano devidamente documentado para atendimento dos titulares, estabelecendo de forma precisa, completa e diligente o que precisa ser atendido e como.

15.3.1 Prazos

Os prazos de atendimento ainda serão devidamente regulados pela ANPD, porém o artigo 19 da LGPD determina que a confirmação ou o acesso a dados pessoais serão providenciados de forma imediata, em formato simplificado, ou "por meio de declaração clara e completa, que indique a origem dos dados, a inexistência de registro, os critérios utilizados e a finalidade do tratamento, observados os segredos comercial e industrial, fornecida no prazo de até 15 (quinze) dias, contado da data do requerimento do titular".

Ainda sem regulação específica e mesmo que esta venha, parece-me que o princípio da proporcionalidade tem de dar o tom para o tema. Assim, a meu ver, por ora, a *resposta simplificada* pode ser entendida como aquela que independe de outras pesquisas ou averiguações pelo controlador além da confirmação de identidade (cf. a seguir) e da resposta em si, como no caso em que depende de informações do operador eventualmente envolvido. Essas respostas consistem, basicamente, em dizer se há ou não o tratamento de dados e informar os quais deles são tratados. As ideias de *simples* e *imediatamente* trazidas pela legislação parece-me querer determinar que o controlador não demore além do necessário ou razoável para atender à requisição do titular. Em outras palavras, já é possível responder, então assim proceda.

Tanto assim parece ser que, se a resposta simples e imediata não for possível, isso não significa que pode o controlador apenas esperar reunir os elementos necessários e então responder ao titular. Ainda nessa situação precisa o controlador indicar as razões pelas quais não pode adotar a providência imediatamente, acusando o recebimento e posicionando o titular com transparência e boa-fé (art. 18, § 4º, LGPD).

Por outro lado, como visto, pode a *resposta completa* ser dada em até 15 dias, prazo material a ser contado de forma corrida. Isso, a meu ver, pode ser verificado sob duas óticas. De um lado, traz de forma razoável um prazo maior e mais adequado para que o controlador consiga reunir todos os elementos imprescindíveis para uma resposta completa e que, em seus termos, atenda ao direito do titular. Por outro lado, como troca por esse prazo maior, acaba vinculando o conteúdo do que se entende por uma resposta mais completa ou com uma certa expectativa de maior detalhe, de modo que o controlador deve atender a tudo aquilo necessário para satisfazer a requisição do titular.

Para o Poder Público, em razão de exceção específica estabelecida na própria LGPD, "por meio de declaração clara e completa, que indique a origem dos dados, a inexistência de registro, os critérios utilizados e a finalidade do tratamento, observados os segredos comercial e industrial, fornecida no prazo de até 15 (quinze) dias, contado da data do requerimento do titular" (art. 23, § 3º, LGPD), a lei me parece coerente nesse aspecto, mantendo o aproveitamento das estruturas já existentes e estabelecidas por meio das quais o Poder Público atende às solicitações que recebe.

15.3.2 Forma de atendimento

Além das considerações trazidas quando tratei do direito de acesso, se eu pudesse resumir em uma frase como os direitos dos titulares devem ser atendidos, seria algo como: da forma mais adequada para que o direito seja completamente atendido, incluído prazo e conteúdo, em formato que o titular seja capaz de compreender e ficar satisfeito, dentro dos meios razoavelmente e legalmente exigíveis do controlador de dados. Proponho essa abordagem, porque a lei não é capaz de exaurir os modelos de atendimento, nem mesmo regulação da ANPD por mais que se esforce, diante da eminente contextualização das coisas se o assunto é tratamento de dados pessoais.

Feitas essas considerações iniciais e pendente a regulação pela Autoridade, cumpre dizer que a LGPD estabelece a regra de governança no sentido de que o controlador de dados os armazene em formato que favoreça o exercício do direito de acesso (art. 19, § 1º, LGPD). Diz, ainda, que, a critério do titular de dados, as informações serão fornecidas por meio eletrônico, seguro e idôneo, ou sob forma impressa. O Direito renova sua preocupação para que a *mensagem* seja entregue de forma funcional e efetiva ao titular.

15.3.3 Confirmação de identidade

A confirmação da identidade do titular na solicitação por seus direitos é imprescindível. Quer dizer, deve o agente de tratamento adotar ou empregar métodos prévios de filtros para confirmar que quem deseja exercer os direitos é de fato e de direito quem pode exercê-los. É previsão expressa da GDPR, por exemplo. O descontrole nessa confirmação pode resultar no descumprimento do Direito da Proteção de Dados Pessoais e expor o agente de tratamento aos riscos disso inerentes, por exemplo: com (i) o fornecimento dos dados pessoais a terceiros em quebra da confidencialidade; (ii) a eliminação de dados sem o pedido expresso do titular verdadeiro, prejudicando-o; (iii) a revogação falsa do consentimento, se este for a base legal adotada etc.

A providência, porém, deve ser adotada com equilíbrio e razoabilidade, considerando o contexto do tratamento dos dados e o perfil do titular. Se para confirmar a identidade, o agente impõe dificuldades desarrazoadas ao titular acabará por contrariar a ideia de livre acesso e as disposições que determinam a facilidade de requisição. Igualmente, a baliza de proporcionalidade deve estar sempre presente. Não é recomendável que o agente obtenha dados sensíveis para confirmar a identidade de tratamento de dados não sensíveis, ou obtenha uma quantidade muito maior de dados do que aquela efetivamente tratada. Se for necessária a coleta de dados adicionais, deve ser a menor possível. As medidas de confirmação devem ser eleitas de acordo com o contexto do tratamento de dados pessoais e a partir das expectativas do titular, bem como balizando a escolha pelo grau de facilidade do contato com o titular. Suas requisições devem ser proporcionais à quantidade de dados coletados e o modo como foi feito. Além disso, deve o agente sempre se pautar pela natureza dos dados pessoais tratados. Por exemplo, se a requisição diz respeito a dados pessoais sensíveis, o mecanismo de confirmação deve ser mais rigoroso.

Algumas medidas devem ser evitadas. Por exemplo, uma medida que poderia parecer a mais óbvia a ser feita pelo agente é o pedido pela apresentação de algum documento de identidade (RG, CPF, CNH, OAB, passaporte, certidão de nascimento etc.). Pedidos dessa natureza devem ser evitados porque são normalmente desproporcionais ao tratamento dos dados (com a apresentação de imagens com dados biométricos, por exemplo) e nem sempre relevantes. Além disso, ao contrário do que pode parecer, nem sempre são métodos efetivos e seguros. A desproporcionalidade está no aumento do risco ao titular sem a assertividade de sua autenticidade. Outra medida a ser evitada é a utilização pura e simples de autenticação em ambientes *online* com base em informações que se relacionam com o titular por um longo período (como números que o identificam nos serviços governamentais, *v.g.*, CPF etc.). Identificadores dessa natureza, justamente pelo longo período que permanecem na identificação do titular, podem estar na posse de terceiros mal-intencionados.

Ao contrário, alguns exemplos do que pode ser feito: (i) se a contratação do serviço com o controlador foi feita por e-mail ou número de telefone (verbal ou aplicativo), esses mesmos dados podem ser utilizados para confirmação; (ii) se o ambiente do agente de tratamento exige a inserção de credenciais de acesso (*login* e senha), o mais adequado é que a requisição também seja feita nesse ambiente controlado após a inserção de tais informações e que servirão para confirmar a autenticidade, com o cuidado, claro, de que tais informações devem ser atualizadas sempre que comprometidas em eventual incidente de segurança de dados pessoais (ex.: criação de um portal de privacidade controlado, protegido e isolado); (iii) a adoção de autenticação de dois fatores sempre que pertinente (recurso que acrescentam uma camada adicional de segurança para o processo de *login* da conta, exigindo que o usuário forneça duas formas de autenticação, como o recebimento de código por telefone); (iv) utilizar de questões que precisem ser respondidas pelo requerente sobre dados que o agente já possui; e (v) em casos em que os serviços se valem de dados biométricos, estes podem ser utilizados para essa finalidade, sem acréscimo de dados nos bancos do agentes, mas apenas o cruzamento confirmativo.

Se não for possível a confirmação da identidade em um primeiro momento, a requisição não deve ser processada, devendo o agente buscar informações ou métodos adicionais para conseguir confirmá-la. Se ainda assim não for possível, deve assim esclarecer ao requisitante de forma motivada (art. 18, § 4º).

15.4 MEIOS PELOS QUAIS OS TITULARES DE DADOS PODEM EXERCER SEUS DIREITOS

Em razão do viés protetivo e priorizando atenção aos titulares de dados, o Direito Brasileiro promove o exercício de direitos pelo titular, ampliando essas possibilidades.

Assim, consigna a LGPD que os direitos "serão exercidos mediante requerimento expresso do titular ou de representante legalmente constituído, a agente de tratamento" (art. 18, § 3º, LGPD).

Tem o titular, igualmente, direito "de peticionar em relação aos seus dados contra o controlador perante a autoridade nacional" (art. 18, § 1º, LGPD). Para tanto, porém, é aferível da interpretação da lei e do Regulamento de Fiscalização da ANPD a condição prévia ao peticionamento à Autoridade que o titular antes questione o agente de tratamento. É a minha leitura extraída conjuntamente com o que prevê o artigo 55-J, V, LGPD: "V – apreciar petições de titular contra controlador após comprovada pelo titular a apresentação de reclamação ao controlador não solucionada no prazo estabelecido em regulamentação".

A ANPD ainda regulamentará a questão, mas hoje apresenta texto de orientação sobre a reclamação do titular. A Autoridade tem, também, reiteradamente reforçado a necessidade de que o titular questione previamente o controlador como condição de admissibilidade de suas petições, inclusive junto à própria Autoridade. Isso foi feito, por exemplo, formalmente no seu Regulamento de Fiscalização. Igualmente, fez na sua Nota Técnica n. 19/2023, que faz referência à sua atividade de monitoramento, e no Relatório de Ciclo de Monitoramento referente ao 1º Semestre de 2023.

Além disso, de forma ampla, o Direito confere abertura para que os direitos dos titulares sejam também exercidos em juízo "individual ou coletivamente, na forma do disposto na legislação pertinente, acerca dos instrumentos de tutela individual e coletiva" (art. 22, LGPD).

Pondero, aqui, mais uma vez, que o Direito da Proteção de Dados Pessoais tornou jurídicas as relações vinculadas aos tratamentos de dados pessoais, seja a relação entre os titulares de dados e os agentes de tratamento, sejam as relações entre os agentes de tratamento em si considerados (controladores, operadores e suboperadores). Dessas relações, decorrem os respectivos interesses jurídicos das partes envolvidas e, em caso de desrespeito do previsto na lei ou nos contratos firmados, passa a ser possível a tutela desses mesmos interesses. O que me parece fazer o artigo 22 da LGPD, portanto, é reconhecer a possibilidade da tutela desses interesses por meio dos procedimentos civis individuais ou coletivos pertinentes, sendo aplicável à legislação pertinente, em especial o Código de Processo Civil, a Lei da Ação Civil Pública, as disposições procedimentais do Código de Defesa do Consumidor e as Resoluções aplicáveis à atuação dos órgãos do Ministério Público. A rigor, ainda que não existisse tal previsão expressa, a situação seria exatamente a mesma, pois decorrente do próprio sistema. No mais, a responsabilização administrativa, por sua vez, segue outra dinâmica, conforme trato no capítulo específico sobre a ANPD.

15.4.1 Interesses jurídico e processual do titular de dados pessoais

O Direito da Proteção de Dados Pessoais traz uma série de deveres e direitos a serem observados pelos agentes de tratamento. Esse conjunto objetivo de preceitos normativos implica a possibilidade concreta dos titulares dos dados pessoais de fazer valer tais direitos, por meio dos métodos de resolução dos conflitos que lhes estão à disposição e, em última análise, de buscar junto ao Poder Judiciário (jurisdição estatal) à tutela jurisdicional apta a proteger tais direitos ou compensar eventuais inobservâncias feitas pelos agentes de tratamento. Tais direitos podem ser tutelados de forma individual ou coletiva.

O interesse jurídico dos titulares de dados pessoais ou de quem os legitimamente os represente está na possibilidade concretamente comprovada de se fazer valer de tais direitos subjetivos, ou seja, de levar à lide ou conflito entre o direito subjetivo do titular e os interesses jurídicos agente de tratamento para algum método de resolução de conflito. Compreender o interesse jurídico que deriva do Direito, portanto, passa por entender quais são as possibilidades de instauração ou surgimento, no plano jurídico, das lides ou conflitos entre os titulares dos dados pessoais e os agentes de tratamento, compreender, em suma, tudo que o Direito da Proteção de Dados Pessoais prevê.

O interesse processual do titular, por sua vez, é diferente e se posiciona como condição da ação ou de exercício de direito (art. 17, CPC). Quer dizer, filtro de necessária observância para o acionamento, ou seja, a jurisdicionalização do conflito ou da lide. É identificado a partir da compreensão de que há um interesse jurídico e que este não foi observado (caracterização do conflito). Além disso, é preciso que esteja presente a necessidade da prestação jurisdicional e a utilidade da via procedimental eleita. Ou seja, a prestação jurisdicional estatal se apresenta como necessária, porque outros meios de resolução não foram suficientes. Adicionalmente, o procedimento judicial escolhido pelo titular tem de ser apto e vocacionado a potencialmente viabilizar o atendimento dos pedidos feitos.

Ausente o interesse processual do titular, em ação individual ou coletiva em que seu direito esteja presente (direitos individuais homogêneos), o encaminhamento mais adequado pela racionalização do sistema é a extinção do procedimento judicial sem resolução do mérito, nos termos do artigo 485, VI, CPC.

Este tema ganha contornos interessantes em se tratando da já mencionada necessidade de provocação prévia do agente de tratamento. Parece que, em regra e por coerência do sistema, é de se esperar que tal exigência exista também em relação às providências judiciais, de modo que o interesse processual do titular dos dados pessoais apenas fique caracterizado se este demonstrar que a requisição foi feita para o controlador, porém sem sucesso. A lógica de resolução de conflitos proposta pela LGPD parece levar a esse entendimento, sobretudo considerando a valorização que dá ao canal entre controlador e titular, pautada nas experiências estrangeiras anteriores.

Nessa perspectiva, ausente tal prova da tentativa extrajudicial prévia e frustrada, o mais racional é que o procedimento judicial seja extinto sem resolução do mérito (art. 485, VI, CPC). Como tentativas prévias e frustradas devem ser entendidas as situações em que o titular, embora tenha demonstrado que tentou o contato, não conseguiu fazer a requisição extrajudicial de forma frutífera e com sucesso: (i) ausência de canal de requisição por parte do controlador; (ii) a não disponibilidade de um canal de forma clara e ostensiva, de modo a claramente inviabilizar o contato; (iii) ausência de resposta pelo controlador no prazo legal ou regulamentar; ou (iv) a resposta insatisfatória e que o titular entende que não atende aos seus direitos. Por outro lado, não pode ser caracterizada como tentativa frustrada, estando ausente o interesse processual, a situação em que o próprio titular deu causa à ausência de uma resposta assertiva, como na situação em que não fornece as informações necessárias para a confirmação de sua identidade.

Sem prejuízo, embora a tese da ausência de interesse processual se apresente de forma consistente, a casuística é que acabará revelando sua aplicabilidade, cumprindo ao julgador, avaliar, caso a caso, a real, concreta e contextual condição do titular de se valer previamente da requisição extrajudicial. Por parte do agente de tratamento, por sua vez, compete a reunião de prova suficiente e atuação prévia no sentido de demonstrar a existência de um canal assertivo, robusto e disponível.

15.4.2 Legitimidades ativa e passiva em relação aos direitos dos titulares

A legitimidade ou a pertinência subjetiva da ação também é condição de acionamento jurisdicional (art. 17, CPC). Assim, no Direito Brasileiro, em qualquer mecanismo de resolução do conflito, a regra geral é que figure como parte o titular do direito alegado, que, portanto, pleiteará em nome próprio direito próprio (art. 18, CPC). Em relação ao interesse processual do titular do dado pessoal, nos moldes do item precedente, está o próprio titular na lide (legitimidade ativa). Deve comprovar essa condição nos autos do processo. Do outro lado, o agente de tratamento (controlador ou operador, legitimidade passiva, portanto). Esse conceito não se confunde com o de representação processual, como no caso em que um dos pais ou responsável legal pode, em razão da incapacidade processual de seu filho menor de idade e verdadeiro titular de dados, representá-lo em juízo.

Excepcionalmente, porém, a lei autoriza que alguém, em nome próprio, defenda direito alheio em juízo (art. 18, CPC), o que decorre de lei expressa ou do sistema jurídico, identificando-se as figuras da legitimidade extraordinária e da legitimidade autônoma para o processo, especialmente se vem à tona a coletivização de direitos.

Nessa perspectiva, não se ignora a possibilidade de caracterização de danos difusos ou coletivos *stricto sensu* em decorrência do tratamento de dados pessoais: os direitos difusos como direitos de indeterminação absoluta dos sujeitos (não têm titular individual, e a ligação entre os vários titulares difusos decorre de mera circunstância de fato) e indivisíveis (não podem ser satisfeitos nem lesados senão em forma que afete a todos os possíveis titulares); e os direitos coletivos *stricto sensu* como de determinação relativa dos titulares (não têm titular individual e a ligação entre os vários titulares coletivos decorre de uma relação jurídica-base) e indivisíveis.

No entanto, na ótica do interesse processual de titulares de dados pessoais perfeitamente identificados ou identificáveis (porque de dados pessoais se trata, do contrário não se falaria de dado pessoal para fins de incidência da lei), fala-se na caracterização mais provável e comum, do ponto de vista do dia a dia prático, de uma categoria de direitos transindividuais específica: os direitos individuais homogêneos.

Nesta, há perfeita identificação dos sujeitos, assim como da relação deles com o objeto do seu direito. A ligação que existe com os demais sujeitos decorre da circunstância de serem titulares (individuais) de direitos com origem comum, no caso o mesmo tratamento de dados pessoais pretensamente defeituoso. Além disso, são divisíveis, ou seja, podem ser satisfeitos ou lesados em forma diferenciada e individualizada, satisfazendo ou lesando um ou alguns sem afetar os demais. A reunião procedimental em uma ação coletiva se dá não por necessidade como no caso dos difusos ou coletivos *stricto sensu*, mas por comodidade sistemática ou opção histórica de promoção do acesso à justiça em sua segunda dimensão ou onda histórica. Assim, por exemplo, em episódios de incidentes de segurança em dados pessoais, muitos popularmente conhecidos como vazamentos, o que se tem é o possível atingimento dos direitos de cada um dos titulares de dados pessoais, conferindo o sistema jurídico, porém, a possibilidade de reunião procedimental de todos os casos (coletivização de direitos individuais ou direitos individuais homogêneos).

Em se tratando de direitos difusos ou coletivos *stricto sensu*, fala-se em legitimação autônoma para o processo. Em se tratando de direitos individuais homogêneos, fala-se em legitimação extraordinária, justamente porque terceiro, por força de lei, defende em juízo e de forma coletiva (reunião de vários direitos individuais) direito alheio. Assim, há legitimação extraordinária – substituição processual – somente nos casos de direitos individuais homogêneos, que são hipóteses de direitos subjetivos individuais. Nessa espécie de direitos transindividuais, de fato há alguém que não defende, em nenhum momento, interesse próprio, mas só interesse alheio em juízo ou em procedimento investigativo prévio (*v.g.*, Inquéritos Civis no Ministério Público), portanto, em legitimação extraordinária autorizada pelo microssistema de tutela processual coletiva. Tal possibilidade é expressamente admitida pela própria LGPD, nos termos do seu artigo 42, § 3º: "As ações de reparação por danos coletivos que tenham por objeto a responsabilização nos termos do *caput* deste artigo podem ser exercidas coletivamente em juízo, observado o disposto na legislação pertinente".

Dito isso, se um titular de dados pessoais deseja atuar solitariamente é ele o legitimado ativo. Na ótica dos direitos transindividuais resta saber, portanto, quem poderia, por lei, atuar em defesa dos direitos difusos, coletivos *stricto sensu* ou individuais homogêneos, seja em ação judicial (como originalmente pensado no microssistema de coletivização dos direitos), seja nos procedimentos prévios de investigação (procedimentos administrativos, inquéritos civis públicos etc.) ou, ainda, seja em qualquer método de resolução dos conflitos que se mostre pertinente, adequado e efetivo.

15.4.3 Associações civis

Em relação às associações civis é importante pontuar, como visto, duas características necessárias, uma de ordem temporal e outra de ordem temática. Em relação à primeira, a lei exige que a associação já conte com pelo menos um ano de existência, porém o STJ tem relativizado tal condição, admitindo, *v.g.*, que se complete esse um ano durante o transcurso do processo (STJ, 3ª T., REsp n. 1.443.263/GO, Rel. Min. Nancy Andrighi, j. 21/03/2017). Considerando o tempo médio processual de ações coletivas, tal entendimento acaba por praticamente afastar tal condição legal.

O tema também é muito discutido na Europa, valendo citar a recente decisão da Corte de Justiça da União Europeia (C-319/20) em que se reconheceu, em abril de 2022, a possibilidade de associações civis que representam consumidores proporem demandas em relação à proteção de dados pessoais.

15.4.4 Possível ilegitimidade passiva dos agentes de tratamento

Tratada a legitimidade ativa, a legitimidade passiva dos procedimentos judiciais que tratem dos direitos dos titulares compete, em regra, aos agentes de tratamento, de acordo com seu papel nas operações com os dados pessoais dos titulares (arts. 42 e ss., LGPD).

Porém, há uma situação em que o agente (controlador, operador ou suboperador) não figurará como parte legítima: se não tiver realizado o tratamento de dados pessoais que lhe é atribuído (art. 43, LGPD). Nesse caso e independentemente da teoria aplicável à avaliação das condições da ação, não pode uma organização figurar em um procedimento judicial se jamais fez o tratamento dos dados imputados, porque, logicamente nesse caso, não figura no outro polo da relação jurídica gerada pelo Direito da Proteção de Dados Pessoais (titular – tratamento de seus dados pessoais – agente). Logo, se demonstrado o interesse processual e a legitimidade ativa, ainda assim, ausente tal condição, o processo deverá ser extinto sem resolução do mérito em relação à organização não tratante (art. 485, VI, CPC).

15.4.5 Procedimentos judiciais individuais e competência

Três são as ações mais comuns e pertinentes no contexto dos direitos dos titulares: (i) ação de obrigação de fazer, a fim de buscar uma determinação que obrigue o agente de tratamento a fazer algo (*v.g.*, eliminar os dados pessoais, disponibilizar o aviso de privacidade, etc.); (ii) ação de obrigação de não fazer, a fim de buscar uma ordem de abstenção ao agente de tratamento (*v.g.*, parar de comercializar dados de forma ilícita, parar de coletar dados biométricos para reconhecimento facial sem base legal para tanto); e (iii) ação indenizatória, a fim de buscar a condenação do agente na reparação pelos danos causados (arts. 42 e ss., LGPD). Inclusive, não só é possível, como tem se mostrado muito comum a cumulação de pedidos das três naturezas. Quanto ao procedimento, deve se seguir a legislação processual pertinente, seja a aplicável no procedimento comum do CPC, seja a aplicável aos Juizados Especiais Cíveis estaduais ou federais.

Quanto às regras de competência, nas ações individuais que também envolvam relação de consumo entre os titulares e os agentes, têm aqueles (consumidores) a faculdade de propor a demanda no foro do seu domicílio (art. 101, I, CDC), o que normalmente ocorre. Nas demais em que a relação de consumo não esteja caracterizada, a competência pode ser do local do dano no caso de reparação (art. 53, IV, *a*, CPC) ou no domicílio do agente ou, em existindo mais de um no polo passivo, no domicílio de quaisquer deles (artigo, CPC). Se o questionamento quanto ao tratamento de dados pessoais for vinculado à relação de trabalho, a regra é a competência do local da prestação de serviço para propositura da reclamação trabalhista (art. 651, CLT). Em algumas situações, como naquelas em que a atribuição da competência a esse local ou da contratação dificultar o direito de ação, pode o reclamante propor a medida no foro de seu domicílio.

15.4.6 Procedimentos judiciais coletivos

O principal instrumento de natureza coletiva (direitos difusos, coletivos *stricto sensu* e, especialmente, individuais homogêneos) é a ação civil pública, regulada em lei própria (Lei Federal n. 7.347/1985) e, nas situações de consumo, também pelos artigos 81 a 104, CDC.

15.4.7 Procedimentos no Ministério Público

No âmbito de sua legitimidade constitucional e legal, atuam os órgãos do Ministério Público na apuração de eventuais ilícitos decorrentes dos interesses jurídicos presentes no Direito da Proteção de Dados Pessoais. Para tanto, os procedimentos possíveis e de importante conhecimento de quem atua na área são: (i) a Notícia de Fato, definida como "qualquer demanda dirigida aos órgãos da atividade-fim do Ministério Público, submetida à apreciação das Procuradorias e Promotorias de Justiça, conforme as atribuições das respectivas áreas de atuação, podendo ser formulada presencialmente ou não, entendendo-se como tal a realização de atendimentos, bem como a entrada de notícias, documentos, requerimentos ou representações" (regulada pela Resolução n. 174/2017 do CNMP, estando tal definição no artigo 1º), sendo o primeiro instrumento normalmente utilizado na sequência do recebimento da demanda pelos órgãos; (ii) o Procedimento Preparatório, dedicado à complementação das informações pertinentes ao Inquérito Civil (regulado pela Resolução n. 23/2007 do CNMP) e que por isso pode ser instaurado antes do inquérito para melhor robustecer as circunstâncias que justificam a investigação ou para identificar e certificar a sua necessidade; e (iii) o Inquérito Civil, também regulado pela Resolução n. 23/2007, que será instaurado "para apurar fato que possa autorizar a tutela dos interesses ou direitos a cargo do Ministério Público nos termos da legislação aplicável, servindo como preparação para o exercício das atribuições inerentes às suas funções institucionais" (art. 1º). Pode ser instaurado de ofício, mediante requerimento ou representação de qualquer pessoa ou comunicação de outro órgão do Ministério Público, ou, ainda, por designação do Procurador-Geral de Justiça, do Conselho Superior do Ministério Público, Câmaras de Coordenação e Revisão e demais órgãos superiores da Instituição, nos casos cabíveis.

A notícia de fato será apreciada no prazo de 30 dias, a contar do seu recebimento, prorrogável uma vez, de forma fundamentada, por até 90 dias (art. 3º, Res. n. 174/2017). O procedimento preparatório deverá ser concluído no prazo de 90 dias, prorrogável por igual prazo, uma única vez (art. 2º, § 6º, Res. n. 23/2007). Já o inquérito civil deve ser concluído no prazo de um ano, prorrogável pelo mesmo prazo e quantas vezes forem necessárias por meio de decisão fundamentada (art. 9º, Res. n. 23/2007).

Esgotadas as possibilidades de diligências e demonstrada a inexistência de fundamento que justifique a promoção de ação civil pública pelo órgão, será promovido o arquivamento de forma fundamentada do procedimento preparatório, do inquérito civil (art. 0, Res. n. 23/2007). Os autos e a decisão de promoção de arquivamento serão submetidos à revisão do órgão competente, que poderá homologar a decisão, converter o julgamento em diligência para a realização de atos imprescindíveis à sua decisão ou deliberar pelo prosseguimento do inquérito ou do procedimento preparatório.

A notícia de fato será arquivada se o fato narrado já tiver sido objeto de investigação ou de ação judicial ou já se encontrara solucionado, se a lesão ao bem jurídico tutelado for manifestamente insignificante ou se for desprovida de elementos mínimos de prova ou de informação para início de uma apuração (art. 4º, Res. n. 174/2017). O noticiante poderá recorrer da decisão em até 10 dias.

Destacam-se, ainda, as possibilidades de expedição de recomendação pelo órgão ministerial com orientações para correção de condutas que possam comprometer o bem jurídico tutelado, assim identificado nos referidos procedimentos, e a celebração de Termo ou Compromisso de Ajustamento de Conduta, nos termos da Res. n. 179/2017, que tem natureza de negócio jurídico com a finalidade de "adequação da conduta às exigências legais e constitucionais, com eficácia de título executivo extrajudicial a partir da celebração" (art. 1º, Res. n. 179/2017).

Capítulo 16
ENCARREGADO PELO TRATAMENTO DE DADOS PESSOAIS

16.1 CONCEITO DE ENCARREGADO PELO TRATAMENTO DE DADOS PESSOAIS E REGULAÇÃO

Encarregado é o nome que o Direito da Proteção de Dados Pessoais atribui à figura do *Data Protection Officer – DPO*, sendo essa pessoa, como diz o inciso VIII do artigo 5º da LGPD, responsável por atuar na comunicação entre o controlador e os titulares de dados pessoais ou entre o controlador e a ANPD. Esse papel lhe agrega uma série de funções, tais como: (i) receber as solicitações dos titulares de dados pessoais e comunicações destes de qualquer natureza; (ii) prestar os esclarecimentos necessários sobre o tratamento de dados pessoais; e (iii) receber comunicações da ANPD e atuar da forma necessária para atender ao que solicita a Autoridade.

Inspirada na experiência europeia, além dessas atribuições mais imediatas de interação estabelecidas na lei, como veremos, é preciso dizer que o papel e a importância do encarregado no ecossistema da organização são de extrema relevância para a maturidade do agente de tratamento em relação à proteção de dados pessoais. Se não o maior, é um dos principais responsáveis por viabilizar as articulações internas necessárias à promoção da cultura de privacidade para os times internos. Até por isso, deve ser alguém que entenda profundamente a atividade da organização em que está inserido. Nesse sentido, a ANPD em seu *Guia orientativo para definições dos agentes de tratamento de dados pessoais e do encarregado* define que "O encarregado é o indivíduo responsável por garantir a conformidade de uma organização, pública ou privada, à LGPD"[1].

A ANPD, ciente da importância do tema e em regulação sábia, tem mostrado elogiável diligência na regulação do tema. Além do *Guia*, apresentou esclarecimentos a muitas das principais dúvidas associadas a tal função, informando, *in verbis*, que:

> 1. As competências do encarregado estão descritas nos incisos I a IV do § 2º do art. 41 da LGPD, cabendo exclusivamente à ANPD, segundo o § 3º do mesmo artigo, "estabelecer normas complementares sobre a definição e as atribuições do encarregado". 2. A ANPD ainda não estabeleceu normas complementares sobre as atribuições do encarregado, tema que será objeto de regulamentação futura, conforme previsto na Agenda Regulatória para o biênio 2023-2024. 3. Por isso, até a presente data, não há reconhecimento oficial, pela ANPD, quanto à validade de qualquer norma ou procedi-

---

[1] ANPD. Op. cit., p. 22.

mento de conduta estabelecidos por entidades privadas com o objetivo de nortear a atuação dos profissionais que atuam como encarregado. 4. Ademais, não há qualquer exigência legal de que o relacionamento entre titulares de dados e o encarregado, ou entre o encarregado e a ANPD, se dê por meio de entidades intermediárias ou representativas. À luz da LGPD, o encarregado pode se relacionar diretamente com a ANPD e com os titulares de dados. 5. Não existe qualquer exigência legal de registro, perante a ANPD ou perante associações privadas, de profissionais de proteção de dados ou de encarregados como condição para o exercício da profissão ou como requisito para sua contratação. Tampouco há reconhecimento oficial da ANPD quanto a eventuais mecanismos de registro privado desses profissionais. 6. A ANPD esclarece que atualmente não credencia ou reconhece entidades ou empresas para a emissão de selos que possam atestar a adequação à LGPD, e tampouco para a homologação de *softwares* ou aplicativos em conformidade com a lei. 7. Desta forma, para fins de cumprimento da LGPD, também não há exigência legal de selos de conformidade à LGPD ou de homologações de *software* ou aplicativos. Tais instrumentos, se oferecidos por entidades privadas, não constituem garantia oficial de conformidade à legislação de proteção de dados pessoais.

Não bastasse, seguindo de forma diligente com sua agenda, a ANPD publicou a Resolução CD/ANPD n. 18/2024 aprovando o "Regulamento sobre a atuação do encarregado pelo tratamento de dados pessoais"[2]. Com isso, organizou uma série de aspectos importantes da nomeação, estruturação e desempenho da função.

16.2 DEVER DE INDICAÇÃO DO ENCARREGADO

O *caput* do artigo 41 da LGPD é claro em prever expressamente que a indicação do encarregado é um dever do controlador. A meu ver, isso poderia gerar uma possível divergência de interpretação ao que prevê o artigo 5º, VIII, do mesmo texto legal, que posiciona a figura como alguém indicável pelo controlador ou pelo operador. Por coerência, parece ser possível trazer uma interpretação no sentido de que toda organização deve considerar, como boa prática, ter alguém responsável pela função, tendo o controlador esse dever legal. Essa interpretação decorre sobretudo da importância da função, não podendo se ignorar que, no mais das vezes, uma mesma organização será, ao mesmo tempo, controladora em relação a alguns tratamentos e operadora em relação a outros, de acordo com os papéis concomitantemente assumidos. Essa também é a interpretação dada pela ANPD em seu referido *Guia orientativo*: "Ao contrário de outras legislações de proteção de dados estrangeiras, a LGPD não determinou em que circunstâncias uma organização deve indicar um encarregado. Assim, deve-se assumir, como regra geral, que toda organização deverá indicar uma pessoa para assumir esse papel"[3].

Todavia, essa interpretação não traz a responsabilidade pela indicação dessa figura de forma automática. Nas situações em que o agente for fiscalizado ou questionado em

---

[2] ANPD. *Resolução CD/ANPD n. 18/2024*. Disponível em: https://www.in.gov.br/en/web/dou/-/resolucao-cd/anpd-n-18-de-16-de-julho-de-2024-572632074. Acesso em: 11 ago. 2024.

[3] Ibidem.

relação a tratamento que figura tão-somente como operador dos dados, pontualmente, não poderá ser responsabilizado nesse espectro pela ausência de um encarregado.

O Regulamento da ANPD reafirma essas ideias e é muito pedagógico, por assim dizer, a esse respeito. Diz de forma expressa e de acordo com o artigo 41 da LGPD que "A indicação do encarregado deve ser realizada por ato formal do agente de tratamento, do qual constem as formas de atuação e as atividades a serem desempenhadas" (art. 3º). O Regulamento também reafirma que a indicação de encarregado por operadores é "é facultativa e será considerada política de boas práticas de governança para fins do disposto no art. 52, § 1º, inciso IX, da Lei n. 13.709, de 14 de agosto de 2018, e no art. 13, inciso II, do anexo da Resolução CD/ANPD n. 4, de 24 de fevereiro de 2023, desde que observadas as normas deste Regulamento" (art. 6º).

Em relação aos Agentes de Pequeno Porte, nos termos da Resolução CD/ANPD n. 2/2022, é dispensada a nomeação como regra (art. 3º, § 3º, Regulamento). Porém, deve o agente, ainda assim, disponibilizar um canal de comunicação com o titular de dados para atender ao Direito da Proteção de Dados Pessoais. Lembrando que tal dispensa não é aplicável pelo agente de pequeno porte que realize tratamento de dados de alto risco (definidos estes no art. 4º da Resolução n. 2/2022) e não atendam aos critérios de receita do artigo 3º, II e III, da mesma Resolução.

Dito isso, penso ser possível resumir o dever de indicação do encarregado pelo Tratamento de Dados Pessoais da seguinte forma: (i) o controlador deve sempre indicar o encarregado (a questão do encarregado substituto está no item 16.4), salvo se for um agente de pequeno porte nas condições estabelecidas pela Resolução CD/ANPD n. 2/2022; (ii) o operador não deve, mas pode indicar o encarregado como uma boa prática de governança, sendo recomendável e não obrigatório que o faça. É fundamental lembrar, ainda, de que a definição da posição de controlador ou operador decorre do poder de decisão e influência sobre cada operação de tratamento de dados. Assim, ainda que na maioria das atividades um agente seja operador, em outras poderá ser controlador de dados, atraindo a obrigação legal e a ideia de que ter um encarregado é sempre uma boa decisão. Pense-se, por exemplo, em uma empresa focada em serviços de *outsourcing* em TI. Na ampla maioria dos serviços, ela será operadora de seus clientes, porém, em relação aos dados dos seus empregados, por exemplo, será controladora de dados.

16.3 A QUEM É PERMITIDA A ATRIBUIÇÃO DA FUNÇÃO DE ENCARREGADO

O encarregado pode ser tanto pessoa natural como pessoa jurídica, permitindo, em razão disso, que o agente de tratamento terceirize essa função para empresas de consultoria ou escritórios de advocacia especializados. Isso, inclusive, adveio de mudança no texto da lei ainda durante o período de *vacatio legis* da LGPD, na oportunidade em que a MP n. 869/2018 (convertida na Lei Federal n. 13.853/2019) deixou apenas o uso da expressão "pessoa", não mais "pessoa natural", como era a redação original. Essa ideia está mantida no *Guia orientativo* da ANPD sobre agentes de tratamento, mesmo na sua segunda versão. Em seu Regulamento, a ANPD reafirma essa posição com a parte final do seu artigo 3º, § 1º: "§ 1º Entende-se por ato formal o documento escrito, datado e assinado, que, de maneira clara e inequívoca, demonstre a intenção do agente de tratamento em designar como encarregado uma pessoa natural ou uma pessoa jurídica". E, especialmente, com o artigo 12: "Art. 12. O encarregado poderá ser: I – uma pessoa natural, integrante do quadro organizacional do agente de tratamento ou externo a esse; ou II – uma pessoa jurídica". Trata-se de entendimento salutar, aproximado da realidade diversa das atividades em território nacional.

Deve, inclusive, ser alguém capaz de comunicar-se em língua portuguesa de forma clara e precisa: "Art. 13. O encarregado deverá ser capaz de comunicar-se com os titulares e com a ANPD, de forma clara e precisa e em língua portuguesa". Além disso, "Art. 14. O exercício da atividade de encarregado não pressupõe a inscrição em qualquer entidade nem qualquer certificação ou formação profissional específica".

Tem o agente de tratamento a grande responsabilidade por quem é escolhido, cumprindo avaliar, de forma cuidadosa e documentada, os requisitos necessários para o bom desempenho da função. Recai no agente de tratamento a responsabilidade pelas boas e má escolhas. Isso é aferível pela previsão do artigo 17 do Regulamento, que afasta expressamente a responsabilidade do encarregado e de seu substituto (por necessária interpretação), mas também pelo dever e ônus claramente gerados pelo artigo 7º: "Cabe ao agente de tratamento estabelecer as qualificações profissionais necessárias para o desempenho das atribuições do encarregado, considerando seus conhecimentos sobre a legislação de proteção de dados pessoais, bem como o contexto, o volume e o risco das operações de tratamento realizadas".

No caso de pessoas jurídicas de Direito Público, considerando as características próprias do regime jurídico de Direito Público, bem faz a ANPD, em seu Regulamento, em reforçar que tais entes (desde que controladores) também devem indicar os seus encarregados (art. 5º), recaindo a indicação, preferencialmente, sobre servidores ou empregados públicos detentores de reputação ilibada. A "indicação deverá ser publicada em Diário Oficial da União, do Estado, do Distrito Federal ou do Município, a depender da esfera de atuação do agente de tratamento" (§ 1º). Entes despersonalizados da Administração Pública que detenham obrigações típicas de controlador poderão indicar encarregado próprio, considerando o contexto e o volume dos tratamentos de dados pessoais realizados e a necessidade de desconcentração administrativa, observadas as obrigações previstas neste Regulamento (§ 2º).

16.4 ENCARREGADO SUBSTITUTO: SITUAÇÕES DE AUSÊNCIA, IMPEDIMENTO OU VACÂNCIA DO ENCARREGADO

Corretamente preocupada de que a importante função do encarregado siga sendo desempenhada em caso de ausência ou impedimento do encarregado designado, a ANPD reforça no seu Regulamento que a função deverá ser exercida por substituto formalmente designado (art. 4º). A existência de um substituto deixa de ser uma boa prática e passa a gerar as seguintes consequências possíveis: (i) o controlador passa a ter a obrigação de designar um substituto ao encarregado mediante ato formal; (ii) caso não seja feita a indicação, o controlador pode ser sancionado na ausência, impedimento ou vacância do encarregado; e (iii) por paralelismo, a indicação de um substituto pelo operador também deve ser considerada uma boa prática. Além disso, tudo que é aplicável ao encarregado é aplicável ao substituto.

16.5 DEVERES DO AGENTE DE TRATAMENTO: SEUS DEVERES NÃO SE ENCERRAM COM A NOMEAÇÃO

A responsabilidade do agente de tratamento não se encerra ou se resume a designar o encarregado e o encarregado substituto. Isso já seria aferível pelas regras que indicam que o encarregado não é pessoalmente responsável pelo cumprimento do Direito da Proteção de Dados Pessoais.

Além das providências em relação aos conflitos de interesse, o Regulamento da ANPD grifa os deveres do agente associados ao bom desempenho da função, cujo descumprimento é passível de sanção. Assim, define em seu artigo 10 que:

> Art. 10. O agente de tratamento deverá:
>
> I – prover os meios necessários para o exercício das atribuições do encarregado, neles compreendidos, entre outros, recursos humanos, técnicos e administrativos;
>
> II – solicitar assistência e orientação do encarregado quando da realização de atividades e tomada de decisões estratégicas referentes ao tratamento de dados pessoais;
>
> III – garantir ao encarregado a autonomia técnica necessária para cumprir suas atividades, livre de interferências indevidas, especialmente na orientação a respeito das práticas a serem tomadas em relação à proteção de dados pessoais;
>
> IV – assegurar aos titulares meios céleres, eficazes e adequados para viabilizar a comunicação com o encarregado e o exercício de direitos;
>
> V – garantir ao encarregado acesso direto às pessoas de maior nível hierárquico dentro da organização, aos responsáveis pela tomada de decisões estratégicas que afetem ou envolvam o tratamento de dados pessoais, bem como às demais áreas da organização.

A conformidade com o Direito da Proteção de Dados Pessoais é também delegada ao encarregado, seu substituto e às equipes que lhes dão suporte. Isso, porém, não retira do agente de tratamento a responsabilidade principal por assegurar os níveis adequados e legais de proteção de dados pessoais. O agente de tratamento, assim, conserva sua posição de garantidor do *compliance* com tal legislação e pela proteção dos bens jurídicos por ela tutelados, seja como garante de proteção, como garante de vigilância ou garante por assunção.

16.6 CONFLITOS DE INTERESSE

Os possíveis conflitos de interesse associados ao desempenho da função do encarregado são um capítulo à parte, exigindo um estudo detalhado de cada caso. A existência de conflitos aparentes é uma recorrência, sobretudo considerando as diversas realidades de desempenho da função e de desenvolvimento das atividades. A confirmação de que tais conflitos aparentes resultaram em conflitos concretos depende necessariamente da avaliação casuística e detalhada de cada situação. A razão de endereçar e pensar no tema com cautela está justamente nos riscos que tais conflitos podem trazer ao melhor desempenho da função.

Sou da opinião, assim, de que o tema deve sempre ser analisado com parcimônia, cautela e de forma concreta e individualizada. Só assim a gradação ideal entre (i) ausência de conflito (melhor cenário), (ii) conflito aparente (existente e aceitável se não houver uma melhor opção, mas não passível de sanção) e (iii) conflito concreto (a ser evitado, pois passível de sanção) será possível e justa.

Há pontos que precisam ser considerados como premissas deste raciocínio e sempre que o conflito de interesses seja avaliado. O agente de tratamento, por sua vez, deve buscar o cenário ideal (ausência de qualquer conflito aparente). Não sendo possível, deve documentar sua decisão pelo cenário possível e aceitável de conflito aparente, com a respectiva adoção das medidas de salvaguarda. Se apenas o conflito concreto for possível de existir (o que é plausível em muitas atividades desempenhadas no contexto nacional), as salvaguardas devem ser ainda mais consistentes, deixando claro o agente de tratamento por qual razão este será o cenário. O conflito concreto, embora não desejável, ainda pode ser controlado e será um cenário ainda melhor que a ausência de nomeação de alguém na função (estado este de completo descumprimento legal – salvo para agentes de tratamento de pequeno porte).

Assim, se fosse possível escalonar e atribuir notas de 1 a 4, em que 4 é a nota de melhor cenário e de menor risco e 1 a nota de maior, os cenários seriam os seguintes: (i) Nota 4: encarregado nomeado *sem conflito de interesse aparente ou concreto*; (ii) Nota 3: encarregado nomeado em situação de *conflito de interesse meramente aparente*, adotadas as medidas de mitigação; (iii) Nota 2: encarregado nomeado em situação de *conflito de interesse concreto*, adotadas medidas de mitigação; e (iv) Nota 1: ausência de encarregado nomeado.

Logo, a um, a existência do conflito aparente ou do potencial conflito não significa necessariamente que a função não está sendo exercida em seu melhor nível, é essencial sempre avaliar se a circunstância da qual decorre o conflito tem, de fato, prejudicado o desempenho da função (resultando em conflito concreto, portanto). Vejamos que o próprio Regulamento da ANPD estabelece que a análise concreta será o fiel da balança para determinar a situação contrária ao Direito ao estabelecer que "A existência de conflito de interesse será objeto de verificação no caso concreto e poderá ensejar a aplicação de sanção ao agente de tratamento nos termos do art. 52 da Lei n. 13.709, de 14 de agosto de 2018" (art. 19, § 2º).

A dois, embora seja sempre recomendável que conflitos aparentes e potenciais conflitos sejam evitados, é fundamental reconhecer a realidade em que o agente de tratamento está inserido e se há condições de orçamento e práticas para que o conflito de interesse seja de fato evitado. A avaliação e fiscalização do tema não pode, de forma alguma, ser totalmente etérea a ponto de ignorar as reais condições orçamentárias e de governança dos agentes. O princípio da boa-fé, aliás, assume significativo papel na avaliação dos critérios adotados pelo agente na definição de quem e como a função é desempenhada. É fundamental ter bom senso na avaliação do tema.

Dito isso, cumpre dizer também que é muito difícil fechar um rol de situações em que o conflito de interesse poderá ser caracterizado, sendo, ao máximo, uma lista exemplificativa de situações. Parece ser essa a opção textual feita pela ANPD em seu Regulamento, ao (i) conceituar o conflito de forma aberta como "a situação que possa comprometer, influenciar ou afetar, de maneira imprópria, a objetividade e o julgamento técnico no desempenho das atribuições do encarregado" (art. 2º, II) e ao (ii) estabelecer a expressão "pode", no § 1º do artigo 19:

§ 1º O conflito de interesse pode se configurar:
I – entre as atribuições exercidas internamente em um agente de tratamento ou no exercício da atividade de encarregado em agentes de tratamento distintos; ou
II – com o acúmulo das atividades de encarregado com outras que envolvam a tomada de decisões estratégicas sobre o tratamento de dados pessoais pelo controlador, ressalvadas as operações com dados pessoais inerentes às atribuições do encarregado.

Cabe ao analista do tema, a meu ver, verificar se estão presentes os três requisitos seguintes de forma cumulada: (i) a função do encarregado é desempenhada em ecossistema com dois ou mais interesses, sendo um deles, por óbvio, o melhor desempenho da função em si; (ii) dois os mais destes interesses estão em confronto, de modo que um impacta no melhor desempenho, proteção ou atendimento do outro (seja em razão do acúmulo de função, da pluralidade de atendimentos ou da posição hierárquica de estruturação do encarregado); e (iii) esse confronto está, concretamente, influenciando de forma imprópria ou prejudicando o melhor desempenho das atividades pelo encarregado (art. 41, § 2º, LGPD, e outros definidos pela ANPD e pelo controlador). Esse é, inclusive, o entendimento da Corte de Justiça da União Europeia no caso C-453/2124, reconhecendo que o impedimento de conflitos de interesse, estabelecido no artigo 38 (6) do GDPR, está diretamente associado à verificação de situações que prejudicam o desempenho das atividades pelo encarregado.

Em outras palavras, a existência apenas de mais de um interesse ou a existência apenas do confronto aparente ou potencial confronto, mas sem influenciar negativamente no desempenho da função, não são conflitos de interesse que podem ser avaliados como em prejuízo da proteção de dados ou fatos geradores de sanção ao controlador. A este, por sua vez, resta a tarefa de estar preparado para prestar contas de suas escolhas de governança referentes ao tema e apto a evidenciar a ausência de prejuízo na função e os porquês e critérios utilizados na definição de quem a desempenha, dentro das opções que lhe eram razoavelmente exigíveis. A documentação dos critérios de decisão e opções, além do próprio ato formal de nomeação, tem sido um bom caminho.

Os interesses a serem considerados também não poderão ser taxativos e precisam ser concretamente avaliados. Por exemplo, podem ser de ordem subjetiva e ter relação com circunstâncias particulares do encarregado ou seu substituto (familiares, amizades, outras relações, fatores sociais), podem ter relação com o encarregado pessoa jurídica externa designado (prestação de serviços para mais de um agente de tratamento envolvido na mesma questão em que a sua atividade é demandada) e podem ter natureza objetiva em relação com a natureza de funções cumuladas pelo encarregado ou atividades desempenhadas por ele de forma cumulativa (áreas que podem apresentar interesses conflituosos de forma intrínseca, como áreas comercial e privacidade).

Como exemplos de conflitos de interesse podem ser considerados para avaliação concreta: (i) a ausência de independência do encarregado, em alinhamento com a Diretriz n. 97 da GDPR; (ii) o encarregado que está em posição cuja função é determinar as finalidades pelas quais o tratamento de dados é feito (a exemplo do que já decidiu a Comissão de Proteção de Dados e Liberdade de Informação de Berlim (*Berliner Beauftragte für Datenschutz und Informationsfreiheit – BlnBDI*) em 2022, em que o encarregado era responsável por controlar as atividades cujas finalidades foram definidas por ele próprio, sancionando o controlador em 525.000,00 euros[4]; este entendimento também é extraído do CJEU, C-453/21); (iii) a demonstração concreta de sanções, represálias ou assédio moral para o encarregado em razão das decisões e posicionamentos deste (art. 38, (3), GDPR); (iii) a demonstração de que o encarregado recebe instruções de como decidir ou atuar internamente sobre os temas de sua função (art. 38, (3), GDPR); (iv) o encarregado que tem a remuneração condicionada aos resultados financeiros do agente de tratamento; (v) a pessoa que cumula funções de interesses não convergentes e que traz prejuízo concreto à função (ex. CJEU, C-453/21); (vi) encarregado que é responsável pela privacidade da entidade controladora e por pessoas jurídicas controladas em situação em que os interesses são contrapostos; (vii) encarregado externo que cumula a função para controlador e operador de dados com relação entre si em situações específicas em que há interesses conflituosos (alguns incidentes de privacidade, por exemplo).

Preocupada com o tema, a ANPD, como visto, o endereça de forma específica no seu Regulamento sobre a atuação do encarregado. Define o conflito de interesses como a "situação gerada pelo confronto de interesses do agente de tratamento com os do encarregado no exercício de sua função, que possa influenciar, de maneira imprópria, o desempenho das atribuições do encarregado" (art. 2º, II). Estabelece, ainda, que cumpre ao encarregado "declarar ao agente de tratamento qualquer situação que possa configurar conflito de interesse, responsabilizando-se pela veracidade das informações prestadas" (art. 20).

---

[4] Disponível em: https://www.datenschutz-berlin.de/fileadmin/user_upload/pdf/pressemitteilungen/2022/20220920--BlnBDI-PM-Bussgeld-DSB.pdf. Acesso em: 21 maio 2024.

Entre as espécies de conflitos, a ANPD reconhece: (i) acúmulo de atividades ou atribuições; (ii) pluralidade de agentes de tratamento atendidos; e (iii) posição do encarregado no seio da organização que eventualmente prejudique o desempenho da função:

§ 1º O conflito de interesse pode se configurar:

I – entre as atribuições exercidas internamente em um agente de tratamento ou no exercício da atividade de encarregado em agentes de tratamento distintos; ou

II – com o acúmulo das atividades de encarregado com outras que envolvam a tomada de decisões estratégicas sobre o tratamento de dados pessoais pelo controlador, ressalvadas as operações com dados pessoais inerentes às atribuições do encarregado.

Cumpre grifar: a acumulação e a pluralidade são possíveis, o fato gerador passível de sanção é o *não pleno atendimento das atribuições relacionadas a cada agente de tratamento e a inexistência de conflito de interesse*. É o texto do artigo 19 do Regulamento: "Art. 19. O encarregado poderá acumular funções e exercer as suas atividades para mais de um agente de tratamento, desde que seja possível o pleno atendimento de suas atribuições relacionadas a cada agente de tratamento e inexista conflito de interesse". Parece, portanto, que a sanção é possível se presentes os dois requisitos cumulados: (i) prejuízo no desempenho da função *mais* (ii) conflito concreto de interesses. Ausente ao menos deles, o fato gerador da sanção administrativa ou mesmo da responsabilidade civil não ficaria caracterizado.

O encarregado e, por paralelismo, o seu substituto deverão "atuar com ética, integridade e autonomia técnica, evitando situações que possam configurar conflito de interesse" (art. 18).

No mais, o Regulamento bem renova o zelo esperado do agente de tratamento, estabelecendo deveres não presentes no texto normativo da própria LGPD:

Art. 21. O agente de tratamento deve atentar para que o encarregado não exerça atribuições que acarretem conflito de interesse.

Parágrafo único. Uma vez constatada a possibilidade de conflito de interesse, o agente de tratamento deverá adotar as seguintes providências, conforme o caso:

I – não indicar a pessoa para exercer a função de encarregado;

II – implementar medidas para afastar o risco de conflito de interesse; ou

III – substituir a pessoa designada para exercer a função de encarregado.

O dispositivo parece confirmar, portanto, a possibilidade de o agente de tratamento *conviver com conflitos de interesse aparentes*, convivendo também com medidas mitigatórias dos riscos associados.

16.7 FORMALIZAÇÃO DA FUNÇÃO

Considerando a importância da função, as possíveis responsabilidades decorrentes e a importância do registro (art. 37), é recomendável que a designação da figura do encarregado e seu substituto seja devidamente documentada em ato formal (ata de nomeação, termo, contrato etc.). Assim, determina o Regulamento da ANPD que:

> Art. 3º A indicação do encarregado deve ser realizada por ato formal do agente de tratamento, do qual constem as formas de atuação e as atividades a serem desempenhadas.
>
> § 1º Entende-se por ato formal o documento escrito, datado e assinado, que, de maneira clara e inequívoca, demonstre a intenção do agente de tratamento em designar como encarregado uma pessoa natural ou uma pessoa jurídica.
>
> § 2º O documento referido no *caput* deverá ser apresentado à ANPD, quando solicitado.

16.8 RESPONSABILIDADE CIVIL, TRABALHISTA OU ADMINISTRATIVA DO ENCARREGADO

O encarregado, independentemente da forma de sua contratação (pessoa física ou jurídica) não tem responsabilidade civil direta em relação aos direitos dos titulares por riscos ou danos causados e não tem responsabilidade administrativa pela atuação dos órgãos competentes. O controlador dos dados é responsável pela atuação do encarregado que elege, tanto nos termos do próprio Direito da Proteção de Dados Pessoais (art. 42), como, no caso do encarregado que está na estrutura do controlador, nos termos do art. 932, III, do CC. Ideia reafirmada no Regulamento da ANPD: "Art. 17. O desempenho das atividades e das atribuições dispostas nos arts. 15 e 16 não confere ao encarregado a responsabilidade, perante a ANPD, pela conformidade do tratamento dos dados pessoais realizado pelo controlador".

Isso, porém, não afasta a possibilidade de o encarregado ser responsabilizado junto a quem o contrata, podendo o agente de tratamento exercer direito de regresso por conta de danos que o encarregado tenha dado causa, a depender do formato de sua contratação: prestador de serviço, celetista, associado ou servidor público.

16.9 RESPONSABILIDADE PENAL DO ENCARREGADO

O encarregado pessoa física ou os colaboradores da empresa prestadora de serviços dessa natureza podem ser também ser responsabilizados criminalmente caso pratiquem qualquer conduta reconhecida legalmente como delituosa, perfazendo todos os elementos de tipicidade, antijuridicidade e culpabilidade – embora, claro, a previsão expressa do artigo 17 do Regulamento da ANPD, que afasta expressamente a responsabilidade, possa respaldar discussões de ausência de tipicidade material. Basta pensar, por exemplo, alguém que se aproveite de tal posição privilegiada e viole segredo profissional (art. 154, CP) ou invada dispositivo informático para obter, adulterar ou destruir dados visando vantagem ilícita (art. 154-A, CP). Na lógica de condutas comissivas, portanto, tais agentes ocupam posição dogmática com a de qualquer sujeito.

Interessante discussão pode surgir em relação a uma possível responsabilidade por omissão imprópria do encarregado no exercício de suas atribuições. A pergunta aqui seria se pode o encarregado ser responsabilizado por crime praticado no contexto de suas funções e ele de alguma forma tenha contribuído com sua ocorrência. Por exemplo, poderia o encarregado ser responsabilizado penalmente em razão de sua omissão no caso de uma invasão de dispositivo informático que tenha caracterizado um incidente de privacidade (art. 154-A, CP)? O tema é espinhoso e demanda estudo de dedicação, como, inclusive, tem sido feito diante da experiência do *compliance officer*, cuja função, embora diferente, é muito próxima à do encarregado nessa perspectiva.

Dito isso, dentro do espaço possível dos presentes comentários, é possível sinalizar que a responsabilidade penal por omissão do encarregado parece possível se presentes os seguintes pressupostos de forma cumulada: (i) se a omissão vier a produzir resultado previsto em conduta tipificada como infração penal; (ii) se pudesse agir, na situação concreta, para evitar o resultado, de modo que o seu não fazer é deliberado e voluntário; (iii) se a sua conduta positiva, caso feita, teria tido o potencial efetivo de evitar o resultado ou teria sido decisiva ou importante para evitar o resultado; (iv) se, em respeito à legalidade, o agente se enquadra concretamente em quaisquer das situações de dever agir do artigo 13, § 2º, do CP; e (v) se, na perspectiva necessária de igualdade, for possível identificar que, concretamente, o agente tinha o domínio sobre a causa ou o fundamento do resultado, seja porque exerce domínio sobre o desamparo de um bem jurídico, em virtude do qual a posição de garantidor gera deveres de salvação, ou porque exerce domínio sobre uma causa (coisa ou pessoa) essencial do resultado, caso em que o garantidor tem deveres de asseguramento, motivações essas que empiricamente serão capazes de equiparar o desvalor e a potencialidade lesiva da omissão ao desvalor e à potencialidade lesiva da ação.

16.10 IDENTIFICAÇÃO E INFORMAÇÕES DE CONTATO DO ENCARREGADO

Considerando as funções exercidas pelo encarregado, o Direito da Proteção de Dados Pessoais determina que o encarregado seja identificado pelo agente, preferencialmente em seu *site*, e que o seu contato também seja ali colocado. A ideia é que ele seja de fácil acesso aos titulares de dados pessoais e pelos agentes de fiscalização, em especial a ANPD. O mais comum é que tais informações sejam colocadas junto ao aviso de privacidade, aproveitando-se do espaço dedicado para tanto.

Alvo de justas críticas relacionadas ao risco à segurança e exposição do profissional (vez que não seria proporcional e necessário identificar o encarregado em si, se o canal de contato é eficiente, inclusive poderia se cogitar a incongruência entre tal exposição em relação aos objetivos da lei), estabelece o Regulamento da ANPD que:

> Art. 8º O agente de tratamento deverá divulgar e manter atualizadas a identidade e as informações de contato do encarregado.
>
> Art. 9º A identidade e as informações de contato do encarregado deverão ser divulgadas publicamente, de forma clara e objetiva, em local de destaque e de fácil acesso, no sítio eletrônico do agente de tratamento, ressalvada a hipótese do § 3º deste artigo.

§ 1º A divulgação da identidade do encarregado abrangerá, no mínimo:

I – o nome completo, se for pessoa natural; ou

II – o nome empresarial ou o título do estabelecimento, bem como o nome completo da pessoa natural responsável, se pessoa jurídica.

§ 2º A divulgação das informações de contato do encarregado abrangerá, no mínimo, os dados referentes aos meios de comunicação que viabilizem o exercício dos direitos dos titulares junto ao controlador e possibilitem o recebimento de comunicações da ANPD.

16.11 ATIVIDADES DO ENCARREGADO

O encarregado é um dos grandes responsáveis por assegurar a maturidade do agente na matéria de privacidade e a conformidade com a Proteção de Dados Pessoais. Suas atividades, portanto, excedem a lista trazida pelo rol exemplificativo da legislação, ficando incumbido o encarregado, com os necessários suportes, de todas as tarefas necessárias para que o Direito da Proteção de Dados Pessoais seja respeitado. Inclusive, outras regulamentações (pela ANPD ou setoriais) podem trazer funções adicionais específicas.

Segundo o texto da LGPD (art. 41, § 2º), as atividades do encarregado consistem em:

I – aceitar reclamações e comunicações dos titulares, prestar esclarecimentos e adotar providências;

II – receber comunicações da autoridade nacional e adotar providências;

III – orientar os funcionários e os contratados da entidade a respeito das práticas a serem tomadas em relação à proteção de dados pessoais; e

IV – executar as demais atribuições determinadas pelo controlador ou estabelecidas em normas complementares.

O § 3º do mesmo artigo permite que a ANPD estabeleça normas complementares a esse respeito. Nesse contexto, o Regulamento da Autoridade incorpora uma série de boas práticas pertinentes à função no que denominou "atribuições complementares" nos seus artigos 15 e 16.

A lista do artigo 15 traz as seguintes atribuições:

I – aceitar reclamações e comunicações dos titulares, prestar esclarecimentos e adotar providências cabíveis;

II – receber comunicações da ANPD e adotar providências;

III – orientar os funcionários e os contratados do agente de tratamento a respeito das práticas a serem tomadas em relação à proteção de dados pessoais; e

IV – executar as demais atribuições determinadas pelo agente de tratamento ou estabelecidas em normas complementares.

Além disso, no artigo 16 reconhece o Regulamento a importância do papel de orientação do encarregado no seio da organização. Reforça, assim, uma espécie de *grande conselheiro da privacidade* para o agente de tratamento que o encarregado possui. Deve, então, orientar o agente na elaboração, definição e implementação de:

I – registro e comunicação de incidente de segurança;
II – registro das operações de tratamento de dados pessoais;
III – relatório de impacto à proteção de dados pessoais;
IV – mecanismos internos de supervisão e de mitigação de riscos relativos ao tratamento de dados pessoais;
V – medidas de segurança, técnicas e administrativas, aptas a proteger os dados pessoais de acessos não autorizados e de situações acidentais ou ilícitas de destruição, perda, alteração, comunicação ou qualquer forma de tratamento inadequado ou ilícito;
VI – processos e políticas internas que assegurem o cumprimento da Lei n. 13.709, de 14 de agosto de 2018, e dos regulamentos e orientações da ANPD;
VII – instrumentos contratuais que disciplinem questões relacionadas ao tratamento de dados pessoais;
VIII – transferências internacionais de dados;
IX – regras de boas práticas e de governança e de programa de governança em privacidade, nos termos do art. 50 da Lei n. 13.709, de 14 de agosto de 2018;
X – produtos e serviços que adotem padrões de *design* compatíveis com os princípios previstos na LGPD, incluindo a privacidade por padrão e a limitação da coleta de dados pessoais ao mínimo necessário para a realização de suas finalidades; e
XI – outras atividades e tomada de decisões estratégicas referentes ao tratamento de dados pessoais.

Capítulo 17
PROGRAMA DE GOVERNANÇA EM PRIVACIDADE E PROTEÇÃO DE DADOS PESSOAIS

17.1 NOTA INTRODUTÓRIA E O QUE PODE SER COMPREENDIDO COMO UM PROGRAMA DE GOVERNANÇA OU SISTEMA DE GESTÃO EM PRIVACIDADE E PROTEÇÃO DE DADOS PESSOAIS

Um programa de governança em privacidade e proteção de dados pessoais, em uma das acepções que julgo mais eficientes, pode significar a reunião coordenada e coerente de mecanismos, posturas e documentos voltados para, conjuntamente, assegurar a conformidade da organização com o Direito da Proteção de Dados Pessoais e garantir que a organização esteja sempre alinhada com o vetor direcionado para potencializar a privacidade e proteção dos dados pessoais dos titulares de dados com quem se relaciona ou cujos dados estejam sob sua posse em razão de suas atividades. É a reunião conjunta de elementos organizacionais, documentais, decisórios e técnicos voltada para traduzir, na prática, as boas aspirações e objetivos do Direito da Proteção de Dados Pessoais.

Trata-se de verdadeiro sistema de gestão de *compliance*, conforme expressão adotada pela norma ISO 37301:2021, em que se estabelece um conjunto de elementos de uma organização inter-relacionados ou que interagem entre si para estabelecer políticas (suas intenções e direcionamentos, assim expressadas pela alta administração) e objetivos (resultados a serem buscados), assim como as atividades ou práticas adotadas para atingir esses objetivos e traduzir em termos concretos as políticas previstas.

O programa ou o sistema de gestão, portanto, tem por escopo assegurar os objetivos do Direito da Proteção de Dados Pessoais, mitigar riscos à organização (jurídicos, associados à segurança da informação, reputacionais, de imagem etc.) e viabilizar que a organização documente suas práticas, estando pronta para prestar contas (*accountability*) em relação às suas atividades.

É a ferramenta, associada à governança corporativa, que instrumentaliza de forma concreta e prática a ideia de autorregulação regulada, ou seja, a ideia de que as organizações regulam a si mesmas, mas com a regulação do Estado, ainda que não haja essa obrigatoriedade de forma expressa em texto legal – perspectiva adotada claramente no modelo regulatório estabelecido pelo Direito da Proteção de Dados Pessoais. É por meio do programa de privacidade ou do sistema de gestão em privacidade que a organização implementa padrões que são significativos para sua própria existência e sucesso, autorregulando-se a partir desses padrões (autorregulação), bem como estabelece e adota os mecanismos que, de forma coerente, contínua e integrada, se retroalimentam em prol da criação e manutenção de um ecossistema virtuoso e próprio da organização em prol da tarefa de conformidade (regulada). Como diz a Norma ISO 37301, as organizações estabelecerão, aplicarão, avaliarão, manterão e melhorarão continuamente o sistema de gestão, incluindo os procedimentos necessários e suas inter-relações, de modo a refletir seus valores, objetivos, estratégias e riscos de *compliance*, levando em conta o contexto em que estão inseridas.

Dessa concepção, por exemplo, deriva a ideia central das chamadas *boas práticas em privacidade e proteção de dados pessoais*. São práticas que colocam e demonstram o vetor da organização em direção da conformidade plena à legislação e aos direitos dos titulares de dados pessoais que são os tutelados primários do Direito. Enquanto uma *má prática* é aquela que coloca e demonstra a atuação da organização em vetor contrário ao esperado.

Aliás, extremamente sensível é o risco quanto ao desenvolvimento de um programa meramente formal, inefetivo e não comprometido com a potencialização da integridade e conformidade no exercício das atividades da organização. Em outras palavras, há chances concretas de se desenvolver um sistema que se diz vocacionado a criar e manter um ecossistema de correção e pró-*compliance*, inclusive com textos normativos internos altamente trabalhados, detalhistas e rebuscados, mas que, na prática, não passa de mera estrutura formal, aparente, recheada de promessas utópicas. Um verdadeiro corpo errante em busca de sua alma. Em vez de contribuir com a Proteção de Dados Pessoais, um sistema com essas características trabalha de forma contrária, promovendo o distanciamento dos objetivos pensados e gerando um ecossistema viciado, sobretudo em razão da descrença de sua inefetividade gerada no corpo da organização a partir da sua ausência de resultados práticos. Por essa razão, a cultura da organização e as pessoas são componentes tão fundamentais.

Dito isso, o Direito da Proteção de Dados Pessoais não só traz a prestação de contas como princípio (art. 6º, X, LGPD), como incorpora as boas práticas em privacidade e proteção de dados pessoais como um elemento fundamental. Tal cláusula de incorporação implica, na prática, a inclusão no círculo jurídico de normas, de outras normas não jurídicas inicialmente, mas que passam sê-las. Assim, na imagem de um verdadeiro Diagrama de Venn, dois círculos antes separados (Direito e normas de segurança da informação e proteção de dados pessoais) passam a ter um espaço de intersecção em que está o Direito da Proteção de Dados Pessoais. A imagem a seguir sugere essa relação proposta.

Tal *cláusula de incorporação* parece ser a norma formada pela coordenação dos textos dos artigos 6º, 46 e 50 da LGPD, os quais estabelecem, juridicamente, a adoção de tais práticas pelos agentes de tratamento. Uma verdadeira incorporação das melhores práticas de governança de dados, por meio das quais, literalmente, a organização *governa* ou *administra* os dados que utiliza, o que envolve uma reunião real de pessoas, processos e tecnologias.

```
         DIREITO À        BOAS PRÁTICAS DE
         PROTEÇÃO         SEGURANÇA DA
DIREITO  DE DADOS         INFORMAÇÃO E
         PESSOAIS         PROTEÇÃO DE
                          DADOS PESSOAIS
```

Assim, além dos princípios da segurança, prevenção, responsabilidade e prestação de contas (art. 6º), diz o artigo 46 que:

> Art. 46. Os agentes de tratamento devem adotar medidas de segurança, técnicas e administrativas aptas a proteger os dados pessoais de acessos não autorizados e de situações acidentais ou ilícitas de destruição, perda, alteração, comunicação ou qualquer forma de tratamento inadequado ou ilícito.
>
> § 1º A autoridade nacional poderá dispor sobre padrões técnicos mínimos para tornar aplicável o disposto no *caput* deste artigo, considerados a natureza das informações tratadas, as características específicas do tratamento e o estado atual da tecnologia, especialmente no caso de dados pessoais sensíveis, assim como os princípios previstos no *caput* do art. 6º desta Lei.

É dispositivo que, claramente, torna também jurídico o respeito à segurança da informação, antes apenas boa prática de mercado.

Soma-se a isso, o comando nítido do artigo 50. Diz com translucidez:

> Art. 50. Os controladores e operadores, no âmbito de suas competências, pelo tratamento de dados pessoais, individualmente ou por meio de associações, poderão formular regras de boas práticas e de governança que estabeleçam as condições de organização, o regime de funcionamento, os procedimentos, incluindo reclamações e petições de titulares, as normas de segurança, os padrões técnicos, as obrigações específicas para os diversos envolvidos no tratamento, as ações educativas, os mecanismos internos de supervisão e de mitigação de riscos e outros aspectos relacionados ao tratamento de dados pessoais.
>
> § 1º Ao estabelecer regras de boas práticas, o controlador e o operador levarão em consideração, em relação ao tratamento e aos dados, a natureza, o escopo, a finalidade e a probabilidade e a gravidade dos riscos e dos benefícios decorrentes de tratamento de dados do titular.
>
> § 2º Na aplicação dos princípios indicados nos incisos VII e VIII do *caput* do art. 6º desta Lei, o controlador, observados a estrutura, a escala e o volume de suas operações, bem como a sensibilidade dos dados tratados e a probabilidade e a gravidade dos danos para os titulares dos dados, poderá:

I – implementar programa de governança em privacidade que, no mínimo:

a) demonstre o comprometimento do controlador em adotar processos e políticas internas que assegurem o cumprimento, de forma abrangente, de normas e boas práticas relativas à proteção de dados pessoais;

b) seja aplicável a todo o conjunto de dados pessoais que estejam sob seu controle, independentemente do modo como se realizou sua coleta;

c) seja adaptado à estrutura, à escala e ao volume de suas operações, bem como à sensibilidade dos dados tratados;

d) estabeleça políticas e salvaguardas adequadas com base em processo de avaliação sistemática de impactos e riscos à privacidade;

e) tenha o objetivo de estabelecer relação de confiança com o titular, por meio de atuação transparente e que assegure mecanismos de participação do titular;

f) esteja integrado a sua estrutura geral de governança e estabeleça e aplique mecanismos de supervisão internos e externos;

g) conte com planos de resposta a incidentes e remediação; e

h) seja atualizado constantemente com base em informações obtidas a partir de monitoramento contínuo e avaliações periódicas;

II – demonstrar a efetividade de seu programa de governança em privacidade quando apropriado e, em especial, a pedido da autoridade nacional ou de outra entidade responsável por promover o cumprimento de boas práticas ou códigos de conduta, os quais, de forma independente, promovam o cumprimento desta Lei.

§ 3º As regras de boas práticas e de governança deverão ser publicadas e atualizadas periodicamente e poderão ser reconhecidas e divulgadas pela autoridade nacional.

Dessa forma, penso que o Direito da Proteção de Dados Pessoais não existe no plano mínimo de eficiência e em abordagem que se proponha minimamente séria e capaz a cumprir com os objetivos de tais normas sem um Programa de Governança ou Sistema de Gestão em Privacidade e Proteção de Dados Pessoais que instrumentalize, na prática, o vetor de conformidade do agente de tratamento. O Direito da Proteção de Dados Pessoais, portanto, espera que tais estruturas existam, o que inclui a expectativa da fiscalização administrativa e responsabilização de suas normas, assim como o agente de tratamento de dados pessoais tem também de focar na construção de um Programa de Governança sólido e em constante evolução como medida de credibilidade, mitigação de riscos e prestação de contas.

Feitas essas considerações, proponho que neste capítulo estudemos os elementos que atuarão de forma coordenada para formar e demonstrar a existência de um Programa de Governança em Privacidade e Proteção de Dados Pessoais consistente. Como algo afeto à realidade de cada organização, seria impossível e pretencioso esgotar o tema, mas procuro apresentar os principais elementos úteis e exemplificativos na avaliação e construção de sistemas de gestão dessa natureza. A ideia é que ao final compreenda-se uma espécie de *checklist* mínimo das medidas e providências necessárias para tais tarefas conforme a realidade de cada organização. Proponho um ponto de partida para a realização de tarefas práticas pertinentes ao atendimento da legislação tratada nesta obra.

17.2 COMPROMISSO INSTITUCIONAL

A prática e as normas aplicáveis têm revelado ser fundamental que o programa conte com o comprometimento e apoio da alta administração da organização (*tone at the top*). Os líderes, nos topos da pirâmide organizacional, devem efetivamente exercer sua liderança em suporte aos temas de privacidade e proteção de dados pessoais e em compromisso com as melhores práticas, apresentando-se como verdadeiros exemplos de comprometimento com os princípios do programa e sua plena efetividade. Líderes não comprometidos ou, pior, de limites frágeis não só prejudicam a tarefa de conformidade e o desenvolvimento da atividade da organização, como também desmotivam o corpo de colaboradores a cumprir com o programa. Esse comprometimento deve ficar claro nos vários momentos que perfazem a concepção e execução do programa: na instituição dos mecanismos, inclusive a participação direta da alta administração na comunicação e treinamento dos demais colaboradores; na atualização contínua dos instrumentos de integridade; na aplicação das medidas de *enforcement*, inclusive em relação aos titulares de cargos e funções elevadas etc. Para servir de exemplo e provocar alterações na cultura organizacional, a participação da alta administração tem de ser concreta e transparente, a narrativa meramente formal do compromisso não cumpre tal função. Os líderes da organização, assim, se apresentam como verdadeiros garantes do Programa. Como diz a ISO 27701:2019, referência no tema e que será muitas vezes aqui mencionada, o comprometimento da liderança é de muita importância.

Além desse compromisso comportamental e personificado nos cargos altos de gestão, é igualmente importante que os temas de privacidade e proteção de dados pessoais, o que inclui segurança da informação, estejam inseridos nas visões e missões institucionais da organização, estando em alinhamento com os propósitos e objetivos mais amplos do negócio. Há de haver convergência entre as coisas, sob pena de os objetivos do Direito da Proteção de Dados Pessoais se apresentarem em vetor contrário às aspirações do agente de tratamento, resultando em aspectos práticos de resistência e não aplicabilidade, esvaziando o programa em seus propósitos. Assim, em termos práticos, vejo muito válido que tais temas sejam inseridos como compromissos assumidos nas declarações institucionais com a assunção de que perseguir os melhores valores de proteção de dados pessoais é também um objetivo do negócio.

17.3 ENTENDIMENTO DO CONTEXTO DA ORGANIZAÇÃO E DEFINIÇÃO DO ESCOPO DO PROGRAMA

O desenvolvimento do programa, sobretudo para o cumprimento de um Direito manifestamente contextual, passa necessariamente pela correta compreensão da organização em relação aos seus papéis nas atividades de tratamento de dados pessoais para que a construção do programa seja sólida e coerente.

Assim, é muito relevante que a organização defina de forma coerente o escopo do programa, já que cada uma tem um contexto único de atividades desempenhadas e incidência regulatória específica.

Desse modo, é recomendável que a organização (i) identifique os dados pessoais coletados e utilizados (o que pode ser feito pelo registro das atividades de tratamento de dados, cf. item adiante); (ii) identifique as regulações aplicáveis; (iii) compreensão de todas as partes interessadas em relação às atividades de tratamento e suas expectativas (titulares, fornecedores, terceiros etc.); e (iv) considere *frameworks* úteis na aplicação e que podem, inclusive, ser objeto de auditorias futuras, como a Norma ISO 27701:2019, normas europeias e normas do NIST.

A própria Norma ISO 27701:2019 estabelece, em seu item 5.2, que:

> A organização deve determinar o seu papel como um controlador de dados pessoais (incluindo a condição de controlador conjunto de DP) e/ou como um operador de DP. A organização deve determinar os fatores externos e internos que são pertinentes para o seu contexto e que afetam a sua capacidade de alcançar os resultados pretendidos do seu SGPI. Por exemplo, isto pode incluir:
> – legislação de privacidade, se aplicável;
> – legislação de privacidade aplicável;
> – decisões judiciais aplicáveis;
> – contexto organizacional, governança, políticas e procedimentos aplicáveis;
> – decisões administrativas aplicáveis;
> – requisitos contratuais aplicáveis.
>
> Onde a organização atua em ambos os papéis (por exemplo, como um controlador de DP e como um operador de DP), papéis separados devem ser determinados, cada qual estando sujeito a um conjunto separado de controles.

17.4 RESPONSÁVEIS PELA PRIVACIDADE E PROTEÇÃO DE DADOS PESSOAIS

Estabelecido o compromisso constitucional e entendido o contexto, é fundamental que a organização estabeleça e organize as estruturas e times responsáveis pelo programa. Há vários modelos a serem considerados, de modo que é recomendável que as responsabilidades sejam depositadas em quem eficientemente seja capaz de atuar no desempenho das atividades necessárias, considerando fatores como lideranças de maior senioridade, envolvimento de áreas estratégicas para o negócio e sua conformidade, níveis de comunicação e colaboração existentes etc.

É interessante, nesse contexto, que seja estabelecido um comitê de privacidade e proteção de dados pessoais para deliberações e atuações em situações estratégicas, a exemplo da fase de resposta a incidentes de segurança. Do comitê devem fazer parte os responsáveis pelas áreas que a organização identificou como estratégicas, podendo coincidir com outros comitês, como no caso do comitê de integridade.

Além disso, como visto, o Direito da Proteção de Dados Pessoais traz o dever de nomeação do encarregado à proteção de dados pessoais que pode ser feito mediante cúmulo de função, designação de profissional só para esse fim, com suporte ou não, ou a contratação de pessoa externa aos quadros da organização. O ideal é que o encarregado conte com área que lhe dê suporte humano para o desempenho eficiente de seu papel e esteja em posição que não implique. É importante conferir-lhe autonomia e canal direto com a alta administração da organização. Também é esperada a nomeação de alguém que possa substituí-lo em caso de ausência, vacância ou impedimento.

Não se ignora que as melhores práticas recomendam que, para o exercício de uma função tão específica e relevante, seja designada uma pessoa para atuar na função com exclusividade, e que esta tenha, junto a si e sempre que possível, um time qualificado. Se as funções são específicas, essa é a opção que mais potencializa as chances de sucesso na condução da matéria de proteção de dados pessoais. Até por isso, a ANPD estabelece na minuta do regulamento que:

> Cabe ao agente de tratamento estabelecer, considerando o contexto, o volume e o risco das operações de tratamento realizadas, as qualificações profissionais para o desempenho das atribuições do encarregado, a fim de atender às exigências da Lei.

E continua dizendo que:

> A indicação do encarregado deverá observar as suas qualidades profissionais, e, principalmente, seus conhecimentos relativos à disciplina de privacidade e proteção de dados, bem como aqueles necessários para o desempenho das atribuições previstas neste Regulamento.

A lógica é focar mais na função do que em quem e como a função pode atingir os patamares máximos pensados pela LGPD. A lógica é a mesma de todas as funções específicas e que recomendam a atuação de profissionais e áreas com exclusividade, como departamento financeiro, jurídico, recursos humanos, compliance etc. As *Guidelines on Data Protection Officer – DPOs* adotadas em 2016 pelo *Article 29 Data Protection Working Party* e revalidadas pela EDPB são uma ótima fonte de consulta a esse respeito.

Assim, a melhor decisão de quem indicar para função passa pela avaliação concreta do agente de tratamento, e preferencialmente documentada, sobre quem melhor pode entregar os resultados que se espera da função, o que, a princípio, demanda a atuação de uma pessoa própria para tanto. No entanto, não se pode ignorar os investimentos e as dificuldades de encontrar profissionais aptos para tanto, resultando, frequentemente, na decisão pela acumulação de funções por alguma pessoa preexistente no quadro do agente. Embora não seja a melhor prática, acaba sendo uma melhor opção do que não contar com ninguém na função e, contextualmente, pode representar a boa-fé objetiva do agente em tentar fazer o máximo razoável dentro da sua realidade.

Em suma, a decisão mais equilibrada acabará sendo aquela que mais potencialize as chances de sucesso na proteção de dados pessoais (pois é para isso que essa função existe) e se adeque à realidade das atividades do agente, com a garantia de independência, envolvimento e apoio material ao encarregado. Em outras palavras, a escolha a ser evitada é aquela que resulta em uma atuação tímida da pessoa, inexistente ou na existência meramente formal da função, resultando na desconformidade com o que a lei determina.

Além disso, há alguns outros critérios ou atribuições recomendáveis que podem ser considerados na escolha do agente: (i) é importante que a pessoa entenda dos negócios e da realidade de atuação do agente, o que facilita a compreensão dos procedimentos e dores enfrentadas pela organização, trazendo uma perspectiva de atuação equilibrada; (ii) embora a formação jurídica ou em tecnologia da informação não seja pressuposto da função, é importante que a pessoa tenha conhecimento nas matérias de privacidade e proteção de dados pessoais e em segurança da informação (certificações, nesse contexto, podem ser consideradas, mas não são indispensáveis); (iii) é importante que a pessoa seja acessível, cautelosa e de bom relacionamento com as demais áreas do agente, condições adequadas para que consiga transmitir as práticas de privacidade necessárias e, ao mesmo tempo, para que atue com bom senso no desenvolvimento das rotinas, produtos, soluções etc.; e (iv) é extremamente relevante que se evitem conflitos de interesses associados à função de privacidade e que prejudiquem o sucesso desta.

Como exemplo, pode ser citada a decisão da autoridade de proteção de dados belga, de abril de 2020, que multou uma empresa em 50 mil euros, reconhecendo a falta do envolvimento necessário do encarregado no endereçamento de incidentes de segurança com dados pessoais, pois o profissional acumulava inúmeras funções simultaneamente, e a organização não contava com mecanismos para prevenir possíveis conflitos de interesses, conforme já tratado em capítulo próprio.

Adicionalmente, a organização pode considerar a distribuição de tarefas no seio da organização por pessoas que difundiram os objetivos de proteção de dados pessoais nas respectivas áreas, como *braços* dos times de privacidade, sob a alcunha de embaixadores de privacidade, *privacy champions* etc.

17.5 PRIVACY BY DESIGN

Privacy by Design, proposto originalmente por Ann Cavoukian e hoje reconhecido expressamente em normas de referência (i.e. ISO 27701:2019 e 31700:2023), traz a ideia de que toda solução, projeto ou atividade da organização tenha como um dos nortes ou diretrizes principais a proteção de dados pessoais. Esta, como um líquido, deve permear todo desenvolvimento, de modo que, em cada um dos seus pontos, seja possível identificar que a opção feita foi aquela que mais aproxima o desenvolvimento da proteção de dados pessoais e não o contrário. É repetir constante o vetor favorável à conformidade com o Direito da Proteção de Dados Pessoais. Assim, ao ouvir afirmações como "adotar o *Privacy by Design*", é justamente entender que tais práticas devem ser realizadas.

Como diz o item 8.4 da norma ISO 27701:2019, o objetivo do *Privacy by Design* é "Assegurar que processos e sistemas sejam projetados de forma que a coleta e o tratamento de DP (incluindo o uso, divulgação, retenção, transmissão e descarte) estejam limitados ao que é necessário para o propósito identificado".

Nessa perspectiva, é recomendado que o *Privacy by Design* se espalhe nas atividades e documentos da organização, a exemplo das seguintes práticas: (i) soluções proativas e preventivas, que objetivem evitar riscos à proteção de dados (*v.g.*, coleta dos dados estritamente necessários); (ii) formatos e configurações que confiram maior controle e customização para os titulares dos dados pessoais, como opções de alterar configurações padrão ou de poder fornecer ou não seus dados, sem que isso prejudique o uso do produto ou serviço; (iii) a opção pela manutenção das funcionalidades completas das soluções e não com a privacidade apenas em produtos básicos, ainda que o titular dos dados pessoais altere suas configurações de privacidade – a máxima de tentar sempre não atrelar funcionalidade à configuração de privacidade, seja limitando funções ou conferindo funções adicionais ou mais vantajosas no caso do usuário que fornece mais dados; (iv) manutenção da segurança de ponta a ponta ou em todas as etapas dos tratamentos e dos ciclos de vida de cada dado pessoal tratado (mitigando riscos a acessos não autorizados e de situações acidentais ou ilícitas de destruição, perda, alteração, comunicação ou qualquer forma de tratamento inadequado ou ilícito); (v) potencialização máxima da visibilidade e transparência do tratamento dos dados pessoais, com o uso de uma comunicação fluida e efetiva, condizente com o tratamento e o perfil do titular; e (vi) adoção do *Privacy by Default*, a privacidade como padrão das configurações, de modo que as soluções sejam concebidas de largada e cheguem ao usuário com as salvaguardas do *Privacy by Design* já estabelecidas como padrão, sem a necessidade de ações adicionais futuras, por exemplo, com a coleta inicial apenas dos dados necessários para o desenvolvimento ou utilização da solução e a adoção dos mecanismos de maior segurança.

Nessa perspectiva, as melhores práticas recomendam que todas as soluções, produtos, publicidades etc. do agente de tratamento sejam concebidas e pensadas desde a origem da ideia com todos os pilares de conformidade da lei e de *Privacy by Design*. Importante, então, o envolvimento do encarregado pelo proteção de dados pessoais, da área de privacidade e do Comitê de Privacidade no desenvolvimento e também conduzi-lo em fases cuidadosas e registradas de avaliação da proteção de dados pessoais: (i) análise dos requisitos necessários e que o novo produto deve respeitar; (ii) planejamento de como atender tais requisitos e equilibrar o desenvolvimento do produto em respeito à privacidade; (iii) seu desenvolvimento; (iv) realização de testes e eventuais adequações ou atualizações; e (v) lançamento seguro.

17.6 INVENTÁRIO DE DADOS E REGISTRO DAS OPERAÇÕES DE TRATAMENTO DE DADOS PESSOAIS (*RECORD OF PROCESSING ACTIVITIES – ROPA*)

A manutenção dos registros pelos agentes de tratamento (controladores ou operadores) é medida de muita relevância para a conformidade plena para o Programa. Isso inclui registrar novas atividades com recorrência, atualizar as existentes e contar com rotina de revisão periódica. É obrigação específica trazida pelo artigo 37, LGPD, e que se soma a todas as demais existentes na lei para os agentes de tratamento: "Art. 37. O controlador e o operador devem manter registro das operações de tratamento de dados pessoais que realizarem, especialmente quando baseado no legítimo interesse".

É por meio do mapeamento e registro das operações com dados pessoais que os agentes, por exemplo, têm a visibilidade do que fazem com dados pessoais e a compreensão adequada das finalidades para as quais os tratamentos são feitos, da natureza dos dados envolvidos nas operações, a duração dos tratamentos e os riscos associados, podendo mitigá-los. Os mapeamentos e os registros, em termos práticos, têm o propósito de retirar os agentes do estado de desconhecimento sobre suas operações, de modo a melhorar suas práticas e alinhá-las ao que a legislação determina. É preciso saber o que é feito, por que é feito, como é feito e por quanto tempo.

Além disso, é por meio de tais registros e das providências de governança adotadas com base neles que os agentes conseguem dar cumprimento ao princípio da prestação de contas, com a entrega de insumos materiais, concretos e seguros à fiscalização que tenha por objetivo verificar a correção de suas operações, ou mesmo para que possa elaborar defesas consistentes em procedimentos administrativos ou judiciais. Lembra-se, inclusive, de que compete à ANPD "fiscalizar e aplicar sanções em caso de tratamento de dados realizado em descumprimento à legislação, mediante processo administrativo que assegure o contraditório, a ampla defesa e o direito de recurso" e "realizar auditorias, ou determinar sua realização, no âmbito da atividade de fiscalização de que trata o inc. IV e com a devida observância do disposto no inc. II do *caput* deste artigo, sobre o tratamento de dados pessoais efetuado pelos agentes de tratamento, incluído o poder público" (art. 55-J, IV e XVI, LGPD).

Todos os agentes, independentemente do seu papel, conforme determinação específica do artigo 37, devem manter os registros de suas operações com dados pessoais. Porém, a lei confere espaço para que a ANPD regule a matéria e apresente outros critérios adicionais sobre a identificação de quem precisa ou não manter os registros. Nesse sentido, por exemplo, os agentes de pequeno porte, conforme Resolução CD/ANPD n. 2/2022, podem cumprir com tal obrigação de forma simplificada, conforme modelo a ser disponibilizado pela própria ANPD (art. 9º).

Embora o Direito e, em especial, o texto do artigo 37 da LGPD não entre em detalhes sobre o que deva conter em tais registros, é recomendável que os registros contenham todos os detalhes e elementos necessários para compreensão completa das atividades realizadas, até porque essa é a função do documento.

Segue, então, uma lista não exaustiva das informações que devem constar: (i) a finalidade de cada tratamento de dados pessoais e a identificação da respectiva base legal de tratamento, incluindo o apontamento de documentos relacionados; (ii) a descrição dos dados pessoais tratados de acordo com cada finalidade e categoria dos dados (sensíveis ou não) e categorias descritas na Resolução CD/ANPD n. 15/2024 (art. 3º); (iii) identificação dos titulares e características específicas (crianças, adolescentes, idosos, empregados, consumidores etc.); (iv) no caso de crianças e adolescentes, a identificação do melhor interesse associado ao tratamento; (v) o ciclo de vida dos dados pessoais, as áreas e profissionais responsáveis pelo tratamento; (vi) a identificação dos terceiros eventualmente envolvidos no tratamento e com que os dados são compartilhados e os porquês (o que inclui a identificação de quais dados); (vii) os prazos de eliminação dos dados e as justificativas e tempo de manutenção, se for o caso; (viii) o detalhamento das medidas de segurança, técnicas, administrativas e salvaguardas adotadas para a proteção dos dados, inclusive em relação a incidentes e o histórico das providências realizadas para incidentes anteriores; (ix) o registro dos consentimentos obtidos e histórico relacionado (se o consentimento for a base legal adotada); (x) os estudos e as medidas adotados no desenvolvimento das soluções, produtos e publicidades que tenham se pautado em *Privacy by Design*; e (xi) o mapeamento das operações de tratamento de dados que caracterizam transferência internacional de dados, com a identificação do país ou organismo estrangeiro, e respectiva base legal de tratamento, conforme rol restritivo do art. 33 da LGPD.

17.7 POLÍTICA DE PRIVACIDADE

Há muitos documentos internos da organização que podem ser pertinentes ao programa, porém a política de privacidade é certamente o mais relevante deles. Embora muitas vezes tal documento seja disponibilizado publicamente como documento de transparência (devendo ser chamado de aviso de privacidade), na verdade a denominação política é mais adequada ao direcionamento de medidas em âmbito interno do agente de tratamento.

Como qualquer política, tem por objetivo estabelecer um sistema de princípios e diretrizes a orientar e determinar os cursos de ação e instruções claras de como a privacidade e a proteção de dados pessoais serão implementadas no seio da organização. A política de privacidade, nesse sentido, é o documento mais amplo e aberto que inicia a ramificação dos demais documentos pertinentes (avisos de privacidade, nomeação do encarregado, política e matriz de retenção de dados, registro de operações, política de privacidade para empregados, política de privacidade para fornecedores, política de segurança da informação etc.).

Entre os seus componentes, podem ser destacados: (i) a estruturação das medidas necessárias para que a organização atenda ao Direito da Proteção de Dados Pessoais; (ii) papéis e responsabilidades das áreas e funções; (iii) princípios e diretrizes a serem seguidas nas atividades; (iv) possibilidades de sanções.

17.8 AVISOS DE PRIVACIDADE

Com função de transparência para com os titulares de dados, o Programa também deve contar com avisos de privacidade específicos para cada grupo de titulares relacionados com os tratamentos de dados pessoais desempenhados pela organização, como clientes, empregados e fornecedores.

É por meio dos avisos de privacidade que todas as informações possíveis sobre os tratamentos realizados pelo agente de tratamento serão externalizadas para o público geral e, especialmente aos titulares de dados pessoais. Justamente por isso, é um dos principais documentos a ser elaborado pelo agente de tratamento e deve ser objeto de trabalho dedicado, cuidadoso e focado, especialmente, no equilíbrio entre ser completo, customizado para o seu público destinatário (a identificação do "homem médio" no público titular de dados é essencial) e visualmente amigável e navegável. Aqui, a implementação de técnicas de *legal design, visual law* e *user experience* (*UX*) são fundamentais.

Textos robustos e completos, mas que geram uma experiência de leitura ruim ou densa ao público não são adequados, pois, como sabemos, não serão lidos. Por outro lado, avisos puramente visuais, mas que pecam pela transparência ou completude também não atendem à LGPD. Se o aviso de privacidade for incompleto, confuso, de difícil entendimento ou não convidativo ao público, acabará por ser um péssimo cartão de visitas sobre os tratamentos realizados. Por outro lado, se equilibrado, o documento representa um passo essencial de confiabilidade e de boa imagem das operações realizadas pelo agente de tratamento.

O artigo 9º da LGPD traz os principais requisitos de todo aviso de privacidade. São eles: (i) a finalidade específica do tratamento de dados; (ii) forma e duração do tratamento, observados os segredos comercial e industrial; (iii) identificação do controlador; (iv) informações de contato do controlador; (v) informações acerca do uso compartilhado de dados pelo controlador e a finalidade; (vi) responsabilidades dos agentes que realizarão o tratamento; e (vii) direitos dos titulares, com menção explícita àqueles listados no artigo 18 da LGPD.

A Norma ISO 27701:2019, de forma similar, em seu item 7.3.2, relaciona as informações esperadas:

– informação sobre o propósito do tratamento;
– detalhes do contato para o controlador de DP ou seu representante;
– informação sobre as bases legais do tratamento;
– informação sobre onde o DP foi obtido, caso não seja obtido diretamente do titular de DP;
– informação sobre se o fornecimento de DP é um requisito contratual ou estatutário, e onde apropriado, as possíveis consequências de falha para fornecer o DP;
– informações sobre obrigações para os titulares de DP, como definido em 7.3.1, e como os titulares de DP podem se beneficiar deles, especialmente em relação ao acesso, acréscimo, correção, solicitação para apagar, recebimento de uma cópia dos seus DP e a desaprovação para o tratamento;
– informação sobre como o titular de DP pode cancelar um consentimento;
– informação sobre transferência de DP;
– informação sobre destinatário e categoria de destinatário de DP;
– informação sobre o período para o qual o DP será retido;

– informação sobre o uso de tomada de decisão automatizada, com base no tratamento automatizado de DP;

– informação sobre o direito de apresentar uma reclamação e como apresentá-la;

– informação relativa à frequência na qual uma informação é fornecida (por exemplo, notificação *just in time*, frequência definida pela organização etc.).

Também é oportuno que se considere a Norma ISO 29184:2021 – *Information Technology – Online privacy notices and consent* que "especifica os controles que formatam o conteúdo e a estrutura dos avisos de privacidade *online*, bem como o processo de solicitação de consentimento para coletar e tratar dados pessoais (DP) de titulares de DP" e tem como objetivo geral: "permitir que titulares de DP compreendam e ajam de acordo com as implicações dos tratamentos de DP, como a probabilidade e severidade de qualquer potencial impacto que o tratamento possa ter, assim como as consequências diretas e/ou indiretas do tratamento".

17.9 AVALIAÇÕES DE RISCO

Como já tratado, risco e proteção de dados pessoais são suas ideias indissociáveis. O Direito da Proteção de Dados Pessoais, assim, tem as avaliações de risco conduzidas pelos agentes de tratamento, especialmente o controlador de dados, função fundamental. Seja para avaliação do que pode/deve ser feito ou não, seja para calibração das práticas e controles de proteção de dados adotadas, seja para documentar o cuidado do agente de tratamento na condução de seus processos.

Assim, além de uma função preventiva de governança associada a uma tarefa do agente de tratamento de parar, pensar e avaliar os processos que envolvam dados pessoais, antes que eles se desenvolvam (*Privacy by Design*), as avaliações deixam o rastreamento e a evidência da diligência do agente de tratamento na busca sua conformidade com o Direito. Nesse contexto, servem também de suporte ao agente de tratamento em fiscalizações, providências administrativas e judiciais de responsabilização ou em outras atividades em que a conformidade seja pertinente (*due diligences* em operações de M&A, por exemplo).

Feitas essas considerações, cumpre dizer que não há um rol exaustivo de avaliações de risco a serem conduzidas, de modo que o programa de governança deva contar com tantas avaliações ou espécies de avaliações que se mostrem necessárias no contexto das atividades da organização. A seguir, destaco as três que julgo mais pertinentes.

17.9.1 Teste de Balanceamento de Legítimo Interesse

O Teste de Balanceamento de Legítimo Interesse, *Legitimate Interest Assessment* – LIA ou Teste de Legítimo Interesse pode ser entendido como um estudo faseado e decisório em que todas as premissas mencionadas sejam ponderadas, balanceadas e, sobretudo, documentadas. É por meio dele que o controlador de dados construirá o encadeamento lógico de suas avaliações e microdecisões acerca de cada um dos requisitos do legítimo interesse rumo à sua decisão final, se o legítimo interesse poderá ou não ser a base legal de tratamento de dados para a finalidade específica avaliada. É também por meio desse teste que o controlador fará valer sua prestação de contas de conformidade de sua decisão em se valer dessa base legal.

Considerando as várias parametrizações trazidas em lei e a obrigatoriedade do registro das atividades de tratamento (art. 37, LGPD), bem como considerando a experiência estrangeira anterior (em especial na Europa) é possível que se entenda que tal estudo seja obrigatório, embora isso, naturalmente, possa demandar bastante trabalho prático e que pode, muitas vezes, parecer desnecessário diante de situações simples e de menores riscos.

Essa obrigatoriedade será confirmada se mantida a posição atual da ANPD em seu *Guia orientativo*, segundo o qual:

> [...] o tratamento de dados com respaldo no legítimo interesse deve ser precedido de um teste de balanceamento que considere, de um lado, os interesses do controlador (ou de terceiro) e, de outro, os direitos e liberdades fundamentais dos titulares. Assim, o teste de balanceamento constitui uma avaliação da proporcionalidade com base no contexto e nas circunstâncias específicas do tratamento de dados, levando em consideração os impactos e os riscos aos direitos e liberdades dos titulares.

Além disso, afirma a ANPD que:

> O teste de balanceamento deve ser aplicado para cada finalidade específica e envolve a realização de uma ponderação que leva em consideração a legitimidade do interesse, a necessidade do tratamento, os impactos sobre os direitos dos titulares e suas legítimas expectativas em comparação com os interesses envolvidos. Desta forma, caso haja o uso dos dados pessoais para outra finalidade, legítima e concreta, o controlador deverá reavaliar qual a hipótese legal adequada para fundamentar o tratamento de dados para essa nova finalidade. Caso o controlador decida utilizar a hipótese do legítimo interesse, ele deverá elaborar outro teste de balanceamento para a nova finalidade. O controlador não deve realizar o tratamento com base na hipótese legal do legítimo interesse caso o teste de balanceamento conclua pela prevalência dos direitos e liberdades fundamentais e legítimas expectativas dos titulares.

Em síntese, o controlador de dados deve realizar um estudo detalhado sobre sua avaliação acerca dos interesses e requisitos presentes na situação concreta, passando essencialmente pela (i) identificação dos interesses; (ii) legitimidade destes; (iii) finalidade; (iv) necessidade; (v) balanceamento e salvaguardas.

17.9.2 Relatório de Impacto à Proteção de Dados – RIPD

Previsto de forma expressa no artigo 5º, XVII, LGPD e em outros dispositivos que ressaltam a possibilidade de o documento ser exigido pela ANPD, o Relatório de Impacto à Proteção de Dados Pessoais – RIPD é apenas um dos muitos *assessments* ou das muitas avaliações que são consideradas boas práticas. No caso, o RIPD tem base regulatória no *Data Protection Impact Assessment*, identificado, sobretudo, na regulação europeia, sendo esperado, em tese, sempre que o tratamento de dados puder gerar altos riscos às liberdades civis e aos direitos fundamentais, devendo ser incorporado nas providências de governança em privacidade.

De responsabilidade do controlador, consiste em um instrumento documentado pelo qual são registrados os tratamentos de dados pessoais, suas finalidades e circunstâncias e, especialmente, as medidas ou processos adotados para a mitigação de riscos. Embora não seja comum, não há nada que impeça que o operador também elabore estudo semelhante como boa prática dentro de sua realidade de operação, porém, claro, respeitando as finalidades, os limites e as circunstâncias definidas pelo controlador que a atende. É o documento responsável por identificar os riscos decorrentes do tratamento de dados pessoais e apto a indicar as providências necessárias para minimizar tais riscos.

A ideia é que o instrumento, em ponderação a todos os valores em jogo, reflita um estudo interno dedicado sobre o tratamento de dados, de modo a demonstrar o comprometimento, documentado, do controlador com a avaliação constante das operações que realiza e dos níveis de privacidade esperados. Se observados os padrões internacionais, o documento deve ser preparado nas situações em que o tratamento seja de alto risco, como processos de avaliação e *scoring*, processos com decisões automatizadas, monitoramentos sistematizados, envolvimento de dados sensíveis, dados processados em larga escala, combinação de bancos de dados, tratamento de dados que envolvem titulares de dados vulneráveis e a utilização de nova tecnologia em razão dos riscos não conhecidos. O Enunciado 679 da IX Jornada de Direito Civil do CJF também traz esta ideia:

> O Relatório de Impacto à Proteção de Dados Pessoais deve ser entendido como uma medida de prevenção e de *accountability* para qualquer operação de tratamento de dados considerada de "alto risco", tendo sempre como parâmetro o risco aos direitos dos titulares.

Nesse sentido e embora o instrumento seja de natureza contextual, pois associado à realidade, à cultura e ao contexto do controlador, deve conter, por exemplo: (i) os tipos de dados tratados e respectivos métodos; (ii) as operações vinculadas; (iii) a compatibilidade das finalidades e bases legais eleitas com os dados pessoais utilizados, sendo tratados apenas aqueles necessários ao cumprimento das finalidades escolhidas; e (iv) os riscos de segurança existentes e as medidas técnicas e administrativas adotadas para mitigá-los. Além disso, é importante, sempre que possível, que o estudo seja feito antes do início do tratamento de forma preventiva e versando sobre todos os ciclos de vida dos dados. Igualmente, recomenda-se que o instrumento seja revisto e atualizado com a frequência necessária, demonstrando o compromisso recorrente do controlador em possuir um estudo dedicado e espelhado na realidade em que se insere.

Compete à ANPD regulamentar sua exigência e requisitos, podendo os solicitar em alguns casos, como na situação em que a base de legítimo interesse for a base legal de tratamento eleita (*i.e.*, art. 10, § 3º, LGPD).

Embora a regulação *stricto sensu* ainda seja esperada, a ANPD já emitiu, a título de guia e recomendação, um conjunto de perguntas e respostas (Q&A) em seu *site* na proposta de auxiliar o controlador e os profissionais de privacidade a identificarem as operações de tratamento que recomendam a elaboração do RIPD. Como a própria ANPD sinaliza:

> A iniciativa da autoridade, além de promover a compreensão sobre o assunto e sanar possíveis dúvidas, é orientar melhor os controladores de dados pessoais para que possam agir em prol da segurança dos dados dos titulares que estão sob sua responsabilidade. A elaboração do RIPD, que é responsabilidade do controlador de dados pessoais, serve para descrever os processos de tratamento de dados pessoais que podem gerar alto risco à garantia dos princípios gerais de proteção de dados pessoais previstos na LGPD, às liberdades civis e aos direitos fundamentais do titular de dados. O documento deverá conter também medidas de proteção e mecanismos que possam diminuir riscos à proteção dos direitos dos titulares[1].

A ANPD recomenda que o RIPD seja então elaborado antes de o controlador iniciar o tratamento dos dados pessoais, avaliando com antecedência os riscos relacionados às operações a serem realizadas. De forma elogiável e pedagógica, porém, a ANPD reconhece que, muitas vezes, o RIPD não poderá ser elaborado antes de as atividades terem início, e, assim, admite a possibilidade de elaboração *a posteriori* no instante que o controlador identificar um alto risco na operação. No Regulamento CD/ANPD n. 15/2024, que regula a Comunicação de Incidentes de Segurança, a ANPD também traz a previsão de que seja elaborado do RIPD para avaliação dos incidentes de segurança.

Em termos de metodologia, a ANPD admite o uso de diretrizes gerais de processos de documentação e análise de riscos e a existência de diferentes *frameworks* que podem ser utilizados, recomendando, mais enfaticamente, que as metodologias, os critérios e os fatores analisados sejam devidamente documentados a fim de viabilizar a prestação de contas sobre as tomadas de decisão. Além disso, recomenda que sejam utilizados, logicamente, os *frameworks* consolidados nas áreas de privacidade e segurança da informação.

Em relação aos requisitos mínimos que o RIPD deve conter enquanto documento, a ANPD reforça que, segundo o artigo 38, LGPD, no relatório deve, pelo menos, constar a descrição dos tipos de dados pessoais coletados ou tratados, a

---

[1] ANPD. ANPD divulga página com perguntas e respostas sobre o Relatório de Impacto à Proteção de Dados Pessoais (RIPD). Disponível em: https://www.gov.br/anpd/pt-br/assuntos/noticias/anpd-divulga-pagina-com-perguntas-e-respostas-sobre-o-relatorio-de-impacto-a-protecao-de-dados-pessoais-ripd. Acesso em: 27 maio 2024.

metodologia usada para o tratamento e para a garantia da segurança das informações e a análise do controlador com relação às medidas, às salvaguardas e aos mecanismos de mitigação de riscos adotados. Bem destaca a ANPD que o relatório deve ser suficientemente detalhado para que cumpra seu papel enquanto documento explicativo e de prestação de contas, para que a ANPD e o controlador tenham a visão ampla de como ocorre o tratamento de dados e os riscos associados. A autoridade, inclusive, reitera a possibilidade de solicitar informações adicionais sempre que julgar necessário.

Quanto à publicidade do relatório, a ANPD reconhece que não há essa obrigatoriedade legal, mas que tornar o documento público pode ser uma boa demonstração do compromisso do controlador com a segurança das operações com dados pessoais, além de atender aos princípios do livre acesso, da transparência e da responsabilização e prestação de contas. Caso decida disponibilizar o documento, isso pode ser feito em seus sites, facilitando o acesso aos titulares. Para entidades públicas, o RIPD deverá ser publicado conforme determinação da ANPD (art. 32, LGPD) ou do próprio controlador, salvo em caso de sigilo legal aplicável.

A Autoridade também endereça, em seu Q&A, dúvida comum se o controlador deve elaborar um RIPD para todas as atividades de tratamento de dados ou um RIPD para cada operação de tratamento. De forma adequada, a ANPD reconhece cada RIPD deve corresponder a cada projeto ou processo do controlador que contenha um conjunto de operações de tratamento voltadas para a mesma finalidade:

> Em alguns casos, isso pode se traduzir em relatórios diferentes para cada operação de tratamento, especialmente se o controlador possui operações muito distintas. Ao elaborar relatórios separados para um conjunto de tratamentos que possuam a mesma finalidade, é possível visualizar melhor os tratamentos realizados e identificar com maior precisão os riscos associados a eles. No entanto, se o controlador realiza múltiplas operações de tratamento similares em termos de natureza, finalidade e riscos é razoável que seja elaborado apenas um RIPD que inclua todas essas operações de tratamento.

Em termos de definição do que pode ser considerado tratamento de alto risco a justificar a elaboração do relatório de impacto, a ANPD recomenda que os controladores adotem a referência de tratamento de alto risco presente no artigo 4º do regulamento para aplicação da LGPD a agentes de pequeno porte. Tratamento de alto risco, assim, pode ser considerado aquele que, cumulativamente, preenche um critério geral (tratamento de dados em larga escala ou tratamento que possa afetar significativamente interesses e direitos dos titulares) e um critério específico (vigilância ou controle de zonas acessíveis ao público, tratamento automatizado, tecnologias emergentes ou inovadoras, e dados sensíveis ou de crianças, adolescentes e pessoas idosas). Ressalta, ainda, que tais critérios não devem ser considerados exaustivos:

[...] de modo que o controlador poderá verificar a existência de alto risco em situações diferentes das indicadas. Assim, em conformidade com o princípio da responsabilização e prestação de contas, cabe ao controlador avaliar as circunstâncias relevantes do caso concreto, a fim de identificar os riscos envolvidos e as medidas de prevenção e segurança apropriadas, considerando os possíveis impactos às liberdades e direitos fundamentais dos titulares e a probabilidade de sua ocorrência.

17.9.3 Avaliação de melhor interesse de crianças e adolescentes

Pautado na necessidade estabelecida pelo artigo 14, LGPD, e no Enunciado CD/ANPD n. 1/2023 da ANPD, o programa de governança em privacidade e proteção de dados pessoais também deve contar com as avaliações sobre o atendimento ou não do melhor interesse de crianças e adolescentes, no caso de tratamento de dados pessoais de titulares desses perfis.

Na prática, isso significa que o controlador deve documentar sua priorização da proteção dos menores e seus interesses em relação a qualquer outro, sendo a priorização do interesse do titular menor uma premissa para que o tratamento de dados pessoais seja realizado. Isso deve influenciar diretamente as decisões sobre os tratamentos de dados: seguir ou não com o projeto; como seguir; quais dados tratar; quais as finalidades; período de tratamento; salvaguardas adotadas etc. O formato pode ser mais simples ou complexo e é proporcional à complexidade da análise.

Assim como as demais avaliações de risco, a documentação dessa avaliação parece-me ter dois propósitos principais: (i) *preventiva* de conduzir o controlador a parar e pensar de forma diligente sobre o desenvolvimento do tratamento de dados pessoais; e (ii) *de prestação de contas* de modo que a avaliação documentada sirva de evidência de conformidade do agente.

17.9.4 Governança e avaliações de sistemas de inteligência artificial

A inteligência artificial (IA) está entre os temas mais relevantes na contemporaneidade, sobretudo em termos regulatórios, com destaque para a aprovação do *EU AI Act* na União Europeia e discussões no mundo todo, especialmente no Brasil. Parte dos sistemas de IA tem como insumo o uso de dados pessoais, por exemplo, para o desenvolvimento ou treinamento desses sistemas ou para tomada de decisões de negócio em relação aos próprios titulares de dados.

Assim, é fundamental a estruturação de programas de governança de sistemas de IA incluindo a privacidade como um pilar fundamental. Aliás, adotando a regulação uma abordagem de risco em relação a quais e para quais finalidades os sistemas de IA podem ou não ser utilizados, e quais os níveis de risco daqueles permitidos, é relevante que o programa também conte com análises preliminares de risco desses sistemas, visando identificar e classificar os riscos aplicáveis. A depender da apuração, será importante também a condução de avaliações de impacto algorítmico sobre as soluções utilizadas.

17.10 *PRIVACY-ENHANCE TECHNOLOGIES – PETS*

Como mencionado anteriormente, um programa de governança em privacidade e proteção de dados pessoais que se preze significa a reunião prática de pessoas, processos e tecnologias. As *Privacy-Enhance Technologies*, ou PETs, integram exatamente esse terceiro elemento e podem ser consideradas e utilizadas como boas práticas.

Constituem soluções tecnológicas que permitem a coleta e o tratamento de dados pessoais com proteção da confidencialidade e privacidade. Conforme definição da ICO, as PETs são tecnologias que incorporam os princípios fundamentais de proteção de dados pessoais minimizando a coleta de dados, potencializando a segurança dos dados e empoderando os titulares de dados pessoais[2].

Tais ferramentas podem ser separadas conforme objetivos, como em (i) ferramentas de ofuscação de dados e que permitem, por exemplo, a anonimização ou pseudoanonimização de dados, a utilização de dados sintéticos, o uso de técnicas diferenciais para mascarar detalhes que identificam os indivíduos e o uso de técnicas de *zero-knowledge proof*[3]; (ii) ferramentas de encriptação de dados; (iii) práticas que permitem a execução de tarefas analíticas (*i.e.*, uso de treinamento de algoritmos) sem a identificação dos titulares de dados durante parte das tarefas; e (iv) ferramentas relacionadas à prestação de contas pelos agentes de tratamento, como *softwares* que auxiliam no mapeamento de dados, no monitoramento do compartilhamento e uso de dados, e ferramentas que conferem maior controle aos usuários em relação aos dados que são coletados e utilizados. É um campo vasto e cada vez mais promissor e útil.

17.11 *NUDGE TECHNIQUES E DARK PATTERNS*

Nudge Techniques e Dark Patterns, também como um reflexo da concepção de *Privacy by Design*, devem ser evitadas. *Nudge Techniques* são características utilizadas no desenvolvimento que guiam ou levam o usuário a seguir o caminho que o desenvolvedor deseja. Não são, em si, ilícitas, como as notificações que aparecem nos aplicativos de *smartphones* (*meatballs notifications*), ou as que aparecem na tela dos aparelhos (*push*

---

[2] ICO. *Privacy-enhancing Technologies (PETs)*. Disponível em: https://ico.org.uk/media/about-the-ico/consultations/4021464/chapter-5-anonymisation-pets.pdf. Acesso em: 24 maio 2024.

[3] "Existem momentos em que é útil provar que algo é verdadeiro ou falso sem divulgar nenhuma informação adicional na consulta. ZKP (Zero-Knowledge Proof) podem responder à simples questão de se algo é verdadeiro ou falso sem revelar nenhuma informação adicional. Eles escondem os dados subjacentes ao responder a perguntas simples, como se a renda de alguém está acima de um determinado limite. ZKP podem melhorar a privacidade e a proteção de dados, pois podem eliminar a necessidade de os titulares de dados entregarem dados pessoais para usos rotineiros, como verificar informações confidenciais como parte de qualquer processo de inscrição, por exemplo, verificar se inquilinos potenciais têm uma renda acima de um limite predeterminado ou se indivíduos têm uma idade mínima. Assim, ZKP poderiam ajudar a mudar o paradigma de exigir que os usuários revelem suas informações confidenciais como parte de uma transação para, em vez disso, permitir que outros verifiquem as reivindicações" (OCDE. *Emerging privacy enhancing technologies current regulatory and policy approaches*. Disponível em: https://www.oecd.org/publications/emerging-privacy-enhancing-technologies-bf121be4-en.htm. Acesso em: 24 maio 2024, tradução livre).

notifications). *Dark Patterns* podem ser consideradas *Nudges Techniques* que são mais ostensivas ou exercem um poder de pressão maior no usuário para que a escolha que é melhor pelo desenvolvedor seja feita. Na definição de Luiza Karovski, consistem no uso da interface com o usuário de um *site* ou aplicação que manipula o processo de decisão deste em detrimento de sua privacidade[4].

Como sinalizado, não são em si ilegais ou contrárias ao Direito da Proteção de Dados Pessoais. Serão em vetor contrário à conformidade, se o agente de tratamento usar dessas técnicas para explorar o titular de dados ou atuar contrariamente ao que o Direito estabelece. Por exemplo, induzindo um consentimento que não viria sem o direcionamento abusivo do usuário.

17.12 ATENDIMENTO AOS TITULARES DE DADOS PESSOAIS E PLANO DE RESPOSTA

A interação com os titulares de dados pessoais é, igualmente, um dos pilares fundamentais de um programa de governança em privacidade e proteção de dados pessoais. Assim, além dos canais de atendimento, seja na figura do encarregado (art. 37), seja se a nomeação deste é dispensada (a exemplo dos agentes de pequeno porte), é significativo que o controlador de dados conte com um protocolo interno e o preparo dos times responsáveis (incluindo treinamento, elaboração de formulários e modelos de documentos) para atender aos titulares com completude, assertividade e tempestividade.

Nesse sentido, para mitigar riscos jurídicos, operacionais, de imagem e reputacionais, recomenda-se a elaboração e o constante monitoramento e revisão de um plano de resposta a requisições de titulares de dados que contenha, no mínimo: (i) os papéis e responsabilidades dos times envolvidos; (ii) os prazos a serem atendidos; (iii) o conteúdo de cada direito previsto na legislação de forma a guiar corretamente a completude e satisfação da resposta; (iv) o formato da resposta e modelos iniciais para facilitação e padronização dos retornos; e (v) possíveis métricas e instrumentos de monitoramento a assegurar que as respostas também revelem, de forma assertiva, padrões que podem ser aprimorados na relação controlador de dados e titulares.

17.13 GESTÃO DE OUTROS AGENTES DE TRATAMENTO (AVALIAÇÃO, MONITORAMENTO E CONTRATAÇÃO)

Naturalmente, o controlador de dados não tratará todos os dados pessoais sozinho. Há uma série de atividades, dos mais diversos perfis, que contarão com o envolvimento de outros agentes de tratamento. Podem ser, por exemplo, projetos conjuntos que envolvam mais de um controlador ou o fornecimento de serviços com deci-

---

[4] JAROVSKI, L. *Dark Patterns in Personal Data Collection*: Definition, Taxonomy and Lawfulness. Disponível em: https://papers.ssrn.com/sol3/papers.cfm?abstract_id=4048582. Acesso em: 24 maio 2024, tradução livre.

sões meramente técnicas (*softwares* e soluções de tecnologia, serviços de contabilidade, agências de publicidade, serviços de suporte à área de recursos humanos etc.).

A categoria ou classificação dos agentes de tratamento dependerá diretamente do poder e participação do agente de tratamento engajado nas decisões afetas aos tratamentos de dados relacionados. Porém, em todas as situações, variando riscos e complexidades, é fundamental que o controlador de dados realize a avaliação e monitoramento do(s) outros(s) agente(s) para garantir a legalidade e segurança do tratamento dos dados pessoais compartilhados, bem como adote os melhores níveis contratuais para estabelecer obrigações condizentes com os níveis de risco e criticidade do tratamento. Aliás, por exemplo, a experiência prática tem mostrado a grande quantidade de incidentes com origem nos serviços de outros agentes de tratamento.

Desse modo, a gestão de outros agentes de tratamento tem por objetivo garantir a conformidade ou o *compliance* do controlador, mediante as atividades desses outros agentes, com o Direito da Proteção de Dados Pessoais. Essa gestão deve ser feita durante todo o ciclo de vida da relação entre os agentes e calibrada de forma ajustada à criticidade dos tratamentos de dados pessoais conduzidos, podendo ser subdivida em quatro fases amplas: (i) *Fase 1 – Homologação*, (ii) *Fase 2 – Contratação*, (iii) *Fase 3 – Monitoramento*, e (iv) *Fase 4 – Encerramento do contrato*. Todas as fases devem ser documentadas dentro do possível, de modo a gerar uma trilha

17.13.1 Fase 1 – Homologação

A primeira fase de homologação pode ser compreendida como aquela em que o controlador avalia se o outro agente de tratamento, sobretudo fornecedores, reúne ou não as condições de maturidade em proteção de dados pessoais necessárias para o nível de conformidade com o Direito estabelecido pelo controlador e de acordo com a criticidade identificada.

Nessa fase, é útil e comum a troca de questionários entre as empresas, de modo que sejam explicadas e evidenciadas as práticas de proteção de dados pessoais adotadas. Como um pilar de *Privacy by Design*, após a troca de informações, é avaliado o risco do tratamento e das providências associadas. A depender da criticidade, podem ser feitos novos esclarecimentos ou aprofundadas as informações, resultando na identificação do atual cenário do outro agente de tratamento engajado no projeto. Se o estado atual for suficiente, avança-se para a Fase 2 de contratação. Caso haja insuficiência, o controlador pode optar por não seguir com a contratação ou estabelecer um plano de ação com marcos claros e específicos a serem cumpridos durante a parceria.

Nessa primeira fase, ainda, se aplicável, é recomendável a condução de avaliações de risco pertinentes, como testes de balanceamento de legítimo interesse, relatórios de impacto à proteção de dados e avaliações de sistemas de inteligência artificial.

17.13.2 Fase 2 – Contratação

Concluída a homologação, trabalha-se na segunda fase de contratação, em que as condições de tratamento de dados pessoais serão documentadas juridicamente entre as partes. Isso pode ser feito no próprio corpo do contrato, com uma seção de cláusulas específicas, ou mediante termo ou anexo específico (*Data Processing Agreement*).

O nível de extensão, os graus obrigacionais e as características das cláusulas de responsabilidade são definidos caso a caso, considerando as matrizes contratuais de ambas as empresas, a configuração da relação estabelecida em razão do tratamento de dados (controladores independentes, controladores conjuntos ou controlador-operador) e da criticidade do tratamento (dados envolvidos, finalidades, tecnologias utilizadas, volume etc.).

Em termos de conteúdo, que variará conforme critérios citados, cláusulas que enderecem os seguintes temas, ao menos, são importantes: (i) definições afetas à Proteção de Dados Pessoais; (ii) identificação dos papéis dos agentes em relação ao tratamento de dados; (iii) relação dos dados pessoais tratados; (iv) disciplina sobre as finalidades permitidas ou não em relação aos dados e bases legais de tratamento; (v) padrões de segurança da informação a serem adotados; (vi) o que será feito em relação ao atendimento dos direitos dos titulares; (vii) o que será feito em relação à requisições de autoridades, em especial a ANPD; (viii) o que será feito em relação a incidentes de segurança (comunicações, prazos para comunicações, direitos de auditoria, deveres de cooperação etc.); (ix) necessidade ou não de autorização para contratação de operadores ou suboperadores; (x) endereçamento de eventuais medidas a serem adotadas em razão do que foi apurado na fase de homologação; (xi) regras para que o monitoramento possa ser realizado; (xii) disciplina de responsabilização específica em relação ao tratamento de dados pessoais; e (xiii) o que será feito com os dados compartilhados após encerrada a relação contratual entre as partes. Caso a contratação envolva operações de transferência internacional de dados, cumpre avaliar a base legal aplicável e, sendo contratual, adotar as Cláusulas-Padrão Contratuais ou equivalentes ou específicas, conforme estabelecido pela Resolução CD/ANPD n. 19/2024 da ANPD.

17.13.3 Fase 3 – Monitoramento

Nessa terceira fase, uma vez feita a contratação e formalizada a relação entre as partes, é importante que o controlador de dados realize o monitoramento próximo com o outro agente de tratamento que contratou, de modo a assegurar que os pontos identificados em homologação (Fase 1) e definidos em contrato (Fase 2) sejam devidamente cumpridos. Assim, é importante uma rotina de acompanhamento, da mudança ou não dos tratamentos de dados pessoais e dos níveis de criticidade (mudança de dados, volume, tecnologia empregada, fornecedores etc.), realização de auditorias periódicas (semestral ou anualmente sobretudo), coleta de informações, monitoramento associado a fontes públicas etc.

17.13.4 Fase 4 – Encerramento da relação

Encerrada a relação entre os agentes, o mais relevante é assegurar o destino correto aos dados pessoais compartilhados durante a relação. Assim, só poderão ser utilizados em continuidade aqueles dados sobre os quais o agente de tratamento tenha base legal de tratamento para tanto e possa nesta justificar a manutenção dos dados, ficando limitado em sua finalidade. Os demais deverão ser eliminados ou anonimizados, seguindo a disciplina do término de tratamento de dados definida nos artigos 15 e 16.

17.14 AVALIAÇÃO E MONITORAMENTO DAS FONTES

Seja para o uso secundário de dados acessíveis publicamente (incluindo dados abertos), seja para o uso de fontes de dados não publicamente acessíveis (fornecedores de dados, *data brokers*, *bureau* de dados etc.), é muito relevante que o controlador de dados mantenha controle e gestão precisos sobre a origem dos dados coletados e utilizados em suas atividades, como a gestão próxima de contratos com fornecedores e a manutenção atualizada de lista das *Uniform Resource Locator* – URLs ou endereços dos sites, com os dados utilizados, inclusive para eventuais atualizações de restrições.

Apenas assim é possível: (i) avaliar o histórico e legalidade ou não dos dados utilizados (se as fontes originárias eram lícitas, se a finalidade adotada até o momento de recebimento dos dados era legítima e, em suma, se o Direito da Proteção de Dados Pessoais foi respeitado); (ii) identificar eventuais restrições associadas, por exemplo, à reutilização de dados públicos, à propriedade intelectual, ao respeito adequado da finalidade e boa-fé (cf. art. 7, § 3º, LGPD, "O tratamento de dados pessoais cujo acesso é público deve considerar a finalidade, a boa-fé e o interesse público que justificaram sua disponibilização"), à forma da coleta de dados, custeio de coleta e uso de dados, e restrições estabelecidas pelas próprias fontes; e (iii) monitorar de perto a legalidade dos dados utilizados no negócio.

17.15 SEGURANÇA DA INFORMAÇÃO

O programa de governança em privacidade e proteção de dados pessoais, necessariamente, deve contar com a adoção de todas as medidas técnicas e administrativas aptas a garantir os três pilares fundamentais de segurança da informação: confidencialidade, integridade e disponibilidade.

Confidencialidade traz a ideia de que o acesso aos dados deve ser restrito a quem, de fato, precise acessá-los para o desenvolvimento de suas atividades. O acesso não autorizado ou a publicidade não permitida das informações, assim, são os principais exemplos de prejuízo à confidencialidade. *Integridade* traz a ideia de que os dados precisam ser conservados de forma íntegra, sem qualquer alteração, seja considerando-os individualmente, seja considerando-os em conjunto estruturado. A ideia é que o valor da informação extraída do dado depende justamente de sua condição de matéria-prima íntegra, razão pela qual essa qualidade precisa ser sempre preservada. E, por fim, *disponibilidade* traz a ideia de que os dados e as informações permaneçam disponíveis, quer dizer, acessíveis para quem deles precise.

É com medidas de segurança da informação que o agente de tratamento dá cumprimento adequado aos conteúdos dos princípios de segurança e prevenção, bem como ao dá demonstrações sérias de sua boa-fé objetiva e *bom comportamento* no tratamento de dados:

> Art. 6º As atividades de tratamento de dados pessoais deverão observar a boa-fé e os seguintes princípios: [...]
> VII – segurança: utilização de medidas técnicas e administrativas aptas a proteger os dados pessoais de acessos não autorizados e de situações acidentais ou ilícitas de destruição, perda, alteração, comunicação ou difusão;
> VIII – prevenção: adoção de medidas para prevenir a ocorrência de danos em virtude do tratamento de dados pessoais.

Tais providências constituem verdadeiro dever, conforme determina o artigo 46, LGPD:

> Art. 46. Os agentes de tratamento devem adotar medidas de segurança, técnicas e administrativas aptas a proteger os dados pessoais de acessos não autorizados e de situações acidentais ou ilícitas de destruição, perda, alteração, comunicação ou qualquer forma de tratamento inadequado ou ilícito.

As medidas a serem adotadas devem ter a proporcionalidade e a razoabilidade como premissas importantes. Isso significa que cumpre ao agente de tratamento ajustar os níveis de segurança aos níveis de criticidade e risco dos tratamentos de dados pessoais que realiza. Não há modelo ideal ou infalível, o fundamental é contar com entendimento claro das atividades, sistemas, aplicações e infraestruturas existentes e os níveis adequados de proteção. Trata-se de tarefa contínua e que demanda diligência incansável. O suporte e agenda da alta liderança com os times responsáveis são decisivos. Os riscos vão muito além dos jurídicos, perfazendo danos operacionais e reputacionais de igual ou maior magnitude.

Nesse contexto, é recomendável o seguimento dos *frameworks* mais adequados e reconhecidos em relação ao tema, com destaque para os padrões estabelecidos na família de normas ISO 27000, as normas da Enisa, do Nist, entre outros. Inclusive, como já referenciada em algumas oportunidades, a Norma ISO 27701:2019 é um dos principais *frameworks* a ser considerado em termos de *como* estabelecer um programa de governança em proteção de dados pessoais e tem relação direta com a *família* de normas ISO 27000 de segurança da informação que serão mencionadas.

Destaco a lista grande de requisitos a serem atendidos e que servem de referência, incluindo dois anexos específicos para controladores e operadores de dados especificamente (Anexos A e B, respectivamente). Frequentemente a Norma ISO 27701:2019 é base de auditorias nas empresas, cujo atendimento pode significar importante registro de correção das atividades empresariais no tema de Proteção de Dados Pessoais.

A depender do setor do agente de tratamento, há o acréscimo de regulações específicas. Assim, as entidades reguladas pelo Conselho Monetário Nacional devem cumprir com as obrigações específicas em suas resoluções, com destaque para as Resoluções CMN n. 85/2021 e 4.893/2021. Para os agentes do setor de energia elétrica, sob regulação da Aneel, destaca-se a Resolução Normativa Aneel n. 964/2021. No âmbito de regulação da Anatel, deve ser seguido o Regulamento de Segurança Cibernética aplicada ao Setor de Telecomunicações (Resolução n. 740/2020). Ainda, por exemplo, na regulação da CVM, a Resolução n. 35/2021 é a principal em relação ao tema. Por fim, também como exemplo, as entidades reguladas pela Susep devem seguir a Circular n. 638/2021.

17.16 TREINAMENTO E CONSCIENTIZAÇÃO

O cumprimento com o Direito da Proteção de Dados Pessoais e com os níveis adequados de segurança da informação e proteção dos dados utilizados nas atividades do agente de tratamento, mais que normas, documentos e investimentos em aplicações e infraestruturas, é uma questão de cultura.

Isso significa, a meu ver, que cumpre ao agente viabilizar, criar e manter, no seio da organização, práticas positivas e reiteradas por parte das pessoas que o compõem e que estabeleçam um vetor em direção à proteção de dados pessoais e não em distanciamento disso. Esta me parece ser uma cultura em proteção de dados pessoais: o conjunto de boas práticas realizadas pelas pessoas em vetor de conformidade com o Direito e com a Proteção de Dados Pessoais. As pessoas são peças-chave de quaisquer processos positivos. Criando uma metáfora, se na construção de um terrário é necessário garantir as condições de umidade e oxigenação necessárias para sobrevivência dos seres vivos ali colocados, na cultura de proteção de dados pessoais é necessário garantir os padrões comportamentais imprescindíveis para assegurar que os dados pessoais serão utilizados, em todos os momentos, de acordo com os níveis adequados de confidencialidade, integridade, disponibilidade e condizentes com os padrões regulatórios estabelecidos.

Nesse sentido, o programa de governança em privacidade e proteção de dados pessoais, necessariamente, deve contar com medidas de treinamento e conscientização voltadas a aproximar o comportamento das pessoas da organização ao *modelo* ou *padrão* ideal necessário para garantir os níveis de adequados de proteção de dados.

Medidas de *treinamento* são aquelas que, por vocação, *ensinam* as habilidades necessárias às pessoas sobre o que deve ou pode ser feito, ou não. Estão incluídos *workshops*, *webinars*, abordagens *quick training* e *training the trainers*, aulas, sessões de treinamento, vídeos educativos, pílulas de privacidade, conteúdos interativos e *gamificação*, simulações de incidentes e solicitações de titulares de dados etc.

Medidas de *conscientização* são aquelas dedicadas a lembrar e insistentemente relembrar a importância do tema na organização. Nesse sentido, medidas de comunicação são práticas das mais eficientes. Assim, é fundamental que o agente estabeleça uma estratégia de comunicação assertiva e alinhada com as criticidades das tarefas e medidas de treinamento propostas, incluindo a integração de áreas fundamentais nesse processo, como recursos humanos, marketing e integridade.

17.17 INCIDENTES DE SEGURANÇA E PLANO DE RESPOSTA E REMEDIAÇÃO A INCIDENTES

Todas as providências associadas ao programa são vocacionadas a garantir a conformidade do agente de tratamento com o Direito da Proteção de Dados Pessoais e assegurar os níveis necessários de segurança da informação. Caso, porém, a confidencialidade, a integridade, a disponibilidade ou a autenticidade sejam comprometidas, nos termos da Resolução CD/ANPD n. 15/2024, fica caracterizado o incidente de segurança: "qualquer evento adverso confirmado, relacionado à violação das propriedades de confidencialidade, integridade, disponibilidade e autenticidade da segurança de dados pessoais" (art. 3º, XII).

Caso esse evento aconteça, é fundamental que o agente de tratamento esteja devidamente preparado para responder adequadamente ao evento, conforme já mencionado no capítulo próprio em relação ao tema. É nesse sentido, que o texto da LGPD determina expressamente, em seu artigo 50, que o programa deve contar "com planos de resposta a incidentes e remediação".

Assim, além de medidas preventivas, simulações etc., é fundamental que o agente de tratamento e, especialmente, o controlador de dados, elabore, monitore e revise periodicamente seu plano de resposta e remediação a incidentes, de modo a ter documentado um protocolo ou *framework* estabelecido para uma reação rápida, assertiva e completa, permitindo a mitigação de riscos aos titulares, jurídicos, operacionais e reputacionais, o registro claro e documentado dos eventos, e a extração de lições aprendidas com o evento para amadurecimento da organização em relação as práticas associadas, com a identificação das melhorias necessárias.

Entre outros pontos, o plano deve representar um verdadeiro *playbook* em que estão documentados os procedimentos padrões e melhores práticas para guiar o agente de tratamento e seus colaboradores em como lidar com um incidente de segurança. Composto pela definição de grupos de trabalho e gestão de crise, fluxos de trabalho, *checklists*, *scripts* e avaliações, o documento estabelece um caminho a ser seguido na gestão do evento de modo a proteger o operacional da organização, suas relações com parceiros e atender aos parâmetros regulatórios aplicáveis em mitigação de riscos jurídicos, de imagem, reputacionais, comerciais etc. Também por essa razão é muito significativo que o plano esteja conectado e dialogue com os demais planos de continuidade dos negócios da organização, estando verdadeiramente integrado com os protocolos para gestão de eventuais crises.

Entre os pontos que devem constar do plano, destacam-se: (i) providências necessárias para comunicação interna da ocorrência de incidente (por exemplo, formulários com acesso a todos os colaboradores); (ii) critérios e matrizes de risco para confirmar e classificar o perfil do incidente e sua criticidade ou gravidade; (iii) providências necessárias para corrigir vulnerabilidades identificadas e manutenção operacional; (iv) providências necessárias para identificação e confirmação da causa raiz do incidente (ou seja, o principal fator de origem do incidente); (v) medidas necessárias para preservação da cadeia de custódia das evidências identificadas ao longo da gestão dos eventos, de modo a conferir segurança jurídica e técnica no manejo de tais elementos; (v) relação de documentos que devem ser prontamente reunidos (contratos com outros agentes de tratamento ou terceiros, apólices de seguro para correta comunicação etc.); (vi) a definição dos papéis e responsabilidade dos membros do time, e os critérios que justificam a escalada de gravidade na gestão do evento; (vii) a possível formação de comitê de gestão de incidentes para as situações em que isso seja necessário, sendo composto pelas áreas estratégicas e com poder de tomar as decisões necessárias para um momento de gestão de evento de risco (privacidade, integridade, jurídico, tecnologia, segurança da informação, recursos humanos, auditoria, comunicação e relações públicas, atendimento, tecnologia, segurança da informação, membros da alta administração etc.), conforme configuração de governança de cada organização; (viii) a identificação de critérios que recomendam a participação de suporte externo no comitê e gestão do evento (jurídico, tecnologia, segurança da informação, expertise forense, comunicação e relações públicas etc.); (ix) a previsão dos critérios e providências pertinentes à comunicação de autoridades e titulares de dados pessoais, conforme previsto pela legislação; (x) a comunicação de sinistro nos termos da apólice de seguros de riscos cibernéticos; (xi) a documentação de relatório de tratamento do incidente e outros cabíveis (relatório de impacto à proteção de dados etc.); e (xii) a documentação precisa dos eventos e extração dos principais *takeways* e lições aprendidas com o evento para estabelecimento de melhorias de curto, médio e longo prazo.

Capítulo 18
INCIDENTES DE SEGURANÇA

18.1 NOTA INTRODUTÓRIA

Os incidentes de segurança que envolvem dados pessoais, para mim, são um capítulo à parte na realidade das organizações e em relação à conformidade com o Direito da Proteção de Dados Pessoais.

A vivência prática tem mostrado que as situações de incidente são absolutamente relevantes na governança das organizações, por uma série de aspectos, mas principalmente em razão dos riscos jurídicos, reputacionais e operacionais que eventos dessa natureza podem acarretar. Não raras vezes as operações empresariais são interrompidas ou reduzidas drasticamente, sem contar a exposição pública das práticas de proteção de dados pessoais às autoridades. Riscos de responsabilização administrativa e judicial também são incisivos nessas situações. Em síntese, é um tema cujo preparo e entendimento é absolutamente fundamental. Entender e saber agir antes, durante e depois é mais que estratégico.

18.2 CONCEITO DE INCIDENTE DE SEGURANÇA

O conceito de incidente de segurança está intrinsicamente ligado às práticas de segurança da informação. Em linhas gerais, práticas dessa natureza têm por objetivo principal garantir proteger os dados e informações das organizações com base em três pilares fundamentais: confidencialidade, integridade e disponibilidade. Preservadas essas condições dos dados e informações, estará a organização protegida nesse aspecto. São qualidades principais que conferem valor às informações utilizadas, mantendo-as em sua plenitude de utilidade.

Confidencialidade traz a ideia de que o acesso aos dados deve ser restrito a quem, de fato, precise acessá-los para o desenvolvimento de suas atividades. O acesso não autorizado ou a publicidade não permitida das informações, assim, são os principais exemplos de prejuízo à confidencialidade. *Integridade* traz a ideia de que os dados precisam ser conservados de forma íntegra, sem qualquer alteração, seja considerando-os individualmente, seja considerando-os em conjunto estruturado. A ideia é que o valor da informação extraída do dado depende justamente de sua condição de matéria-prima íntegra, razão pela qual essa qualidade precisa ser sempre preservada. E, por fim, *disponibilidade* traz a ideia de que os dados e as informações permaneçam disponíveis, quer dizer, acessíveis para quem deles precise.

O incidente de segurança, nesse contexto, é a denominação utilizada para explicar qualquer episódio ou evento de comprometimento de quaisquer desses pilares ou de mais de um deles ao mesmo tempo, de qualquer magnitude ou perfil. Quer dizer, é feita uma *programação* de segurança da informação em que são estabelecidos os padrões de confidencialidade (só tem acesso às informações quem precisa tê-lo legitimamente) e reconhecidas as qualidades de integridade e disponibilidade. Porém, por algum fator (endógeno ou exógeno) da organização, há *incidentalmente* o comprometimento de algum destes pilares.

Esses conceitos passam também a ser incorporados ao Direito da Proteção de Dados Pessoais, que, por meio sobretudo da LGPD, incorpora as práticas de segurança da informação, conferindo-lhes força normativa jurídica. É este, a meu ver, o principal objetivo dos princípios da prevenção e segurança (art. 6º, LGPD) e da redação do artigo 46, LGPD, segundo o qual:

> Os agentes de tratamento devem adotar medidas de segurança, técnicas e administrativas aptas a proteger os dados pessoais de acessos não autorizados e de situações acidentais ou ilícitas de destruição, perda, alteração, comunicação ou qualquer forma de tratamento inadequado ou ilícito.

Ou seja, inicialmente, sem uma definição expressa de incidente de segurança na LGPD, este podia ser compreendido da leitura *a contrario sensu* de tal dispositivo. O incidente de segurança, nesse sentido, pode ter uma primeira compreensão mais ampla como *qualquer episódio, de qualquer tamanho, projeção, contexto ou relevância, em que os dados pessoais tratados pelo agente são acessados de forma não autorizada ou que sejam destruídos, perdidos, alterados ou comunicados por situações acidentais ou ilícitas, ou que passem por qualquer forma de tratamento inadequado ou ilícito*. Incorpora, assim, uma série incontável de situações.

Dessa forma, ao dizer que os dados devem ser protegidos de acessos não autorizados ou de comunicações acidentais ou ilícitas parece querer dizer que a confidencialidade deve ser preservada. Ao mencionar que os dados devem ser protegidos de situações de destruição, perda ou alteração parece querer dizer que a integridade e a disponibilidade devem ser preservadas. Além disso, para afastar qualquer dúvida de que os dados pessoais precisam ser protegidos, avançam de forma aberta e estabelecem que devem ser evitadas todas e quaisquer situações de tratamento inadequado ou ilícito.

É interessante, inclusive, a utilização das expressões "acidentais" e "ilícitas" pelo *caput* do artigo 46. Há leituras que a identificam como sinônimas no contexto do dispositivo e outras que as identificam como diferentes. De acordo com a ideia hermenêutica de que os textos normativos não contêm termos inúteis ou despropositados, a segunda percepção parece mais adequada. Embora se utilize da expressão "ilícitas", em oposição às situações acidentais, parece o legislador ter tido a proposta de dizer que ilícitas seriam aquelas situações que aconteceram por intenção ou culpa de alguém, e não de forma meramente acidental e fortuita. Porém, na verdade a ideia de ilícito não se confunde com a de culpa, razão pela qual o termo parece faltar com a precisão linguística. Sem prejuízo, seja por uma situação incidental ou por uma situação de descumprimento legal (intencional ou não), o incidente estará caracterizado.

A ANPD, então, começa a regular o tema ao publicar a Resolução CD/ANPD n. 15/2024 que estabeleceu o Regulamento de Comunicação de Incidente de Segurança. No regulamento, de forma mais condizente e afeta às práticas de segurança da informação, bem fez, a meu ver, a ANPD ao restringir o conceito de incidente de segurança, o qual entendo que deva ser utilizado desde então: "qualquer evento adverso confirmado, relacionado à violação das propriedades de confidencialidade, integridade, disponibilidade e autenticidade da segurança de dados pessoais" (art. 3º, XII).

A definição colocada, assim, não inclui situações de tratamento ilícito como incidente, pois, acertadamente, não o são. Significa dizer, assim, que um agente de tratamento pode tratar ilegalmente dados pessoais, mas isso não é um incidente de segurança da informação.

Cumpre sinalizar, também, que, a rigor, *incidente de segurança* e *incidente de privacidade* são eventos de natureza diversa. Apenas o segundo envolve dados pessoais e é pertinente para o Direito da Proteção de Dados Pessoais. A definição da ANPD, porém, de modo a facilitar, define como incidente de segurança aquele que envolve dados pessoais, não fazendo essa distinção de forma expressa.

Como premissa do conceito, ainda, o incidente de segurança se caracteriza na situação de qualquer violação às propriedades de confidencialidade, integridade, disponibilidade e autenticidade da segurança de dados pessoais. Para aferir se tal violação ocorreu ou não, a Autoridade também define cada uma dessas propriedades no regulamento (art. 3º):

> II – autenticidade: propriedade pela qual se assegura que a informação foi produzida, expedida, modificada ou destruída por uma determinada pessoa física, equipamento, sistema, órgão ou entidade; [...]
> V – confidencialidade: propriedade pela qual se assegura que o dado pessoal não esteja disponível ou não seja revelado a pessoas, empresas, sistemas, órgãos ou entidades não autorizados; [...]
> XI – disponibilidade: propriedade pela qual se assegura que o dado pessoal esteja acessível e utilizável, sob demanda, por uma pessoa natural ou determinado sistema, órgão ou entidade devidamente autorizados; [...]
> XIII – integridade: propriedade pela qual se assegura que o dado pessoal não foi modificado ou destruído de maneira não autorizada ou acidental.

Assim, para saber se um incidente de segurança ocorreu ou não para fins de aplicação do Direito da Proteção de Dados Pessoais, proponho que o raciocínio se dê em duas etapas: (i) entender se houve violação de autenticidade, confidencialidade, disponibilidade e/ou integridade; e, havendo tal violação, (ii) se a violação de tais propriedades se deu em relação a dados pessoais.

Como exemplos, podem ser destacados: (i) a utilização de dados pessoais sem base legal de tratamento que o sustente; com base na eleição incorreta da base ou em desrespeito aos seus requisitos (*v.g.*, consentimento sem atendimento aos pressupostos legais); (ii) tratamento de dados pessoais sem a observância dos princípios legais; (iii) o acesso não autorizado de dados pessoais presentes em pastas na rede da organização; (iv) o envio de e-mail, por engano, para endereço incorreto, expondo dados pessoais de forma indevida e inesperada; (v) o fornecimento dos dados pessoais à requerente sem a confirmação prévia de identidade; (vi) a situação em que algum desenvolvedor esquece código ou parte de código em plataforma de desenvolvimento de acesso público e que permite o acesso aos bancos de dados da empresa; (vii) a situação em que, por falha na segurança, é possível que um usuário, após utilizar de seu *login* e senha, tem acesso ao seu ambiente e ao de outros usuários; (viii) a situação em que o código HTML contém falha que permite o acesso indevido e a exfiltração de dados pessoais; e (ix) qualquer ataque de origem externa aos sistemas e bancos de dados da organização que venha a comprometer os dados pessoais, com exfiltração dos dados ou não (*v.g.*, o comum, grave e conhecido ataque *ransomware*, por meio do qual agente externo entra nos sistemas da organização, faz todas as movimentações laterais e acessos que deseja nas estruturas e, no momento do seu interesse, realiza a criptografia dos bancos de dados, retirando a disponibilidade pela organização e exigindo resgate para liberação dos sistemas).

O popular *vazamento de dados* pessoais não ocorre em todas as situações, por isso, não é sinônimo de incidente de privacidade. Caracteriza-se nas situações em que passa a ser permitido o acesso externo aos dados pessoais e extração ou a exposição pública de tais ativos, independentemente da projeção, quer dizer para um grupo menor de pessoas não autorizadas ou publicizadas de forma indiscriminada. A mera criptografia dos bancos de dados na situação de *ransomware*, por exemplo, não pode ser categorizada como um vazamento. Tal situação pode, inclusive, ocorrer com base na chamada exfiltração de dados em que um agente externo extrai os dados pessoais dos sistemas do agente e depois os publiciza, inclusive comercializando-os em espaços ilícitos próprios. Em analogia e considerando o valor das informações associadas, a situação é similar à perfuração de poços de petróleo com a extração para exploração.

18.3 MEDIDAS PREVENTIVAS

A rigor, diante do conceito de incidente, toda e qualquer medida adotada pelo agente em prol da sua conformidade com o Direito da Proteção de Dados Pessoais e para garantir a boa governança e segurança da informação (tratadas no capítulo anterior) pode ser considerada uma medida preventiva. Assim, todas essas medidas são vocacionadas a prevenir a ocorrência de incidentes.

Dito isso, algumas medidas preventivas para evitar incidentes ou para melhor lidar com eles caso ocorram podem ser citadas: (i) o correto e maduro mapeamento dos riscos decorrentes das atividades do agente; (ii) o registro ou o conhecimento das operações e rotinas que realiza com dados pessoais; (iii) a existência de um Plano de

Resposta e Remediação a incidentes com formulários e canais céleres e efetivos de comunicação de possíveis incidentes, bem como o fluxo de trato do tema, de modo a viabilizar o trato rápido do tema; (iv) a identificação prévia e designação de um comitê de crise que será imediatamente formado na ocorrência do incidente, com a disciplina criteriosa dos riscos e, com isso, de quais incidentes demandarão a reunião do grupo; (v) na medida do possível, a homologação prévia de parceiros que atuarão em apoio à situação do incidente (apoio técnico, apoio de investigação, apoio jurídico, apoio de comunicação etc.); (vi) a estruturação, no alcance que for possível, de textos de comunicação aos titulares e às autoridades, se for o caso de fazê-lo; (vii) a adoção de medidas técnicas e administrativas de segurança da informação, que não só protejam o ambiente de situações de origem externa, mas que eduquem e disciplinem a atuação diária dos funcionários e colaboradores da organização (políticas, comunicações e treinamentos); (viii) a contratação de seguro de risco cibernético, que, embora não previna o incidente em si, pode mitigar os riscos, sobretudo financeiros, à organização; e (ix) a realização de simulações práticas de incidentes, de modo a treinar os responsáveis para lidar de forma efetiva com o evento.

18.4 MEDIDAS PÓS-INCIDENTE

Na ocorrência de um incidente de segurança, a resposta célere, efetiva, coordenada e estratégica é absolutamente fundamental. Nesse sentido, proponho tratar neste item algumas das medidas principais a serem adotadas, seja como boas práticas, seja como exigências regulatórias, especialmente pelo controlador de dados pessoais.

18.4.1 Plano de resposta e remediação a incidentes e formação do comitê de crise

Caso exista, o primeiro passo é pôr em prática o plano de resposta e remediação a incidentes, acionando as pessoas e áreas predefinidas e adotando as demais etapas. Mediante o plano ou não, é essencial o acionamento das pessoas responsáveis, conforme definido na disciplina de governança de cada organização (incluindo o encarregado e as áreas de relações públicas para proceder com as providências pertinentes de comunicação e atendimento à imprensa), inclusive com a imediata formação do comitê de crise caso esse exista.

18.4.2 Medidas corretivas

Inicialmente, cumpre adotar todas as medidas necessárias para encerrar o incidente (caso ele esteja em curso) e mitigar os riscos aos titulares e à organização. Identificar, assim, se há alguma vulnerabilidade técnica ou administrativa a ser rapidamente corrigida. Não raras vezes, as equipes internas de tecnologia da organização afetada ou não têm a experiência necessária nos levantamentos forenses e/ou precisam dedicar esforços específicos na recuperação ou continuidade das operações. Assim, é importante contar com equipes externas de trabalho para reforço específico nessa frente.

18.4.3 Comunicação do sinistro à seguradora

Existindo a contratação de seguro de risco cibernético, é importante que se comunique o sinistro à seguradora conforme informações conhecidas e de acordo com os termos precisos definidos na apólice. Erro ou falta das informações nesse cenário podem implicar consequências negativas durante o processo de regulação do sinistro e apuração da cobertura e do direito à indenização.

18.4.4 Entendimento completo do incidente e preservação/documentação das evidências

Também é fundamental o entendimento (investigação) completo do incidente, identificando: (i) se há ou não o envolvimento de dados pessoais e de quais categorias são os dados pessoais afetados, (ii) quais e quantos titulares foram afetados, bem como se há alguma condição de vulnerabilidade específica como crianças e adolescentes, idosos, empregados e ex-empregados, consumidores etc., e (iii) qual(is) causa(s) raiz(es) do incidente, ou seja, por qual razão ou razões ele ocorreu, incluindo a identificação de empregados, clientes e eventuais fornecedores ou terceiros.

Além disso, é fundamental que sejam coletadas e documentadas todas as evidências associadas ao incidente (causa raiz, envolvimento de terceiros etc.), com a devida preservação da cadeia de custódia. Isso é fundamental, não só para entendimento do incidente, mas para adoção de eventuais medidas de responsabilização contra empregados, fornecedores, terceiros etc., mas também para viabilizar a comunicação robusta e a elaboração dos demais documentos exigidos pela regulação.

18.4.5 Notificação de cocontroladores, operadores e suboperadores

Não raras vezes, os incidentes abrangem outros agentes envolvidos no tratamento de dados pessoais. Aliás, é grande a quantidade de situações que têm a participação de fornecedores e operadores de dados. É fundamental, então, que os contratos com esses demais agentes sejam imediatamente analisados e eles sejam devidamente comunicados para participar das investigações e apuração dos incidentes, colaborar com as medidas corretivas e, ainda, viabilizar eventuais medidas de responsabilização.

18.4.6 Relatório de impacto à proteção de dados pessoais e estudo de gravidade do incidente

Fazer um estudo de gravidade e de impacto à proteção de dados pessoais em razão do incidente, especialmente para os titulares, é absolutamente fundamental, tanto que a ANPD poderá exigir a apresentação desse documento, conforme artigo 8º do Regulamento de Comunicação de Incidente de Segurança:

> Art. 8º A ANPD poderá, a qualquer tempo, solicitar informações adicionais ao controlador, referentes ao incidente de segurança, inclusive o registro das operações de tratamento dos dados pessoais afetados pelo incidente, o relatório de impacto à proteção de dados pessoais (RIPD) e o relatório de tratamento do incidente, estabelecendo prazo para o envio das informações.

Trata-se do mesmo documento trazido no capítulo pertinente ao Programa de Governança em Privacidade e Proteção de Dados Pessoais com os requisitos lá indicados, mas aqui com um componente sensível e decisivo a ser incluído no Relatório: o estudo da gravidade do incidente (*Data Breach Impact Assessment*). Esse estudo é fundamental para que o controlador de dados identifique a presença ou não de risco ou dano relevante aos titulares. Caso haja esse risco, o controlador de dados terá o dever de comunicar os titulares e a ANPD (art. 48, LGPD).

O texto da LGPD não traz requisitos específicos sobre o que se considera risco ou dano relevante, porém, a ANPD avançou na definição de tais critérios, como se verá no próximo item, em seu Regulamento de Comunicação de Incidente de Segurança. Além dos critérios objetivos da ANPD, uma abordagem holística é interessante, o que envolve uma abordagem também a partir de orientações e experiências estrangeiras, a exemplo das orientações a *European Union Agency for Network and Information Security – Enisa* trazidas no documento *Recommendations for a methodology of the assessment of severity of personal data breaches* de 2013, *Guidelines 09/2022* da EDPB, as orientações de autoridades europeias como a *Information Commissioner's Officer* do Reino Unido, a *Data Protection Commission* da Irlanda, a *Agencia Española de Protección de Datos* da Espanha, a *Federal Trade Commission* e o *NIST* dos Estados Unidos.

18.4.7 Comunicações de titulares de dados pessoais, à ANPD e demais autoridades setoriais

18.4.7.1 Em que situações as comunicações aos titulares e à ANPD devem ocorrer: existência de risco e dano relevante

Determina o texto da LGPD, em seu artigo 48, que: "O controlador deverá comunicar à autoridade nacional e ao titular a ocorrência de incidente de segurança que possa acarretar risco ou dano relevante aos titulares". Assim, concluindo o controlador que o incidente gera risco ou dano relevante, a comunicação é mandatória para o controlador (art. 4º, Resolução CD/ANPD n. 15/2024).

Conforme já adiantado, o texto da LGPD não traz o que seria considerado "risco ou dano relevante", avaliação que cumpre ao controlador, como tratado, considerando critérios trazidos pela ANPD no regulamento.

Segundo a Autoridade (art. 5º, Resolução CD/ANPD n. 15/2024):

> Art. 5º O incidente de segurança pode acarretar risco ou dano relevante aos titulares quando puder afetar significativamente interesses e direitos fundamentais dos titulares e, cumulativamente, envolver, pelo menos, um dos seguintes critérios:
> I – dados pessoais sensíveis;
> II – dados de crianças, de adolescentes ou de idosos;
> III – dados financeiros;
> IV – dados de autenticação em sistemas;
> V – dados protegidos por sigilo legal, judicial ou profissional; ou

VI – dados em larga escala.

§ 1º O incidente de segurança que possa afetar significativamente interesses e direitos fundamentais será caracterizado, dentre outras situações, naquelas em que a atividade de tratamento puder impedir o exercício de direitos ou a utilização de um serviço, assim como ocasionar danos materiais ou morais aos titulares, tais como discriminação, violação à integridade física, ao direito à imagem e à reputação, fraudes financeiras ou roubo de identidade.

§ 2º Considera-se incidente com dados em larga escala aquele que abranger número significativo de titulares, considerando, ainda, o volume de dados envolvidos, bem como a duração, a frequência e a extensão geográfica de localização dos titulares.

Assim, o risco ou dano relevante estará presente se, *ao mesmo tempo*, estiverem presentes os seguintes requisitos *cumulativos*: (i) o incidente possa afetar significativamente interesses e direitos fundamentais dos titulares de dados pessoais (cf. § 1º) e (ii) envolva, alternativamente, dados pessoais sensíveis e/ou dados de crianças, de adolescentes ou de idosos e/ou dados financeiros e/ou dados de autenticação em sistemas e/ou dados protegidos por sigilo legal, judicial ou profissional e/ou dados em larga escala (cf. definição inicial, pois ainda haverá maior regulação do § 2º).

A ANPD poderá, ainda, "publicar orientações com o objetivo de auxiliar os agentes de tratamento na avaliação do incidente que possa acarretar risco ou dano relevante aos titulares" (art. 5º, § 3º, Resolução CD/ANPD n. 15/2024). Além disso, mais uma vez, recomenda-se uma abordagem holística por parte do controlador, considerando as referências adicionais já mencionadas.

18.4.7.2 Prazos

O texto da LGPD (art. 48, § 1º) estabelece apenas que a comunicação aos titulares e à ANPD seria feita em "prazo razoável" e, por muito tempo, a ANPD manteve a orientação de até 2 (dois) dias úteis a contar da ciência do fato em seu *site*, ainda que em sede de comunicação preliminar.

Com a Resolução CD/ANPD n. 15/2024 fica definido o prazo de 3 (três) dias úteis, contados não da ciência do fato, mas do conhecimento do controlador de que o incidente afetou dados pessoais (arts. 6º e 9º). Esse elemento para o início do prazo é fundamental, porque não se conta o prazo da ciência de que houve um incidente, mas que houve a afetação de dados pessoais tratados pelo controlador.

Se necessária comunicação complementar à ANPD, esta deverá ser feita em até 20 (vinte) dias úteis a contar da primeira recomendação (art. 6º, § 3º, Resolução CD/ANPD n. 15/2024).

Todos os prazos são contados em dobro para os agentes de pequeno porte (art. 6º, § 8º, Resolução CD/ANPD n. 15/2024 e artigo 14, II, Resolução CD/ANPD n. 2/2022), assim considerados conforme Resolução CD/ANPD n. 2/2022.

18.4.7.3 Forma e conteúdo da comunicação à ANPD

Seguindo o que inicia a LGPD (art. 48, § 1º), a Resolução CD/ANPD n. 15/2024 determina que a comunicação à ANPD seja feita por meio do formulário de comunicação de incidente de segurança presente no *site* da Autoridade, contendo obrigatoriamente as seguintes informações (art. 6º, § 2º, Resolução CD/ANPD n. 15/2024):

§ 2º A comunicação de incidente de segurança deverá conter as seguintes informações:

I – a descrição da natureza e da categoria de dados pessoais afetados;

II – o número de titulares afetados, discriminando, quando aplicável, o número de crianças, de adolescentes ou de idosos;

III – as medidas técnicas e de segurança utilizadas para a proteção dos dados pessoais, adotadas antes e após o incidente, observados os segredos comercial e industrial;

IV – os riscos relacionados ao incidente com identificação dos possíveis impactos aos titulares;

V – os motivos da demora, no caso de a comunicação não ter sido realizada no prazo previsto no *caput* deste artigo;

VI – as medidas que foram ou que serão adotadas para reverter ou mitigar os efeitos do incidente sobre os titulares;

VII – a data da ocorrência do incidente, quando possível determiná-la, e a de seu conhecimento pelo controlador;

VIII – os dados do encarregado ou de quem represente o controlador;

IX – a identificação do controlador e, se for o caso, declaração de que se trata de agente de tratamento de pequeno porte;

X – a identificação do operador, quando aplicável;

XI – a descrição do incidente, incluindo a causa principal, caso seja possível identificá-la; e

XII – o total de titulares cujos dados são tratados nas atividades de tratamento afetadas pelo incidente.

A comunicação "deverá ser realizada pelo controlador, por meio do encarregado, acompanhada de documento comprobatório de vínculo contratual, empregatício ou funcional, ou por meio de representante constituído, acompanhada de instrumento com poderes de representação junto à ANPD" (art. 6º, § 5º, Resolução CD/ANPD n. 15/2024).

O sigilo não é uma providência automática, "Cabe ao controlador solicitar à ANPD, de maneira fundamentada, o sigilo de informações protegidas por lei, indicando aquelas cujo acesso deverá ser restringido, a exemplo das relativas à sua atividade empresarial cuja divulgação possa representar violação de segredo comercial ou industrial" (art. 6º, § 7º, Resolução CD/ANPD n. 15/2024).

A ANPD poderá, como já mencionado (art. 8º, Resolução CD/ANPD n. 15/2024):

[…] a qualquer tempo, solicitar informações adicionais ao controlador, referentes ao incidente de segurança, inclusive o registro das operações de tratamento dos dados pessoais afetados pelo incidente, o relatório de impacto à proteção de dados pessoais (RIPD) e o relatório de tratamento do incidente, estabelecendo prazo para o envio das informações.

18.4.7.4 Forma e conteúdo da comunicação aos titulares de dados

Seguindo o que inicia a LGPD (art. 48, § 1º), a Resolução CD/ANPD n. 15/2024 determina que a comunicação deverá conter as seguintes informações (art. 9º, Resolução CD/ANPD n. 15/2024):

> I – a descrição da natureza e da categoria de dados pessoais afetados;
>
> II – as medidas técnicas e de segurança utilizadas para a proteção dos dados, observados os segredos comercial e industrial;
>
> III – os riscos relacionados ao incidente com identificação dos possíveis impactos aos titulares;
>
> IV – os motivos da demora, no caso de a comunicação não ter sido feita no prazo do *caput* deste artigo;
>
> V – as medidas que foram ou que serão adotadas para reverter ou mitigar os efeitos do incidente, quando cabíveis;
>
> VI – a data do conhecimento do incidente de segurança; e
>
> VII – o contato para obtenção de informações e, quando aplicável, os dados de contato do encarregado.

Adicionalmente, "Poderá ser considerada boa prática, para fins do disposto no art. 52, § 1º, IX, da LGPD, a inclusão, na comunicação ao titular, de recomendações aptas a reverter ou mitigar os efeitos do incidente" (art. 9º, § 5º).

Além disso, a comunicação deve fazer uso de linguagem simples e de fácil entendimento, de modo que o controlador deverá compreender adequadamente quem são os titulares afetados e adotar uma comunicação eficiente conforme diferentes perfis, e a comunicação deve acontecer de forma direta e individualizada, ou seja, "aquela realizada pelos meios usualmente utilizados pelo controlador para contatar o titular, tais como telefone, e-mail, mensagem eletrônica ou carta" (art. 9º, §§ 1º e 2º). Conforme melhores práticas, é recomendável que o controlador utilize o mecanismo individual de comunicação que já seja de uso ou costume do titular, potencializando as chances de que a mensagem seja entregue.

Se inviável a comunicação direta e individual para todos ou parte dos titulares, ou não seja possível identificá-los (art. 9º, § 3º):

> […] o controlador deverá comunicar a ocorrência do incidente, no prazo e com as informações definidas no *caput*, pelos meios de divulgação disponíveis, tais como seu sítio eletrônico, aplicativos, suas mídias sociais e canais de atendimento ao titular, de modo que a comunicação permita o conhecimento amplo, com direta e fácil visualização, pelo período de, no mínimo, três meses.

Nos três dias úteis seguintes da comunicação aos titulares (art. 9º, § 3º):

> O controlador deverá juntar ao processo de comunicação de incidente uma declaração de que foi realizada a comunicação aos titulares, constando os meios de comunicação ou divulgação utilizados, em até três dias úteis, contados do término do prazo de que trata o *caput* deste artigo.

18.4.7.5 Comunicação às demais autoridades

A regra do artigo 48, LGPD, não é a única determinação de comunicação presente no Direito da Proteção de Dados Pessoais brasileiro. Conforme regulação setorial e a depender do perfil e atividades desempenhadas pelo agente de tratamento de dados, outras regras de comunicação devem ser seguidas de forma específica, sendo recomendável uma abordagem holística do evento.

Para entidades reguladas pelo Banco Central, por exemplo, conforme Resoluções CMN n. 85/2021 e 4.893/2021, as entidades devem contar com plano de ação e de resposta a incidentes, mas não têm a obrigação, em regra, de comunicar incidentes ao Banco Central. Porém, há uma exceção. Para as entidades que atuam com o arranjo de pagamento Pix, nos termos da Resolução BCB n. 1/2020, alterada em 2023, os participantes do Pix devem (art. 32, VIII):

> [...] comunicar aos titulares de contas transacionais providas pelo participante que sejam pessoas naturais a ocorrência de incidente de segurança com dados pessoais envolvendo banco de dados relacionado a componente ou a infraestrutura do Pix, mesmo que o participante provedor da conta não seja o responsável pelo incidente e ainda que o incidente de segurança não possa acarretar risco ou dano relevante aos titulares, nos termos definidos pelo Banco Central do Brasil em documento específico.

Note que a comunicação é premissa e deve ser feita *sempre* que houver incidente associado a banco de dados relacionado a componente ou a infraestrutura do Pix, independentemente de magnitude, quantidade ou gravidade. Assim, por hipótese, é possível que o participante do Pix tenha de comunicar os titulares pela regulação do Banco Central e não pela ANPD, esta condicionada à presença de risco ou dano relevante aos titulares.

Para os agentes do setor de energia elétrica, sob regulação da Aneel, eles devem "notificar a equipe de coordenação setorial designada dos incidentes cibernéticos de maior impacto que afetem de maneira substancial a segurança das instalações, a operação ou os serviços aos usuários ou de dados" (art. 6º, Resolução Normativa Aneel n. 964/2021). Assim como no caso do Banco Central, trata-se de notificação associada a incidente de segurança em si, ainda que este não envolva dados pessoais.

No âmbito de regulação da Anatel, o Regulamento de Segurança Cibernética aplicada ao Setor de Telecomunicações (Resolução n. 740/2020) determina à agência que as prestadoras de serviços de telecomunicações promovam "junto à Anatel, a notificação dos incidentes relevantes que afetem de maneira substancial a segurança das redes de telecomunicações e dos dados dos usuários" (art. 17). A notificação do incidente relevante deve incluir análise da causa e do impacto, bem como ações de mitigação adotadas, conforme o caso (§ 1º).

Ainda, por exemplo, na regulação da CVM, a Resolução n. 35/2021, o intermediário deve (art. 46):

> [...] comunicar, tempestivamente, aos seus órgãos de administração e à SMI a ocorrência de incidentes de segurança cibernética relevantes.
>
> § 1º A comunicação de que trata o *caput* deve incluir:
>
> I – a descrição do incidente, incluindo indicação do dado ou informação sensível afetada;
>
> II – avaliação sobre o número de clientes potencialmente afetados;
>
> III – medidas já adotadas pelo intermediário ou as que pretende adotar;
>
> IV – tempo consumido na solução do evento ou prazo esperado para que isso ocorra; e
>
> V – qualquer outra informação considerada importante.
>
> § 2º O intermediário deve elaborar e enviar à SMI relatório final contendo no mínimo:
>
> I – descrição do incidente e das medidas tomadas, informando o impacto gerado pelo incidente sobre a operação da instituição e seus reflexos sobre os dados dos clientes; e
>
> II – os aperfeiçoamentos de controles identificados com o objetivo de prevenir, monitorar e detectar a ocorrência de incidentes de segurança cibernética, se for o caso.
>
> § 3º O intermediário deve ainda manter à disposição da SMI cópia:
>
> I – das comunicações realizadas com seus clientes, se houver; e
>
> II – dos relatórios internos de investigação produzidos pelo intermediário ou por terceiros sobre a análise do incidente e as conclusões dos exames efetuados.

Além disso, também no espectro da regulamentação da CVM, as Companhias Abertas devem divulgar "qualquer deliberação da assembleia-geral ou dos órgãos de administração da companhia, ou fato relevante ocorrido nos seus negócios, que possa influir, de modo ponderável, na decisão dos investidores do mercado de vender ou comprar valores mobiliários emitidos pela companhia" (art. 157, § 4º, da Lei Federal n. 6.404/1976). Assim, na ocasião de incidente, cumpre a Companhia Aberta avaliar se há a caracterização ou não de *fato relevante*, o que também passa pela avaliação sob a regulação da Resolução CVM n. 44/2021.

Por fim, também como exemplo, as entidades reguladas pela Susep, conforme Circular n. 638/2021, devem (art. 8º):

> [...] comunicar à Susep, no prazo máximo de 5 (cinco) dias úteis a partir do conhecimento do evento, a ocorrência de incidentes relevantes, detalhando a extensão do dano causado e, se for o caso, as ações em curso para regularização completa da situação e os respectivos responsáveis e prazos.

18.4.8 Registro do incidente de segurança: prestação de contas e lições apreendidas

É recomendável que o agente de tratamento documente todas as etapas adotadas na identificação e condução da resposta ao incidente de segurança, especialmente para que possa prestar contas de suas atividades e extraia lições aprendidas para melhorias de médio e longo prazo em seu programa de governança em privacidade e proteção de dados pessoais.

Nesse sentido, a ANPD determina que, adicionalmente às demais medidas, o "controlador deverá manter o registro do incidente de segurança, inclusive daquele não comunicado à ANPD e aos titulares, pelo prazo mínimo de cinco anos, contado a partir da data do registro, exceto se constatadas obrigações adicionais que demandem maior prazo de manutenção" (art. 10, Resolução CD/ANPD n. 15/2024). Este prazo de guarda não é aplicado ao Poder Público, desde que "sejam observadas as regras aplicáveis aos documentos de guarda permanente previstas na tabela de temporalidade própria ou definidas pelo Conselho Nacional de Arquivos" (art. 10, § 2º).

O registro do incidente deverá conter, no mínimo (art. 10, § 1º):

I – a data de conhecimento do incidente;

II – a descrição geral das circunstâncias em que o incidente ocorreu;

III – a natureza e a categoria de dados afetados;

IV – o número de titulares afetados;

V – a avaliação do risco e os possíveis danos aos titulares;

VI – as medidas de correção e mitigação dos efeitos do incidente, quando aplicável;

VII – a forma e o conteúdo da comunicação, se o incidente tiver sido comunicado à ANPD e aos titulares; e

VIII – os motivos da ausência de comunicação, quando for o caso.

Além disso, as mesmas regulações setoriais afetas à comunicação de incidentes também trazem disposições específicas sobre o registro das atividades no incidente e devem ser consideradas.

18.4.9 Relatório de tratamento de incidente

Além do registro das atividades, é recomendável que o controlador de dados elabore e documente um relatório de tratamento de incidente especificamente e que poderá ser exigido pela ANPD (artigo 8º, Resolução CD/ANPD n. 15/2024). O conteúdo de tal documento é estabelecido pela definição do artigo 3º, XIX, da Resolução, segundo o qual se trata do "documento fornecido pelo controlador que contém cópias, em meio físico ou digital, de dados e informações relevantes para descrever o incidente e as providências adotadas para reverter ou mitigar os seus efeitos".

18.5 SEGURO DE RISCO CIBERNÉTICO

O seguro de risco cibernético, como qualquer providência securitária, tem por objetivo a contenção dos riscos associados a um incidente de privacidade. É, assim, um contrato de seguro com riscos próprios associados a eventos de ordem cibernética e, como qualquer contrato dessa natureza, o instrumento contratual e a apólice definem a relação entre as partes: (i) que eventos podem caracterizar o sinistro indenizável; (ii) as obrigações do segurado; (iii) as obrigações do segurador; (iv) valores envolvidos (prêmio e indenização); e (v) coberturas. É muito relevante que o agente de tratamento tenha visibilidade adequada do seguro, saiba como acionar a seguradora e participe de forma cooperativa com o procedimento de regulação do sinistro que se inicia com a comunicação e no qual será definido se há ou não direito contratual à indenização.

Capítulo 19
RESPONSABILIDADE CIVIL E RESSARCIMENTO DE DANOS

19.1 NOTA INTRODUTÓRIA, RESPONSABILIDADE CIVIL EXTRACONTRATUAL DOS AGENTES DE TRATAMENTO E DIÁLOGO NECESSÁRIO DAS FONTES

Considerando o estudo dos pontos do Direito da Proteção de Dados Pessoais e os direitos e deveres decorrentes da relação de tratamento de dados pessoais, proponho que este e o próximo capítulo impliquem fechamento da obra com o estudo das dinâmicas de responsabilidade civil e administrativa. Neste, veremos a responsabilidade civil decorrente de tal Direito. No seguinte, tratarei da ANPD, sua regulação, fiscalização e responsabilidade administrativa.

Dito isso, o Direito da Proteção de Dados Pessoais, por meio do texto da LGPD, estabelece que o controlador ou operador que causa dano patrimonial ou moral, individual ou coletivo, em razão da violação de tal Direito, é obrigado a repará-lo. A LGPD traz, no seu texto, a responsabilidade civil (art. 42 e ss.) e a administrativa (art. 52 e ss.). Não cuida de responsabilidade penal.

O artigo 42, no contexto da Proteção de Dados Pessoais, caracteriza hipótese específica de ato ilícito responsabilizável (arts. 186, 187, 927 e ss., CC) que, se configurada, faz surgir a pretensão indenizatória do prejudicado, seja individual, seja coletiva. Traz regra de responsabilidade civil extracontratual e que não exclui, pontualmente, responsabilidades previstas em contrato entre agentes ou mesmo junto aos titulares de dados pessoais.

Cumpre reiterar que o Direito da Proteção de Dados Pessoais não se resume apenas ao texto da LGPD, mas é formado por todas as normas constitucionais e infralegais que disciplinam a Proteção de Dados Pessoais, como Constituição Federal, CDC etc. Nesse contexto, o texto da LGPD, apenas, não altera os regimes de responsabilidade civil (objetiva ou subjetiva) previstos no ordenamento jurídico. À relação de tratamento de dados pessoais, será aplicável o regime próprio de responsabilidade da relação jurídica que a ela é vinculada ou adjacente, somadas as previsões da LGPD que dirão as situações em que os agentes serão ou não responsáveis.

Assim, por exemplo, nos tratamentos de dados vinculados a relações de consumo, a responsabilidade remanesce objetiva (arts. 12 e 14, CDC), conforme sinaliza expressamente, inclusive, o artigo 45 da própria LGPD. Da mesma forma, deve ser aplicado o regime próprio de responsabilidade e direitos do empregador em relação ao tratamento de dados do empregado. Por outro lado e pela mesma motivação lógica, ausente o reconhecimento da responsabilidade objetiva, a regra de responsabilidade subjetiva do ordenamento jurídico brasileiro deverá prevalecer também para o tratamento de dados pessoais, visto que o texto da LGPD nada diz em contrário.

Na minha opinião, por conseguinte, o Direito da Proteção de Dados Pessoais adota o regime de responsabilidade civil subjetiva como regra, salvo no caso de regimes específicos. Para tanto, assim, resta necessária a presença conjunta dos quatro elementos inerentes à configuração da responsabilidade civil: (i) conduta (ação ou omissão); (ii) dano ao titular de dados pessoais (patrimonial ou moral); (iii) nexo de causalidade entre os dois primeiros; e (iv) em regra, culpa *lato sensu* do agente de tratamento (dolo, negligência, imperícia ou imprudência). Quarto elemento este que pode ser afastado se caracterizada a possibilidade específica de responsabilidade civil objetiva.

Ainda, em relação ao elemento de conduta (ação ou omissão), o próprio Direito confere e define o conteúdo de ação ou omissão devidamente *apta* a causar danos responsabilizáveis. É o que se afere do artigo 44 da LGPD que explica o *tratamento de dados pessoais irregular* (conduta responsabilizável), como aquele que:

> [...] deixar de observar a legislação ou quando não fornecer a segurança que o titular dele pode esperar, consideradas as circunstâncias relevantes, entre as quais:
> I – o modo pelo qual é realizado;
> II – o resultado e os riscos que razoavelmente dele se esperam;
> III – as técnicas de tratamento de dados pessoais disponíveis à época em que foi realizado. Parágrafo único. Responde pelos danos decorrentes da violação da segurança dos dados o controlador ou o operador que, ao deixar de adotar as medidas de segurança previstas no art. 46 desta Lei, der causa ao dano.

Em suma, a conduta responsabilizável pelo Direito é aquela que deixe de observar a legislação e/ou quando não fornecer a segurança que se pode esperar. Notemos que o espectro de violação é muito mais amplo que apenas os termos normativos da LGPD e inclui toda legislação aplicável, englobando, por exemplo, as regulações setoriais (Banco Central, CVM etc.) e leis específicas como CDC, ECA e CLT.

No mais, cumpre sinalizar que os elementos de responsabilização, as regras de solidariedade e as excludentes de responsabilidade presentes no texto da LGPD também se estendem para a responsabilização administrativa que se dá em esfera própria, conforme capítulo seguinte.

19.2 RESPONSABILIDADE SOLIDÁRIA

O Direito da Proteção de Dados Pessoais, por meio da LGPD, estabelece a regra de responsabilidade solidária dos agentes de tratamento envolvidos na situação (ação ou omissão) originadora de danos ao titular de dados pessoais, conforme leitura do texto do artigo 42. Seja solidariedade entre controladores conjuntos, seja solidariedade entre controladores e operadores:

Art. 42. O controlador ou o operador que, em razão do exercício de atividade de tratamento de dados pessoais, causar a outrem dano patrimonial, moral, individual ou coletivo, em violação à legislação de proteção de dados pessoais, é obrigado a repará-lo.

§ 1º A fim de assegurar a efetiva indenização ao titular dos dados:

I – o operador responde solidariamente pelos danos causados pelo tratamento quando descumprir as obrigações da legislação de proteção de dados ou quando não tiver seguido as instruções lícitas do controlador, hipótese em que o operador equipara-se ao controlador, salvo nos casos de exclusão previstos no art. 43 desta Lei;

II – os controladores que estiverem diretamente envolvidos no tratamento do qual decorreram danos ao titular dos dados respondem solidariamente, salvo nos casos de exclusão previstos no art. 43 desta Lei.

Dinâmica esta que é condizente com o regime protetivo para com os titulares de dados e coerente com o sistema normativo brasileiro que adota mesma solução para situações de similar vulnerabilidade de uma das partes da relação jurídica regulada. Segue-se, nesse caso, o regime de solidariedade passiva previsto conforme artigos 264 a 266 e 275 a 285, CC, com destaque à possibilidade de o titular de dados "exigir e receber de um ou de alguns dos devedores a dívida comum". Pode, portanto, o titular demandar sua pretensão contra todos os agentes de tratamento envolvidos na causa lesiva. Remanesce, por sua vez, a possibilidade de direito de regresso pelo agente que, sozinho, ressarcir o titular (art. 42, § 4º, LGPD). Com isto, presentes os elementos de responsabilidade, amplia-se a possibilidade de ressarcimento e composição dos danos para os titulares, sendo saída normativa de ampliação da proteção.

19.2.1 Responsabilidade solidária do controlador e operador

Se o tratamento de dados causar dano e tiver o envolvimento de operador, este será solidariamente responsável se descumprir as obrigações previstas na LGPD ou quando não tiver seguido as instruções lícitas do controlador (art. 42, § 1º, LGPD). Nessas situações, para fins de reparação do dano, o operador será considerado como se controlador fosse. Não observadas essas condicionantes ou verificadas as circunstâncias excludentes do artigo 43, estará o operador isento de responsabilidade.

19.2.1.1 Pode o controlador não ser responsabilizado pelo descumprimento da lei e danos provocados por parte do operador?

A princípio, a regra de solidariedade afastaria a possibilidade de não responsabilidade do controlador por danos de operador por ele engajado. No entanto, parece-me justo e pelas premissas de responsabilidade civil pensar que o controlador não poderia ser responsabilizado em todas as situações de atuação do operador, ideia esta que poderia derivar, inclusive, das interpretações das hipóteses de exclusão da responsabilidade do artigo 43 que tratarei adiante.

Assim, me parece coerente cogitar, então, que o controlador não poderia ser responsabilizado: (i) se o operador realiza o tratamento de dados pessoais para seus próprios e independentes propósitos; (ii) se o operador atua em clara incompatibilidade com as instruções estabelecidas pelo controlador de dados; e (iii) se é razoável concluir que o controlador não concorda ou concordou com o tratamento de dados feito pelo operador.

Essas três situações excludentes, inclusive, foram reconhecidas pela Corte de Justiça da União Europeia no caso C-683/21 e teriam a capacidade, no entender da Corte, de posicionar o operador como um controlador independente, atraindo para si, com exclusividade, a responsabilidade pelo tratamento incorreto e danoso.

No caso, a Corte foi provocada a reavaliar a decisão da autoridade de dados da Lituânia que aplicou multa administrativa para o *National Public Health Centre*, do Ministério da Saúde daquele país, por violação à GDPR por parte de operador contratado para o desenvolvimento de aplicativo relacionado à coleta de dados para gestão e mapeamento no contexto da pandemia da Covid-19. A autoridade da Lituânia reconheceu a controladoria conjunta e aplicou a sanção. A CJEU, porém, reconheceu a Corte no caso que: (i) a posição de controlador não decorre apenas de uma designação formal como tanto, mas de sua posição efetiva de poder de decisão sobre o tratamento de dados; (ii) a nominação simples de um agente como controlador em um aviso de privacidade não o torna controlador de fato automaticamente, o que ainda dependerá da avaliação concreta do seu poder de decisão; (iii) a caracterização de controladoria conjunta em si não implicaria, no contexto da GDPR, a responsabilidade solidária de ambos; (iv) apenas posturas intencionais ou negligentes de descumprimento podem ser sancionadas; e (v) os três pontos já indicados, situações nas quais o (antes) operador será considerado controlador independente para fins de responsabilidade.

Como consequência dessa posição – válida de discussão e de defesa enquanto tese no Brasil, a meu ver – reforça a tarefa do controlador adotar práticas de diligência comprovada para: (i) demonstrar claramente quais são os seus propósitos de tratamento, de modo a conseguir circunscrever de forma clara o que seriam propósitos independentes do operador; (ii) demonstrar claramente a atuação incompatível do operador; e/ou (iii) demonstrar com razoabilidade que discordava da postura do operador. Entre essas boas práticas de diligência comprovadas podem ser relacionados o próprio contrato, termos de proteção de dados específicos e *data processing agreements* que delimitem de forma clara e objetiva a participação dos agentes e medidas práticas e recorrentes de supervisão e controle como realização de auditorias e outras medidas de monitoramento ou, ainda, comunicados e orientações assertivas do controlador para o operador, deixando claro o que é deste esperado e o que o operador discorda de forma objetiva.

19.2.2 Responsabilidade solidária do suboperador

Embora o artigo 42 não faça referência à posição de suboperador, é possível entender que este, para fins legais, pode ser considerado um operador subcontratado, sendo-lhe aplicadas todas as regras pertinentes à responsabilização do operador.

19.2.3 Responsabilidade solidária no caso de cocontroladoria ou controladoria conjunta

No caso de cocontroladoria ou controladoria conjunta, também se aplica o regime de responsabilidade solidária, com a possibilidade de direito de regresso. Ressalta-se, porém, a possível tese, de certa forma abraçada pelas hipóteses excludentes do artigo 43, no sentido que a configuração simples de controladoria conjunta não necessariamente leva à responsabilidade se alguma de tais situações estiver presente. A premissa meramente formal de controladoria conjunta já foi entendida como insuficiente pela Corte de Justiça da União Europeia no precedente citado, ressaltando a necessidade de avaliação concreta de atos intencionais ou negligentes dos controladores (C-683-21).

19.3 CAUSAS EXCLUDENTES DE RESPONSABILIDADE

19.3.1 Considerações iniciais sobre as causas excludentes

O texto normativo LGPD, por si só, não altera os regimes de responsabilidade presentes no ordenamento jurídico brasileiro, mas traz algumas previsões que com eles devem dialogar a depender da natureza da relação jurídica vinculada ao tratamento de dados pessoais. Assim, por falta de sinalização específica, traz o regime de responsabilidade subjetiva como regra, sendo possível a aplicação da responsabilidade objetiva se esta for cabível com base na influência de outros textos normativos.

O artigo 43 da LGPD, assim, traz as situações em que o agente de tratamento não será responsabilizado pelos danos relacionados ao tratamento de dados pessoais, causas excludentes de responsabilidade que serão observadas em quaisquer relações jurídicas relacionadas e nas demandas de reparação. Esse parece ser o diálogo estabelecido em relação à responsabilidade, conserva-se a modalidade de responsabilidade própria da relação jurídica por meio da qual o tratamento de dados pessoais é feito, mas também se aplicam especificamente as causas excludentes do artigo 43.

19.3.2 Primeira causa excludente: não realização do tratamento de dados pessoais

Diz o inciso I do artigo 43 que não serão responsáveis os agentes "que não realizaram o tratamento de dados pessoais que lhes é atribuído".

Beirando a obviedade lógica que se calca na natureza das coisas, A primeira causa claramente se sustenta na ausência de nexo de causalidade entre as condutas do agente de tratamento e o dano que lhe é atribuído, o que pode levar, inclusive, à sua ilegitimidade *ad causam*. O agente não será responsabilizado se, em nenhum momento, participou do tratamento de dados pessoais relacionado ao dano que lhe é atribuído.

A hipótese é aplicável ao agente que nunca, nem minimamente, realizou qualquer operação vinculada ao dano apontado. Não é o simples ou qualquer tratamento de dado pessoal do titular que gera a responsabilidade, mas, sim, as operações que tenham associação com o dano. Assim, exclui a responsabilidade do agente: (i) a situação em que ele nunca tratou qualquer dado pessoal dos titulares prejudicados pelo dano apontado; e (ii) a situação em que, embora o agente já tenha tratado dado pessoal de tais titulares, esse tratamento nada tem relação com o tratamento vinculado ao dano.

19.3.3 Segunda causa excludente: ausência de violação à legislação de proteção de dados

Diz o inciso II do artigo 43 que não serão responsáveis os agentes "que, embora tenham realizado o tratamento de dados pessoais que lhes é atribuído, não houve violação à legislação de proteção de dados". Essa segunda hipótese se desdobra em mais de um elemento da responsabilidade. Reconhece que não será responsabilizado o agente que, embora tenha realizado o tratamento de dados pessoais associado ao dano, não lhe deu causa: ausência de nexo de causalidade com o dano por estar o agente de tratamento conforme com a legislação de proteção de dados ou não praticou qualquer conduta comissiva ou omissiva ilícita, sobretudo com base na calibragem proposta pelo próprio artigo 44 da LGPD já tratado.

Nessa hipótese, portanto, o agente tem relação com o tratamento danoso apontado ou é responsável pelo tratamento, mas não deu causa ao dano ou não descumpriu a legislação aplicável, ceifando qualquer liame causal entre suas atividades e o dano demandado pelo titular.

19.3.4 Terceira causa excludente: ausência de violação à legislação de proteção de dados

Por sua vez, diz o inciso III do artigo 43 que não serão responsáveis os agentes se "o dano é decorrente de culpa exclusiva do titular dos dados ou de terceiro". Esta, a meu ver, parece ser a causa excludente mais controversa entre as três, especialmente pela utilização do termo "culpa".

Em uma leitura do Direito em seu conjunto, com base em sua construção pautada, entre outros pontos, nas ideias de segurança da informação e por meio da vivência prática na matéria, é possível entender que essa excludente também traz hipótese de afastamento da responsabilidade pela ausência de nexo de causalidade. Caminho esse escolhido, como visto, pelas duas situações anteriores e que revela a coerência pelo legislador. Essa parece ser a interpretação mais adequada ao dispositivo, ainda que ele use a expressão culpa, como se comentará na sequência.

A ideia é afastar a responsabilidade do agente de tratamento que, embora tenha tratado os dados pessoais, não provocou o dano reclamado. Esse foi causado por conduta exclusiva do titular ou de qualquer terceiro. Em outras palavras e em termos práticos, a hipótese será aplicada se for verificado, no caso concreto, *que nada era razoavelmente exigível do agente para evitar o dano ou mitigar suas consequências*. O agente atuou em plena conformidade, correção e cautela e mesmo assim, por conduta exclusiva do titular ou de terceiro, o dano ocorreu. Lembra-se, inclusive, de que toda dinâmica de responsabilização deve estar pautada no que era razoavelmente esperado do agente de tratamento, sobretudo em matéria de segurança da informação e dentro de sua realidade própria e contextual.

Como exemplos, entre várias, podem ser citadas as duas situações mais comuns: (i) titular de dados pessoais que, infelizmente e apesar de todos os esforços de segurança do controlador, entrega voluntariamente seus dados pessoais para terceiros em contexto de fraude ou que tenha tido seus dados pessoais subtraídos diretamente de seus dispositivos, sem qualquer participação do controlador; (ii) incidente de privacidade em que há o dano aos titulares, mas o agente de tratamento demonstrou que adotava todas as medidas técnicas e administrativas de segurança que dele razoavelmente se esperava no momento do incidente, não dando qualquer causa ao evento (ver item 2 desse artigo), sendo esse provocado exclusivamente por terceiro; e (iii) a situação em que médico, após ter acesso legítimo ao prontuário do paciente para atendimento em hospital, sem qualquer participação deste, aborda o paciente nos dias seguintes oferecendo consultas em sua clínica particular.

Opino, assim, que também se trata de hipótese excludente pautada na ausência do nexo de causalidade: o agente não deu causa ou contribuiu para a ocorrência do dano. A "culpa" do titular ou terceiro está, a meu ver, empregada no sentido de "por causa de".

Porém, não se pode ignorar que a expressão culpa, adotada pelo dispositivo, pode gerar controversa no sentido de que, em verdade, se trataria de hipótese excludente pautada na ausência de dolo ou culpa (negligência, imprudência ou imperícia) do agente. Quer dizer, teria ele dado causa ao evento, mas não de forma culpável. O problema está nas consequências desse entendimento, pautado, mais uma vez, exclusivamente no uso da expressão e não na realidade prática. A prevalecer essa leitura – da qual aqui se discorda – em alguns regimes a terceira causa excludente não seria sequer aplicável, pois prevalecente a responsabilidade objetiva em que a discussão sobre a verificação de culpa (compartilhada ou exclusiva) não é cabível. A excludente, ao contrário do que determina a lei, não seria aplicada, nessa lógica, em situações envolvendo relações de consumo, remanescendo apenas os incisos I e II do artigo 43, o que não parece ter sido a intenção do legislador.

19.4 DANOS

Estudadas as responsabilidades e suas dinâmicas, entendo pertinente também o estudo dos danos possíveis em decorrência da relação de tratamento de dados que se estabelece entre o agente de tratamento e o titular.

19.4.1 Dano patrimonial

Se o dano tiver caráter patrimonial, o controlador ou o operador dos dados pessoais é obrigado a repará-lo. Como dano patrimonial deve ser entendido aquele caracterizado pelo prejuízo causado ao patrimônio do titular, compreendidos nessa categoria de dano, os danos emergentes (as perdas efetivas em razão do ato ilícito) e os lucros cessantes (o que a vítima deixou de ganhar em razão do ato ilícito), conforme disciplina do artigo 402, CC.

Se quaisquer dessas situações se derem em decorrência do tratamento de dados pessoais, em violação à legislação de proteção de dados pessoais (sendo essa a condição de ilicitude do ato para justificar a responsabilização e o que faz ele se consolidar como ato ilícito, surge o dever de reparar o dano, observadas as cláusulas excludentes estabelecidas.

Inegavelmente e embora organizações também possam ser prejudicadas, como se verá no item a seguir, os titulares de dados pessoais são os principais tutelados pelas normas da LGPD. Assim, qualquer dano patrimonial (dano emergente ou lucro cessante) que o titular do dado vier a sofrer pelo descumprimento da LGPD no tratamento do seu dado é passível de demandar indenização, observados os demais requisitos legais necessários.

Os exemplos são variados, destacando-se: (i) titular de dados pessoais que experimenta prejuízos financeiros em sua conta bancária ou por utilização de seus dados de cartão de crédito, por causa, devidamente comprovada, de incidente de privacidade que expôs seus dados; (ii) titular de dados pessoais que passa a sofrer débitos indevidos em sua conta bancária por divergência ou erro nos dados tratados de clientes da empresa (não qualidade dos dados pessoais); (iii) titular de dados pessoais que é cobrado direta ou indiretamente por requerimento no exercício dos seus direitos; (iv) titular de dados pessoais que atua junto a aplicativo de entregas ou de transporte privado e, por erro, falta de portabilidade ou prática discriminatória, tem ranqueamento menor e deixa de ganhar com as entregas/corridas; e (v) titular de dados pessoais que não obtém vaga de emprego por comprovada prática discriminatória com a utilização de seus dados e que em razão disso deixou de perceber os valores correspondentes ou de outra oportunidade (nesse caso, se aplicável a teoria da perda de uma chance).

Paralelamente, uma primeira leitura mais rápida ou superficial pode passar a impressão, muito induzida pela lógica da própria LGPD, de que o dever de reparar se dá apenas em relação aos titulares de dados pessoais, principais tutelados pela norma. Mas não parece ser esse o caso, o que se afere da locução "dano a outrem" adotada pelo texto. Assim, aquele que causar danos patrimoniais (ou mesmo morais, conforme comentado nos itens subsequentes) a outrem, incluindo os próprios agentes de tratamento ou terceiros (por exemplo, outras empresas que não tenham tratado os dados pessoais, mas tenham sido prejudicadas).

Em relação a danos patrimoniais que possam ser causados aos agentes envolvidos no tratamento, incluem-se aqueles associados à própria dinâmica do exercício do direito de regresso já comentado e podem ser mencionados os seguintes exemplos: (i) pagamentos de indenizações ou sanções administrativas pelo controlador em razão de descumprimentos legais causados pelo operador ou cocontrolador; (ii) quaisquer danos decorrentes de incidente de privacidade de responsabilidade do operador ou cocontrolador dos dados; (iii) perda de indenização de seguro de risco cibernético por descumprimento de condição da apólice ao qual o operador ou o cocontrolador tenha dado causa; (iv) danos pela impossibilidade de operação com os dados pessoais pelo controlador ou operador em razão da aplicação de sanção administrativa de bloqueio ou eliminação dos dados, ou por decisão judicial, antecipatória ou final, de mesmo conteúdo; (v) danos decorrentes de qualquer indisponibilidade do uso dos dados causada por outros agentes envolvidos no tratamento; (vi) danos provocados por operador ou cocontrolador em razão da exposição indevida ou não obrigatória de incidente; e (vii) danos observados pelo operador dos dados por conta de qualquer instrução ilícita para o tratamento de que não podia ter visibilidade.

Como dito, porém, outras organizações, além dos agentes envolvidos no tratamento podem sofrer prejuízos decorrentes do tratamento ilícito de dados pessoais. Um exemplo aparentemente consistente dessa situação é aquele em que um agente (que efetivamente trata os dados pessoais) viola a lei no tratamento e com isso ganha vantagem indevida no mercado relevante que atua, gerando danos à organização concorrente.

19.4.2 Dano moral

Questão entre as mais sensíveis quanto à responsabilidade civil decorrente do Direito da Proteção de Dados Pessoais está na possibilidade ou não de caracterização do dano moral e, sobretudo, do chamado dano moral *in re ipsa*.

Dano moral, por exclusão, pode ser entendido como qualquer prejuízo, danificação ou abalo consistente que alguém sofre fora de sua esfera material ou patrimonial. Quer dizer, qualquer prejuízo que não tenha valor econômico para o indivíduo, mas que mude seu *status quo* enquanto indivíduo. Existiu um antes do dano e outro após este. Foi considerando a possibilidade de violação dessa ordem que a Constituição Federal, o ordenamento infraconstitucional brasileiro e, agora, o Direito da Proteção de Dados Pessoais[1].

Assim, como premissa, o tratamento de dados pessoais que viole a legislação de proteção de dados é apto a gerar o dano moral e desde que não se caracterize como *mero aborrecimento* inerente à vida cotidiana do indivíduo, situação esta que, nos termos da jurisprudência consolidada brasileira, não é suficiente, por si, para caracterizar o dano extrapatrimonial.

Essa possibilidade de abalo moral decorre, justamente, do fato de que os dados pessoais se caracterizam como uma das formas de manifestação da personalidade do indivíduo. Como consequência, portanto, a violação de tal legislação protetiva pode resultar na constituição do dever de reparar para o controlador ou operador, observada toda a disciplina própria de responsabilidade, conforme comentários feitos nos

---

[1] Já entendeu a Corte de Justiça da União Europeia que o medo do possível uso indevido dos dados pessoais é capaz, em si, de caracterizar dano moral ou, na expressão da corte, danos não materiais (C-340/21).

demais itens. O dever de reparar ou de indenizar, sim, tem caráter econômico e, na prática, resulta no pagamento de valor em dinheiro pelo agente causador do ato ilícito à vítima deste.

Diante dessa discrepância entre as naturezas do dano (não patrimonial) e do ressarcimento (patrimonial), surge com dificuldade a definição do valor suficiente, correto ou justo de indenizatório, competindo à literatura jurídica e à jurisprudência nacional delimitar as principais balizas ou critérios aptos à tal valoração. Podem ser citadas a natureza específica do ato ilícito ou da ofensa realizada, a intensidade concreta ou efetiva verificada, a repercussão no meio social em que a vítima está inserida, a existência de intenção ou dolo, má-fé ou culpa, eventuais medidas mitigatórias para cessar o dano ou mitigar os prejuízos e as situações em que o dano moral possa ser presumido (dano moral *in re ipsa*).

Dito isso, em regra, compete ao prejudicado comprovar a existência do dano moral sofrido, de modo que, sem tal demonstração, qualquer demanda indenizatória nasce infundada. Ao fazer tais alegações, sobretudo na esfera judicial, compete ao prejudicado indicar os abalos sofridos em sua esfera extrapatrimonial e trazer os elementos probatórios mínimos que respaldem tais indicações. Pondera-se aqui, claro, a possibilidade de inversão do ônus da prova, admitida pela própria LGPD (art. 42, § 2º) que deve atender aos seus pressupostos e ser reconhecida, de forma fundamentada, no momento procedimental específico.

Nesse sentido, cumpre repisar que é de se esperar que aquele que se sinta prejudicado comprove: (i) o tratamento dos seus dados pessoais por parte do demandado (sob pena de aplicação da excludente do artigo 43, I); (ii) a violação à legislação de proteção de dados pessoais (sob pena de aplicação da excludente do artigo 43, II) – esses dois primeiros fatos que são necessários para demonstrar a conduta ilícita e o nexo causal a justificar a eventual responsabilidade civil –; (iii) os elementos fáticos que sustentam os porquês associados ao abalo que alega; (iv) que a situação não se caracteriza como mero aborrecimento ou incômodo, indesejável, mas inerente à vida cotidiana em sociedade, mas sim, atinge a personalidade; e (iv) as balizas possíveis de calibragem à definição do *quantum* indenizatório.

19.4.2.1 Dano moral *in re ipsa*

Questão jurídica ainda mais sensível, nessa esfera, diz respeito à possibilidade ou não da caracterização do chamado dano moral *in re ipsa* ou do dano moral presumido, ou seja, aquele dano moral aceito como ocorrido em razão da situação e suas circunstâncias. São situações que, por si só e com base na experiência humana e social média, demonstram a existência do abalo na esfera do indivíduo e que, também, como sinalizado, ultrapassam situações de mero incômodo ou aborrecimento.

A jurisprudência brasileira, inclusive, nesse aspecto, tem tratado do tema de forma casuística, como não poderia deixar de ser. Só baseada na experiência empírica extraída do STJ, há situações em que o dano moral *in re ipsa* é assim entendido (*v.g.*, inscrição indevida em cadastro negativo de crédito, negativa indevida de cobertura pelo plano de saúde, uso indevido da marca) e outras que apenas se caracterizam como mero aborrecimento (*v.g.*, mero inadimplemento ou descumprimento contratual, simples desconto indevido de valores em conta-corrente bancária, a simples omissão de socorro em acidente de trânsito, simples demora da baixa do gravame de alienação fiduciária, atraso de entrega de imóvel ao promitente-comprador). E, mesmo nesses casos, qualquer proposta de definição estanque do tema, ao que parece, nasce falha, dado que o caso concreto e por meio dos elementos de prova anterior, as circunstâncias práticas podem revelar situação de presunção do dano.

Convido à leitura do precedente do STJ específico em caso de incidente de privacidade no próximo item. Assim, considerando os pontos probatórios necessários e mencionados nos parágrafos anteriores, o dano moral *in re ipsa* ou presumido elimina, *a priori*, a necessidade de demonstração dos elementos fáticos que sustentam os porquês, associados ao abalo alegado à personalidade, pois este, em razão da situação por si só e da experiência comum humana e social média, já está presumido. O tratamento dos dados pessoais pelo demandado, a violação à legislação de proteção de dados pessoais, a não condição de mero aborrecimento e as balizas possíveis de calibragem à definição do *quantum* continuam demandando a elaboração probatória pelo prejudicado (remanescendo a possibilidade de inversão do ônus probatório). Se se fala que o dano moral *in re ipsa* independe de prova, assim, não se fala de um dano moral automático, mas um dano moral que dispensa apenas e tão somente a prova de que o abalo à personalidade ocorreu, remanescendo a necessidade de prova dos demais itens comentados anteriormente.

Na matéria específica de proteção de dados pessoais, decisões judiciais isoladas têm trazido à tona a questão, ora admitindo o dano moral presumido, ora não, a depender das circunstâncias e do posicionamento do juízo responsável.

A 3ª Turma do STJ, por sua vez, já teve oportunidade de se manifestar em 2019, antes da vigência da LGPD, no REsp n. 1.758.799/MG em caso que versava sobre o compartilhamento de dados pessoais, com base no CDC e na Lei n. 12.414/2011 (Lei do Cadastro Positivo).

No caso, entendeu a Corte que o descumprimento do dever de informação ao consumidor sobre a gestão do banco de dados e compartilhamentos feitos gera o dano moral *in re ipsa*:

> Recurso Especial. Fundamento não impugnado. Súmula n. 283/STF. Ação de compensação de dano moral. Banco de dados. Compartilhamento de informações pessoais. Dever de informação. Violação. Dano moral *in re ipsa*. Julgamento: CPC/2015. 1. Ação de compensação de dano moral ajuizada em 10-5-2013, da qual foi extraído o presente recurso especial, interposto em 29-4-2016 e atribuído ao gabinete em 31-1-2017. 2. O propósito recursal é dizer sobre: (i) a ocorrência de inovação recursal nas razões da apelação interposta pelo recorrido; (ii) a caracterização do dano moral em decorrência da disponibilização/comercialização de dados pessoais do recorrido em banco de dados

mantido pela recorrente. 3. A existência de fundamento não impugnado – quando suficiente para a manutenção das conclusões do acórdão recorrido – impede a apreciação do recurso especial (Súmula no 283/STF). 4. A hipótese dos autos é distinta daquela tratada no julgamento do REsp no 1.419.697/RS (julgado em 12-11-2014, pela sistemática dos recursos repetitivos, *DJe* de 17-11-2014), em que a Segunda Seção decidiu que, no sistema *credit scoring*, não se pode exigir o prévio e expresso consentimento do consumidor avaliado, pois não constitui um cadastro ou banco de dados, mas um modelo estatístico. 5. A gestão do banco de dados impõe a estrita observância das exigências contidas nas respectivas normas de regência – CDC e Lei n. 12.414/2011 – dentre as quais se destaca o dever de informação, que tem como uma de suas vertentes o dever de comunicar por escrito ao consumidor a abertura de cadastro, ficha, registro e dados pessoais e de consumo, quando não solicitada por ele. 6. O consumidor tem o direito de tomar conhecimento de que informações a seu respeito estão sendo arquivadas/comercializadas por terceiro, sem a sua autorização, porque desse direito decorrem outros dois que lhe são assegurados pelo ordenamento jurídico: o direito de acesso aos dados armazenados e o direito à retificação das informações incorretas. 7. A inobservância dos deveres associados ao tratamento (que inclui a coleta, o armazenamento e a transferência a terceiros) dos dados do consumidor – dentre os quais se inclui o dever de informar – faz nascer para este a pretensão de indenização pelos danos causados e a de fazer cessar, imediatamente, a ofensa aos direitos da personalidade. 8. Em se tratando de compartilhamento das informações do consumidor pelos bancos de dados, prática essa autorizada pela Lei n. 12.414/2011 em seus arts. 4º, III, e 9º, deve ser observado o disposto no art. 5º,V, da Lei n. 12.414/2011, o qual prevê o direito do cadastrado ser informado previamente sobre a identidade do gestor e sobre o armazenamento e o objetivo do tratamento dos dados pessoais. 9. O fato, por si só, de se tratarem de dados usualmente fornecidos pelos próprios consumidores quando da realização de qualquer compra no comércio, não afasta a responsabilidade do gestor do banco de dados, na medida em que, quando o consumidor o faz não está, implícita e automaticamente, autorizando o comerciante a divulgá-los no mercado; está apenas cumprindo as condições necessárias à concretização do respectivo negócio jurídico entabulado apenas entre as duas partes, confiando ao fornecedor a proteção de suas informações pessoais. 10. Do mesmo modo, o fato de alguém publicar em rede social uma informação de caráter pessoal não implica o consentimento, aos usuários que acessam o conteúdo, de utilização de seus dados para qualquer outra finalidade, ainda mais com fins lucrativos. 11. Hipótese em que se configura o dano moral *in re ipsa*. 12. Em virtude do exame do mérito, por meio do qual foram rejeitadas as teses sustentadas pela recorrente, fica prejudicada a análise da divergência jurisprudencial. 13. Recurso especial conhecido em parte e, nessa extensão, desprovido. (STJ, 3ª T., REsp n. 1.758.799/MG, Rel. Min. Nancy Andrighi, j. 12/11/2019, *DJe* 19/11/2019).

Feitas essas considerações e sem qualquer pretensão de exaurir o tema, em relação à LGPD, parece ser possível concluir que: (i) tanto o dano moral como o dano moral *in re ipsa* são possíveis em decorrência da violação da disciplina de proteção de dados pessoais; (ii) em regra, compete ao prejudicado comprovar que o agente de tratamento demandado tratou os dados pessoais; (iii) em regra, compete ao prejudicado demonstrar como o agente de tratamento demandado violou a legislação de proteção de dados pessoais; (iv) em regra, compete ao prejudicado demonstrar os elementos de prova que sustentam os porquês sobre os quais fundamenta o abalo sofrido em sua personalidade e que isso não constituiu mero aborrecimento ou incômodo da vida social cotidiana (quer dizer, demonstrar o que há de efetivo dano); (v) de forma excepcional, algumas situações podem caracterizar o dano moral *in re ipsa* com base no Direito da Proteção de Dados Pessoais, competindo à literatura jurídica e à jurisprudência brasileira identificá-las com o tempo com base na correspondência dessas situações à experiência humana e social comum; e (vi) caracterizado o dano moral *in re ipsa* nos termos do item v, este, em regra e salvo em caso de inversão expressa do ônus da prova, não afasta a necessidade de o prejudicado demonstrar que o agente demandado realizou o tratamento e violou a legislação de proteção de dados pessoais, mas relativiza a necessidade de demonstrar os elementos de prova que sustentam porquês sobre os quais fundamenta o abalo sofrido, pois apenas esse último é presumido como algo que aconteceu.

19.4.2.2 Dano moral *in re ipsa* em caso de incidente de privacidade no perfil de "vazamento de dados" na jurisprudência do STJ

Em julgamento marcante, a Segunda Turma do STJ estabeleceu importante precedente para a discussão sobre a caracterização ou não de dano moral em decorrência de incidentes de privacidade, em especial, na modalidade de "vazamento de dados".

No ARE 2.130.619/SP, a 2ª Turma entendeu, se pudermos extrair um único enunciado, que "incidentes de privacidade envolvendo dados pessoais não sensíveis não geram danos morais presumidos de forma automática". O caso teve origem no evento de exposição indevida de dados (vazamento) relacionada à prestação dos serviços de energia elétrica da empresa Eletropaulo Metropolitana Eletricidade de São Paulo S/A – Enel. Os dados que teriam sido comprometidos e que são mencionados na decisão são: nome completo; RG; gênero; data de nascimento; idade; telefone fixo; telefone celular e endereço, além de dados relativos ao contrato de fornecimento de energia elétrica celebrado, como: carga instalada; consumo estimado; tipo de instalação e leitura de consumo.

Aqui, um primeiro ponto elogiável da decisão: a descrição dos dados pessoais envolvidos no episódio. Trabalhando com o tema diariamente ou mesmo em discussões acadêmicas, é possível dizer que toda avaliação de gravidade de um incidente (inclusive para fins de definição se é o caso ou não de comunicar autoridades e titulares, nos termos do artigo 48 da LGPD) passa, entre outros fatores, pela análise precisa (i) dos dados envolvidos; (ii) das informações deles extraídas; e (iii) do contexto de tratamento dessas informações. São premissas inafastáveis de qualquer *assessment* assertivo e seguro para definição dos próximos passos e extração das lições aprendidas.

Em decorrência do evento, pretendeu o autor da ação (titular de dados afetados) a condenação daquela empresa à reparação por danos morais. Pretensão esta que foi julgada improcedente em primeira instância e revertida em sede de apelação pelo Tribunal de Justiça de São Paulo, o qual condenou a empresa ao pagamento de danos morais no valor de R$ 5.000,00. Fundamentos? Considerou a existência de falha na prestação de serviço, a necessária preservação da privacidade dos dados, a aplicabilidade do Código de Defesa do Consumidor e a inversão da regra estática do ônus da prova. Foi, então, interposto recurso especial e, na sequência, o agravo que veio a ser apreciado pela Segunda Turma do STJ (Agravo no Recurso Especial 2.130.619/SP). Na decisão, entendeu a Corte, com acerto, diga-se, que o incidente de privacidade não tem o condão de gerar dano moral indenizável de forma automática. O trecho pertinente da ementa – a qual também trabalha questões procedimentais, como prequestionamento – é o seguinte: "V – O vazamento de dados pessoais, a despeito de se tratar de falha indesejável no tratamento de dados de pessoa natural por pessoa jurídica, não tem o condão, por si só, de gerar dano moral indenizável. Ou seja, o dano moral não é presumido, sendo necessário que o titular dos dados comprove eventual dano decorrente da exposição dessas informações".

Os dois principais fundamentos da decisão e que são verdadeiros precedentes do caso, a meu ver, são: (i) a ausência de presunção de dano moral pela simples ocorrência de incidente de privacidade, e (ii) a ausência de dados pessoais sensíveis, cuja presença poderia resultar na presunção do dano moral por conta do entendimento da Corte de que tais dados têm, em si mesmo, características de intimidade do titular dos dados. Tais premissas de decisão podem ser extraídas do trecho seguinte:

> Desse modo, conforme consignado na sentença reformada, revela-se que os dados objeto da lide são aqueles que se fornece em qualquer cadastro, inclusive nos sites consultados no dia a dia, não sendo, portanto, acobertados por sigilo, e o conhecimento por terceiro em nada violaria o direito de personalidade da recorrida. (fl. 344). Na mesma esteira, merece êxito o apelo especial no ponto em que defende não ser possível indenizar por dano moral o vazamento de dados informados corriqueiramente em diversas situações do dia a dia. O vazamento de dados pessoais, a despeito de se tratar de falha indesejável no tratamento de dados de pessoa natural por pessoa jurídica, não tem o condão, por si só, de gerar dano moral indenizável. Ou seja, o dano moral não é presumido, sendo necessário que o titular dos dados comprove eventual dano decorrente da exposição dessas informações. Diferente seria se, de fato, estivéssemos diante de vazamento de dados sensíveis, que dizem respeito à intimidade da pessoa natural. No presente caso, trata-se de inconveniente exposição de dados pessoais comuns desacompanhados de comprovação do dano.

São fundamentos que podem ser aplicados como precedentes em situações futuras e, por isso também, a grande relevância da decisão. Poderão ser precedentes se, em casos futuros, as mesmas circunstâncias do caso julgado pelo STJ estiverem presentes. São elas: (i) a ocorrência de um incidente de privacidade e, mais especificamente, na espécie de vazamento de dados; (ii) o envolvimento apenas de dados pessoais não sensíveis (art. 5º, I, LGPD) – ponderadas aqui as discussões pertinentes aos dados sensíveis; e (iii) pedido e discussão sobre a caracterização ou não de dados pessoais presumidos ou *in re ipsa*.

19.4.2.3 Dano moral coletivo

A questão do dano moral coletivo é igualmente interessante e digna de reflexão. Na leitura fria do texto da lei, ele seria admitido pelo *caput* do artigo 42, LGPD, seguindo, inclusive, o posicionamento mais recente da jurisprudência pátria que tem admitido tal possibilidade, com destaque para as decisões do STJ (a exemplo, ver: STJ, 2ª T., AgInt no REsp n. 1.712.940/PR, Rel. Min. Francisco Falcão, j. 03/09/2019, *DJe* 09/09/2019). Adicionalmente, a prática tem dado o exemplo de que quase a totalidade das ações civis públicas que questionam o tratamento de dados pessoais tem o dano moral coletivo como pedido principal.

Duas posições mais bem delineadas assumem destaque e podem ser comentadas. Uma primeira, prevalente inclusive no STJ hoje, de que a previsibilidade de sanções administrativas não exclui a possibilidade da condenação indenizatória coletiva na esfera judicial, de modo que a responsabilidade administrativa não esgota o rol de "respostas persuasivas, dissuasórias e punitivas do ordenamento no seu esforço – típico desafio de sobrevivência – de prevenir, reparar e reprimir infrações". E uma segunda, no sentido de que a indenização por dano moral tem natureza eminentemente reparatória e deve seguir o sistema de responsabilidade civil, não podendo ser confundida com as sanções pecuniárias de caráter administrativo. Nesse sentido, a configuração do dano moral só pode ter como vítima sujeitos determinados e plenamente identificados, pois a personalidade destes é a que sofre o abalo. Assim, o dano moral seria compatível com direitos individuais homogêneos e não com direitos difusos ou direitos coletivos *stricto sensu*.

Se superada essa primeira discussão e admitido o dano moral coletivo como uma forma de sanção adicional, em uma proposta de interpretação do artigo 42 da LGPD, o dano moral coletivo só seria cabível se presentes violações a direitos difusos ou coletivos *stricto sensu* decorrentes da LGPD (ou em decorrência de regimes associados, como o CDC por exemplo), embora existam posições, das quais se discorda, de que o dano moral coletivo seria a somatória de direitos individuais violados.

Essa relação, de que tal categoria de dano estaria necessariamente associada a tais direitos, inclusive, é encontrada em várias decisões do próprio STJ (a exemplo, STJ, 3ª T., REsp n. 1.737.412/SE, Rel. Min. Nancy Andrighi, j. 05/02/2019, *DJe* 08/02/2019). O pedido de dano moral coletivo, assim, não seria compatível com situações em que flagrantemente se questionam, de forma coletiva, direitos de titulares individualizados. Tutela essa que pode ser buscada pelos legitimados ativos eleitos legalmente. Em outras palavras, o dano moral coletivo só seria possível, se também possível a identificação de um direito difuso ou coletivo *stricto sensu* decorrente da lei (ou de outro regime associado, como CDC por exemplo). O pedido de dano moral coletivo está, assim, condicionado necessariamente a uma violação de direitos de tais perfis (difuso ou coletivo *stricto sensu*, repisa-se). Ausente essa relação na petição inicial, a improcedência parece ser o caminho mais acertado, seja pela impossibilidade jurídica do pedido, seja pela ausência de dano em si.

Adicionalmente, cabe a discussão sobre se há a possibilidade ou não, por lógica, de extrair direitos difusos ou coletivos *strictu sensu* da LGPD isoladamente. A conclusão negativa, pelo raciocínio posto, extirparia a possibilidade de dano moral coletivo, levando à interpretação possível de que a expressão "coletivo" trazida pelo seu artigo 42 apenas ressalta a possibilidade processual de coletivização de direitos individuais.

Essa parece ser uma pergunta válida. Ora, se a LGPD é aplicável em relação a dados pessoais, e estes só se caracterizam com a possibilidade concreta de identificar indivíduos, como seria possível a violação de direitos em que a indeterminação dos sujeitos é a premissa? A lógica parece sugerir que a indeterminação de sujeitos resultaria na ausência de dados pessoais em si e, por conseguinte, na não aplicação da lei. Como então viabilizar o pedido de dano moral coletivo se este está associado a sujeitos indetermináveis e em relação a estes a LGPD não seria aplicável? A negativa parece ser a resposta mais provável, mas o tempo e a prática podem, talvez, revelar o contrário.

19.5 DIREITO DE REGRESSO

Como uma consequência da responsabilidade perante o titular de dados pessoais, especialmente em razão da ampliação da possibilidade de demanda estabelecida pela regra de solidariedade, reconhece o artigo 42, § 4º, LGPD, que: "Aquele que reparar o dano ao titular tem direito de regresso contra os demais responsáveis, na medida de sua participação no evento danoso". Desse modo, aquele que reparar o dano sozinho tem direito de exercer o direito de regresso em relação aos demais, exigindo-lhes o ressarcimento dos prejuízos suportados à medida que isso for devido. Trata-se de regra facultativa cuja possibilidade pode ser afastada mediante contrato prévio entre as partes, bem como podem ser estruturados limites sobre o que será ressarcido e até que ponto. A regra de solidariedade, diferentemente, enquanto norma cogente, não pode ser alterada em contrato, e previsão que a altere ou afaste em prejuízo do titular deve ser considerada nula de pleno direito.

No mais, embora o dispositivo fale em reparação do dano, indicando sua vocação primária para o direito de regresso em caso de responsabilização civil do agente, parece correto admitir que tal pretensão também possa ser exercida em relação aos prejuízos suportados pelo agente em razão das sanções administrativas e consequências práticas e reputacionais experimentada pelo agente.

O direito de regresso pode ser exercido, inclusive, mediante denunciação da lide, modalidade procedimental de intervenção de terceiros, vocacionada justamente para o exercício do direito de regresso, prevista e orientada nos arts. 125 a 129 do CPC, legislação dos juizados especiais e jurisprudência aplicável. É providência facultativa (art. 125, § 1º, CPC) e tem por objetivo a potencialização dos princípios da economia e da celeridade processuais, porém pode ser indeferida se, ao contrário, gerar tumulto processual. Aquele que tem direito de regresso pode, no procedimento em que este puder ser constituído, pedir o ingresso do terceiro em relação a quem poderá exercer tal pretensão. Tem natureza de nova ação e de julgamento eventual, pois apenas será julgada na sequência e se a primeira demanda for julgada procedente em relação ao denunciante.

Capítulo 20
ANPD E RESPONSABILIDADE ADMINISTRATIVA

20.1 NOTA INTRODUTÓRIA E RESPONSABILIDADE ADMINISTRATIVA

De forma paralela e cumulativa à possibilidade de responsabilização civil, os agentes de tratamento, conforme mesmos critérios de responsabilização já tratados (arts. 42 a 45, LGPD), são responsabilizáveis administrativamente. Assim, o descumprimento do Direito da Proteção de Dados Pessoais resulta na possibilidade de responsabilização do agente em duas frentes independentes e cumulativas: civil e administrativa.

Similar ao modelo europeu, prevê o artigo 52, LGPD, que: "Os agentes de tratamento de dados, em razão das infrações cometidas às normas previstas nesta Lei, ficam sujeitos às seguintes sanções administrativas aplicáveis pela autoridade nacional". Neste capítulo, veremos como a regulação e fiscalização administrativa ocorre.

20.2 AUTORIDADE NACIONAL DE PROTEÇÃO DE DADOS – ANPD

A Autoridade Nacional de Proteção de Dados é o órgão da administração pública, responsável por zelar, implementar e fiscalizar o cumprimento dessa lei em todo território nacional. Segue a experiência estrangeira, sobretudo da GDPR, que prevê a existência e independência, nos termos do regulamento, das autoridades de cada Estado-membro da União Europeia. A experiência prática tem mostrado que a criação da ANPD foi uma decisão acertada, com uma postura elogiável e equilibrada da autoridade entre a pedagogia, a conscientização e a fiscalização.

A ANPD tem papel fundamental na efetividade do Direito da Proteção de Dados Pessoais e para a segurança jurídica esperada para o mercado. Imagine-se, por exemplo, o quão imprevisível seria a previsão de sanções administrativas sem um órgão e um procedimento em devido processo legal para avaliá-las e aplicá-las. Ou mesmo a grande quantidade de previsões que demandam uma regulamentação inicial e recorrente, de modo condizente com a realidade. Considerando que o tratamento de dados pessoais é tema que envolve, em sua ampla maioria, a utilização crescente de tecnologias da informação, a existência de um órgão com atribuição legal regulatória e que acompanhe de perto os sinais da contemporaneidade, a ANPD passa a ser fundamental, sobretudo para a própria sobrevivência e atualidade da legislação. Sem ela, teríamos, em muitos aspectos, um texto sem sua força vital, uma alma muitas vezes errante em busca de seu corpo.

Propõe a tentativa de resolução do problema recorrente no país da multi-institucionalidade. Essa situação se revela muitas vezes como consequência da bem-intencionada pluralidade legal de agentes que podem buscar a promoção de direitos, algo inerente ao próprio princípio constitucional do acesso à justiça (art. 5º, XXXV, CF), mas que por vezes e em realidade pragmática resulta em verdadeira insegurança jurídica. Exemplo disso é a pluralidade de legitimados concorrentes e disjuntivos para a propositura de ações civis públicas (art. 5º, Lei da Ação Civil Pública). Na ideia ótima de promover o acesso à função jurisdicional, essa pluralidade de legitimados, por vezes, resulta na multiplicidade de ações que, no lugar de solucionar questões jurídicas, promovem um cenário descoordenado e difícil de resolução de conflitos, seja para o judiciário, para os próprios legitimados e, sobretudo, para as organizações em face de quem as ações são propostas. Semelhantemente, ao olhar para apenas um dos colegitimados, o Ministério Público, não é rara a verificação de vários inquéritos civis, em várias unidades ministeriais, sobre os mesmos fatos.

Assim, é preciso ver com bons olhos a iniciativa, cuja eficiência prática só poderá ser avaliada com o tempo. Nesse sentido, não se pode ignorar *a priori*, porém, a atribuição administrativa de outros órgãos, como da própria Secretaria Nacional do Consumidor – Senacon (com quem a ANPD já firmou, inclusive, termo de cooperação técnica). Também não se pode ignorar que a atuação sancionatória da autoridade nacional se dá no âmbito da responsabilidade administrativa, remanescendo a legitimidade legal dos órgãos e entidades quanto à responsabilidade civil.

Essas tarefas, a meu ver, dependem diretamente da autonomia legal e administrativa conferida à Autoridade. Nesse sentido, segundo o artigo 55-A, LGPD, "Fica criada a Autoridade Nacional de Proteção de Dados (ANPD), autarquia de natureza especial, dotada de autonomia técnica e decisória, com patrimônio próprio e com sede e foro no Distrito Federal". Essa redação foi dada pela Lei Federal n. 14.460/2022, desvinculando o cenário inicial de promulgação da lei em que a ANPD estava posicionada junto à estrutura administrativa da Presidência da República. Agora, figura como autarquia de natureza especial, tendo autonomia técnica e decisória sem qualquer subordinação a ministérios ou à Presidência. Atualmente, tramita o PL n. 615/2024 junto ao Senado Federal com o objetivo de atribuir à ANPD as mesmas prerrogativas conferidas às agências reguladoras e ao Cade, incluindo a expressa previsão de que o regime jurídico a que se submete a ANPD se caracteriza pela ausência de tutela ou subordinação hierárquica e pela autonomia funcional, decisória, administrativa e financeira.

20.2.1 Composição da ANPD

Segundo o artigo 55-C, LGPD:

A ANPD é composta de:
I – Conselho Diretor, órgão máximo de direção;
II – Conselho Nacional de Proteção de Dados Pessoais e da Privacidade;

III – Corregedoria;

IV – Ouvidoria;

V – órgão de assessoramento jurídico próprio;

V-A – Procuradoria; e

VI – unidades administrativas e unidades especializadas necessárias à aplicação do disposto nesta Lei.

Seu regimento interno com os detalhes de cada uma das unidades e atribuições estão dispostas na Portaria n. 1/2021.

O Conselho Diretor, órgão máximo de direção da ANPD, é composto por 5 diretores, incluindo o Diretor-Presidente nessa contagem. Os "membros do Conselho Diretor da ANPD serão escolhidos pelo Presidente da República e por ele nomeados, após aprovação pelo Senado Federal, nos termos da alínea *f* do inciso III do art. 52 da Constituição Federal, e ocuparão cargo em comissão do Grupo-Direção e Assessoramento Superiores – DAS, no mínimo, de nível 5" (art. 55-D, § 1º, LGPD). São escolhidos "dentre brasileiros que tenham reputação ilibada, nível superior de educação e elevado conceito no campo de especialidade dos cargos para os quais serão nomeados" (art. 55-D, § 2º, LGPD), com mandato de 4 anos (art. 55-D, § 3º, LGPD).

De modo a conferir segurança e independência na atual, o texto da LGPD garante que "os membros do Conselho Diretor somente perderão seus cargos em virtude de renúncia, condenação judicial transitada em julgado ou pena de demissão decorrente de processo administrativo disciplinar" (art. 55-E, LGPD).

Paralelamente, também cumpre destaque à estrutura do Conselho Nacional de Proteção de Dados Pessoais que busca trazer democracia, pluralidade e participação aos procedimentos da ANPD. Sua composição é definida pelo artigo 58-A, LGPD, com 23 representantes, entre titulares e suplentes dos seguintes órgãos: Poder Executivo Federal, Senado Federal, Câmara dos Deputados, CNJ, Conselho Nacional do Ministério Público, Comitê Gestor da Internet no Brasil, entidades da sociedade civil, instituições científicas, tecnológicas e de inovação, confederações sindicais representativas das categorias econômicas do setor produtivo, entidades representativas do setor empresarial e entidades representativas do setor laboral.

Compete ao CNPD (art. 58-B, LGPD):

I – propor diretrizes estratégicas e fornecer subsídios para a elaboração da Política Nacional de Proteção de Dados Pessoais e da Privacidade e para a atuação da ANPD;

II – elaborar relatórios anuais de avaliação da execução das ações da Política Nacional de Proteção de Dados Pessoais e da Privacidade;

III – sugerir ações a serem realizadas pela ANPD;

IV – elaborar estudos e realizar debates e audiências públicas sobre a proteção de dados pessoais e da privacidade; e

V – disseminar o conhecimento sobre a proteção de dados pessoais e da privacidade à população.

20.2.2 Competências administrativas da ANPD

As competências administrativas da ANPD estão listadas no artigo 55-J, LGPD, perfazendo seu papel pedagógico, regulatório e fiscalizatório. Formam, em conjunto, sua função de promoção da Proteção de Dados Pessoais no País, assumindo protagonismo em relação ao Direito. São competências que visam traduzir, em termos práticos, os três principais pilares que parecem justificar a existência de uma autoridade nacional sobre o tema: (i) a promoção dos direitos fundamentais dos titulares de dados pessoais, em equilíbrio com o desenvolvimento econômico e inovação; (ii) a necessidade de evolução regulatória com a centralização das principais interpretações e diretrizes para o fiel cumprimento da LGPD, mitigando o risco de uma multi-institucionalidade de perfil indesejado e proporcionando o máximo de segurança jurídica para a matéria no País; e (iii) uma autoridade que seja municiada das premissas jurídicas necessárias ao exercício de uma atividade fiscalizatória capaz de ser consistente, transparente e condizente com a realidade. São elas (art. 55-J, LGPD):

I – zelar pela proteção dos dados pessoais, nos termos da legislação;

II – zelar pela observância dos segredos comercial e industrial, observada a proteção de dados pessoais e do sigilo das informações quando protegido por lei ou quando a quebra do sigilo violar os fundamentos do art. 2º desta Lei;

III – elaborar diretrizes para a Política Nacional de Proteção de Dados Pessoais e da Privacidade;

IV – fiscalizar e aplicar sanções em caso de tratamento de dados realizado em descumprimento à legislação, mediante processo administrativo que assegure o contraditório, a ampla defesa e o direito de recurso;

V – apreciar petições de titular contra controlador após comprovada pelo titular a apresentação de reclamação ao controlador não solucionada no prazo estabelecido em regulamentação;

VI – promover na população o conhecimento das normas e das políticas públicas sobre proteção de dados pessoais e das medidas de segurança;

VII – promover e elaborar estudos sobre as práticas nacionais e internacionais de proteção de dados pessoais e privacidade;

VIII – estimular a adoção de padrões para serviços e produtos que facilitem o exercício de controle dos titulares sobre seus dados pessoais, os quais deverão levar em consideração as especificidades das atividades e o porte dos responsáveis;

IX – promover ações de cooperação com autoridades de proteção de dados pessoais de outros países, de natureza internacional ou transnacional;

X – dispor sobre as formas de publicidade das operações de tratamento de dados pessoais, respeitados os segredos comercial e industrial;

XI – solicitar, a qualquer momento, às entidades do poder público que realizem operações de tratamento de dados pessoais informe específico sobre o âmbito, a natureza dos dados e os demais detalhes do tratamento realizado, com a possibilidade de emitir parecer técnico complementar para garantir o cumprimento desta Lei;

XII – elaborar relatórios de gestão anuais acerca de suas atividades;

XIII – editar regulamentos e procedimentos sobre proteção de dados pessoais e privacidade, bem como sobre relatórios de impacto à proteção de dados pessoais para os casos em que o tratamento representar alto risco à garantia dos princípios gerais de proteção de dados pessoais previstos nesta Lei;

XIV – ouvir os agentes de tratamento e a sociedade em matérias de interesse relevante e prestar contas sobre suas atividades e planejamento;

XV – arrecadar e aplicar suas receitas e publicar, no relatório de gestão a que se refere o inciso XII do *caput* deste artigo, o detalhamento de suas receitas e despesas;

XVI – realizar auditorias, ou determinar sua realização, no âmbito da atividade de fiscalização de que trata o inciso IV e com a devida observância do disposto no inciso II do *caput* deste artigo, sobre o tratamento de dados pessoais efetuado pelos agentes de tratamento, incluído o poder público;

XVII – celebrar, a qualquer momento, compromisso com agentes de tratamento para eliminar irregularidade, incerteza jurídica ou situação contenciosa no âmbito de processos administrativos, de acordo com o previsto no Decreto-Lei n. 4.657, de 4 de setembro de 1942;

XVIII – editar normas, orientações e procedimentos simplificados e diferenciados, inclusive quanto aos prazos, para que microempresas e empresas de pequeno porte, bem como iniciativas empresariais de caráter incremental ou disruptivo que se autodeclarem startups ou empresas de inovação, possam adequar-se a esta Lei;

XIX – garantir que o tratamento de dados de idosos seja efetuado de maneira simples, clara, acessível e adequada ao seu entendimento, nos termos desta Lei e da Lei n. 10.741, de 1º de outubro de 2003 (Estatuto do Idoso);

XX – deliberar, na esfera administrativa, em caráter terminativo, sobre a interpretação desta Lei, as suas competências e os casos omissos;

XXI – comunicar às autoridades competentes as infrações penais das quais tiver conhecimento;

XXII – comunicar aos órgãos de controle interno o descumprimento do disposto nesta Lei por órgãos e entidades da administração pública federal;

XXIII – articular-se com as autoridades reguladoras públicas para exercer suas competências em setores específicos de atividades econômicas e governamentais sujeitas à regulação; e

XXIV – implementar mecanismos simplificados, inclusive por meio eletrônico, para o registro de reclamações sobre o tratamento de dados pessoais em desconformidade com esta Lei.

20.3 SANÇÕES ADMINISTRATIVAS (ART. 52, LGPD)

A responsabilidade administrativa aos agentes de tratamento cuja responsabilidade, nos termos do Direito e do texto da LGPD, perfaz-se na possibilidade de aplicação das sanções administrativas previstas no artigo 52, LGPD, após processo administrativo, conforme Regulamento do Processo de Fiscalização e do Processo Administrativo Sancionador e o Regulamento de Dosimetria e Aplicação das Sanções Administrativas da ANPD tratados a seguir.

O artigo 52 traz o rol das sanções administrativas aplicáveis aos agentes de tratamento no caso de infrações ao Direito da Proteção de Dados Pessoais e os critérios para aplicação por parte da ANPD, sendo essa a autoridade vocacionada administrativa para tanto. Entende-se como um rol taxativo, dado que o regime de direito administrativo sancionador assim disciplina.

Conforme artigo 55-K, LGPD, é determinado que as sanções administrativas apenas podem ser aplicadas pela ANPD e que suas competências prevalecerão, em relação à matéria de proteção de dados pessoais, sobre as competências correlatas ou similares de outros órgãos ou entidades da Administração Pública. O que faz o dispositivo, assim, é estabelecer um critério de minerva em caso de divergência entre o aplicado pelos demais órgãos ou entidades e aquilo que a ANPD entende por mais adequado, prevalecendo esse último. Além disso, prevê o parágrafo único, como um dispositivo que mitiga riscos decorrentes da divergência entre os órgãos, que a ANPD atuará em articulação com eles.

20.3.1 Advertência (inc. I)

A advertência pode ser entendida como a sanção administrativa mais leve e branda. Advertir traz no seu conteúdo a ideia de informar, avisar ou repreender com intensidade ou veemência. Em termos práticos e apesar de branda em relação às outras, a advertência revela uma sinalização incisiva da ANPD de que correções de conformidade devem ser feitas, sob pena de agravamento da sanção em nova decisão. Tanto é assim que o próprio inciso I determina que a advertência não seja simples, mas que indique um prazo e as medidas corretivas necessárias (essas últimas de forma implícita).

20.3.2 Multa simples (inc. II)

Apesar do nome, a multa não é tão simples assim e pode ter um impacto extremamente significativo na realidade das atividades do agente de tratamento. O simples utilizado, assim, apenas se contrapõe à sanção de multa diária prevista no inciso seguinte. O valor será de até 2% do faturamento da pessoa jurídica de direito privado, grupo ou conglomerado no Brasil, no seu último exercício, excluídos os tributos, limitada, no total, a R$ 50.000.000,00 (cinquenta milhões de reais) por infração.

Seis observações parecem importantes: (i) o valor é sobre o faturamento e não sobre a receita, quer dizer, a baliza é sobre todo o faturamento e não sobre os valores apurados após a despesa; (ii) o faturamento como baliza não tem qualquer relação com o ganho efetivo a partir do tratamento de dados pessoais que violou a lei, o que parece se explicar pela extrema dificuldade de discriminações ou detalhamento nesse sentido; (iii) o valor é por cada infração, de modo que em um único evento ou procedimento fiscalizatório, em tese, é possível aplicar tais valores para cada descumprimento; (iv) a fim de preservar as lógicas orçamentárias, a multa não é possível para pessoas jurídicas de direito público (ver comentários ao § 3º); (v) os valores são referentes à pessoa jurídica, ao grupo ou ao conglomerado, o que deve ser definido a partir do contexto do tratamento de dados (*v.g.*, se envolveu o grupo ou não, por exemplo), observadas as diretrizes do § 4º; e (vi) lembra-se que pessoa natural, embora seja raro, pode ser agente de tratamento, caso em que se terá dificuldade para aplicação de multa por falta de baliza financeira própria.

20.3.3 Multa diária (inc. III)

A ideia de multa diária é trazer uma espécie de astreinte para a realidade da fiscalização administrativa da lei, de modo a compelir o agente de tratamento, por meio do poder coercitivo da ANPD, a se adequar ao que a LGPD determina e cessar a infração. O valor é limitado aos tetos do inciso II, assim, atingindo os 2% do faturamento ou os R$ 50.000.000,00 (cinquenta milhões de reais) por infração a somatória deve parar.

20.3.4 Publicização (inc. IV)

Trata-se da possibilidade de que a infração seja publicizada o que pode ter um potencial de prejuízos reputacionais muito relevantes ao agente de tratamento, devendo ser feita apenas após devidamente apurada e comprovada sua ocorrência.

20.3.5 Bloqueio dos dados pessoais até regularização da infração (inc. V)

Bloqueio é a suspensão temporária de qualquer operação de tratamento relacionada à infração, podendo o dado pessoal ou banco de dados serem guardados, se isso for aplicável, conforme permite a definição do bloqueio (art. 5º, XIII, LGPD). A permissão de guarda é a única exceção nesse período e se justifica porque o bloqueio se trata de suspensão temporária, de modo que, ao seu final, o tratamento poderá ser retomado. Retomada esta que apenas poderá ocorrer no caso da regularização da infração. Suspende-se o tratamento, assim, enquanto durar o estado de desconformidade.

20.3.6 Eliminação dos dados pessoais a que se refere a infração (inc. VI)

Eliminação é a exclusão de dado pessoal ou de conjunto de dados em banco de dados, independentemente do procedimento empregado. É o fim das operações com o dado pessoal ou com o conjunto de dados, excluindo-os do poder ou posse do agente de tratamento em razão da infração. A eliminação, assim como o bloqueio, é possível em relação ao tratamento vinculado à desconformidade.

20.3.7 Suspensão parcial do funcionamento do banco de dados (inc. X)

Essa sanção é curiosa e repete, em termos práticos, a sanção de bloqueio. Na essência, acaba significando a mesma coisa, com duas diferenças. O inciso V permite a suspensão temporária de dados pessoais, ainda que não estruturados de forma conjunta em banco de dados. Além disso, o inciso X traz a limitação temporal de seis meses, prorrogável por iguais seis meses. A única forma de manter esse inciso em coerência com o inciso V parece ser transpor tais tetos também para a sanção de bloqueio, o que, inclusive, trará mais segurança jurídica.

20.3.8 Suspensão parcial do funcionamento do banco de dados (inc. XI)

A suspensão prevista no inciso XI é da atividade de tratamento dos dados pessoais associada à infração, pelo prazo de seis meses, prorrogável por iguais seis meses. Uma leitura rápida pode levar à sensação de que a previsão do inciso XI é também redundante, em comparação às sanções previstas nos incisos V e X, trazendo sempre os mesmos resultados práticos. Nem sempre. Ao falar de suspensão da atividade de tratamento, a sanção pode ocorrer em relação a apenas uma das operações que envolvem os dados pessoais ou o banco de dados e que está vinculada à infração. Aliás, é de bom senso que a suspensão seja feita apenas quanto à atividade que esteja em desconformidade e não em relação a todas as operações. O inciso XI, assim, traz recado importante na ótica da proporcionalidade e da razoabilidade na fiscalização, de modo que sejam suspensas apenas as atividades.

20.3.9 Proibição parcial ou total do exercício de atividades (inc. XII)

O inciso XII prevê sanção de alta gravidade e que revela toda a potencialidade sancionatória da ANPD no exercício de suas funções. Pode proibir de forma completa ou parcial o exercício das atividades relacionadas a tratamento de dados que infrinja o Direito da Proteção de Dados Pessoais. Superada a desconformidade, parece não haver mais sustentação jurídica para que a proibição se mantenha.

20.3.10 Aplicação isolada ou cumulativa

As sanções podem ser aplicadas de forma isolada ou cumulativa. Ou seja, pode ser aplicada uma sanção de mesma espécie para uma ou várias infrações, uma sanção diferente ou de espécie diferente para cada infração, ou mais de uma sanção para uma mesma infração. Na cumulação de sanções, é importante que elas sejam compatíveis entre si, em termos práticos, e viáveis tecnicamente.

As sanções de suspensão ou proibição das atividades, em bom senso, só serão aplicadas após ter sido imposta ao menos uma das demais sanções, conforme previsão expressa do artigo 52, § 6º, LGPD:

As sanções previstas nos incisos X, XI e XII do *caput* deste artigo serão aplicadas:

I – somente após já ter sido imposta ao menos 1 (uma) das sanções de que tratam os incisos II, III, IV, V e VI do *caput* deste artigo para o mesmo caso concreto; e

II – em caso de controladores submetidos a outros órgãos e entidades com competências sancionatórias, ouvidos esses órgãos.

20.3.11 Responsabilização de pessoas jurídicas de Direito Público

Com exceção das sanções de ordem pecuniária (art. 52, II e III, LGPD), todas as demais podem ser aplicadas pela ANPD às pessoas jurídicas de direito público, ressalvadas as normas referendadas.

20.3.12 Destinação dos valores

Conforme previsão expressa do artigo 52, § 5º, LGPD, "O produto da arrecadação das multas aplicadas pela ANPD, inscritas ou não em dívida ativa, será destinado ao Fundo de Defesa de Direitos Difusos de que tratam o art. 13 da Lei n. 7.347, de 24 de julho de 1985, e a Lei n. 9.008, de 21 de março de 1995".

20.3.13 Incidentes de segurança individuais

De forma interessante, o § 7º do artigo 52, LGPD, prevê que "Os vazamentos individuais ou os acessos não autorizados de que trata o *caput* do art. 46 desta Lei poderão ser objeto de conciliação direta entre controlador e titular e, caso não haja acordo, o controlador estará sujeito à aplicação das penalidades de que trata este artigo".

Embora o texto fale em *vazamento*, essa é apenas uma das hipóteses de incidente e, pela menção ao *caput* do artigo 46, parece ser o caso de o § 7º ser aplicável a qualquer incidente de repercussão individual. Assim, nesses casos, o texto da LGPD traz a possibilidade, de composição amigável entre o controlador e o titular. Se por um lado, é uma faculdade, por outro, a lei condiciona a aplicação de sanção ao resultado infrutífero de composição. Nessa perspectiva, parece o dispositivo representar mais um incentivo de que o controlador adote mecanismos voluntários de composição, o que, condicionará a aplicação da sanção.

20.4 PROCEDIMENTOS ADMINISTRATIVOS E CRITÉRIOS PARA RESPONSABILIZAÇÃO ADMINISTRATIVA DOS AGENTES DE TRATAMENTO E APLICAÇÃO DE SANÇÕES

Conforme determinação expressa do artigo 52:

> As sanções serão aplicadas após procedimento administrativo que possibilite a oportunidade da ampla defesa, de forma gradativa, isolada ou cumulativa, de acordo com as peculiaridades do caso concreto e considerados os seguintes parâmetros e critérios:
>
> I – a gravidade e a natureza das infrações e dos direitos pessoais afetados;
>
> II – a boa-fé do infrator;
>
> III – a vantagem auferida ou pretendida pelo infrator;
>
> IV – a condição econômica do infrator;
>
> V – a reincidência;
>
> VI – o grau do dano;
>
> VII – a cooperação do infrator;
>
> VIII – a adoção reiterada e demonstrada de mecanismos e procedimentos internos capazes de minimizar o dano, voltados ao tratamento seguro e adequado de dados, em consonância com o disposto no inciso II do § 2º do art. 48 desta Lei;
>
> IX – a adoção de política de boas práticas e governança;
>
> X – a pronta adoção de medidas corretivas; e
>
> XI – a proporcionalidade entre a gravidade da falta e a intensidade da sanção.

Tais critérios, a meu ver, configuram verdadeiros direitos subjetivos do agente de tratamento fiscalizado, de modo que sempre devem ser considerados pela ANPD, e sua aplicação ou afastamento ser devidamente fundamentado na decisão administrativa que avalie a infração e a sanção. A não consideração expressa de tais critérios, com base nessa premissa, pode até motivar eventual impetração de mandado de segurança. São, assim, relevantes não só na calibragem das sanções, em orientação de proporcionalidade, mas também configuram verdadeiras balizas orientadoras do comportamento do agente antes e depois da infração, somando a todas as outras determinações do Direito dessa mesma lógica. Inclusive, orientam a formação de evidências sobre os tratamentos de dados pessoais realizados para que, em eventual procedimento de fiscalização, possam ser utilizadas a favor do agente.

Além disso, previu o artigo 53, LGPD, que a ANPD definiria

> [...] por meio de regulamento próprio sobre sanções administrativas a infrações a esta Lei, que deverá ser objeto de consulta pública, as metodologias que orientarão o cálculo do valor-base das sanções de multa.
>
> § 1º As metodologias a que se refere o *caput* deste artigo devem ser previamente publicadas, para ciência dos agentes de tratamento, e devem apresentar objetivamente as formas e dosimetrias para o cálculo do valor-base das sanções de multa, que deverão conter fundamentação detalhada de todos os seus elementos, demonstrando a observância dos critérios previstos nesta Lei.
>
> § 2º O regulamento de sanções e metodologias correspondentes deve estabelecer as circunstâncias e as condições para a adoção de multa simples ou diária.

Soma-se a isso a determinação do artigo 54, LGPD, em relação à sanção de multa diária, segundo o qual: "O valor da sanção de multa diária aplicável às infrações a esta Lei deve observar a gravidade da falta e a extensão do dano ou prejuízo causado e ser fundamentado pela autoridade nacional".

Feitas essas considerações, foi nesse contexto que a ANPD publicou os dois principais regulamentos que disciplinam a responsabilização administrativa dos agentes de tratamento: o Regulamento do Processo de Fiscalização e do Processo Administrativo Sancionador e o Regulamento de Dosimetria e Aplicação das Sanções Administrativas. Os dois, em conjunto, são observados nas atividades que compõem a frente de monitoramento e fiscalização da ANPD.

20.4.1 Regulamento do Processo de Fiscalização e do Processo Administrativo: as atividades de monitoramento, orientação e fiscalização da ANPD

A ANPD aprovou seu Regulamento de Fiscalização e do Processo Administrativo Sancionador por meio da Resolução da ANPD n. 1/2021, que tem por objetivo "estabelecer os procedimentos inerentes ao processo de fiscalização e as regras a serem observadas no âmbito do processo administrativo sancionador pela Autoridade Nacional de Proteção de Dados (ANPD)" (art. 1º). Define de forma profícua que a fiscalização compreende as atividades, orientação e atuação preventiva, ficando a aplicação de sanção delegada à norma de regulação específica.

Entre os deveres dos agentes regulados pela norma (agentes de tratamento e demais integrantes ou interessados no tratamento de dados pessoais), estão:

I – fornecer cópia de documentos, físicos ou digitais, dados e informações relevantes para a avaliação das atividades de tratamento de dados pessoais, no prazo, local, formato e demais condições estabelecidas pela ANPD;

II – permitir o acesso às instalações, equipamentos, aplicativos, facilidades, sistemas, ferramentas e recursos tecnológicos, documentos, dados e informações de natureza técnica, operacional e outras relevantes para a avaliação das atividades de tratamento de dados pessoais, em seu poder ou em poder de terceiros;

III – possibilitar que a ANPD tenha conhecimento dos sistemas de informação utilizados para tratamento de dados e informações, bem como de sua rastreabilidade, atualização e substituição, disponibilizando os dados e as informações oriundos destes instrumentos;

IV – submeter-se a auditorias realizadas ou determinadas pela ANPD;

V – manter os documentos físicos ou digitais, os dados e as informações durante os prazos estabelecidos na legislação e em regulamentação específica, bem como durante todo o prazo de tramitação de processos administrativos nos quais sejam necessários; e

VI – disponibilizar, sempre que requisitado, representante apto a oferecer suporte à atuação da ANPD, com conhecimento e autonomia para prestar dados, informações e outros aspectos relativos a seu objeto (art. 5º).

O sigilo dos procedimentos é possível e recomendável em muitos casos, competindo ao agente regulado solicitar tal providência. O que também ocorre no caso de comunicação de incidentes de segurança, conforme previsão da Resolução CD/ANPD n. 15/2024.

Os prazos são contados em dias úteis (art. 8º), excluindo o dia do começo e incluído o dia de vencimento. A comunicação dos atos se dá por intimação conforme dinâmica dos artigos 9º, 10 e 12, sendo os atos praticados preferencialmente por meio eletrônico (art. 11), hoje por meio do sistema da própria ANPD, cujo acesso deve ser solicitado previamente pelo interessado, conforme disciplina de peticionamento eletrônico disposto no próprio *site* da Autoridade.

No processo de fiscalização, a ANPD adotará atividades de monitoramento, de orientação e de prevenção no processo de fiscalização e poderá iniciar a atividade repressiva" (art. 15).

Pode atuar a autoridade (art. 16):

I – de ofício;
II – em decorrência de programas periódicos de fiscalização;
III – de forma coordenada com órgãos e entidades públicos; ou
IV – em cooperação com autoridades de proteção de dados pessoais de outros países, de natureza internacional ou transnacional.

Observando o processo de fiscalização as importantes premissas de (art. 17)

I – alinhamento com o planejamento estratégico, com os instrumentos de monitoramento das atividades de tratamento de dados e com a Política Nacional de Proteção de Dados Pessoais e da Privacidade;

II – priorização da atuação baseada em evidências e riscos regulatórios, com foco e orientação para o resultado;

III – atuação integrada e coordenada com órgãos e entidades da administração pública;

IV – atuação de forma responsiva, com a adoção de medidas proporcionais ao risco identificado e à postura dos agentes regulados;

V – estímulo à promoção da cultura de proteção de dados pessoais;

VI – previsão de mecanismos de transparência, de retroalimentação e de autorregulação; VII – incentivo à responsabilização e prestação de contas pelos agentes de tratamento;

VIII – estímulo à conciliação direta entre as partes e priorização da resolução do problema e da reparação de danos pelo controlador, observados os princípios e os direitos do titular previstos na LGPD;

IX – exigência de mínima intervenção na imposição de condicionantes administrativas ao tratamento de dados pessoais; e

X – exercício das atividades fiscalizatórias que melhor se adequem às competências da ANPD.

Na *atividade de monitoramento*, estabelece o regulamento que a Coordenação-Geral de Fiscalização do órgão realizará o monitoramento das atividades, objetivando (art. 18):

I – planejar e subsidiar a atuação fiscalizatória com informações relevantes;

II – analisar a conformidade dos agentes de tratamento no tocante à proteção de dados pessoais;

III – considerar o risco regulatório em função do comportamento dos agentes de tratamento, de modo a alocar recursos e adotar ações compatíveis com o risco;

IV – prevenir práticas irregulares e fomentar a cultura de proteção de dados pessoais; e

V – atuar na busca da correção de práticas irregulares e da reparação ou minimização de eventuais danos.

São emitidos, inclusive, relatórios de ciclos de monitoramento e mapas de temas prioritários, o que trará importante visibilidade prática às atividades da autoridade. Os exemplos já lançados, gostaria de dizer, são excepcionais.

Na *atividade de orientação*, de forma pedagógica e elogiável "A ANPD promoverá medidas visando à orientação, à conscientização e à educação dos agentes de tratamento, dos titulares de dados pessoais e dos demais integrantes ou interessados no tratamento de dados pessoais" (art. 27). Entre as medidas de orientação que podem ser adotadas, estão (art. 29):

I – elaboração e disponibilização de guias de boas práticas e de modelos de documentos para serem utilizados por agentes de tratamento;

II – sugestão aos agentes regulados da realização de treinamentos e cursos;

III – elaboração e disponibilização de ferramentas de autoavaliação de conformidade e de avaliação de riscos a serem utilizadas pelos agentes de tratamento;

IV – reconhecimento e divulgação das regras de boas práticas e de governança; e

V – recomendação de:

a) utilização de padrões técnicos que facilitem o controle pelos titulares de seus dados pessoais;

b) implementação de Programa de Governança em Privacidade; e

c) observância de códigos de conduta e de boas práticas estabelecidas por organismos de certificação ou outra entidade responsável.

Ainda, priorizando a educação em relação à sanção, o regulamento propõe toda uma *atuação preventiva da autoridade* que "visa reconduzir o agente de tratamento à plena conformidade ou evitar ou remediar situações que acarretem risco ou dano aos titulares de dados pessoais" (art. 30) por meio das seguintes medidas: "I – divulgação de informações; II – aviso; III – solicitação de regularização ou informe; e IV – plano de conformidade" (art. 32).

Destaca-se a possibilidade de a Autoridade solicitar a regularização de atividades em situações em que um plano de conformidade não seja necessário. A solicitação conterá "a descrição da situação e informações suficientes para que o agente de tratamento tenha como identificar as providências necessárias, devendo comprovar a regularização dentro do prazo determinado" (art. 35, § 2º).

O não atendimento da solicitação de regularização ou do informe enseja a progressão da atuação da ANPD para, a seu critério, adotar outras medidas preventivas ou para a atuação repressiva, com a adoção das medidas compatíveis, e será considerado agravante caso seja instaurado o processo administrativo sancionador (art. 35, § 4º).

Se necessário, a determinação de um plano de conformidade é possível que deverá conter "I – objeto; II – prazos; III – ações previstas para reversão da situação identificada; IV – critérios de acompanhamento; e V – trajetória de alcance dos resultados esperados" (art. 36).

Além das atividades de finalidade pedagógica e corretiva, o regulamento prevê o processo administrativo sancionador em si, o qual (art. 37)

destina-se à apuração de infrações à legislação de proteção de dados de competência da ANPD, nos termos do artigo 55-J, IV, da LGPD, podendo ser instaurado:

I – de ofício pela Coordenação-Geral de Fiscalização;

II – em decorrência do processo de monitoramento; ou

III – diante de requerimento em que a Coordenação-Geral de Fiscalização, após efetuar a análise de admissibilidade, deliberar pela abertura imediata de processo sancionador.

Não cabe recurso administrativo contra o despacho de instauração do processo (art. 38), porém a medida de mandado de segurança, por vocação própria, é possível.

Pode a ANPD, inclusive, iniciar fase preliminar de procedimento preparatório para conduzir averiguações preliminares se os indícios das práticas de "infração não forem suficientes para a instauração imediata de processo administrativo sancionador" (art. 40). Igualmente, ressaltando que a cultura de privacidade deve prevalecer em relação a uma lógica puramente sancionatória, é admitida a apresentação de proposta de termo de ajustamento de conduta pelo interessado (art. 43).

O procedimento administrativo sancionador será instaurado pela lavratura de auto de infração, garantindo-se o contraditório e a ampla defesa (art. 45), devendo o auto de infração conter: "I – identificação da pessoa natural ou jurídica infratora; II – enunciação da suposta conduta ilícita imputada ao autuado, com a indicação dos fatos a serem apurados; e III – dispositivo legal ou regulamentar relacionado à suposta infração" (art. 46). Em sua defesa, "cabe ao autuado a prova dos fatos que alegar, sem prejuízo do dever atribuído ao órgão competente para instrução" (art. 50). Em seguida, será elaborado "relatório de instrução que subsidiará a decisão de primeira instância e o processo será concluso à Coordenação-Geral de Fiscalização para decisão" (art. 54), sendo facultado antes, no prazo de 10 dias, a "manifestação do autuado antes da elaboração do Relatório de instrução, se entre a defesa e a instrução processual forem produzidas novas provas" (art. 53).

Encerrada a instrução, "a Coordenação-Geral de Fiscalização proferirá a decisão de primeira instância, cujo resumo será publicado no Diário Oficial da União" (art. 55). Dessa decisão, cabe a interposição de recurso administrativo ao Conselho Diretor da ANPD no prazo de dez dias, conforme art. 58, ao qual poderá ser atribuído efeito suspensivo "limitado à matéria contestada da decisão, ressalvadas as hipóteses de fundado receio de prejuízo de difícil ou incerta reparação decorrente da execução da decisão recorrida". O recurso não será conhecido quando interposto "I – fora do prazo; II – por quem não seja legitimado; III – após exaurida a esfera administrativa. IV – por ausência de interesse recursal; V – contra atos de mero expediente ou preparatórios de decisões, bem como em face de análises técnicas e pareceres ou decisões irrecorríveis" (art. 61), sem prejuízo, mesmo em caso de não conhecimento, que a ANPD possa rever de ofício o ato ilegal (art. 61, parágrafo único).

Recebido o recurso, é ainda possível a reconsideração da Coordenação-Geral de Fiscalização (art. 62). A tramitação recursal segue o previsto nos arts. 63 a 65. Encerrado o processo administrativo e ressalvada a conhecida possibilidade de mandado de segurança, o processo entrará em fase de cumprimento da decisão (arts. 66 a 67).

Por fim, há a possibilidade de revisão dos processos administrativos que resultem em sanções a qualquer tempo "a pedido ou de ofício, quando surgirem fatos novos ou circunstâncias relevantes suscetíveis de justificar a inadequação da sanção aplicada" (art. 68).

20.4.2 Regulamento de Dosimetria e Aplicação de Sanções Administrativas

De forma complementar, é o Regulamento de Dosimetria e Aplicação de Sanções Administrativas (Resolução CD/ANPD n. 4/2023), que "tem por objetivo estabelecer parâmetros e critérios para aplicação de sanções administrativas pela Autoridade Nacional de Proteção de Dados (ANPD), bem como as formas e dosimetrias para o cálculo do valor-base das sanções de multa" (art. 1º).

Traz definições importantes para viabilização da aplicação das sanções (art. 2º):

I – grupo ou conglomerado de empresas: conjunto de empresas de fato ou de direito com personalidades jurídicas próprias, sob direção, controle ou administração de uma pessoa natural ou jurídica ou ainda grupo de pessoas que detêm, isolada ou conjuntamente, poder de controle sobre as demais, desde que demonstrado interesse integrado, efetiva comunhão de interesses e atuação conjunta das empresas dele integrantes;

II – infração: descumprimento de obrigação estabelecida na Lei n. 13.709, de 14 de agosto de 2018 (LGPD), e nos regulamentos expedidos pela ANPD;

III – infração permanente: conduta infrativa que se prolonga no tempo, mediante ação ou omissão do infrator referente ao mesmo dispositivo normativo;

IV – infrator: agente de tratamento que comete infração;

V – medidas corretivas: medidas determinadas pela ANPD com a finalidade de corrigir a infração e reconduzir o infrator à plena conformidade à LGPD e aos regulamentos expedidos pela ANPD, devendo ser aplicadas conjuntamente com a sanção de advertência, nos termos deste Regulamento;

VI – política de boas práticas e de governança: normas e processos internos que assegurem o cumprimento abrangente da legislação de proteção de dados pessoais, estabelecidos e implementados pelo agente de tratamento mediante a adoção de: a) regras de boas práticas e de governança, nos termos do art. 50, *caput* e § 1º, da LGPD; ou programa de governança em privacidade, nos termos do § 2º do art. 50 da LGPD;

VII – ramo de atividade empresarial: área de atuação de empresa, grupo ou conglomerado de empresas, conforme definido pela ANPD e verificado no caso concreto, podendo ser comprovada mediante objeto social, código de Classificação Nacional de Atividades Econômicas (Cnae), código de serviço diretamente relacionado, ou instrumentos congêneres;

VIII – reincidência específica: repetição de infração pelo mesmo infrator ao mesmo dispositivo legal ou regulamentar, no período de 5 (cinco) anos, contado do trânsito em julgado do processo administrativo sancionador, até a data do cometimento da nova infração;

IX – reincidência genérica: cometimento de infração pelo mesmo infrator, independentemente do dispositivo legal ou regulamentar, no período de 5 (cinco) anos, contado do trânsito em julgado do processo administrativo sancionador até a data do cometimento da nova infração, excluído o disposto no inciso VIII do *caput*; e

X – trânsito em julgado: atributo de decisão definitiva proferida em processo administrativo sancionador, no âmbito da ANPD, tornando-a imutável e indiscutível dentro do processo em que foi proferida.

Repete as sanções do artigo 52, LGPD (art. 3º), reconhecendo mais uma vez que as sanções de suspensão de funcionamento, de atividades ou proibição das atividades só serão aplicadas após estabelecida uma das demais sanções (art. 3º, § 1º). A ANPD dará ciência ao (art. 3º, § 2º)

> [...] principal órgão ou entidade reguladora setorial, com competências sancionatórias, a que se submete o controlador, durante a fase de instrução, para que se manifeste sobre eventuais consequências da imposição das sanções para o exercício de atividades econômicas reguladas desenvolvidas pelo controlador, especialmente na prestação de serviços públicos, assim como forneça outras informações que entender pertinentes.

O regulamento reafirma que as sanções "serão aplicadas de forma gradativa, isolada ou cumulativamente, de acordo com as peculiaridades do caso concreto e nos termos deste Regulamento" (art. 5º), sem prejuízo da aplicação de outras medidas administrativas previstas no Regulamento de Fiscalização (§ 1º).

Os parâmetros e critérios a serem considerados na aplicação das sanções são (art. 7º):

I – a gravidade e a natureza das infrações e dos direitos pessoais afetados;
II – a boa-fé do infrator;
III – a vantagem auferida ou pretendida pelo infrator;
IV – a condição econômica do infrator;
V – a reincidência específica;
VI – a reincidência genérica;
VII – o grau do dano, nos termos do Apêndice I deste Regulamento;
VIII – a cooperação do infrator;
IX – a adoção reiterada e demonstrada de mecanismos e procedimentos internos capazes de minimizar o dano, voltados ao tratamento seguro e adequado de dados, em consonância com a LGPD;
X – a adoção de política de boas práticas e governança;
XI – a pronta adoção de medidas corretivas; e
XII – a proporcionalidade entre a gravidade da falta e a intensidade da sanção.

Avançando na regulação, a ANPD classifica as infrações em leve, média ou grave (art. 8º).

20.4.2.1 Infração leve (art. 8º, § 1º)

De forma subsidiária, será considerada *infração leve* quando não verificadas nenhuma das situações que caracterizam a infração como *média* ou *grave*.

20.4.2.2 Infração média (art. 8º, § 2º)

Seguindo a gradação, será considerada *infração média* a situação que (art. 8º, § 2º):

[...] puder afetar significativamente interesses e direitos fundamentais dos titulares de dados pessoais, caracterizada nas situações em que a atividade de tratamento puder impedir ou limitar, de maneira significativa, o exercício de direitos ou a utilização de um serviço, assim como ocasionar danos materiais ou morais aos titulares, tais como discriminação; violação à integridade física; ao direito à imagem e à reputação; fraudes financeiras ou uso indevido de identidade.

E, também de forma subsidiária, desde que não seja considerada infração grave (art. 8º, § 3º).

20.4.2.3 Infração grave (art. 8º, § 3º)

Por fim, será considerada *infração grave* no caso de uma das seguintes situações.

Se a infração (art. 8º, § 2º):

[...] puder afetar significativamente interesses e direitos fundamentais dos titulares de dados pessoais, caracterizada nas situações em que a atividade de tratamento puder impedir ou limitar, de maneira significativa, o exercício de direitos ou a utilização de um serviço, assim como ocasionar danos materiais ou morais aos titulares, tais como discriminação; violação à integridade física; ao direito à imagem e à reputação; fraudes financeiras ou uso indevido de identidade.

E, *cumulativamente*, for verificada alguma das situações do inciso I do § 3º.

São elas:

a) envolver tratamento de dados pessoais em larga escala, caracterizado quando abranger número significativo de titulares, considerando-se, ainda, o volume de dados envolvidos, bem como a duração, a frequência e a extensão geográfica do tratamento realizado;

b) o infrator auferir ou pretender auferir vantagem econômica em decorrência da infração cometida;

c) a infração implicar risco à vida dos titulares;

d) a infração envolver tratamento de dados sensíveis ou de dados pessoais de crianças, de adolescentes ou de idosos;

e) o infrator realizar tratamento de dados pessoais sem amparo em uma das hipóteses legais previstas na LGPD;

f) o infrator realizar tratamento com efeitos discriminatórios ilícitos ou abusivos; ou

g) verificada a adoção sistemática de práticas irregulares pelo infrator.

Paralelamente, independentemente de quaisquer circunstâncias, será considerada infração grave a prática que "II – constituir obstrução à atividade de fiscalização" (art. 8º, § 3º, II).

20.4.2.4 Aplicação de advertência

Segundo o regulamento, a aplicação de advertência poderia ocorrer se "I – a infração for leve ou média e não caracterizar reincidência específica; ou II – houver necessidade de imposição de medidas corretivas" (art. 9º).

20.4.2.5 Aplicação de multa simples

A aplicação da multa simples se dará se:

I – o infrator não tenha atendido as medidas preventivas ou corretivas a ele impostas, dentro dos prazos estabelecidos, quando aplicável;

II – a infração for classificada como grave; ou

III – pela natureza da infração, da atividade de tratamento ou dos dados pessoais, e pelas circunstâncias do caso concreto, não for adequado aplicar outra sanção.

O valor da multa depende do cálculo que perpassa as seguintes fases: (i) definição do valor-base, com metodologia descrita no Apêndice I do Regulamento, que considera a classificação da infração e diferentes graus de danos (art. 11); (ii) avaliação da presença de circunstâncias agravantes (art. 12); e (iii) avaliação da presença de circunstâncias atenuantes, observados os limites legais.

20.4.2.6 Aplicação de multa diária

A aplicação da multa diária está associada à necessidade de assegurar o cumprimento, em prazo certo, de uma sanção não pecuniária ou outra determinação da própria ANPD, com perfil notório, a meu ver, de uma espécie de *astreinte* administrativa, observados "I – o limite total previsto no art. 52, inciso II, da LGPD, por infração; II – a classificação da infração; e III – o grau do dano, nos termos do Apêndice I deste Regulamento" (art. 16).

Poderá ser aplicada também se o infrator (art. 16, § 3º):

I – após notificado do cometimento de irregularidades que tenham sido praticadas, deixar de saná-las no prazo assinalado;

II – praticar obstrução à atividade de fiscalização, desde que a aplicação da multa diária seja necessária para desobstrui-la; ou

III – praticar infração permanente não cessada até a decisão.

A incidência da multa diária se dá a partir (art. 16, § 4º):

I – do primeiro dia útil de atraso no cumprimento da sanção não pecuniária ou da determinação estabelecida pela ANPD, após a ciência oficial acerca da intimação da decisão que a estipulou, independentemente de nova intimação; ou II – do dia útil seguinte ao da ciência oficial acerca da intimação da decisão que a estipulou até o cumprimento da obrigação

20.4.2.7 Publicização da infração

A ANPD poderá aplicar ao infrator a sanção de publicização, considerando a relevância e o interesse público da matéria (art. 20), consistindo essa sanção "na divulgação da infração pelo próprio infrator, após devidamente apurada e confirmada a sua ocorrência" (§ 1º). A divulgação da infração deverá indicar o teor, o meio, a duração e o prazo para seu cumprimento, ficando os ônus relacionados à publicização suportados exclusivamente pelo infrator.

Essa sanção de publicização, inclusive "não se confunde com a publicação de decisão de aplicação de sanção administrativa no Diário Oficial da União ou com os demais atos realizados pela ANPD, para fins de atendimento ao princípio da publicidade administrativa" (art. 21).

20.4.2.8 Bloqueio e eliminação de dados

A ANPD poderá aplicar ao infrator a sanção de bloqueio dos dados pessoais (art. 22), competindo ao infrator, assim que intimado da sanção (§ 2º):

> [...] comunicar imediatamente o bloqueio dos dados aos agentes de tratamento com os quais tenha realizado uso compartilhado de dados, para que repitam idêntico procedimento, exceto nos casos em que esta comunicação seja comprovadamente impossível ou implique esforço desproporcional, hipóteses que serão avaliadas pela ANPD.

Além disso, "O infrator deverá comprovar junto à ANPD a regularização de sua conduta, para que seja autorizado a efetuar o desbloqueio dos dados pessoais" (§ 3º).

Igualmente, a ANPD poderá aplicar ao infrator a sanção de eliminação dos dados pessoais a que se refere a infração (art. 23), cumprindo ao infrator adotar as mesmas medidas práticas acima.

20.4.2.9 Suspensão parcial do funcionamento do banco de dados

A ANPD poderá aplicar ao infrator a sanção de suspensão parcial do funcionamento do banco de dados a que se refere a infração (art. 24), tendo por finalidade e limite "suspender o funcionamento de banco de dados em desacordo com a legislação de proteção de dados pessoais" (§ 1º). A medida poderá ser aplicada pelo prazo máximo de 6 meses, prorrogável por igual período, até a regularização da atividade de tratamento pelo controlador, considerando a complexidade e a classificação da infração (§ 2º). Cumpre ao infrator comprovar a regularização da atividade de tratamento, figurando essa evidência como condição de viabilidade do seu pleito pelo restabelecimento do funcionamento do banco de dados (§ 4º).

De forma equilibrada, o Regulamento estabelece também que, na determinação do prazo de regularização, a ANPD "deverá considerar o interesse público, o impacto aos direitos dos titulares de dados pessoais, a classificação da infração e a complexidade para regularização da atividade de tratamento pelo infrator" (art. 24, § 4º).

20.4.2.10 Suspensão do exercício de atividade de tratamento de dados pessoais

A ANPD poderá aplicar ao infrator a sanção de suspensão do exercício de atividade de tratamento dos dados pessoais. Como já tratado, essa sanção tem por objetivo "suspender o exercício de atividade de tratamento dos dados pessoais a que se refere a infração, com o fim de assegurar o cumprimento das normas legais e regulamentares, e será aplicada pelo período máximo de 6 (seis) meses, prorrogável por igual período" (art. 25, § 1º). Também nesse caso, "para a determinação do prazo, a ANPD deverá considerar o interesse público, o impacto aos direitos dos titulares de dados pessoais e a classificação da infração" (§ 2º).

20.4.2.11 Proibição parcial ou total do exercício de atividades relacionadas a tratamento de dados

Essa sanção é a mais gravosa e (art. 26):

> [...] consiste no impedimento parcial ou total das operações de tratamento de dados pessoais, e poderá ser aplicada nos casos em que:
> I – houver reincidência em infração punida com suspensão parcial do funcionamento do banco de dados ou suspensão do exercício da atividade de tratamento dos dados pessoais;
> II – ocorrer tratamento de dados pessoais com fins ilícitos, ou sem amparo em hipótese legal; ou III – o infrator perder ou não atender as condições técnicas e operacionais para manter o adequado tratamento de dados pessoais.

20.4.2.12 Aplicação do princípio da proporcionalidade

Como já tratei outrora, a ANPD expressamente reconhece a existência e aplicação do princípio da proporcionalidade. Nesse sentido, o artigo 27 do regulamento autoriza a ANPD a

> afastar a metodologia de dosimetria de sanção de multa ou substituir a aplicação de sanção por outra constante neste Regulamento, nos casos em que for constatado prejuízo à proporcionalidade entre a gravidade da infração e a intensidade da sanção, observado o disposto no inciso XI do § 1º do art. 52 da LGPD, neste Regulamento e nas demais normas aplicáveis.

Preocupado com a insegurança jurídica que essa abertura pode gerar, determina o regulamento que (art. 27, p. único):

> A decisão de que trata o *caput* não poderá ser baseada em valores jurídicos abstratos e deverá ser motivada e fundamentada, demonstrando a necessidade e a adequação da medida imposta, a desproporcionalidade constatada, o interesse público a ser protegido e os parâmetros adotados na aplicação da sanção, consideradas as consequências práticas da decisão.

Trata-se, a meu ver, de verdadeiro direito subjetivo do agente de tratamento fiscalizado, cuja inobservância pode autorizar e fundamentar medidas administrativas e judiciais em relação a tal decisão.

Referências

ALEXY, R. *Teoria dos direitos fundamentais*. Tradução Virgílio Afonso da Silva. São Paulo: Malheiros, 2008.

ALVIM, A. *Manual de Direito Processual Civil*, 20. ed., São Paulo: Thomson Reuters, 2020.

ANATEL. *Resolução Normativa n. 740/2020*. Disponível em: https://informacoes.anatel.gov.br/legislacao/resolucoes/2020/1497-resolucao-740. Acesso em: 24 maio 2024.

ANEEL. *Resolução Normativa n. 964/2021*. Disponível em: https://www2.aneel.gov.br/cedoc/ren2021964.html. Acesso em: 24 maio 2024.

ANPD. *Acordo de Cooperação Técnica n. 1/2023*. Disponível em: https://www.gov.br/anpd/pt-br/acesso-a-informacao/convenios-e-transferencias/act-anpd-cgu.pdf. Acesso em: 21 jan. 2024.

ANPD. *Estudo preliminar – hipóteses legais aplicáveis ao tratamento de dados pessoais de crianças e adolescentes*. Disponível em: https://www.gov.br/anpd/pt-br/documentos-e-publicacoes/estudo-preliminar-tratamento-de-dados-crianca-e-adolescente.pdf. Acesso em: 15 maio 2024.

ANPD. *Estudo técnico – anonimização de dados na LGPD*: uma visão de processo baseado em risco e técnicas computacionais. Disponível em: https://www.gov.br/anpd/pt-br/documentos-e-publicacoes/documentos-de-publicacoes/estudo_tecnico_sobre_anonimizacao_de_dados_na_lgpd_uma_visao_de_processo_baseado_em_risco_e_tecnicas_computacionais.pdf. Acesso em: 21 abr. 2024.

ANPD. *Estudo técnico – anonimização de dados na LGPD*: Análise Jurídica. Disponível em: https://www.gov.br/anpd/pt-br/documentos-e-publicacoes/documentos-de-publicacoes/estudo_tecnico_sobre_anonimizacao_de_dados_na_lgpd___analise_juridica.pdf. Acesso em: 21 abr. 2024.

ANPD. *Estudo técnico – casos sobre anonimização de dados na LGPD*. Disponível em: https://www.gov.br/anpd/pt-br/documentos-e-publicacoes/documentos-de-publicacoes/estudo_de_casos_sobre_anonimizacao_de_dados_na_lgpd_.pdf. Acesso em: 21 abr. 2024.

ANPD. *Guia orientativo para definições dos agentes de tratamento de dados pessoais e do encarregado*. Disponível em: https://www.gov.br/anpd/pt-br/assuntos/noticias/inclusao-de-arquivos-para-link-nas-noticias/2021-05-27-guia-agentes-de-tratamento_final.pdf. Acesso em: 21 abr. 2024.

ANPD. *Guia orientativo – aplicação da Lei Geral de Proteção de Dados Pessoais (LGPD) por agentes de tratamento no contexto eleitoral*. Disponível em: https://www.gov.br/

anpd/pt-br/documentos-e-publicacoes/guia_lgpd_final.pdf. Acesso em: 13 fev. 2024.

ANPD. *Guia orientativo – cookies e proteção de dados pessoais*. Disponível em: https://www.gov.br/anpd/pt-br/documentos-e-publicacoes/guia-orientativo-cookies-e-protecao-de-dados-pessoais.pdf. Acesso em: 17 mar. 2024.

ANPD. *Guia orientativo – hipóteses legais de tratamento de dados pessoais – legítimo interesse*. Disponível em: https://www.gov.br/anpd/pt-br/documentos-e-publicacoes/guia_legitimo_interesse.pdf. Acesso em: 13 maio 2024.

ANPD. *Guia orientativo – tratamento de dados pessoais para fins acadêmicos e para a realização de estudos e pesquisas*. Disponível em: https://www.gov.br/anpd/pt-br/documentos-e-publicacoes/documentos-de-publicacoes/web-guia-anpd-tratamento-de-dados-para-fins-academicos.pdf. Acesso em: 17 mar. 2024.

ANPD. *Guia orientativo – tratamento de dados pessoais pelo poder público*. Disponível em: https://www.gov.br/anpd/pt-br/documentos-e-publicacoes/documentos-de-publicacoes/guia-poder-publico-anpd-versao-final.pdf. Acesso em: 15 maio 2024.

ANPD. Nota Técnica n. 92/2022/CGF/ANPD. Disponível em: https://www.gov.br/anpd/pt-br/documentos-e-publicacoes/SEI_3689701_Nota_Tecnica_92CGF.pdf. Acesso em: 24 maio 2024.

ANPD. Nota Técnica n. 3/2023/CGF/ANPD. Disponível em: https://www.gov.br/anpd/pt-br/assuntos/noticias/NotaTecnica3CGF.ANPD.pdf. Acesso em: 21 abr. 2024.

ANPD. Nota Técnica n. 6/2023. Disponível em: https://www.gov.br/anpd/pt-br/documentos-e-publicacoes/tiktok-nota_tecnica_6_versao_publica_ret-1.pdf. Acesso em: 13 maio 2024.

ANPD. *Portaria n. 1/2021*. Disponível em: https://www.in.gov.br/en/web/dou/-/portaria-n-1-de-8-de-marco-de-2021-307463618. Acesso em: 2 jun. 2024.

ANPD. *Relatório de Instrução n. 4/2023/FIS/CGF/ANPD*. Disponível em: https://www.gov.br/anpd/pt-br/documentos-e-publicacoes/ri-sesc-sc-00261001886202251-autos-publicos.pdf. Acesso em: 16 maio 2024.

ANPD. *Resolução CD/ANPD n. 1/2021*. Disponível em: https://www.gov.br/anpd/pt-br/documentos-e-publicacoes/regulamentacoes-da-anpd/resolucao-cd-anpd-no1-2021. Acesso em: 2 jun. 2024.

ANPD. *Resolução CD/ANPD n. 2/2022*. Disponível em: https://www.in.gov.br/en/web/dou/-/resolucao-cd/anpd-n-2-de-27-de-janeiro-de-2022-376562019#wrapper. Acesso em: 17 mar. 2024.

ANPD. *Resolução CD/ANPD n. 4/2023*. Disponível em: https://www.in.gov.br/en/web/dou/-/resolucao-cd/anpd-n-4-de-24-de-fevereiro-de-2023-466146077. Acesso em: 2 jun. 2024.

ANPD. *Resolução CD/ANPD n. 15/2024*. Disponível em: https://www.in.gov.br/en/web/dou/-/resolucao-cd/anpd-n-15-de-24-de-abril-de-2024-556243024. Acesso em: 23 maio 2024.

ANPD. *Resolução CD/ANPD n. 18/2024*. Disponível em: https://www.in.gov.br/en/web/dou/-/resolucao-cd/anpd-n-18-de-16-de-julho-de-2024-572632074. Acesso em: 31 ago. 2024.

ANPD. *Resolução CD/ANPD n. 19/2024*. Disponível em: https://www.in.gov.br/en/web/dou/-/resolucao-cd/anpd-n-19-de-23-de-agosto-de-2024-580095396. Acesso em: 31 ago. 2024.

ANPD. ANPD divulga página com perguntas e respostas sobre o Relatório de Impacto à Proteção de Dados Pessoais (RIPD). Disponível em: https://www.gov.br/anpd/pt-br/assuntos/noticias/anpd-divulga-pagina-com-perguntas-e-respostas-sobre-o-relatorio-de-impacto-a-protecao-de-dados-pessoais-ripd. Acesso em: 27 maio 2024.

ARGENTINA. *Datos abiertos*. Disponível em: https://www.argentina.gob.ar/datos-abiertos. Acesso em: 9 jul. 2023.

ARGENTINA. *Ley n. 27275 – Derecho de Acceso a la Información Pública*. Disponível em: http://servicios.infoleg.gob.ar/infolegInternet/anexos/265000-269999/265949/norma.htm. Acesso em: 9 jul. 2023.

ASSOCIATION OF COMPUTING MACHINERY. *ACM Recommendation on Open Government*, 2009. Disponível em: https://www.acm.org/binaries/content/assets/about/annual-reports/usacm-fy09.pdf. Acesso em: 9 jul. 2023.

AUSTRALIA. *Data.gov.au*. Disponível em: https://data.gov.au/. Acesso em: 9 jul. 2023.

ÁVILA, Humberto. *Teoria dos princípios:* da definição à aplicação dos princípios jurídicos. 15. ed. rev., atual. e ampl. São Paulo: Malheiros, 2014.

BANCO AFRICANO DE DESENVOLVIMENTO. *Open Data for Africa*. Disponível em: https://dataportal.opendataforafrica.org. Acesso em: 9 jul. 2023.

BANCO CENTRAL DO BRASIL. *Resolução BCB n. 1/2020*. Disponível em: https://www.bcb.gov.br/estabilidadefinanceira/exibenormativo?tipo=Resolução%20BCB&numero=1. Acesso em: 24 maio 2024.

BANDEIRA DE MELLO, C. A. *Curso de direito administrativo*. 30. ed. rev. e atual. São Paulo: Malheiros, 2013.

BARBOZA, H. H. Direito à identidade genética. *In*: CONGRESSO BRASILEIRO DE DIREITO DE FAMÍLIA, 3., 2001, Rio de Janeiro. Anais [...]. Rio de Janeiro: IBDFam, 2001.

BENNET, C. Convergence revisited: toward a global policy for the protection of personal data? *In*: BENNET, C. (org.). *Visions of privacy*: policy choices for the digital age. Toronto: University of Toronto Press, 1999, p. 99-124.

BONAVIDES, P. *Curso de direito constitucional*. 28. ed. atual. São Paulo: Malheiros, 2013.

BRASIL. *Constituição Federal de 1988*. Disponível em: https://www.planalto.gov.br/ccivil_03/Constituicao/Constituicao.htm#art216§2. Acesso em: 3 set. 2023.

BRASIL. *Decreto Federal n. 7.724/2012*. Disponível em: https://www.planalto.gov.br/ccivil_03/_Ato2023-2026/2023/Decreto/D11527.htm#art1. Acesso em: 21 jan. 2024.

BRASIL. *Decreto Federal n. 8.771/2015*. Disponível em: https://www.planalto.gov.br/ccivil_03/_ato2015-2018/2016/decreto/d8771.htm. Acesso em: 12 fev. 2024.

BRASIL. *Decreto Federal n. 8.777/2016*. Disponível em: https://www.planalto.gov.br/ccivil_03/_ato2015-2018/2016/decreto/d8777.htm#view. Acesso em: 21 jan. 2024.

BRASIL. *Decreto Federal n. 11.527/2023*. Disponível em: https://www.planalto.gov.br/ccivil_03/_ato2011-2014/2012/Decreto/D7724.htm. Acesso em: 15 out. 2023.

BRASIL. *Lei Federal n. 6.404/1976*. Disponível em: https://www.planalto.gov.br/ccivil_03/leis/l6404consol.htm. Acesso em: 24 maio 2024.

BRASIL. *Lei Federal n. 8.069/1990 – Estatuto da Criança e do Adolescente*. Disponível em: https://www.planalto.gov.br/ccivil_03/leis/l8069.htm. Acesso em: 15 mar. 2024.

BRASIL. *Lei Federal n. 8.078/1990 – Código de Defesa do Consumidor*. Disponível em: https://www.planalto.gov.br/ccivil_03/leis/l8078compilado.htm; Acesso em: 25 fev. 2024.

BRASIL. *Lei Federal n. 9.610/1998 – Lei de Direitos Autorais*. Disponível em: https://www.planalto.gov.br/ccivil_03/leis/l9610.htm. Acesso em: 17 mar. 2024.

BRASIL. *Lei Federal n. 12.414/2011 – Lei de Cadastro Positivo*. Disponível em: https://www.planalto.gov.br/ccivil_03/_ato2011-2014/2011/lei/l12414.htm. Acesso em: 14 maio 2014.

BRASIL. *Lei Federal n. 12.527/2011 – Lei de Acesso à Informação*. Disponível em: https://www.planalto.gov.br/ccivil_03/_ato2011-2014/2011/lei/l12527.htm. Acesso em: 4 fev. 2024.

BRASIL. *Lei Federal n. 13.105/2015 – Código de Processo Civil*. Disponível em: https://www.planalto.gov.br/ccivil_03/_ato2015-2018/2015/lei/l13105.htm. Acesso em: 4 fev. 2024.

BRASIL. *Lei Federal n. 13.709/2018 – Lei Geral de Proteção de Dados Pessoais*. Disponível em: https://www.planalto.gov.br/ccivil_03/_ato2015-2018/2018/lei/l13709.htm. Acesso em: 3 set. 2023.

BRASIL. *Lei Federal n. 13.874/2019 – Lei da Liberdade Econômica*. Disponível em: https://www.planalto.gov.br/ccivil_03/_ato2019-2022/2019/lei/l13874.htm. Acesso em: 12 fev. 2024.

BRASIL. *Lei Federal n. 14.129/2021*. Disponível em: https://www.planalto.gov.br/ccivil_03/_ato2019-2022/2021/lei/l14129.htm. Acesso em: 21 jan. 2024.

BRASIL. *Ministério da Gestão e da Inovação em Serviços Públicos, Governo Digital, Governança e Gestão de Dados*. Disponível em: https://www.gov.br/governodigital/pt-br/governanca-de-dados/interoperabilidade#:~:text=A%20interoperabilidade%20pode%20ser%20entendida,de%20maneira%20eficaz%20e%20eficiente. Acesso em: 9 jul. 2023.

CANADÁ. *Directive on Open Government*. Disponível em: https://www.tbs-sct.canada.ca/pol/doc-eng.aspx?id=28108. Acesso em: 9 jul. 2023.

CANADÁ. *Directive on Open Government. Financial Administration Act*. Disponível em: https://laws-lois.justice.gc.ca/eng/acts/f-11/. Acesso em: 9 jul. 2023.

CANADÁ. *Directive on Open Government. Open Government*. Disponível em: https://open.canada.ca/en. Acesso em: 9 jul. 2023.

CHIGNARD, S. A brief history of Open Data *In Paris Tech Review*, mar.2013. Disponível em: http://www.paristechreview.com/2013/03/29/brief-history-open-data/. Acesso em: 25 jun. 2023.

CHILE. *Datos.gob*. Disponível em: https://datos.gob.cl. Acesso em: 9 jul. 2023.

CHILE. *Guía técnica para publicación de datos abiertos em Chile – Versión 2.1*. Disponível em: https://s3.us-west-2.amazonaws.com/datos.gob.cl/GuiaTecnicaPublicacionDatosChile_v2-1.docx.pdf. Acesso em: 9 jul. 2023.

CNMP. *Resolução CNMP n. 23/2007*. Disponível em: https://www.cnmp.mp.br/portal/images/Resolucoes/2021/Resoluo-0231.pdf. Acesso em: 21 maio 2024.

CNMP. *Resolução CNMP n. 174/2017*. Disponível em: https://www.cnmp.mp.br/portal/images/Resolucoes/Resoluo-174-1.pdf. Acesso em: 21 maio 2024.

CNMP. *Resolução CNMP n. 179/2017*. Disponível em: https://www.cnmp.mp.br/portal/images/Resolucoes/Resolução-179.pdf. Acesso em: 21 maio 2024.

COMISSÃO EUROPEIA. *Data Act*: Commission proposes measures for a fair and innovative data economy. Disponível em: https://ec.europa.eu/commission/presscorner/detail/en/ip_22_1113. Acesso em: 9 jul. 2023.

COMISSÃO EUROPEIA. *Data.europa.eu*. Disponível em: https://data.europa.eu/en/dataeuropa-academy/what-open-data. Acesso em: 9 jul. 2023.

COMISSÃO EUROPEIA. *European Data Governance Act*. Disponível em: https://digital-strategy.ec.europa.eu/en/policies/data-governance-act. Acesso em: 9 jul. 2023.

CONSELHO DA EUROPA. *Convenção de Estrasburgo n. 108 de 1981*, 1981.

CONSELHO MONETÁRIO NACIONAL. *Resolução n. 85/2021*. Disponível em: https://www.bcb.gov.br/estabilidadefinanceira/exibenormativo?tipo=Resolução%20BCB&numero=85. Acesso em: 24 maio 2024.

CONSELHO MONETÁRIO NACIONAL. *Resolução n. 4.893/2021*. Disponível em: https://www.bcb.gov.br/estabilidadefinanceira/exibenormativo?tipo=RESOLUÇÃO%20CMN&numero=4893. Acesso em: 24 maio 2024.

CONSELHO NACIONAL DE JUSTIÇA. *Ato normativo n.0007044-02.2020.2.00.0000*. Disponível em: https://www.cnj.jus.br/InfojurisI2/downloadDocumento.seam;jsessionid=855E9271C57EC6D313F2C003B867A105?fileName=70440220202000000___VOTO+ATO+7044-02.pdf&numProcesso=0007044-02.2020.2.00.0000&numSessao=73%C2%AA+Sess%C3%A3o+Virtual&idJurisprudencia=52019&decisao=false. Acesso em: 4 fev. 2024.

CONSELHO NACIONAL DE JUSTIÇA. *Recomendação n. 74/2020*. Disponível em: https://atos.cnj.jus.br/atos/detalhar/3487. Acesso em: 4 fev. 2024.

CONSELHO NACIONAL DE JUSTIÇA. *Portaria n. 63/2019*. Disponível em: https://atos.cnj.jus.br/files//portaria/portaria_63_26042019_290 42019141200.pdf. Acesso em: 3 fev. 2024.

COOLEY, T. *A Treatise on the Law of Torts or the Wrongs Which Arise Independent of Contract*. Chicago: Callaghan and Company, 1879.

COSTA Jr., P. J. *O direito de estar só*: tutela penal da intimidade, São Paulo, Revista dos Tribunais, 1995.

CVM. *Resolução n. 44/2021*. Disponível em: https://conteudo.cvm.gov.br/legislacao/resolucoes/resol044.html. Acesso em: 24 maio 2024.

DATA PROTECTION COMMISION. *Data Subject Access Requests – FAQs*. Disponível em: https://www.dataprotection.ie/sites/default/files/uploads/2019-10/FAQ%20Guide%20to%20Data%20Subject%20Access%20Requests_Oct19.pdf. Acesso em: 20 maio 2024.

DÖHMANN, I. S. et. al. *General Data Protection Regulation*: Article-by-Article Commentary, Nomos verlagsgesellschaft mbH & Co. KG: Baden-Baden, 2023.

DONEDA, D. *Da Privacidade à Proteção de Dados Pessoais*. 2. ed. rev. e atual., São Paulo: Thomson Reuters. 2020.

EDPB. *Guidelines 03/2018 on the territorial scope of the GDPR (Article 3)*. Disponível em: https://edpb.europa.eu/sites/default/files/files/file1/edpb_guidelines_3_2018_territorial_scope_after_public_consultation_en_1.pdf. Acesso em: 17 mar. 2024.

EDPB. *Guidelines 05/2020 on consent under regulation 2016/679*. Disponível em: https://www.edpb.europa.eu/sites/default/files/files/file1/edpb_guidelines_202005_consent_en.pdf. Acesso em: 28 abr. 2024.

EDPB. *Guidelines 07/2020 on the concepts of controller and processor in the GDPR*. Disponível em: https://edpb.europa.eu/our-work-tools/public-consultations-art-704/2020/guidelines-072020-concepts-controller-and-processor_pt. Acesso em: 21 abr. 2024.

EDPB. *Guidelines 08/2020 on targeting of social media users*. Disponível em: https://edpb.europa.eu/our-work-tools/our-documents/guidelines/guidelines-82020-targeting-social-media-users_en. Acesso em: 17 mar. 2024.

EDPB. *Guidelines n. 01/2022*. Disponível em: https://www.edpb.europa.eu/our-work-tools/documents/public-consultations/2022/guidelines-012022-data-subject-rights-right_en. Acesso em: 20 maio 2024.

EDPB. *Guidelines n. 05/2022 on the use of facial recognition technology in the area of law enforcement*. Disponível em: https://edpb.europa.eu/our-work-tools/our-documents/guidelines/guidelines-052022-use-facial-recognition-technology-area_en. Acesso em: 21 abr. 2024.

EDPB. *Guidelines n. 02/2023 on Technical Scope of Art. 5(3) of ePrivacy Directive*. Disponível em: https://edpb.europa.eu/system/files/2023-11/edpb_guidelines_202302_technical_scope_art_53_eprivacydirective_en.pdf. Acesso em: 17 mar. 2024.

EDPB. *Opinion 05/2014 on Anonymisation Techniques do Article 29 Data Protection Working Party*. Disponível em: https://ec.europa.eu/justice/article-29/documentation/opinion-recommendation/files/2014/wp216_en.pdf. Acesso em: 21 abr. 2024.

EDPS. *Guidelines on the concepts of controller, processor and joint controllership under Regulation (EU) 2018/1725*. Disponível em: https://edps.europa.eu/sites/default/files/publication/19-11-07_edps_guidelines_on_controller_processor_and_jc_reg_2018_1725_en.pdf. Acesso em: 21 abr. 2024.

ESTADOS UNIDOS DA AMÉRICA. *Data.gov*. Disponível em: https://data.gov. Acesso em: 9 jul. 2023.

ESTADOS UNIDOS DA AMÉRICA. *Executive Order – Making Open and Machine Readable the New Default for Government Information*. Disponível em: https://obamawhitehouse.archives.gov/the-press-office/2013/05/09/executive-order-making-open-and-machine-readable-new-default-government-. Acesso em: 9 jul. 2023.

ESTADOS UNIDOS DA AMÉRICA. *HIPAA – Health Insurance Portability and Accountability Act*.

ESTADOS UNIDOS DA AMÉRICA. *Memorandum on Transparency and Open Government*. Disponível em: https://www.archives.gov/files/cui/documents/2009-WH-memo-on-transparency-and-open-government.pdf. Acesso em: 9 jul. 2023.

ESTADOS UNIDOS DA AMÉRICA. *Open Data Policy – Managing Information as an Asset*. Disponível em: https://www.whitehouse.gov/wp-content/uploads/legacy_drupal_files/omb/memoranda/2013/m-13-13.pdf. Acesso em: 9 jul. 2023.

ESTADOS UNIDOS DA AMÉRICA. *Open Government Data*. Disponível em: https://www.congress.gov/115/plaws/publ435/PLAW-115publ435.pdf. Acesso em: 9 jul. 2023.

ESTADOS UNIDOS DA AMÉRICA. *Open Government Directive*. Disponível em: https://obamawhitehouse.archives.gov/sites/default/files/omb/assets/memoranda_2010/m10-06.pdf; Acesso em: 9 jul. 2023.

FEDERAL TRADE COMMISSION. *Open Govenment Plan*. Disponível em: https://www.ftc.gov/system/files/attachments/open-government/2020_ftc_open_government_plan.pdf. Acesso em: 9 jul. 2023.

FERRAZ JR., T. S. *Congelamento de preços* – tabelamentos oficiais (parecer). *Revista de Direito Público* n. 91, 1989.

GRUPO DE TRABALHOS DE PROTEÇÃO DE DADOS DO ARTIGO 29. *Parecer 4/2007 sobre o conceito de dados pessoais*. Disponível em: https://ec.europa.eu/justice/article-29/documentation/opinion-recommendation/files/2007/wp136_pt.pdf. Acesso em: 10 mar. 2024.

HUBMANN, H. *Das persönlichkeitsrecht*. Münster: Böhlau-Verlag, 1953.

IAPP. *Privacy Program Management*: tools for managing privacy within your organization 2. ed., 2022.

ICO. *Privacy-enhancing Technologies (PETs)*. Disponível em: https://ico.org.uk/media/about-the-ico/consultations/4021464/chapter-5-anonymisation-pets.pdf. Acesso em: 24 maio 2024.

ISO/IEC. 24745:2022.

ISO/IEC. 24027:2021.

ISO/IEC. 27701:2019.

ISO/IEC. 29184:2021.

ISO/IEC. 37301:2021.

ISO/IEC. 31700:2023.

ISO/IEC. 42001:2023.

JAPÃO. *E-Gov*. Disponível em: https://data.e-gov.go.jp/info/en. Acesso em: 9 jul. 2023.

JAROVSKI, L. *Dark Patterns in Personal Data Collection*: Definition, Taxonomy and Lawfulness. Disponível em: https://papers.ssrn.com/sol3/papers.cfm?abstract_id=4048582. Acesso em: 24 maio 2024.

JUANA-ESPINOSA, S.; LUJÁN-MORA, S. *Open government data portals in the European Union*: a dataset from 2015 to 2017 *In Data in brief*, v. 29, 2020.

LEONEL, R. B. *Manual do processo coletivo*. São Paulo: Malheiros, 2017.

MENDES, L. S. *et al*. O Supremo Tribunal Federal e a proteção constitucional dos dados pessoais: rumo a um direito fundamental autônomo. *In*: MENDES, L. S. *et al*. (coord.). *Tratado de proteção de dados pessoais*. Rio de Janeiro: Forense, 2021.

MERTON, R. K. *The normative structure of science In The sociology of science*: theorical and empirical investigations. Norman Storer (ed.). Chicago; Londres: The University of Chicago Press, 1973.

MÉXICO. *Ley Federal de Transparencia y Acceso a la Información Pública*.

MÉXICO. *Ley General de Transparencia y Acceso a la Información Pública*.

MÉXICO. *Política de Transparencia, Gobierno Abierto y Datos Abiertos de la Administración Pública Federal 2021-2024* Disponível em: https://cdn.datos.gob.mx/apps/guia/Politica_de_Transparencia_Gobierno_Abierto_y_Datos_Abiertos_de_la_APF_2021-2024.pdf. Acesso em: 9 jul. 2023.

MINISTÉRIO DA SAÚDE. *Portaria GM/MS n. 3.232/2024*. Disponível em: https://www.in.gov.br/en/web/dou/-/portaria-gm/ms-n-3.232-de-1-de-marco-de-2024-546278935. Acesso em: 21 abr. 2024.

NERY JUNIOR, N. *Princípios do processo na Constituição Federal* (processo civil, penal e administrativo). 11. ed. rev., ampl. e atual. São Paulo: Revista dos Tribunais, 2013.

OCDE. *Diretrizes sobre proteção da privacidade e fluxos transfronteiriços de dados pessoais*, 1980.

OCDE. *Emerging privacy enhancing technologies current regulatory and policy approaches*. Disponível em: https://www.oecd.org/publications/emerging-privacy-enhancing-technologies-bf121be4-en.htm. Acesso em: 24 maio 2024.

OCDE. *Open Government*. Disponível em: https://www.oecd.org/gov/open-government/. Acesso em: 9 jul. 2023.

OCDE. *Open Government Publications*. Disponível em: https://www.oecd.org/gov/open-government/open-government-publications.htm. Acesso em: 9 jul. 2023.

OCDE. *Open Government:* The Global Context and the Way Forward. Disponível em: https://www.oecd-ilibrary.org/governance/open-government_9789264268104-en. Acesso em: 9 jul. 2023.

OCDE. *Recommendation of the Council on Open Government*. Disponível em: https://legalinstruments.oecd.org/en/instruments/OECD-LEGAL-0438#_ga=2.37822115.1251313301.1554450220-751648841.1537891795. Acesso em: 9 jul. 2023.

ONU. Disponível em: https://publicadministration.un.org/en/ogd. Acesso em: 9 jul. 2023.

ONU. *Comentário Geral n. 14, de 2013, do Comitê dos Direitos da Criança*. Disponível em: https://alana.org.br/wp-content/uploads/2022/04/CG-25.pdf. Acesso em: 15 maio 2024.

ONU. *Comentário Geral n. 25, de 2021, do Comitê dos Direitos da Criança*. Disponível em: https://alana.org.br/wp-content/uploads/2022/04/CG-25.pdf. Acesso em: 15 maio 2024.

ONU. *Guidelines on Open Government Data for Citizen Engagement*. Disponível em https://publicadministration.un.org/Portals/1/Guidenlines%20on%20OGDCE%20May17%202013.pdf. Acesso em: 9 jul. 2023.

OPEN GOVERNMENT DATA.ORG. Disponível em: https://opengovdata.org. Acesso em: 8 jul. 2023.

PARLAMENTO EUROPEU. *Data Act* Disponível em: https://www.europarl.europa.eu/doceo/document/TA-9-2023-0069_PT.pdf. Acesso em: 9 jul. 2023.

PONNIAH, P. *Data warehousing fundamentals*: a comprehensive guide for IT professionals, Hoboken: Wiley InterScience, 2001.

REALE, M. *Lições preliminares de direito*. 27. ed. ajustada ao novo Código Civil. São Paulo: Saraiva, 2007.

RECEITA FEDERAL DO BRASIL. *Termo de uso e política de privacidade*. Disponível em: https://www.gov.br/receitafederal/pt-br/acesso-a-informacao/lgpd/termo-de-uso. Acesso em: 25 jun. 2023.

SARLET, I. W. Fundamentos constitucionais: o direito fundamental à proteção de dados. *In*: MENDES, Laura Schertel *et al.* (coord.). *Tratado de proteção de dados pessoais*. Rio de Janeiro: Forense, 2021.

SOLOVE, D. J. Data is what data does: regulating based on harm and risk instead of sensitive data. *118 Northwestern University Law Review (Forthcoming)*. GWU Legal Studies Research Paper n. 2023-22, GWU Law School Public Law Research Paper n. 2023-22. Disponível em: https://ssrn.com/abstract=4322198. Acesso em: 31 mar. 2024.

SOLOVE, D. J. Murky Consent: an Approach to the Fictions of Consent in Privacy Law (August 20, 2023). *104 Boston University Law Review*. GWU Legal Studies Research Paper n. 2023-23, GWU Law School Public Law Research Paper n. 2023-23. Disponível em: https://ssrn.com/abstract=4333743. Acesso em: 28 abr. 2024.

SUNLIGHT FOUNDATION. *Open Data Policy Guidelines.* Disponível em: https://sunlightfoundation.com/opendataguidelines/. Acesso em: 9 jul. 2023.

SUPREMO TRIBUNAL FEDERAL. Disponível em: www.stf.jus.br. Acesso em: 3 set. 2023.

UNIÃO EUROPEIA. *Convenção n. 108 relativa ao Tratamento Automatizado de Dados Pessoais de 1981.* Disponível em: https://rm.coe.int/cm-convention-108-portuguese-version-2756-1476-7367-1/1680aa72a2. Acesso em: 10 mar. 2024.

UNIÃO EUROPEIA. *Diretiva 95/46/CE do Parlamento Europeu e do Conselho da União Europeia.* Disponível em: https://eur-lex.europa.eu/legal-content/PT/TXT/HTML/?uri=CELEX:31995L0046. Acesso em: 10 mar. 2024.

UNIÃO EUROPEIA. *Diretiva 2003/98/CE do Parlamento Europeu e do Conselho da União Europeia.* Disponível em: https://eur-lex.europa.eu/LexUriServ/LexUriServ.do?uri=OJ:L:2003:345:0090:0096:pt:PDF. Acesso em: 9 jul. 2023.

UNIÃO EUROPEIA. *General Data Protection Regulation – Regulamento (EU) 2016/679 do Parlamento Europeu e do Conselho da União Europeia.* Disponível em: https://eur-lex.europa.eu/legal-content/PT/TXT/HTML/?uri=CELEX:32016R0679#d1e1554-1-1. Acesso em: 10 mar. 2024.

UNIÃO EUROPEIA. *Regulamento (UE) 2022/868 do Parlamento Europeu e do Conselho da União Europeia.* Disponível em: https://eur-lex.europa.eu/legal-content/PT/TXT/HTML/?uri=CELEX:32022R0868. Acesso em: 9 jul. 2023.

UNIÃO EUROPEIA. *Tratado sobre o Funcionamento da União Europeia.* Disponível em: https://eur-lex.europa.eu/resource.html?uri=cellar:9e8d52e1-2c70-11e6-b497-01aa75ed71a1.0019.01/DOC_3&format=PDF. Acesso em: 9 jul. 2023.

URUGUAI. *Datos Abiertos.* Disponível em: https://www.gub.uy/datos-abiertos. Acesso em: 9 jul. 2023.

URUGUAI. *Ley sobre el Derecho de Acceso a la Informacion Publica n. 18381 de 2008.* Disponível em: https://www.impo.com.uy/bases/leyes/18381-2008. Acesso em: 9 jul. 2023.

WARREN, S.; BRANDEIS, L. The right to privacy. *Harward Law Review*, v. IV, Dec. 1890, p. 193-220. Disponível em: https://www.jstor.org/stable/1321160. Acesso em: 3 mar. 2024.

ZAVASCKI, T. A. *Processo coletivo*: tutela de direitos coletivos e tutela coletiva de direitos. 7. ed. rev., atual. e ampl. São Paulo: Revista dos Tribunais, 2017.

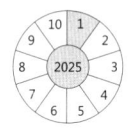